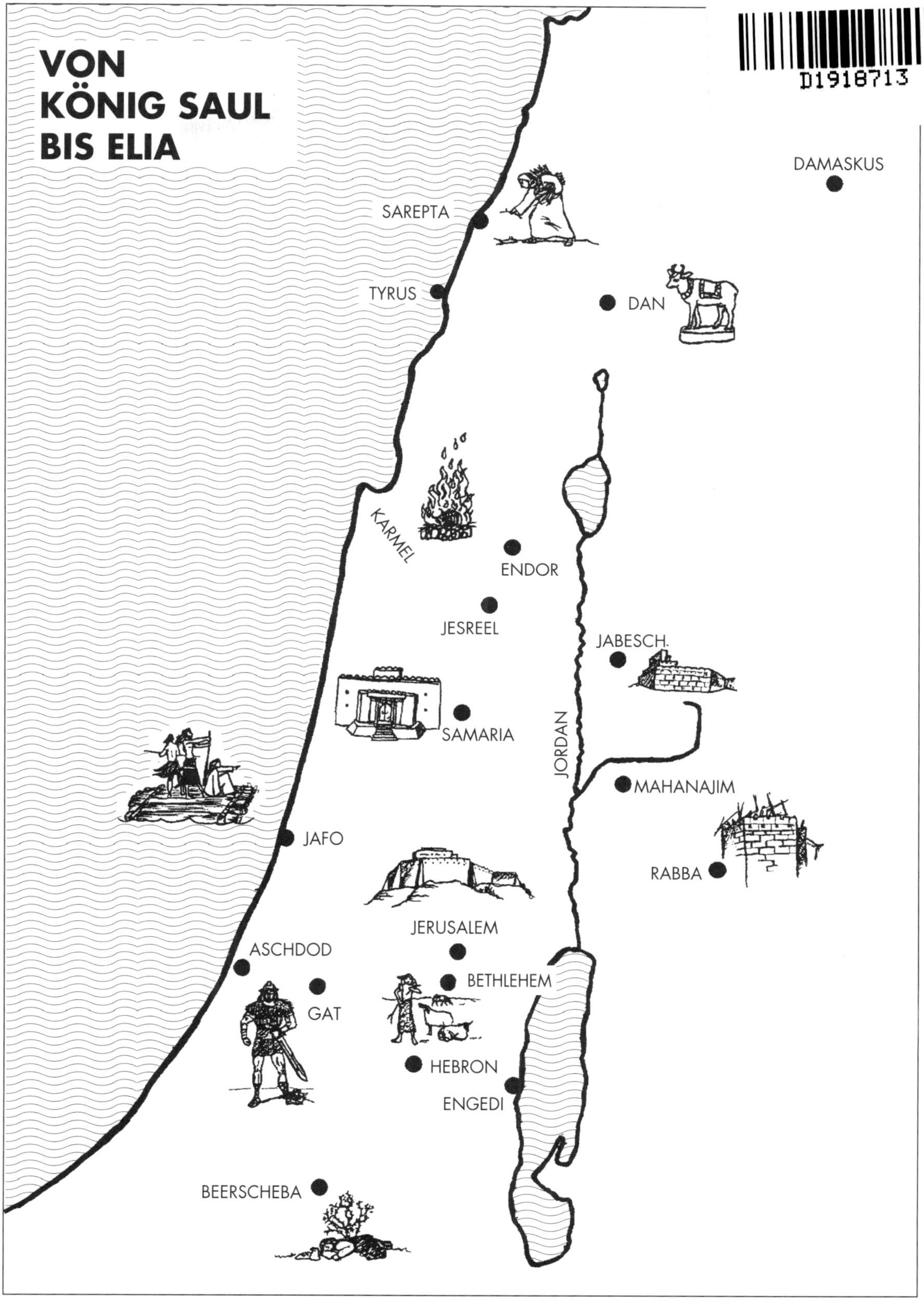
VON
KÖNIG SAUL
BIS ELIA
DAMASKUS
SAREPTA
TYRUS
DAN
KARMEL
ENDOR
JESREEL
JABESCH.
SAMARIA
JORDAN
MAHANAJIM
JAFO
RABBA
JERUSALEM
ASCHDOD
BETHLEHEM
GAT
HEBRON
ENGEDI
BEERSCHEBA

Die Bibel

mit Bildern von Esben Hanefelt Kristensen

Ausgewählt und neu übersetzt
von Klaus Knoke

Deutsche Bibelgesellschaft

Diese Bibel enthält den reinen Bibeltext in einer lebendigen, leicht verständlichen Übersetzung.
Überleitungen und erklärende Hinweise sind vom Bibeltext durch *Schrägschrift* abgehoben bzw. in Klammern gesetzt.

Das Bild auf der ersten Seite zeigt den Täufer Johannes, wie er zwei seiner Jünger auf Jesus hinweist und ihnen sagt, dass Jesus der erwartete Retter ist (vgl. Johannes 1,35-37).

Die Deutsche Bibliothek –
CIP-Einheitsaufnahme

Die Bibel
ausgew. und neu übers. von
Klaus Knoke. Mit Bildern
von Esben Hanefelt Kristensen. –
Stuttgart: Dt. Bibelges., 2001
Einheitssacht.: Biblia <dt.>
ISBN 3-438-04337-8

ISBN 3-438-04337-8

Texte in neuer Rechtschreibung

Skizzen auf Vorsatz: Katja Kersting
Layout: Hans Hug, Stuttgart
Satz: Come Medien AG, Stuttgart
Druck: Appl, Wemding

Inhalt

Wie alles begann

Gott erschafft die Welt

Das war der Anfang von allem:
Gott machte den Himmel und die Erde.

Aber die Erde war wüst und leer,
alles zugedeckt mit Wasser.
Und es war finster auf dem Wasser.
Und Gott war über dem Wasser.

Da sprach Gott:
„Es wird Licht!"
Und es wurde Licht.
Und Gott sah: Das Licht ist gut.
Da trennte Gott das Licht
und das Dunkel,
damit jedes für sich war.
Und Gott nannte das Licht ‚Tag'
und das Dunkel nannte er ‚Nacht'.
Es wurde Abend und wieder Morgen:
der erste Tag.

Und Gott sprach:
„Es wird ein rundes Dach im Wasser,
wie eine große Kuppel über der Erde.
Und das Dach teilt das Wasser auf
in Wasser unter dem Dach
und in Wasser über dem Dach!"
So machte Gott das runde Dach,
die Kuppel über der Erde.
Er trennte das Wasser unter dem Dach
von dem Wasser über dem Dach.
Und Gott nannte das runde Dach
‚Himmel'.
Es wurde Abend und wieder Morgen:
der zweite Tag.

Und Gott sprach:
„Das Wasser unter dem Himmel
läuft zusammen an eine Stelle.
Und das Trockene kommt heraus,
damit man es sehen kann!"
Und es geschah so.
Gott nannte das Trockene ‚Erde',
und das zusammengelaufene Wasser,
das nannte er ‚Meer'.
Und Gott sah: Es ist gut so.

Da sprach Gott:
„Die Erde lässt Grünes wachsen,
Gräser und Kräuter,
die Samenkörner bekommen,
und Bäume, die Früchte tragen
mit Kernen darin, den Samen."
Und es geschah so.
Die Erde ließ Grünes wachsen,
Gräser und Kräuter,
jedes mit seinem eigenen Samen,
und Bäume,
jeden mit seinen eigenen Früchten
und mit seinem Samen darin.
Und Gott sah: Es ist gut so.
Es wurde Abend und wieder Morgen:
der dritte Tag.

Und Gott sprach:
„Es werden Lichter
am Kuppeldach des Himmels.
Die trennen den Tag von der Nacht
und geben das Zeichen für die Feste,
für den Tag, für den Monat
und für das Jahr.
Und sie scheinen auf die Erde
vom Kuppeldach des Himmels."
Und es geschah so.

Gott machte die beiden großen Lichter:
Das größere Licht, die Sonne,
sie bestimmt über den Tag,
und das kleinere Licht, den Mond,
er bestimmt über die Nacht,
und dazu die Sterne.
Und Gott setzte sie an das Himmelsdach,
damit sie leuchten auf die Erde,
damit sie bestimmen über Tag und Nacht
und damit sie trennen Licht und Dunkel.
Und Gott sah: Es ist gut so.
Es wurde Abend und wieder Morgen:
der vierte Tag.

Und Gott sprach:
„Das Wasser wimmelt von Leben,
ein Gewimmel von lebendigen Tieren!
Und Vögel fliegen über der Erde
unter dem Himmelsdach!"
So machte Gott die großen Ungeheuer
im Meer
und alles, was sich regt im Wasser,
jedes nach seiner Art,
und alle Tiere, die fliegen,
jedes nach seiner Art.
Und Gott sah: Es ist gut so.
Und Gott segnete sie
und sprach zu ihnen:
„Ihr Fische,
bekommt Junge
und vermehrt euch
und füllt das Wasser in den Meeren!
Ihr Vögel,
bekommt Junge
und vermehrt euch
auf der Erde!"
Es wurde Abend und wieder Morgen:
der fünfte Tag.

Und Gott sprach:
„Die Erde bringt Tiere zum Leben,
jedes nach seiner Art:
die zahmen Tiere,
die bei den Menschen leben,
die wilden Tiere in Feld und Wald
und alles, was auf dem Erdboden
umherkriecht,
jedes nach seiner Art!"
Und es geschah so.
Gott machte die wilden Tiere,
jedes nach seiner Art,
und die zahmen Tiere,
jedes nach seiner Art,
und alle Tiere,
die auf dem Erdboden umherkriechen,
jedes nach seiner Art.
Und Gott sah: Es ist gut so.

Und Gott sprach:
„Nun machen wir den Menschen,
unser eigenes Abbild,
jemand, der uns ähnlich ist!
Der soll bestimmen
über die Fische im Meer
und über die Vögel am Himmel,
über die zahmen Tiere
und über die wilden Tiere
und über alle Tiere,
die auf dem Erdboden kriechen."

Und Gott schuf den Menschen
nach seinem Bilde,
als Abbild Gottes schuf er ihn.
Und er schuf die Menschen
als Mann und Frau.
Und Gott segnete sie und sprach:
„Ihr bekommt Kinder
und vermehrt euch
und breitet euch aus über die Erde hin.
Ihr nehmt die Erde in Besitz
und herrscht über die Fische im Meer,
über die Vögel am Himmel
und über alle Tiere auf der Erde!"

Und Gott sprach:
„Siehe, ich gebe euch alle Pflanzen
mit ihren Samen auf der ganzen Erde
und die Früchte von allen Bäumen.
Sie sind für euch zum Essen!
Und den Tieren gebe ich alles Grüne,
Gras und Blätter, zum Essen."
Und es geschah so.

Und Gott sah alles an,
was er gemacht hatte,
und siehe,
es war sehr gut!
Es wurde Abend und wieder Morgen:
der sechste Tag.

So wurde alles fertig, was Gott machte:
der Himmel und die Erde
und alles, was auf der Erde lebt,
die Pflanzen, Tiere und Menschen.

Und Gott ruhte aus am siebten Tag
von seiner ganzen Arbeit,
die er getan hatte.
Und Gott segnete den siebten Tag
und sagte:
„Dieser Tag ist heilig,
an ihm soll niemand arbeiten."
Denn an diesem Tag ruhte Gott aus
von all seiner Arbeit,
die er getan hatte. (1. Mose 1)

Loblied an den Schöpfer

Lobe den Herrn,
meine Seele!

1. O Herr,
mein Gott,
wie bist du so groß,
wie bist du so schön geschmückt
mit Pracht und Herrlichkeit!
Du tust dir das Licht um
wie einen Mantel!
Du breitest den Himmel aus
wie einen Teppich.
Du hast deine Wohnung gebaut
hoch über dem Wasser.
Du nimmst die Wolken
als deinen Wagen.
Du nimmst die Flügel des Windes
und fährst darauf.
Du nimmst den Wind
als deinen Boten
und Blitz und Feuer
als deine Diener.

2. Du hast die Erde festgemacht
auf ihren Grundmauern.
Sie steht fest
immer und ewig.
Zuerst decktest du sie zu
mit dem Meer
wie mit einer Decke.
Das Wasser ging
bis über die Berge.
Da schimpftest du mächtig,
und das Wasser lief weg,
es rannte davon aus Angst
vor deinem Donnerwort.
Da kamen die Berge herauf,
und die Täler gingen hinab
an die Stelle,
die du bestimmt hast.
Du hast einen Strich gezogen,
darüber darf das Wasser nicht
kommen.
Es darf niemals wiederkommen
und die Erde zudecken.

3. Du lässt das Wasser laufen
aus den Quellen in die Bäche.
Sie fließen dahin
zwischen den Bergen,
sie geben Wasser zum Trinken
für alle Tiere des Feldes.
Die Wildesel kommen durstig
und trinken.
Die Vögel des Himmels
wohnen am Ufer
und singen ihr Lied
in den Zweigen.
Du gibst den Bergen Wasser
von oben
aus deiner Wohnung.
Die Erde trinkt sich satt
am Regen aus deinen Wolken.

4. Du lässt das Gras wachsen
für das Vieh.
Du lässt das Korn wachsen
aus der Erde,
damit die Menschen Brot haben,
und du gibst ihnen den Wein.
Der Wein erfreut die Menschen,
und das Brot macht sie stark.

Auch die Bäume des Herrn,
die Zedern vom Libanon,
sie trinken sich satt.
Die Vögel haben ihr Nest
in ihren Zweigen,
und auch die großen Störche.
Die hohen Berge gehören den Gämsen,
und in den Felsen
versteckt sich das Murmeltier.

5. Du hast den Mond gemacht,
damit er das Jahr einteilt in Monate.
Und die Sonne weiß,
wann sie untergehen muss.
Du rufst die Finsternis,
und es wird Nacht.
Dann kommen die Tiere des Waldes
hervor,
die jungen Löwen,
sie brüllen nach Beute,
sie verlangen ihre Speise von Gott.
Geht aber die Sonne auf,
so ziehen sie sich zurück
und legen sich hin in ihre Höhle.
Dann kommt der Mensch heraus
an seine Arbeit
und ist fleißig bis zum Abend.

6. O Herr,
was du alles geschaffen hast!
Mit großer Weisheit
hast du deine Werke gemacht!
Die Erde ist voll
von deinen Geschöpfen!
Da ist das Meer,
so groß und weit
nach allen Seiten hin.
Und ein Gewimmel darin:
große und kleine Tiere.
Man kann sie nicht zählen.

7. O Herr,
sie warten alle auf dich,
dass du ihnen zu essen gibst
zur rechten Zeit.
Gibst du es ihnen,
so sammeln sie es auf.
Tust du deine Hand auf,
so werden sie satt
an guten Gaben.
Versteckst du dein Gesicht,
so erschrecken sie.
Nimmst du ihren Atem weg,
so sterben sie
und werden wieder zu Erde.
Schickst du den Atem des Lebens aus,
so entstehen sie neu,
und die Erde bedeckt sich
mit frischem Grün.

8. Die Herrlichkeit des Herrn bleibt ewig.
Er möge sich freuen
über alles, was er geschaffen hat.
Ich will dem Herrn singen
mein Leben lang,
ich will meinen Gott loben,
solange ich lebe.
Möchte es ihm gefallen,
was ich singe und bete!
Ich freue mich über den Herrn!

Lobe den Herrn,
meine Seele!
Halleluja!

(Psalm 104)

Gott erschafft die Menschen

Die Bibel erzählt noch ein zweites Mal von der Erschaffung der Menschen. Und sie erzählt dann, wie es weitergeht mit den Menschen und warum die Welt nicht mehr so ist, wie Gott sie zuerst geschaffen hat.

Gott der Herr nahm Erde vom Feld und formte den Menschen aus Erde.
Und dann hauchte er den Menschen an. Er hauchte in seine Nase hinein seinen eigenen Atem, den Atem des Lebens.
So kam Leben in den Menschen und er wurde ein lebendiges Wesen.
Und Gott pflanzte einen Garten im Osten, wo die Sonne aufgeht, in Eden.
Er ließ Bäume wachsen aus der Erde, schöne Bäume mit süßen Früchten.
Und mitten im Garten wuchs der Baum des Lebens. Wenn man davon isst, lebt man ewig und stirbt nicht.
Und neben ihm wuchs der Baum der Erkenntnis des Guten und Bösen.
Wenn man davon isst, weiß man, was gut ist und was böse ist, man weiß alles, ohne dass man Gott fragen muss.
Und Gott brachte den Menschen hinein in den Garten Eden. Er sollte den Garten pflegen und bewachen.
Und Gott sprach zu dem Menschen: „Du darfst von allen Bäumen im Garten essen, so viel du willst.
Nur von dem Baum der Erkenntnis des Guten und Bösen, von dem isst du nicht. Wenn du davon isst, musst du sterben."
Und Gott der Herr sprach zu sich selbst: „Es ist nicht gut, dass der Mensch so allein ist.
Ich mache noch ein Geschöpf, das gut zu ihm passt und ihm hilft."
So formte Gott die Tiere des Feldes und die Vögel des Himmels aus Erde.
Und er brachte sie einzeln zu dem Menschen und wartete, wie er sie ruft. Und so wie der Mensch sie ruft, so sollten sie heißen.
So gab der Mensch allen Tieren ihre Namen: den zahmen Tieren, den wilden Tieren und den Vögeln am Himmel.
Aber es war kein Geschöpf dabei, das genau zum Menschen passte.
Da ließ Gott den Menschen in einen tiefen Schlaf fallen.
Und Gott nahm eine von den Rippen des Menschen heraus und stopfte die Stelle wieder zu mit Fleisch.
Und er nahm die Rippe des Menschen und formte daraus eine Frau.
Dann nahm er die Frau und brachte sie zu dem Menschen.
Da rief der Mensch: „Endlich! Die ist richtig!
Fleisch von meinem Fleisch, Knochen von meinen Knochen!
Die gehört zu mir!"
Darum ist es so bis heute: Der Mann geht weg von seinem Vater und seiner Mutter und geht hin zu seiner Frau.
Und er bleibt bei ihr für immer. Die beiden gehören zusammen. Sie sind erst miteinander ein ganzer Mensch.
Und die beiden, der Mann und seine Frau, die waren nackt, aber sie schämten sich nicht voreinander. (1. Mose 2)

‚Mensch' heißt auf Hebräisch ‚Adam'. Deshalb nennen wir den ersten Menschen Adam. Seine Frau bekommt nachher den Namen Eva.

Die Schlange bringt die Menschen weg von Gott

Die Schlange, eins von den Tieren im Garten, die war listig, viel listiger als alle anderen Tiere, die Gott der Herr gemacht hatte.
Die ging hin und sagte zu der Frau: „Ist das wahr: Hat Gott gesagt, ihr dürft von keinem Baum im Garten etwas essen?"
Die Frau sagte: „Doch, wir dürfen von allen Bäumen im Garten essen.
Nur von den Früchten des einen Baumes mitten im Garten, von denen sprach Gott: ‚Die esst ihr nicht. Die fasst ihr auch nicht an. Sonst müsst ihr sterben.'"
Da sagte die Schlange zu der Frau: „Sterben? Glaubt das nur nicht!
Nein, Gott weiß genau: Wenn ihr davon esst, gehen eure Augen auf, und ihr seid wie Gott.
Dann wisst ihr alles. Ihr wisst selbst, was gut und was böse ist!"
Und die Frau sah: Man kann ruhig essen von dem Baum! Seine Früchte sehen so schön aus! Und man wird auch noch klug davon!
Da pflückte sie eine von seinen Früchten ab und biss hinein.
Und sie gab auch Adam, ihrem Mann, etwas ab. Und er aß auch davon.
Da gingen den beiden die Augen auf und sie sahen: ‚Wir sind ja nackt!'
Und sie nahmen Blätter vom Feigenbaum, knoteten sie zusammen und machten sich Schürzen zum Umbinden.
Auf einmal hörten sie Schritte.
Es war Gott. Der ging durch den Garten im Abendwind.
Da versteckten sie sich vor Gott dem Herrn unter den Bäumen im Garten.
Aber Gott der Herr rief nach Adam und sprach: „Wo bist du?"
Adam antwortete: „Ich hörte dich kommen im Garten. Da hatte ich Angst, weil ich nackt bin, und ich versteckte mich."
Da sprach Gott: „Wer hat dir gesagt, dass du nackt bist? Hast du vielleicht von dem Baum gegessen, von dem ich dir verboten habe zu essen?"
Adam sagte: „Die Frau, die du mir gegeben hast, die gab mir eine Frucht von dem Baum. Da habe ich gegessen."
Da sprach Gott der Herr zur Frau: „Warum hast du das getan?"
Die Frau sagte: „Die Schlange ist schuld. Die hat mich angelogen, und da habe ich gegessen."
Da sprach Gott der Herr zur Schlange: „Weil du das getan hast, bist du verflucht unter allen Tieren.
Du musst auf dem Bauch kriechen und Erde fressen dein Leben lang.
Ihr seid Feinde, du und die Frau, deine Jungen und ihre Kinder, dein Nachkomme und ihr Nachkomme.
Er tritt auf deinen Kopf, und du beißt in seinen Fuß."
Und er sprach zur Frau: „Ich mache, dass du Schmerzen hast, wenn du Kinder zur Welt bringst.

Und du willst immer zu deinem Mann. Aber er bestimmt über dich."
Und er sprach zu Adam: „Du hast auf deine Frau gehört.
Du hast von dem Baum gegessen, und ich hatte dir doch geboten: ‚Iss nicht davon!'
Darum ist der Acker verflucht wegen dir!
Dornen wachsen darauf und Disteln.
Du quälst dich ab dein Leben lang und musst essen, was er dir gibt.
Viel Mühe und Schweiß kostet es dich, damit du dein Brot essen kannst.
Und zuletzt wirst du wieder zu Erde, von der du genommen bist.
Denn du bist Erde und du wirst wieder zu Erde."
Und Adam nannte seine Frau Eva, das heißt ‚Leben', denn sie wurde die Mutter aller Menschen, die leben.
Und Gott der Herr machte Röcke aus Fell für Adam und seine Frau und band sie ihnen um.
Und er sprach: „Siehe, der Mensch ist nun wie wir und weiß selbst, was gut und böse ist.
Aber dass er ja nicht seine Hand ausstreckt und auch von dem Baum des Lebens isst und ewig lebt!"
Darum schickte Gott der Herr den Menschen hinaus aus dem Garten Eden, damit er auf dem Acker arbeitet, von dem er genommen ist.
Er trieb den Menschen weg und stellte die Engel auf vor dem Garten Eden, zusammen mit dem Schwert, das Feuerflammen schlägt.
Sie sollten den Weg bewachen zum Baum des Lebens. (1. Mose 3)

Der Bruder tötet den Bruder

Adam schlief mit Eva, seiner Frau.
Und sie wurde schwanger und bekam ein Kind, den Kain.
Da sagte sie: „Ich habe einen Jungen bekommen mit Gottes Hilfe."
Danach wurde sie wieder schwanger und bekam den Abel, seinen Bruder.
Abel wurde ein Schafhirt, und Kain wurde ein Ackerbauer.
Und es geschah eines Tages, da brachte Kain ein Opfer für Gott, etwas Gutes von der Ernte seines Feldes.
Und Abel brachte auch ein Opfer. Er nahm eines von den besten Lämmern seiner Herde.
Und der Herr sah auf Abel und auf sein Opfer.
Aber auf Kain und auf sein Opfer sah er nicht.
Da wurde Kain wütend und starrte zur Erde mit bösen Augen.
Der Herr sprach zu Kain: „Warum bist du so wütend und starrst zur Erde?
Ist es nicht so:
Wenn du gut bist,
kannst du frei umhersehen.
Aber wenn du böse bist,
dann steht die Sünde
vor deiner Tür
und wartet,
dass du sie hereinlässt zu dir.
Aber du,
du sollst herrschen über sie!"
Da sagte Kain zu Abel, seinem Bruder: „Komm mal mit aufs Feld!"

Und als sie auf dem Feld waren, fiel Kain über seinen Bruder Abel her und schlug ihn tot.
Da sprach Gott zu Kain: „Wo ist Abel, dein Bruder?"
Kain sprach: „Ich weiß nicht. Soll ich denn immer auf meinen Bruder aufpassen? Bin ich vielleicht sein Hirte?"
Aber Gott sprach: „Was hast du da getan! Horch, das Blut deines Bruders, es schreit herauf zu mir aus der Erde!
Verflucht bist du, weg vom Ackerfeld! Es hat seinen Mund aufgemacht und hat das Blut deines Bruders getrunken aus deinen Händen.
Wenn du jetzt auf dem Feld arbeitest, gibt es dir nichts mehr, keine Ernte.
Du musst von einem Ort zum anderen ziehen und bist nirgends zu Hause."
Da sagte Kain zum Herrn: „Die Strafe ist zu schwer für mich. Die kann ich nicht tragen.
Du jagst mich heute weg vom Ackerfeld und aus meiner Heimat, und ich muss mich verstecken vor deinen Augen.
Immer bin ich unterwegs auf der ganzen Erde.
Und wer mich findet, der schlägt mich tot."
Da sprach der Herr zu ihm: „Nein! So soll es nicht sein!"
Und Gott machte ein Zeichen an Kain, damit ihn keiner totschlägt, wenn er ihn trifft.
So ging Kain weg von Gott und blieb im Lande Nod, weit weg vom Garten Eden.

(1. Mose 4)

Gott ist traurig über die Menschen

Die Menschen vermehrten sich und breiteten sich aus über die Erde hin, so wie Gott es gesagt hatte. Aber sie stritten sich immer und schlugen einander tot.

Da sah Gott: Die Menschen auf der Erde sind schlecht, sehr schlecht.
Alles, was sie wollen und was sie sich ausdenken in ihrem Herzen, ihr ganzes Dichten und Trachten, das ist nur böse von morgens bis abends.
Da tat es ihm Leid, dass er den Menschen gemacht hatte, es tat ihm weh in seinem Herzen.
Und er sprach: „Ich nehme die Menschen wieder weg von der Erde, und nicht nur die Menschen, sondern auch die Tiere, alles, was auf der Erde lebt."
Nur an Noah hatte Gott Freude, der fand Gnade bei Gott.
Noah lebte so, wie es richtig ist vor Gott: Er fragte Gott und er gehorchte ihm, er allein unter allen Menschen in seiner Zeit.
Und Gott sprach zu Noah: „Das Ende ist jetzt da für alle Menschen auf der Erde, denn die Erde ist voll von allem Bösen, das sie tun.
Siehe, ich schaffe sie jetzt alle weg von der Erde.
Du aber, du baust dir ein Schiff, einen großen Kasten aus Tannenholz.
Denn ich lasse bald die große Wasserflut kommen über die ganze Erde, die Sintflut.

Und alles, was auf der Erde lebt, geht unter, alle Tiere und alle Menschen.
Nur mit dir mache ich meinen Bund: Du gehst in das Schiff, in die Arche, und mit dir deine drei Söhne, deine Frau und die Frauen deiner Söhne.
Und du bringst von allen Tieren zwei in die Arche, immer ein Männchen und ein Weibchen, ein Paar: von den Vögeln ein Paar von jeder Art, von den zahmen Tieren ein Paar von jeder Art und von den wilden Tieren auf der Erde auch ein Paar von jeder Art.
Aber von den reinen Tieren, die mir als Opfer gebracht werden dürfen, da nimmst du immer sieben Paare mit.
Und du nimmst dir genug zu essen mit von allem, was gegessen wird, für dich und für die Tiere. Das bringst du alles in die Arche."
Und Noah machte alles genau so, wie Gott es von ihm verlangte. (1. Mose 6)

Gott rettet Noah und die Tiere in der Arche

Gott sprach zu Noah: „Nun geh in die Arche, du und deine ganze Familie!
Ich will dich retten, denn du lebst richtig vor mir unter allen Menschen, die jetzt leben.
Nur noch sieben Tage, dann lasse ich es regnen auf der Erde, vierzig Tage und vierzig Nächte lang.
Dann geht alles unter, was lebt, alles, was ich gemacht habe."
Noah tat alles, was Gott ihm befohlen hatte. Er ging in die Arche mit seinen Söhnen, mit seiner Frau und mit den Frauen seiner Söhne und mit allen Tieren.
Und Gott selbst schloss die Tür zu hinter ihm.
Und es geschah, als die sieben Tage um waren, da kam das Wasser der Sintflut auf die Erde.
Alle Brunnen brachen auf und ließen das Wasser aus der Tiefe herausfließen.
Und alle Fenster des Himmels gingen auf und ließen das Wasser aus der Höhe herunterregnen, vierzig Tage und vierzig Nächte lang.
Das Wasser wurde hoch auf der Erde, und es hob die Arche auf und ließ sie dahinschwimmen über die Erde.
Und das Wasser stieg so hoch, dass alle Berge unter dem Himmel vom Wasser zugedeckt wurden.
Da ging alles unter, was auf der Erde lebte: die Vögel und die zahmen Tiere und die wilden Tiere und auch alle Menschen.
Nur Noah blieb am Leben und alle, die mit ihm in der Arche waren.
Und Gott dachte an Noah und all die Tiere, die mit ihm in der Arche waren.
Er ließ Wind über die Erde wehen und das Wasser ging zurück.
Da setzte die Arche auf und blieb stehen auf dem Berg Ararat.
Und das Wasser ging noch weiter zurück, bis man die Spitzen der Berge sah.
Noah wartete noch ein paar Tage, dann machte er die Dachluke an der Arche auf und ließ eine Taube hinausfliegen.
Er wollte sehen, ob das Wasser schon abgeflossen war von der Erde.

Aber die Taube fand keine Stelle, wo sie sich hinsetzen konnte, denn es gab überall noch Wasser auf der Erde.
So kam sie zurück in die Arche.
Noah streckte seine Hand aus, nahm die Taube an und ließ sie wieder herein.
Und Noah wartete noch einmal sieben Tage. Dann schickte er die Taube wieder hinaus aus der Arche.
Und die Taube kam zurück zu ihm, als es Abend wurde. Und siehe, sie hatte ein Blatt vom Ölbaum in ihrem Schnabel, frisch abgepflückt.
Da wusste Noah: Das Wasser ist abgeflossen von der Erde.
Und Noah wartete noch einmal sieben Tage und ließ die Taube wieder hinausfliegen.
Aber dieses Mal kam sie nicht mehr zurück zu ihm. Das Wasser war ganz weggetrocknet von der Erde.
Da nahm Noah das Dach ab von der Arche und schaute hinaus.
Und siehe: Die Erde war trocken!
Da sprach Gott zu Noah: „Geh hinaus aus der Arche, du und deine Frau und deine Söhne und die Frauen deiner Söhne mit dir.
Und lass die Tiere hinaus, die bei dir sind: die Vögel, die zahmen Tiere und alle anderen Tiere auf der Erde.
Lass sie hinausgehen mit dir, dass sie Junge kriegen und sich vermehren und die Erde füllen."
So ging Noah hinaus aus der Arche mit seiner Familie und mit allen Tieren.

(1. Mose 7–8)

Der Regenbogen

Noah nahm Steine und baute für den Herrn einen Altar.
Dann nahm er einige von den reinen Tieren und brachte dem Herrn ein Brandopfer auf dem Altar.
Gott roch den guten Geruch des Brandopfers. Und sein Zorn über die Menschen beruhigte sich.
Er sprach zu sich selbst: „Ich will die Erde nicht noch einmal verfluchen wegen der Menschen.
Das Dichten und Trachten des menschlichen Herzens ist eben böse von Jugend auf.
Solange die Erde steht, soll nicht mehr aufhören Saat und Ernte, Frost und Hitze, Sommer und Winter, Tag und Nacht."
Und Gott segnete Noah und seine Söhne und sprach: „Bekommt Kinder und vermehrt euch und füllt die Erde!
Von jetzt an ist es so: Die Tiere fürchten sich vor euch und haben Angst.
Und ihr bestimmt über sie.
Ihr dürft sie schlachten und ihr Fleisch essen. Ihr dürft sie essen genauso wie die Pflanzen.
Aber wenn jemand einen Menschen tötet, den bestrafe ich selbst, ob es nun ein Mensch tut oder ein wildes Tier.
Wer Menschenblut vergießt, der muss dafür mit seinem eigenen Blut bezahlen.
Denn ich habe den Menschen nach meinem Bild gemacht. Er gehört mir."
Und Gott sprach zu Noah und seinen Söhnen: „Siehe, ich mache meinen Bund mit euch und mit den Menschen, die nach

euch kommen, und mit allen Tieren, die aus der Arche herausgekommen sind.
Ich mache meinen Bund so mit euch: Es soll nie wieder eine Sintflut kommen über die Erde.
Das Wasser der Sintflut soll nie mehr alle Lebewesen ertrinken lassen."
Und Gott sprach: „Dies ist das Zeichen des Bundes, den ich gemacht habe zwischen mir und euch und allen Lebewesen auf ewig:
Ich stelle meinen Bogen in die Wolken, den Regenbogen. Er ist das Zeichen des Bundes zwischen mir und der Erde.
Und jedes Mal, wenn ich Regenwolken zusammenschiebe über der Erde und der Regenbogen zu sehen ist in den Wolken, dann denke ich an meinen Bund zwischen mir und euch und allen Lebewesen.
Nie wieder soll das Wasser eine Sintflut werden und alle Lebewesen untergehen lassen." (1. Mose 8–9)

Der Turm von Babel

Die Menschen nahmen wieder zu auf der Erde und sie lebten alle zusammen wie eine große Familie.

Alle Menschen hatten dieselbe Sprache und sprachen dieselben Worte.
Sie zogen nach dem Osten, der Sonne entgegen. Da fanden sie ein großes weites Land und blieben dort wohnen.
Das war in Babylonien, in dem Land an den zwei Strömen, dem Euphrat und dem Tigris.
Da, eines Tages, sagten sie zueinander: „Auf! Wir machen uns Steine aus Lehm und brennen sie hart im Feuer!"
So nahmen sie Backsteine für Feldsteine und Teer als Zement.
Und sie sagten: „Auf! Wir bauen eine Stadt! Und wir bauen einen Turm mit einer Spitze bis in den Himmel hinein!
So machen wir uns einen Namen und werden berühmt. Und wir bleiben zusammen und laufen nicht auseinander in die ganze Welt!"
Da kam Gott herunter, damit er die Stadt besser sehen konnte und den Turm, den die Menschen bauten.
Und Gott sprach: „Siehe, sie sind jetzt ein Volk und sprechen alle eine Sprache.
Und dies ist erst der Anfang von allem, was sie machen. Von jetzt ab machen sie alles, was sie wollen.
Auf! Wir fahren hinunter zu ihnen und bringen ihre Sprache durcheinander, damit keiner den anderen versteht!"
Gott brachte ihre Sprache durcheinander und sie sprachen auf einmal ganz verschiedene Sprachen.
Die Menschen konnten einander nicht mehr verstehen und sie liefen alle auseinander.
So verstreute der Herr sie von dort weg in alle Länder und sie mussten aufhören, die Stadt zu bauen.
Darum heißt die Stadt Babel, das bedeutet ‚Durcheinander'. Denn in Babel hat Gott die Sprache der Menschen durcheinander gebracht und hat die Menschen verstreut über alle Länder der Erde.
(1. Mose 11)

Gott fängt neu an mit den Menschen

Gott ruft Abram

Abram lebte in Haran mit Sarai, seiner Frau, mit Nahor, seinem Bruder, und mit Lot, seinem Neffen.
Auch Terach, sein alter Vater, war noch bei ihnen.
Sarai hatte keine Kinder. Sie konnte keine bekommen.
Da sprach Gott der Herr zu Abram: „Zieh weg aus deinem Vaterland und von deiner Verwandtschaft und aus deinem Vaterhaus!
Geh in ein Land, das ich dir zeige!
Ich mache dich zu einem großen Volk, und ich segne dich und mache dich berühmt unter den Menschen.
Du wirst ein Segen für die Welt.
Ich segne jeden, der dich segnet, und ich verfluche jeden, der dich verflucht.
Es kommt Segen auf alle Völker der Erde durch dich."

Da stand Abram auf und zog weg aus Haran, wie Gott zu ihm gesagt hatte.
Abram war schon fünfundsiebzig Jahre alt, als er aus Haran wegzog.
Er nahm seine Frau Sarai mit und Lot, den Sohn seines Bruders, dazu auch alle Tiere und Zelte und Geräte, die ihnen gehörten, und alle seine Knechte und Mägde.
So zogen sie weg von Haran und kamen in das Land Kanaan.
Und Abram zog durch das Land und kam bis an die Stelle bei Sichem, wo die Eiche More stand, das ist die Eiche, an der die Menschen des Landes ihre Götter anbeteten.
Denn es wohnten damals die Kanaaniter im Land, als Abram einzog.
Dort bei der Eiche erschien Gott dem Abram und sprach zu ihm: „Dieses Land gebe ich deinen Nachkommen, dem Volk, das von dir abstammen wird."
Abram baute an dieser Stelle einen Altar,

zum Zeichen dafür, dass Gott der Herr ihm erschienen war und zu ihm gesprochen hatte.
Dann zog Abram weiter hinauf ins Bergland in die Gegend von Bethel.
In der Nähe der Stadt hielt er an, lud alles ab vom Rücken der Tiere und stellte die Zelte auf.
Und er baute wieder einen Altar und betete zum Herrn und opferte dort dem Herrn, seinem Gott, der ihn aus Haran gerufen hatte.
Dann zog er weiter in das Land ganz im Süden, in das Südland.

So hatte nun Abram das ganze Land gesehen, das Gott ihm versprochen hatte. Später kam Abram wieder nach Bethel zurück, in das Bergland in der Mitte des Landes. Auch sein Neffe Lot war bei ihm.

(1. Mose 11–12)

Abram und Lot gehen auseinander

Abram hatte viele Schafe, Ziegen und Rinder. Aber auch Lot hatte viele Schafe, Ziegen und Rinder.
Das Land war zu klein für sie. Es waren nicht genug Grasflächen da für die vielen Tiere.
So gab es jeden Tag Streit zwischen den Hirten von Abrams Herden und den Hirten von Lots Herden.
Da sprach Abram zu Lot: „Lass doch keinen Streit sein zwischen mir und dir, zwischen meinen Hirten und deinen Hirten. Wir sind doch Brüder!
Das ganze Land steht dir offen. Es ist am besten, wir gehen auseinander.
Wenn du nach Norden gehen willst, gehe ich nach Süden.
Oder wenn du lieber nach Süden gehen willst, gehe ich nach Norden.“
Da blickte Lot rings umher und besah sich das ganze Land.
Und als er nach Osten schaute, da sah er die schöne Gegend unten am Jordan, die grünen Wiesen mit ihren Bäumen und Blumen.
Das Land dort war wie ein bewässerter Garten, ja wie das Paradies.
Dort waren damals die Städte Sodom und Gomorra.
Da wählte Lot das Land am Jordan und zog nach Osten, hinunter vom Gebirge in das Jordantal.
Aber Abram blieb im Land Kanaan.
Und Lot zog immer weiter und kam bis nach Sodom mit seinen Zelten, und er wohnte dort.
Aber die Leute von Sodom waren böse. Und das gefiel Gott nicht.
Als nun Lot weggegangen war, sprach Gott zu Abram: „Schau dich um von hier, wo du stehst!
Sieh nach allen Seiten: nach Norden, nach Süden, nach Osten und nach Westen.
Alles, was du siehst, das ganze Land, das gebe ich dir und deinen Nachkommen nach dir für alle Zeiten.
Ich mache deine Nachkommen so zahlreich wie die Sandkörner auf der Erde.
Wer den Sand auf der Erde zählen kann, der kann auch deine Nachkommen zählen.

Mach dich nun auf den Weg und zieh durch das ganze Land.
Es gehört dir, ich gebe es dir."
Da brach Abram auf mit Sarai und mit allen seinen Knechten und Mägden und mit allen seinen Herden und zog weiter nach dem Süden bis nach Hebron.
Er schlug dort seine Zelte auf, nicht weit von der Stadt, unter den Eichen von Mamre.
Und er baute wieder einen Altar für den Herrn. (1. Mose 13)

Sarai will unbedingt ein Kind haben

Abram wohnte jetzt zehn Jahre im Land Kanaan. Er wurde immer älter. Und Sarai auch. Aber sie hatten immer noch kein Kind.
Da sagte Sarai zu Abram: „Der Herr gibt mir keine Kinder. Das siehst du ja.
Nimm doch einfach meine Dienerin, die Hagar, zur Frau.
Vielleicht bekommt sie einen Sohn. Der ist dann wie mein eigenes Kind, weil sie meine Dienerin ist."
Abram tat das, was Sarai sagte. Er ging zu Hagar und sie wurde schwanger.
Aber als Hagar merkte, dass sie ein Kind bekam, da wurde sie stolz und sah herab auf Sarai, ihre Herrin.
Da sagte Sarai zu Abram: „Ich habe dir meine Dienerin zur Frau gegeben.
Und jetzt, wo sie merkt, dass sie ein Kind bekommt, da sieht sie herab auf mich, als wäre ich nichts.
Das ist deine Schuld, dass sie so schlecht zu mir ist. Ich rufe den Herrn an. Er soll entscheiden zwischen dir und mir!"
Abram antwortete Sarai: „Sie ist deine Dienerin.
Mach mit ihr, was du willst."
Sarai nahm sie zu sich und ließ sie arbeiten. Sie musste alle schmutzigen Arbeiten tun.
Da lief Hagar einfach weg, hinaus in die Wüste.
Hagar lief bis zur Wasserstelle auf dem Weg nach Schur. Dort blieb sie.
Da kam der Engel des Herrn zu ihr und fragte sie: „Hagar, Sarais Dienerin, wo kommst du her und wo willst du hin?"
Hagar antwortete: „Ich laufe weg vor Sarai, meiner Herrin."
Da sprach der Engel des Herrn: „Geh zurück zu deiner Herrin und gehorche ihr und bleib bei ihr.
Der Herr schenkt dir so viele Nachkommen, dass man sie nicht zählen kann.
Siehe, du bist schwanger und du bekommst einen Jungen.
Den sollst du Ismaël nennen. Das bedeutet: ‚Gott hört'. Denn Gott hat gehört, wie du um Hilfe gerufen hast.
Ismaël wird ein wilder Mann, wild wie ein Wildesel. Er kämpft gegen alle, und alle kämpfen gegen ihn.
Er ist frech. Allen seinen Brüdern setzt er sich vor die Nase mit seinen Zelten."
Da betete Hagar zu Gott und sagte: „Es ist wahr, hier habe ich den gesehen, der mich sieht."
Und sie gab dem Herrn den Namen: „Du bist der Gott, der mich sieht".

Darum heißt die Wasserstelle ‚Brunnen des Lebendigen, der mich sieht'.
Und Hagar kehrte zurück zu Sarai und blieb bei ihr.
Sie bekam einen Sohn. Und Abram nannte ihn Ismaël.
Abram war 86 Jahre alt, als Hagar Ismaël bekam. (1. Mose 16)

Gott nennt Abram jetzt Abraham

Als Abram 99 Jahre alt war, da kam Gott zu ihm im Traum und sprach: „Ich bin Gott, der Allmächtige!
Führe dein Leben vor mir und gehorche mir in allen Dingen.
Ich mache meinen Bund mit dir und gebe dir viele, viele Nachkommen."
Da warf sich Abram nieder vor Gott mit dem Gesicht auf der Erde.
Gott sprach weiter zu ihm: „So sieht mein Bund mit dir aus: Du wirst der Vater vieler Völker.
Darum ist dein Name jetzt nicht mehr Abram, sondern Ab-ra-ham, das bedeutet ‚Vater vieler Völker'.
Denn du bekommst so viele Nachkommen, dass ganze Völker daraus werden. Es kommen sogar Könige von dir her.
Ich mache meinen Bund mit dir und mit deinen Nachkommen. Das gilt für alle Zeiten.
Ich bin euer Gott und ich gebe deinen Nachkommen das ganze Land Kanaan für immer.
Und ich bleibe ihr Gott."
Dann sprach Gott zu Abraham: „Und du, du sollst meinen Bund auch halten, du und deine Nachkommen.
Dies ist das Zeichen für meinen Bund mit euch:
Alle Jungen und Männer unter euch werden beschnitten.
Die Haut vorn an eurem Glied, die Vorhaut, die wird abgeschnitten.
Das ist das Zeichen für den Bund zwischen mir und euch.
Jeder Junge soll beschnitten werden, wenn er acht Tage alt ist.
So tragt ihr alle das Zeichen für den Bund mit mir an eurem Körper."
Dann sprach Gott zu Abraham: „Du sollst Sarai nicht mehr Sa-ra-i nennen, sondern Sa-ra, das heißt ‚Mutter vieler Völker'.
Denn ich will sie segnen, ich schenke dir einen Sohn von ihr.
Sie wird die Mutter vieler Völker. Und es kommen sogar Könige von ihr her."
Da warf sich Abraham wieder zur Erde auf sein Gesicht und lachte leise und dachte bei sich selbst: „Ich bin jetzt hundert Jahre alt und Sara ist neunzig.
Und da sollen wir zwei noch ein Kind bekommen?"
Abraham sagte zu Gott: „Es genügt, dass Ismaël da ist.
Gib mir doch deinen Segen für Ismaël und seine Nachkommen!"
Aber Gott sprach: „Nein! Deine Frau Sara, die schenkt dir einen Sohn.
Und du gibst ihm den Namen Isaak, das heißt ‚Lachen'; denn du hast gelacht.
Ich mache meinen Bund mit Isaak, mit ihm allein und mit seinen Nachkommen für immer." (1. Mose 17)

Gott besucht Abraham in Mamre

Abraham wohnte bei den Eichen von Mamre, nahe bei der Stadt Hebron.

Eines Tages saß er in der Tür zu seinem Zelt, am Mittag, als es sehr heiß war.

Und als er seinen Kopf hob und nach vorn schaute, siehe, da standen drei Männer vor ihm.

Als er sie sah, lief er hin zu ihnen und verbeugte sich vor ihnen bis zur Erde und sagte: „Herr, bist du gut zu mir? Habe ich Gnade gefunden in deinen Augen?

Dann geh doch nicht vorüber an mir, an deinem Diener!

Es wird gleich etwas Wasser geholt für euch.

Dann könnt ihr eure Füße waschen und euch unter den Baum setzen und euch ausruhen.

Und ich bringe euch etwas zu essen, damit ihr euch stärkt.

Danach könnt ihr weiterziehen.

Denn darum seid ihr doch vorbeigekommen bei eurem Diener."

Sie sagten: „Mach es so, wie du gesagt hast."

Da lief Abraham ins Zelt zu Sara und sprach: „Schnell, nimm drei Schüsseln ganz feines Mehl.

Knete es gut und backe Brotkuchen!"

Dann lief er auf die Weide und suchte ein zartes, schönes Kalb aus.

Er sagte zu seinem Viehhirten: „Schnell, schlachte es und bereite es gut zu!"

Als das Kalb fertig war, nahm Abraham noch Sahne und frische Milch.

Dann brachte er den drei Männern das Essen unter den Baum.

Er selbst blieb vor ihnen stehen und sah zu, wie sie aßen.

Da fragten sie ihn: „Wo ist Sara, deine Frau?"

Er sagte: „Drinnen im Zelt."

Und der eine sprach: „Ich komme wieder zu dir in einem Jahr, zu derselben Zeit. Dann hat Sara, deine Frau, einen Sohn."

Sara stand hinter ihm an der Tür des Zeltes und hörte alles.

Sie waren beide alt, sehr alt, Abraham und Sara. Sara konnte keine Kinder mehr bekommen.

Darum lachte sie bei sich selbst und dachte: „Jetzt, wo ich alt bin, da soll ich noch Mutter werden!

Und mein Mann ist auch viel zu alt."

Da sprach der Herr zu Abraham: „Warum lacht Sara und sagt: ‚Wie soll ich noch Kinder bekommen, wo ich doch so alt bin?'

Gibt es denn etwas, das Gott nicht tun kann? Sollte für den Herrn etwas unmöglich sein?

In einem Jahr um diese Zeit komme ich wieder zu dir, und dann hat Sara einen Sohn!"

Sara stritt es ab und sagte: „Ich habe nicht gelacht", denn sie hatte Angst.

Aber er sprach zu ihr: „Doch, du hast gelacht."

Dann standen die Männer auf und gingen weiter.

Und Abraham ging mit ihnen und begleitete sie. (1. Mose 18)

Abraham bittet Gott für Sodom

Die drei Männer lenkten ihre Schritte nach Sodom.
Abraham ging mit ihnen.
Da dachte der Herr: „Soll ich Abraham nicht sagen, was ich tun will?"
Und er sprach zu Abraham: „Ich höre schwere Klagen über die Menschen in Sodom und Gomorra, ein großes Geschrei zum Himmel über ihre Sünden.
Ich gehe jetzt hin und sehe mir das einmal selbst an.
Ich muss wissen, ob sie das wirklich alles getan haben, was ich von ihnen gehört habe."
Die beiden anderen – es waren zwei Engel –, die gingen schon weiter in Richtung Sodom.
Aber der Herr blieb noch bei Abraham stehen.
Abraham ging ganz dicht heran an ihn und sagte: „Willst du wirklich alle sterben lassen, die Guten mit den Bösen?
Die Gerechten, die Gott lieben, mit den Gottlosen, die ohne Gott leben?
Vielleicht sind fünfzig Gerechte in der Stadt, Menschen, die Gott fürchten und lieben. Willst du die wirklich sterben lassen?
Musst du nicht der ganzen Stadt vergeben, weil die fünfzig Gerechten darin sind?
Das passt ganz und gar nicht zu dir, Herr, dass du die Gerechten tötest zusammen mit den Gottlosen.
Dann wäre ja der Gerechte nicht mehr wert als der Gottlose.
Das darfst du nicht tun! Der Richter der ganzen Welt muss doch gerecht sein!"
Da sprach der Herr zu ihm: „Wenn ich fünfzig Gerechte finde in Sodom, dann vergebe ich der ganzen Stadt wegen der fünfzig."
Aber Abraham sagte: „Ach sieh, ich wage es einfach und rede mit meinem Herrn, und ich bin doch nichts als Erde und Staub.
Vielleicht fehlen fünf an den fünfzig Gerechten.
Zerstörst du dann die ganze Stadt, nur weil die fünf fehlen?"
Der Herr sprach: „Ich zerstöre die Stadt nicht, auch wenn ich dort nur fünfundvierzig finde."
Da machte Abraham weiter und redete zu ihm und sagte: „Vielleicht findest du vierzig darin. Was tust du dann?
Oder wenn es dreißig sind? Oder nur zwanzig? Was dann?"
Der Herr antwortete: „Dann zerstöre ich die Stadt auch nicht."
Aber Abraham versuchte es noch einmal und sagte: „Ach Herr, werde bitte nicht böse, ich rede auch nur noch ein einziges Mal! Vielleicht findest du dort zehn!"
Und der Herr antwortete: „Ich zerstöre die Stadt auch nicht, wenn es nur zehn sind."
Dann ging der Herr weg und sprach nicht weiter mit Abraham.
Und Abraham ging zurück nach Mamre.

(1. Mose 18)

Ob Gott in Sodom zehn findet, die gerecht und gut sind?

Sodom geht unter, Lot wird gerettet

Die beiden Engel kamen am Abend nach Sodom. Lot saß gerade am Tor der Stadt. Als er sie kommen sah, stand er auf.
Er ging zu ihnen hin und verbeugte sich tief vor ihnen und sagte: „Ach bitte, meine Herren, kommt doch in mein Haus!
Ich bin euer Diener. Schlaft diese Nacht bei uns. Wascht eure Füße.
Morgen früh könnt ihr weiterziehen auf eurem Weg."
Da sprachen sie: „Nein, wir wollen lieber draußen schlafen."
Aber Lot bat sie noch ein paar Mal, sie sollen in sein Haus kommen.
Da kamen sie mit ins Haus und blieben bei ihm. Er machte ihnen Abendbrot und sie aßen.
Sie wollten gerade ins Bett gehen, da kamen die Männer aus der Stadt, alle Männer aus Sodom, vom jüngsten bis zum ältesten.
Sie stellten sich rund um das Haus und riefen: „Lot, Lot, wo sind die Männer, die heute Abend zu dir gekommen sind?
Bring sie heraus zu uns. Wir wollen unseren Spaß haben mit ihnen!"
Da ging Lot hinaus zu ihnen vor das Haus, machte die Tür hinter sich zu und rief: „Meine Brüder, tut doch nichts Böses!
Hört zu! Ich habe zwei Töchter, die sind noch nicht verheiratet.
Die bringe ich heraus zu euch. Mit ihnen könnt ihr machen, was ihr wollt.
Aber den beiden Männern in meinem Haus, denen tut ihr nichts.
Denn sie sind meine Gäste, sie stehen unter meinem Schutz."
Die Männer von Sodom schrien: „Mach, dass du wegkommst, du Ausländer!
Du kommst einfach hierher und willst den Anführer spielen und uns sagen, was wir zu tun und zu lassen haben!
Pass bloß auf! Wir machen noch was ganz anderes mit dir als mit den beiden!"
Und sie stürmten vor gegen Lot und wollten die Tür aufbrechen.
Da streckten die beiden Engel ihre Hand durch die Tür, zogen Lot herein ins Haus und schlossen die Tür fest zu.
Und die Männer vor der Haustür waren auf einmal blind und konnten nichts mehr sehen.
Sie suchten und suchten und fanden die Tür nicht mehr.
Danach sprachen die Engel zu Lot: „Der Herr hat uns hierher geschickt.
Wir sollen diese Stadt zerstören. Denn es sind schwere Klagen über sie zu ihm gekommen.
Wen hast du noch hier in der Stadt? Deine Söhne, deine Töchter? Bring sie weg von diesem Ort!"
Da ging Lot hinaus und redete mit seinen Schwiegersöhnen, die seine Töchter heiraten wollten.
Er sagte zu ihnen: „Schnell, hinaus aus dieser Stadt! Gott will sie zerstören!"
Aber sie lachten ihn aus.
Da kam schon der Morgen und die Engel sprachen zu Lot: „Mach schnell, nimm deine Frau und deine Töchter, damit du nicht auch sterben musst wegen all dem Bösen, das diese Stadt getan hat."

Aber Lot überlegte noch.
Da fassten die Männer seine Hand und die Hand seiner Frau und seiner beiden Töchter und zogen sie alle mit sich hinaus aus der Stadt.
Denn der Herr wollte Lot retten.
Sie ließen sie erst wieder los, als sie draußen vor der Stadt waren.
Draußen sprach der Herr zu Lot: „Lauf, so schnell du kannst!
Es geht um dein Leben.
Bleib nicht stehen und dreh dich ja nicht um. Schau nicht zurück!
Lauf hinauf in die Berge, sonst stirbst du auch!"
Da sagte Lot: „Ach nein, Herr! Du bist so gut zu mir und rettest mein Leben. Das Gebirge ist zu weit.
Wir schaffen es nicht, bis das Unglück kommt. Dann trifft es uns doch.
Aber hier ist Zoar, die kleine Stadt. Lass mich dahin laufen, zerstöre sie nicht!"
Da sprach der Herr: „Gut, ich erfülle dir auch diese Bitte.
Zoar wird nicht zerstört.
Nun mach aber schnell und lauf hin. Ich kann nichts tun, bis du da bist."
Und Lot lief und kam nach Zoar, als die Sonne eben aufging.
Da ließ der Herr Feuer und Schwefel herunterfallen vom Himmel.
Die stürzten auf Sodom und Gomorra und auf alle Städte in der ganzen Umgebung am Jordan und verbrannten sie.
Aber Lots Frau drehte sich um und sah zurück. Da wurde sie zu einer Säule aus Salz.
Und am Morgen ging Abraham zu der Stelle, wo er mit dem Herrn gesprochen hatte.
Er sah hinunter auf Sodom und Gomorra und auf das ganze Land am Jordan.
Und siehe, eine dicke Qualmwolke stieg auf über dem Land wie der Rauch aus einem Brennofen.
Gott hatte die Städte am Jordan zerstört.
Aber er hatte an Abraham gedacht und hatte Lot weggeführt, damit er nicht getötet wird. (1. Mose 19)

Sara bekommt einen Sohn

Gott dachte an Sara und gab ihr, was er damals versprochen hatte bei seinem Besuch in Mamre: Sara wurde schwanger und schenkte Abraham noch einen Sohn, in seinem hohen Alter.
Es war genau zu der Zeit, die Gott angegeben hatte.
Abraham nannte den Sohn, den er von Sara bekommen hatte, Isaak. Das heißt: ‚Man lacht'.
Und er beschnitt ihn, als er acht Tage alt war, so wie Gott es ihm gesagt hatte.
Abraham wurde hundert Jahre alt, als ihm sein Sohn Isaak geboren wurde.
Und Sara sagte: „Gott hat mich mit Lachen beschenkt. Wer das hört, der lacht mit mir vor Freude."
Weiter sagte sie: „Noch nie hat jemand Abraham die Nachricht gebracht, draußen bei seiner Herde: ‚Sara hat geboren, sie hält ein Kind an der Brust.'
Und nun habe ich ihm doch noch einen Sohn geboren in seinem Alter."
(1. Mose 21)

Abraham schickt Hagar und Ismaël weg

Nun hatte Abraham zwei Söhne: Ismaël von Hagar und Isaak von Sara.
Einmal sah Sara, dass der Sohn Hagars sich beim Spielen aufführte wie ein Wilder.
Da sagte sie zu Abraham: „Sieh mal diese Dienerin da und ihren Sohn!
Schick sie weg von uns, alle beide!
Der Sohn dieser Sklavin darf nichts von deinem Besitz erben. Das darf nur mein Sohn Isaak."
Abraham gefiel es gar nicht, was Sara sagte. Auch Ismaël war ja sein Sohn.
Aber Gott sprach zu Abraham: „Sperr dich nicht dagegen, weil es dir Leid tut um den Jungen und seine Mutter.
Tu alles, was Sara dir gesagt hat.
Nur die Nachkommen von Isaak zählen als deine Nachkommen.
Aber auch Ismaël mache ich zu einem Volk, weil er dein Sohn ist."
Am anderen Morgen stand Abraham früh auf, nahm Brot und einen Schlauch mit Wasser und gab beides Hagar.
Er hob ihr das Kind auf den Arm und schickte sie weg.
Hagar ging also fort von Sara und Abraham und irrte in der Wüste umher.
Als kein Wasser mehr im Schlauch war, legte sie das Kind unter einen Strauch.
Sie setzte sich nicht weit davon auf die Erde und sagte: „Ich kann das nicht mit ansehen, wie der Junge stirbt."
Und sie fing an zu weinen.
Da hörte Gott, wie das Kind schrie.
Und Gottes Engel rief Hagar vom Himmel her: „Was hast du, Hagar?
Hab keine Angst! Der Herr hat gehört, wie das Kind schreit da drüben.
Steh auf, nimm den Jungen und führe ihn an der Hand. Ich mache seine Nachkommen zu einem großen Volk."
Gott öffnete Hagar die Augen und sie sah einen Brunnen.
Sie ging hin, füllte den Schlauch mit Wasser und gab dem Jungen zu trinken.
Und Gott behütete den Jungen.
Er wurde groß und lernte schießen mit Pfeil und Bogen.
Er wohnte in der Wüste Paran und seine Mutter gab ihm eine Ägypterin zur Frau.

(1. Mose 21)

Gott prüft Abrahams Herz

Nach diesen Geschichten prüfte Gott Abraham und sprach zu ihm: „Abraham!"
Er sagte: „Hier bin ich."
Und Gott sprach: „Nimm Isaak, deinen Sohn, deinen einzigen, den du lieb hast!
Geh mit ihm in das Land Morija und opfere ihn mir als Brandopfer, auf einem Berg, den ich dir zeige."
Am nächsten Morgen stand Abraham früh auf.
Er legte den Sattel auf seinen Esel, nahm zwei junge Diener mit und auch Isaak, seinen Sohn.
Vorher hackte er noch Holz klein für das Brandopfer.
Dann machte er sich auf den Weg und ging hin an den Ort, von dem Gott zu ihm gesprochen hatte.

Am dritten Tag, als Abraham aufblickte, sah er den Berg, weit hinten.
Er sagte zu seinen Dienern: „Ihr bleibt hier mit dem Esel.
Ich und der Junge, wir gehen da drüben hin und beten. Dann kommen wir wieder zurück zu euch."
Und Abraham nahm das Holz für das Brandopfer und legte es seinem Sohn Isaak auf den Rücken.
Er selbst nahm den Topf mit glühenden Kohlen und das Messer in seine Hand.
So gingen die beiden miteinander.
Da sagte Isaak zu seinem Vater Abraham: „Ach, Vater!"
Abraham sagte: „Was ist, mein Junge?"
Und Isaak sagte: „Schau, wir haben Feuer bei uns und Holz.
Aber wo ist denn das Schaf zum Brandopfer?"
Da sprach Abraham: „Mein Junge, Gott wird selbst ein Schaf bestimmen zum Brandopfer."
So gingen die beiden miteinander.
Und sie kamen an die Stelle, die Gott dem Abraham gesagt hatte.
Abraham legte Steine aufeinander und baute einen Altar und legte das Holz darauf.
Er nahm seinen Sohn Isaak, band ihm Hände und Füße zusammen und legte ihn auf den Altar, oben auf das Holz.
Und schon streckte Abraham seine Hand aus, nahm das Messer und wollte seinen Sohn schlachten.
Da rief der Engel des Herrn vom Himmel: „Abraham! Abraham!"
Er sagte: „Hier bin ich!"
Der Engel sprach: „Streck deine Hand nicht aus gegen den Jungen!
Tu ihm ja nichts!
Denn jetzt weiß ich genau: Du fürchtest Gott und gehorchst ihm.
Du wolltest mir sogar Isaak geben, deinen einzigen Sohn, den du lieb hast."
Abraham schaute auf. Und siehe, da war ein Schafbock im Busch hinter ihm.
Der hing fest mit seinen Hörnern.
Da ging Abraham hin, holte den Schafbock und opferte ihn als Brandopfer an Isaaks Stelle.
Abraham gab dem Ort den Namen: ‚Der Herr sieht'. Darum sagen sie bis heute: „Auf dem Berg, wo der Herr sieht".
Gott hat Abraham gesehen und er hat ihn das Opfertier sehen lassen.
Und der Engel des Herrn rief noch einmal vom Himmel her und sagte zu Abraham: „So spricht der Herr: ‚Ich schwöre bei mir selbst, bei dem Höchsten!
Weil du das getan hast und wolltest mir deinen Sohn geben, sogar deinen einzigen, darum will ich dich über alles Maß segnen.
Ich will deine Nachkommen vermehren, dass sie so viele werden wie die Sterne am Himmel und wie der Sand am Ufer des Meeres.
Und alle Völker der Welt werden gesegnet durch deine Nachkommen.'"
Und Abraham kehrte zurück mit Isaak zu seinen Dienern.
Und sie gingen zusammen nach Hause.

(1. Mose 22)

Eliëser sucht eine Frau für Isaak

Abraham war alt geworden, sehr alt, und Gott hatte ihn gesegnet und reich gemacht.
Sara war gestorben, und Abraham hatte sie begraben in der Höhle Machpela bei Mamre.
Da rief Abraham seinen ältesten Diener in seinem Haus, den treuen Eliëser, der alles für ihn machte.
Er sprach zu ihm: „Eliëser, schwöre mir bei dem Herrn, dem Gott des Himmels und der Erde:
Nimm keine Frau für meinen Sohn von den Mädchen der Kanaaniter hier im Land.
Geh in meine Heimat zu meinen Verwandten und hol von dort eine Frau für meinen Sohn Isaak."
Eliëser sagte: „Und wenn das Mädchen nicht mitkommen will, soll ich dann deinen Sohn zurückbringen in das Land, aus dem du weggezogen bist?"
Da sprach Abraham zu ihm: „Bloß nicht! Bring meinen Sohn ja nicht wieder dorthin!
Gott, der mich weggeholt hat aus dem Haus meines Vaters und aus dem Land, in dem meine Verwandten wohnen, der hat zu mir gesagt: ‚Ich gebe deinen Nachkommen dieses Land.'
Er schickt seinen Engel vor dir her und du findest dort bestimmt eine Frau für meinen Sohn."
Da schwor Eliëser, dass er bestimmt alles tun wird, was Abraham ihm gesagt hat.
Und er nahm zehn Kamele von den Kamelen Abrahams und Kameltreiber und eine Menge schöne Geschenke.
Dann brach er auf und zog nach Haran, zu der Stadt, in der Nahor wohnte, der Bruder Abrahams.
Nach einer langen Reise kam er dort an. Am Wasserbrunnen draußen vor der Stadt ließ er die Kamele sich hinlegen und ausruhen.
Es war gegen Abend, gerade zu der Stunde, in der die Frauen der Stadt herauskommen und Wasser holen.
Da wurde Eliëser still und betete: „Herr, du Gott Abrahams!
Sei gut zu Abraham, und lass es mir heute gelingen, was ich tun soll für ihn.
Siehe, ich stehe jetzt hier am Wasserbrunnen und die Mädchen der Stadt kommen heraus und schöpfen Wasser.
Und so soll es sein: Wenn jetzt ein Mädchen kommt und ich sage: ‚Halte mir bitte deinen Krug hin, damit ich etwas trinke', und wenn sie dann sagt: ‚Ja gern, trink, und ich gebe deinen Kamelen auch gleich zu trinken' – dann weiß ich: Die ist es, die hast du bestimmt als Frau für Isaak, deinen Diener.
Und daran merke ich: Du bist gut zu Abraham, meinem Herrn, und du lässt es gelingen. Amen." (1. Mose 24)

Rebekka am Brunnen

Und es geschah, als er eben „Amen" sagte, da kam Rebekka heraus, die Tochter von Betuël, mit ihrem Wasserkrug auf der Schulter.

Betuël war der Sohn von Nahor, dem Bruder Abrahams.
Rebekka war sehr schön, ein junges Mädchen, noch nicht verheiratet.
Sie ging hinunter zum Wasser, ließ ihren Krug voll laufen und kam dann wieder herauf.
Da lief Eliëser zu ihr hin und sprach: „Lass mich doch etwas Wasser trinken aus deinem Krug."
Sie sagte: „Gern! Trink, mein Herr."
Und sie nahm sofort ihren Krug herunter von ihrer Schulter auf ihre Hand und ließ ihn trinken.
Als Eliëser genug getrunken hatte, sagte das Mädchen: „Ich hole deinen Kamelen auch Wasser, dass sie trinken, bis sie genug haben."
Sie schüttete gleich den Rest aus ihrem Krug in das Steinbecken für die Tiere und lief wieder zum Brunnen und holte neues Wasser.
So schöpfte sie Wasser für alle seine Kamele. Und der Mann blieb still und sah ihr zu.
Er wartete gespannt darauf, ob Gott ihm Glück gegeben hat und seine Reise gelingen lässt.
Als die Kamele fertig waren mit dem Trinken, da nahm der Mann einen Stirnreif aus feinem Gold und zwei goldene Armbänder und gab sie dem Mädchen.
Und er sprach: „Wer ist dein Vater?
Sag mir: Hat er vielleicht Platz für uns im Haus, dass wir bei euch schlafen können in dieser Nacht?"
Da sagte das Mädchen zu ihm: „Ich bin die Tochter von Betuël. Mein Großvater ist Nahor."
Und sie sagte auch: „Ja, wir haben genug

Platz zum Schlafen für euch und auch genug Stroh und Futter für die Tiere."
Da warf sich der Mann auf die Erde vor Gott und sagte: „Herr, Gott Abrahams! Gelobt seist du!
Du bist treu und gut zu meinem Herrn. Du hast mich genau in das Haus des Bruders meines Herrn geführt."

(1. Mose 24)

Eliëser wirbt um Rebekka

Und Rebekka lief nach Hause zu ihrer Mutter und erzählte ihr alles, was sie draußen erlebt hatte.
Sie hatte einen Bruder, der hieß Laban.
Als der den Ring sah und die Armbänder an den Armen seiner Schwester und als er hörte, was sie erzählte, da lief er hinaus zu dem Mann an den Brunnen.
Und er sagte zu Eliëser: „Komm herein! Ich sehe: Gott hat dich gesegnet. Warum stehst du hier draußen?
Ich habe schon das Haus aufgeräumt und Platz gemacht für die Kamele."
Da kam Eliëser mit in das Haus.
Die Leute im Haus nahmen den Kamelen die Säcke ab und die Lederriemen, an denen man sie führt, und sie gaben den Tieren Stroh und Futter.
Sie brachten Eliëser Wasser zum Waschen für seine Füße und auch den Männern, die bei ihm waren.
Und dann brachten sie ihm zu essen.
Aber Eliëser sagte: „Ich möchte nicht essen, ich möchte erst sagen, warum ich gekommen bin."
Da sagten sie: „Dann rede erst."

Und Eliëser erzählte von Abraham und von seinem Sohn Isaak und dass er eine Frau sucht für Isaak.
Und er erzählte, wie es ihm am Brunnen ergangen war, als Rebekka kam, und wie sie alles genauso machte, wie er es sich gewünscht hatte.

Und dann sagte Eliëser: „Als ich das sah, warf ich mich vor dem Herrn zur Erde. Und ich lobte den Herrn, den Gott Abrahams.
Denn er hat mir den richtigen Weg gezeigt und hat mich hierher geführt, damit ich bei den Verwandten meines Herrn eine Frau finde für Isaak, den Sohn meines Herrn.
Und nun, wenn ihr gut seid zu meinem Herrn und seinen Wunsch erfüllen wollt, dann sagt es mir.
Und wenn ihr es nicht wollt, dann sagt es mir auch.
Dann muss ich weiterziehen, nach rechts oder nach links, und bei anderen Leuten suchen."
Da antwortete Rebekkas Bruder Laban: „Das kommt vom Herrn!
Er hat entschieden. Wir können nichts weiter dazu sagen.
Siehe, da steht Rebekka vor dir.
Nimm sie mit und zieh hin.
Sie soll Isaaks Frau werden, wie Gott es bestimmt hat."
Als Eliëser das hörte, warf er sich auf die Erde vor Gott und dankte ihm.
Und er packte Geschenke aus, Ketten und Ringe aus Silber und Gold und Kleider. Und er gab sie Rebekka.

Auch ihrem Bruder und ihrer Mutter gab er schöne Geschenke.
Dann aßen sie und tranken, er und die Männer, die bei ihm waren.
Und sie blieben da zum Schlafen.
Am Morgen, als sie aufstanden, sagte Eliëser: „Lasst mich gehen!
Ich möchte jetzt heimkehren zu meinem Herrn."
Da sagten Rebekkas Bruder und ihre Mutter: „Ach, lass das Mädchen noch ein paar Tage bei uns, zehn Tage. Dann kann sie gehen."
Aber Eliëser sprach: „Haltet mich nicht auf! Gott hat Glück gegeben zu meiner Reise.
Lasst mich ziehen, damit ich zurückkehre zu meinem Herrn."
Da sagten sie: „Wir rufen das Mädchen und fragen sie."
Und sie riefen Rebekka und sagten zu ihr: „Willst du jetzt gleich mitgehen mit diesem Mann?"
Da sagte sie: „Ja, ich gehe mit."
So ließen sie Rebekka wegziehen mit Eliëser, dem Diener Abrahams, und mit seinen Männern.
Und sie segneten Rebekka und sprachen zu ihr: „Liebe Schwester, wir wünschen dir eine große Familie! Bekomme tausendmal tausend Nachkommen!"
So machte sich Rebekka auf den Weg mit ihren Dienerinnen.
Sie stiegen auf die Kamele und zogen hinter Eliëser her. (1. Mose 24)

Isaak bekommt Rebekka zur Frau

Isaak war inzwischen weitergezogen. Er wohnte jetzt im Südland beim ‚Brunnen des Lebendigen, der mich sieht'.
Seine Mutter Sara war gestorben, und Abraham hatte sie in der Höhle Machpela bei Mamre begraben.
Einmal, als es Abend wurde, ging Isaak hinauf aufs Feld.
Er wollte allein sein und nachdenken.
Als er seinen Kopf hob, siehe, da kamen Kamele.
Auch Rebekka hob ihren Kopf und sie sah Isaak.
Da ließ sie sich schnell hinunter vom Kamel und fragte Eliëser: „Wer ist der Mann, der da herkommt zu uns?"
Eliëser antwortete: „Das ist mein Herr."
Da nahm Rebekka ihren Schleier und verdeckte ihr Gesicht.
Eliëser erzählte Isaak alles, was er erlebt und getan hatte.
Und Isaak nahm Rebekka an der Hand und brachte sie in das Zelt seiner Mutter Sara, das jetzt leer stand.
Sie wurde seine Frau und er hatte sie sehr lieb.
So wurde Isaak getröstet über den Tod seiner Mutter.
Nach einiger Zeit starb auch Abraham.
Isaak und Ismaël kamen und legten ihn in die Höhle Machpela bei Mamre neben Sara, seine Frau. (1. Mose 24–25)

Esau und Jakob, die ungleichen Brüder

Rebekka bekommt Zwillinge

Isaak war vierzig Jahre alt, als er Rebekka heiratete. Aber Rebekka bekam keine Kinder.
Da betete Isaak zu Gott, dass er ihr Kinder gibt. Und Gott hörte auf sein Gebet.
Rebekka wurde schwanger und es wuchsen in ihrem Leib Zwillinge.
Aber sie wusste es nicht.
Die beiden Kinder in ihrem Leib stießen einander und es tat ihr weh.
Da sagte sie: „Warum bin ich schwanger geworden? Was habe ich davon, wenn es mir jetzt so übel geht?"
Sie ging hin und fragte Gott.
Und Gott sprach zu ihr: „Zwei Völker gehen aus deinem Leib hervor.
Das eine Volk wird stärker als das andere.
Der ältere Sohn muss dem jüngeren dienen."
Und siehe, als der Tag kam, an dem die Kinder geboren wurden, da kamen Zwillinge aus ihrem Leib.
Als Erster kam einer heraus, der war rotbraun, ganz und gar mit rötlichen Haaren bedeckt wie mit einem Fell.
Den nannten sie Esau.
Dann kam der Zweite, sein Bruder.
Der hielt den Ersten mit seiner Hand am Fuß fest. Den nannten sie Jakob.
Isaak war sechzig Jahre, als sie geboren wurden.
Und die beiden Jungen wurden groß.
Esau wurde ein Jäger. Er zog draußen umher in der Wildnis und jagte die Tiere, die dort lebten.
Jakob wurde ein Hirt. Er blieb bei den Zelten und passte auf die Schafe und Ziegen auf.
Isaak mochte den Esau lieber, weil er gern von den Tieren aß, die Esau jagte.
Aber Rebekka mochte den Jakob lieber.

(1. Mose 25)

Esau verkauft seine Erstgeburt

Einmal kochte Jakob ein Essen: eine Linsensuppe.
Da kam Esau heim von der Jagd. Er war ganz schwach vor Hunger.
Er sagte zu Jakob: „Oh, ich kann nicht mehr!
Gib mir ganz schnell etwas von dem Roten da!
Ich muss schnell was runterschütten von dem Roten!"
Jakob sagte: „Dafür musst du mir deine Erstgeburt geben."
(Wer zuerst geboren ist, hat die Erstgeburt. Er bekommt später einmal, was dem Vater gehört. So war das damals.)

Esau sagte: „Ach was, ich muss ja doch mal sterben. Was soll ich da mit der Erstgeburt?“
Jakob sagte: „Erst schwören!“
Esau schwor es ihm und verkaufte seine Erstgeburt an Jakob.
Da gab Jakob ihm Brot und Linsensuppe.
Und Esau aß und trank und stand auf und ging weg.
Seine Erstgeburt war ihm ganz egal.

(1. Mose 25)

Jakob nimmt Esau den Segen weg

Als Isaak alt geworden war, wurden seine Augen schwach und er konnte nicht mehr sehen.
Da rief er eines Tages Esau, seinen älteren Sohn, und sprach: „Mein Sohn!“
Esau antwortete: „Hier bin ich!“
Isaak sprach: „Ich bin jetzt alt geworden, und ich weiß nicht, wann ich sterbe.
Nimm jetzt dein Jagdzeug: deinen Köcher mit den Pfeilen und deinen Bogen.
Geh hinaus in die Wildnis und schieß ein Tier für mich, ein Stück Wild.
Mach mir daraus ein leckeres Essen, wie ich es gern habe, und dann bring es herein zu mir, damit ich es esse und dich segne, bevor ich sterbe.“
Da ging Esau hinaus, um ein Stück Wild zu jagen.
Aber Rebekka hörte zu, wie Isaak mit Esau, seinem Lieblingssohn, redete.
Sie sagte zu Jakob, ihrem Liebling: „Ich habe gehört, wie dein Vater mit deinem Bruder redete, mit Esau.
Er sagte: ‚Bring mir ein Stück Wild und mach mir ein gutes Essen.
Ich will mich stärken und will dich segnen vor dem Herrn, bevor ich sterbe.‘
Und nun, mein Sohn, hör gut zu, was ich dir sage!
Du gehst hinaus zur Herde und holst mir zwei schöne Ziegenböckchen.
Dann mache ich ein leckeres Essen davon für deinen Vater, wie er es gern hat.
Und du gehst hin und bringst es ihm, damit er dich segnet, bevor er stirbt.“
Da sagte Jakob zu seiner Mutter: „Aber mein Bruder Esau hat doch überall so viele Haare, und ich bin ganz glatt.
Mein Vater fasst mich bestimmt an und merkt es.
Und dann stehe ich da wie ein Betrüger und bringe keinen Segen auf mich, sondern einen Fluch.“
Aber seine Mutter sagte zu ihm: „Den Fluch nehme ich auf mich, mein Sohn.
Tu nur, was ich sage.“
So ging er hin und holte die Böckchen und brachte sie seiner Mutter.
Und seine Mutter machte ein Essen, wie es sein Vater gern hatte.
Dann nahm sie die Festtagskleider von Esau, die sie bei sich hatte in ihrem Zelt, und zog sie Jakob an.
Und sie nahm die Felle der Ziegenböckchen und zog sie ihm über seine Hände und über seinen glatten Hals.
Dann nahm sie das Festessen und das Brot und gab es Jakob in die Hand.
So ging er hinein zu seinem Vater.
Und er sagte: „Mein Vater!“
Isaak antwortete: „Hier bin ich.

Und wer bist du, mein Sohn?"
Jakob sagte: „Ich bin Esau, dein zuerst geborener Sohn.
Ich habe alles gemacht, was du mir gesagt hast.
Komm, setz dich hin und iss von meinem Wild, damit du mich segnen kannst."
Da sprach Isaak zu seinem Sohn: „Wie kommt es, dass du so schnell etwas gefunden hast, mein Sohn?"
Er sagte: „Der Herr, dein Gott, ließ es mir über den Weg laufen."
Da sprach Isaak: „Komm doch etwas näher, mein Sohn, ich will dich anfassen, ob du wirklich mein Sohn Esau bist oder nicht."
Da ging Jakob hin zu seinem Vater.
Und Isaak fasste ihn an und sprach: „Die Stimme ist Jakobs Stimme, aber die Hände sind Esaus Hände."
Er erkannte ihn nicht, weil seine Hände voller Haare waren wie die Hände von Esau, seinem Bruder.
Und er sprach: „Bist du wirklich mein Sohn Esau?"
Jakob antwortete: „Ja, ich bin es."
Da sprach Isaak: „Dann gib mir, was du mir gebracht hast, damit ich esse von dem Wild meines Sohnes und dich segne."
Jakob brachte es ihm und sein Vater aß.
Er gab ihm auch Wein und er trank.
Da sprach sein Vater Isaak zu ihm: „Nun komm her, mein Sohn Esau, und küsse mich."
Da ging Jakob hin und küsste ihn.
Und Isaak roch den Geruch von Esaus Kleidern, die Jakob anhatte, und er segnete ihn und sprach:

„Siehe, der Geruch meines Sohnes!
Er ist wie der Geruch des Feldes,
das der Herr segnet.
Gott gibt dir vom Tau des Himmels
und von den Früchten der Erde
und eine Menge Korn und Wein.
Völker dienen dir,
und Völker verbeugen sich vor dir.
Du bist der Herr über deine Brüder,
und die Söhne deiner Mutter
werfen sich vor dir nieder.
Wer dich verflucht, der ist verflucht.
Wer dich segnet, der ist gesegnet."

(1. Mose 27)

Esau kommt zu spät

Und es geschah, als Isaak gerade damit fertig war, Jakob zu segnen, und als Jakob gerade hinausging von seinem Vater Isaak, da kam sein Bruder Esau zurück von seiner Jagd.
Auch er bereitete ein leckeres Essen zu.
Und er brachte es seinem Vater und sagte: „Komm, mein Vater, und iss vom Wild deines Sohnes, damit du mich segnen kannst."
Da sprach sein Vater Isaak zu ihm: „Wer bist denn du?"
Er antwortete: „Ich bin dein Sohn, dein Erstgeborener, der Esau!"
Da erschrak Isaak und bebte und sprach: „Wer? Und wer war der andere?
Er hat ein Stück Wild gejagt und er brachte es mir, und ich aß davon, bevor du kamst.
Und ich, ich habe ihn gesegnet, und er muss gesegnet bleiben."

Als Esau das hörte, schrie er auf vor Schmerz und sagte: „Segne mich auch, mein Vater!"
Isaak sprach: „Es kam dein Bruder, hinterlistig, und er holte sich deinen Segen."
Da sagte Esau: „Siehst du, darum heißt er auch Jakob, ‚Betrüger'.
Er hat mich betrogen, zweimal betrogen: Erst hat er mir mein Erstgeburtsrecht weggenommen und jetzt hat er auch noch meinen Segen gestohlen."
Und Esau sagte: „Hast du keinen Segen übrig für mich?"
Isaak sprach zu Esau: „Ich habe ihn zum Herrn eingesetzt über dich.
Ich habe ihn versorgt mit Korn und mit Wein.
Ach, mein Sohn, was kann ich da noch für dich tun?"
Da sagte Esau zu seinem Vater: „Hast du nur den einen Segen?
Mein Vater, segne mich auch! Mein Vater!"
Und Esau fing an, laut zu weinen.
Sein Vater Isaak sprach zu ihm:
„Siehe, du wohnst weit weg von den guten Feldern.
Es gibt dort keinen Regen und keinen Tau vom Himmel, der das Land feucht macht.
Du musst von dem leben, was dein Schwert dir gibt, und du musst deinem Bruder dienen.
Aber zuletzt kommt es so: Wenn du nicht aufgibst, dann machst du dich frei von ihm, von der Last auf deiner Schulter."

(1. Mose 27)

Jakob flieht vor Esau

Esau war böse auf Jakob, weil er den Segen bekommen hatte.
Und er sagte vor sich hin: „Wenn mein Vater gestorben ist, dann bringe ich meinen Bruder Jakob um. Das dauert nicht mehr lange."
Sie erzählten Rebekka, was Esau so vor sich hin sagte.
Da ließ Rebekka Jakob rufen.
Und sie sagte zu ihm: „Ich habe gehört: Dein Bruder will dich umbringen.
Nun hör gut zu, mein Sohn: Du machst dich fertig und gehst weg von hier.
Du gehst nach Haran, zu meinem Bruder Laban.
Du bleibst bei ihm eine Zeit lang, bis dein Bruder sich beruhigt hat und sein Ärger vorbei ist.
Dann schicke ich jemand zu dir. Der holt dich wieder zurück.
Warum soll ich euch beide verlieren, an einem einzigen Tag?"
(Wer seinen Bruder tötet, der wird selbst mit dem Tod bestraft. Daran denkt Rebekka.)

(1. Mose 27)

Jakob sieht im Traum den Himmel offen

So machte sich Jakob auf den Weg nach Haran.
Unterwegs kam er an einen ganz besonderen Ort. (Aber das wusste er nicht.)
Und er blieb dort zum Schlafen, weil die Sonne unterging und die Nacht kam.
Er nahm einen von den Steinen, die da

lagen, und er legte ihn zurecht als Unterlage für seinen Kopf.
So legte er sich hin und schlief ein, gerade an diesem Ort.
Da hatte er einen Traum.
Und siehe, eine Treppe! Die ging von der Erde bis hinauf in den Himmel!
Und siehe, Engel gingen hinauf und hinunter auf der Treppe!
Und siehe, Gott der Herr stand unten auf der Treppe!
Und er sprach: „Ich bin der Herr, der Gott deiner Väter, der Gott Abrahams und Isaaks!
Das Land, auf dem du liegst, gebe ich dir und deinen Nachkommen nach dir.
Und deine Nachkommen werden so viele wie der Staub auf der Erde.
Nach allen Seiten breiten sie sich aus, nach Westen und nach Osten und nach Norden und nach Süden.
Und alle Völker der Erde werden gesegnet durch dich und deine Nachkommen.
Und siehe, ich bin bei dir.
Ich behüte dich, überall, wohin du gehst.
Und ich bringe dich wieder zurück in dieses Land.
Ich lasse dich nicht allein.
Und ich ruhe nicht, bis ich alles getan habe, was ich dir versprochen habe."
Da wachte Jakob auf.
Er sagte: „Wahrhaftig, der Herr ist hier an diesem Ort!
Und ich habe es nicht gewusst!"
Und er erschrak und sagte: „Dies ist ein besonderer Ort, ein heiliger Ort!
Hier wohnt Gott, hier ist sein Haus und dies ist das Tor zum Himmel!"

Früh am Morgen stand Jakob auf.
Er nahm den Stein unter seinem Kopf und stellte ihn auf als Denkstein. Er nahm Öl und goss es oben auf den Stein.
Und er gab dem Ort den Namen Bethel, ‚Haus Gottes'. Vorher hieß er Lus.
Dann gab er Gott ein Versprechen und sagte: „Wenn der Herr mit mir geht und mich behütet auf diesem Weg, den ich jetzt gehe, wenn er mir Brot zum Essen gibt und Kleidung zum Anziehen, und wenn ich dann zurückkomme in das Haus meines Vaters, gesund und glücklich, dann ist der Herr mein Gott, und er bleibt es auch.
Und es wird ein Gotteshaus gebaut um diesen Stein herum, den ich aufgestellt habe." (1. Mose 28)

Jakob kommt zu Laban

Jakob stand auf, machte sich auf den Weg und wanderte nach dem Osten zu den Leuten, von denen seine Mutter kam.
Eines Tages sah er einen Brunnen auf dem Feld.
Neben dem Brunnen lagerten drei Herden aus Schafen und Ziegen.
Die warteten, bis sie getränkt wurden, denn der große Stein lag noch auf dem Brunnen.
Es war nämlich so: Die Hirten warteten immer, bis alle Herden beieinander waren.
Dann schoben sie zusammen den Stein herunter, gaben den Tieren zu trinken und hoben danach den Stein wieder hinauf an seinen Platz.

Als Jakob ankam, sagte er zu ihnen: „Ihr Brüder, wo seid ihr her?“
Sie sagten: „Aus Haran.“
Jakob fragte sie: „Kennt ihr Laban, den Sohn von Nahor?“
Sie antworteten: „Ja, den kennen wir.“
Jakob fragte weiter: „Geht es ihm gut?“
Sie antworteten: „Ja, es geht ihm gut. Da hinten kommt gerade seine Tochter Rahel mit ihren Schafen.“
Dann sagte Jakob: „Warum seid ihr eigentlich schon hier am Brunnen?
Es ist doch erst mitten am Tag. Da treibt man die Herden doch noch nicht zusammen.
Gebt ihnen zu trinken und lasst sie wieder weiden.“
Aber die Hirten sagten: „Erst müssen alle Herden hier sein.
Der Stein auf dem Brunnen ist zu schwer für uns.
Wenn alle hier sind, schieben wir den Stein gemeinsam vom Brunnenloch, und dann tränken wir die Schafe.“
Als Jakob noch mit den Hirten redete, kam Rahel mit der Herde, die ihrem Vater gehörte.
Und Jakob sah Rahel, die Tochter von Laban, seinem Onkel, dem Bruder seiner Mutter, und er sah die Tiere, die seinem Onkel Laban gehörten.
Da ging Jakob zum Brunnen.
Er rollte ganz allein den Stein vom Brunnenloch herunter und gab den Schafen seines Onkels Laban zu trinken.
Dann begrüßte er Rahel.
Er nahm sie in die Arme und küsste sie und weinte laut.
Danach erzählte er ihr, dass er Rebekkas Sohn ist und dass er mit ihrem Vater verwandt ist.
Da lief Rahel nach Hause zu ihrem Vater und erzählte es ihm.
Als Laban das hörte, rannte er hinaus zu Jakob, umarmte ihn und küsste ihn und nahm ihn mit in sein Haus.
Und Jakob erzählte ihm alles, was er erlebt hatte.
Da sagte Laban zu ihm: „Ja, es ist wahr, du bist wirklich mein eigenes Fleisch und Blut!“
Und Jakob blieb bei seinem Onkel Laban.

(1. Mose 29)

Laban betrügt Jakob

Jakob half seinem Onkel Laban von da an bei der Arbeit.
Als er etwa vier Wochen da war, sagte Laban zu ihm: „Du sollst nicht umsonst bei mir arbeiten, nur weil du mein Verwandter bist.
Sag mir, was du für deine Arbeit haben willst.“
Nun hatte Laban zwei Töchter. Die ältere war Lea, die jüngere war Rahel.
Lea war nicht besonders hübsch, aber Rahel war sehr, sehr schön.
Jakob liebte Rahel.
Darum sagte er: „Ich arbeite sieben Jahre bei dir und du gibst mir dafür Rahel, deine jüngere Tochter.“
Laban sagte: „Es ist besser, ich gebe sie dir als einem fremden Mann.“
So blieb Jakob da und arbeitete sieben Jahre für Rahel.

Und weil er sie so lieb hatte, waren die sieben Jahre für ihn so kurz wie sieben Tage.
Danach sagte Jakob zu Laban: „Die Zeit ist um. Gib mir jetzt meine Frau, damit wir heiraten können!"
Da lud Laban alle Leute des Ortes ein und feierte ein Hochzeitsfest für Jakob.
Aber am Abend, als es dunkel war, nahm er seine ältere Tochter Lea und brachte sie zu Jakob in sein Zelt.
Und Jakob nahm Lea und schlief mit ihr in dieser Nacht.
Aber am nächsten Morgen sah Jakob: Es ist ja Lea, die er mir gegeben hat.
Und er sagte zu Laban: „Warum hast du mir das angetan?
Ich habe doch für Rahel so lange gearbeitet. Warum hast du mich betrogen?"
Da antwortete Laban: „Das ist bei uns eben so: Erst wird die Ältere verheiratet und dann die Jüngere, und nicht umgekehrt.
Feiere jetzt mit Lea die Hochzeitswoche zu Ende, dann gebe ich dir auch meine andere Tochter, die Rahel.
Dafür arbeitest du dann noch einmal sieben Jahre bei mir."
Jakob war damit einverstanden. Er feierte die Hochzeitswoche mit Lea zu Ende.
Dann gab Laban ihm auch noch Rahel zur Frau.
So heiratete Jakob auch Rahel. Und er arbeitete noch einmal sieben Jahre bei Laban.
Aber Jakob liebte Rahel mehr als Lea.

(1. Mose 29)

Jakob macht sich auf den Heimweg

Lea schenkte Jakob viele Kinder. Aber Rahel bekam nur ein einziges Kind, den Josef. Trotzdem hatte Jakob sie lieber.
Jakob blieb nach den sieben Jahren weiter in Haran und arbeitete noch sechs Jahre bei Laban und bekam dafür Schafherden und Ziegenherden.
So wurde er sehr reich.
Da sprach Gott wieder zu ihm und rief ihn zurück nach Hause. Und er versprach ihm: „Ich gehe mit dir."
So verabschiedete Jakob sich von seinem Onkel Laban und er zog zurück nach Kanaan mit seinen Frauen und Kindern, mit seinen Herden und Hirten.

Und Jakob schickte Boten vor sich her zu seinem Bruder Esau ins Land Edom.
Er gab ihnen den Befehl: „Ihr sagt zu Esau, meinem Bruder und Herrn:
‚Dein Diener Jakob lässt dir sagen: Ich war bis jetzt bei unserem Onkel Laban, die ganze Zeit.
Ich habe gearbeitet und besitze Rinder und Esel, Schafe und Ziegen.
Und nun schicke ich dir, meinem Herrn, Boten und bitte dich: Nimm mich freundlich auf. Lass mich Gnade finden in deinen Augen!'"
Die Boten kamen zurück zu Jakob und sagten: „Wir sind zu deinem Bruder Esau gekommen.
Er kommt dir schon entgegen. Er hat vierhundert Mann bei sich."
Da bekam Jakob große Angst.

Er verteilte alles, was er bei sich hatte, auf zwei Lager, die Schafe und Ziegen, die Rinder und Kamele.
Und er ließ sie in zwei getrennten Karawanen ziehen.
Denn er sagte: „Wenn Esau die eine Karawane trifft und alles tötet, dann kann die andere Karawane sich immer noch retten."
Und Jakob betete zu Gott und sagte: „Gott meines Großvaters Abraham und Gott meines Vaters Isaak, du hast zu mir gesagt: ‚Zieh zurück in deine Heimat, zu deiner Familie.
Ich lasse es dir gut gehen.'
O Herr, ich habe es nicht verdient, dass du so gut bist zu mir, dass du so treu bist zu deinem Diener.
Ich musste fliehen und ging an dieser Stelle über den Jordan. Da hatte ich nur meinen Wanderstock in der Hand.
Und jetzt sind aus mir zwei große Karawanen geworden.
Herr, rette mich doch aus der Hand meines Bruders, aus der Hand Esaus!
Ich habe Angst vor ihm, dass er kommt und uns alle totschlägt, mich und meine Frauen und meine Kinder.
Du hast doch zu mir gesagt: ‚Ich lasse es dir gut gehen und ich mache deine Nachkommen so zahlreich wie den Sand am Meer.'"
Und Jakob blieb die Nacht über dort am Jordan.
Und er nahm eine große Menge von seinen Tieren als Geschenk für seinen Bruder Esau, fünf ganze Herden!
Eine Herde mit 200 Ziegen und 20 Ziegenböcken, eine mit 200 Schafen und 20 Schafböcken, eine mit 30 Kamelen mit ihren Jungen, eine mit 40 Kühen und 10 Bullen und eine mit 20 Eselinnen und 10 jungen Eseln.
Und er gab die fünf Herden seinen Hirten und sagte zu ihnen: „Ihr zieht vor mir her und lasst immer einen Abstand zwischen der einen Herde und der anderen."
Und er gab dem ersten Hirten den Befehl und sagte: „Wenn mein Bruder Esau dich fragt: ‚Zu wem gehörst du, und wo willst du hin, und wem gehören diese Tiere da vor dir?', dann sagst du: ‚Sie gehören Jakob, deinem Diener.
Sie sind ein Geschenk für Esau, meinen Herrn. Und siehe, er selbst kommt hinter uns her.'"
Dasselbe befahl Jakob auch dem zweiten Hirten und dem dritten und allen anderen, die hinter den Herden hergingen.
Und er sprach zu ihnen: „Ihr sagt Esau genau das, was ich euch gesagt habe, wenn ihr ihn trefft.
Und vergesst nicht zu sagen: ‚Siehe, dein Diener Jakob kommt selbst hinter uns her.'"
Denn er dachte sich: „Ich will meine Schuld zudecken mit dem Geschenk, das vor mir hergeht.
Erst dann komme ich ihm unter die Augen. Vielleicht ist er dann freundlich zu mir und nimmt mich an."
So zogen die fünf Herden als Geschenk vor Jakob her.
Aber Jakob selbst blieb im Lager in dieser Nacht. (Aus 1. Mose 29–32)

Jakob kämpft mit Gott

Mitten in der Nacht stand Jakob auf.
Er nahm seine beiden Frauen und seine elf Söhne und führte sie durch einen Fluss, durch den Jabbok.
Das war an einer Stelle, wo das Wasser nicht tief ist, wo man gut hindurchgehen kann.
So brachte er alles, was er hatte, hinüber an das andere Ufer.
Dann ging Jakob noch einmal zurück über den Fluss.
Und er blieb dort ganz allein.
Da kämpfte ein Mann mit ihm die ganze Nacht. Der Mann rang mit ihm in der Dunkelheit, bis die Morgenröte kam.
Und als er sah, dass er Jakob nicht besiegen konnte, da schlug er ihn auf das Hüftgelenk, dort, wo das Bein anfängt.
Da wurde Jakobs Bein ausgerenkt von dem Schlag.
Und der Mann sprach zu Jakob: „Lass mich los, denn die Morgenröte ist schon zu sehen!"
Aber Jakob sagte: „Ich lasse dich nicht los, erst segnest du mich!"
Der Mann fragte ihn: „Wie heißt du?"
Er sagte: „Jakob."
Der Mann sprach: „Du heißt nicht mehr Jakob, dein Name ist von jetzt an Israel, ‚Gotteskämpfer'.
Denn du hast gekämpft mit Gott und mit Menschen, und du hast gewonnen."
Jakob fragte ihn: „Sag mir doch, wer du bist! Wie heißt du?"
Aber er sprach: „Wozu willst du meinen Namen wissen?"
Und er segnete ihn.
Jakob nannte die Stelle Penuël, das heißt ‚Gottes Gesicht', und sagte: „Ich habe Gott gesehen von Angesicht zu Angesicht und bin mit dem Leben davongekommen."
Und als er von dort weiterging, da ging die Sonne auf über ihm.
Aber er humpelte wegen seiner Hüfte.

(1. Mose 32)

Jakob sieht Esau wieder

Jakob ging hin zu seinen Frauen und Kindern.
Und als er in die Ferne blickte, da sah er auf einmal: Esau kommt und mit ihm vierhundert Mann!
Da nahm Jakob seine Kinder und verteilte sie so, dass jedes bei seiner Mutter stand.
Er selbst aber ging vor ihnen her.
Und er bückte sich tief hinunter bis zur Erde, siebenmal, bis er bei Esau war.
Da lief Esau ihm entgegen und nahm ihn in die Arme und fiel ihm um den Hals und küsste ihn.
Und sie weinten beide.
Dann blickte Esau auf und sah die Frauen und die Kinder.
Und er fragte Jakob: „Wen hast du denn da alles bei dir?"
Jakob sagte: „Das sind die Kinder, die Gott deinem Diener geschenkt hat."
Esau fragte weiter: „Und was willst du mit all diesen Tierherden, die ich unterwegs getroffen habe?"
Jakob sagte: „Dass du gut bist zu mir und ich Gnade finde in deinen Augen, mein Herr."

Esau sagte: „Mein Bruder, ich habe genug. Behalte doch, was dir gehört!"
Jakob sagte: „Nein, nein! Wenn ich Gnade gefunden habe in deinen Augen, dann nimm auch mein Geschenk an aus meiner Hand.
Denn ich sehe dein Gesicht, deine Augen. Es ist wie das Gesicht Gottes, so freundlich siehst du mich an.
Nimm doch mein Geschenk, das ich für dich vorausgeschickt habe!
Gott hat mich reich gemacht, ich habe alles."
So drängte Jakob seinen Bruder und Esau nahm das Geschenk an.
Dann sagte Esau: „Jetzt brechen wir auf und ziehen weiter.
Ich gehe vor dir her!"
Aber Jakob sagte: „Mein Herr, du weißt doch, die Kinder sind noch klein.
Und die Schafe und Ziegen und die Kühe, die haben ihre Jungen bei sich und geben ihnen Milch.
Wenn man sie zu schnell treibt, dann stirbt die ganze Herde.
Geh du schon voran vor deinem Diener, mein Herr!
Und ich, ich komme langsam hinterher, so wie die Tiere gehen, und so wie die Kinder gehen, bis ich zu dir komme."
Da sagte Esau: „Dann lasse ich wenigstens ein paar von meinen Männern zum Schutz bei dir."
Aber Jakob sagte: „Warum denn das?
Mir genügt es, wenn ich Gnade finde in den Augen meines Herrn."
So kehrte Esau um am selben Tag und zog wieder zurück nach Edom. (1. Mose 33)

Rahel stirbt

Jakob zieht weiter mit seiner Familie.
Als sie in die Nähe von Bethlehem kamen, brachte Rahel ein Kind zur Welt.
Es war ihr zweites, bis jetzt hatte sie nur Josef.
Rahel hatte es sehr schwer bei der Geburt.
Und während das Kind kam, rief die Geburtshelferin: „Hab keine Angst. Es ist wieder ein Junge!"
Aber Rahel merkte: ‚Ich muss sterben.'
Deshalb sagte sie: „Er heißt Ben-Oni, ‚Schmerzenskind'."
Aber Jakob sagte: „Nein! Benjamin, ‚Glückskind'!"
So starb Rahel, und Jakob begrub sie an der Straße, die nach Bethlehem führt.
Er stellte einen Stein auf ihr Grab. Das ist der Denkstein auf dem Rahel-Grab bis heute.
Und Jakob kam zurück nach Mamre bei Hebron. Dort sah er seinen Vater Isaak wieder.
(Vielleicht auch seine Mutter Rebekka, aber die Bibel sagt nichts davon.)
Isaak wurde sehr alt.
Als er starb, begruben ihn seine beiden Söhne Esau und Jakob in der Höhle Machpela bei Hebron, dort, wo auch sein Vater Abraham begraben war. (1. Mose 35)

Josef und seine Brüder

Josef träumt

Jakob mochte Josef lieber als seine anderen Söhne.
Deshalb schenkte er ihm ein buntes Gewand mit Ärmeln. Das war so lang, dass es bis hinunter an die Füße ging.
Josef war damals siebzehn Jahre alt.
Seine großen Brüder sahen das und sagten zueinander: „Unser Vater liebt Josef mehr als uns!"
Und sie hassten ihn.
Sie konnten ihm nicht mehr „Guten Tag" wünschen, wenn sie ihn trafen.
Da träumte Josef einen Traum und er erzählte ihn seinen Brüdern.
Er sagte zu ihnen: „Hört doch mal zu, was ich geträumt habe!
Wir sind alle draußen auf dem Feld und binden Garben zusammen.
Und siehe, meine Garbe stellt sich hin und bleibt stehen, und eure Garben stellen sich im Kreis um meine Garbe herum und verneigen sich vor ihr!"
Da sagten seine Brüder zu ihm: „Du willst wohl noch König werden und über uns herrschen?"
Und sie hassten ihn noch mehr, weil er das geträumt hatte und weil er es ihnen auch noch sagte.
Danach träumte Josef noch einmal, einen anderen Traum.
Auch den erzählte er seinen Brüdern und sprach: „Ich habe noch einen Traum geträumt.
Siehe, die Sonne und der Mond und elf Sterne, die verneigten sich vor mir!"
Er erzählte das auch seinem Vater.
Da schimpfte sein Vater und sagte zu ihm: „Was ist das für ein Unsinn, den du da geträumt hast!
Sollen wir alle kommen, ich und deine Mutter und deine Brüder, und uns verneigen vor dir bis zur Erde?"
Seine Brüder wurden neidisch auf ihn.
Aber sein Vater merkte sich, was Josef erzählt hatte. (1. Mose 37)

Josef wird nach Ägypten verkauft

Josefs Brüder waren weit weg in Sichem und hüteten dort die Schafe und Ziegen ihres Vaters.
Da sagte Jakob zu Josef: „Du weißt doch, deine Brüder sind mit den Herden bei Sichem.
Ich will dich zu ihnen schicken."
Josef sagte: „Ja, ich gehe."
Und Jakob sprach: „Geh hin und sieh nach, wie es deinen Brüdern geht und wie es mit den Herden steht.
Dann komm wieder zurück und sag mir Bescheid."

So ging Josef von Hebron nach Sichem.
Die Brüder sahen Josef schon von weitem daherkommen. Und während er herankam, dachten sie sich einen Plan aus, wie sie ihn loswerden könnten.
Sie sagten zueinander: „Seht mal, wer da kommt! Der Träumer!
Los, wir schlagen ihn tot und werfen ihn in eine Grube.
Wir sagen dann einfach: Ein wildes Tier hat ihn gefressen.
Dann wollen wir mal sehen, was aus seinen Träumen wird!"
Aber Ruben, der Älteste, wollte Josef retten und sagte: „Tut ihm nichts! Vergießt ja kein Blut!
Werft ihn in das Wasserloch da drüben in der Wüste. Aber tut ihm nichts!"
Ruben wollte Josef heimlich wieder herausholen aus dem Loch und ihn zu seinem Vater zurückbringen.
Als dann Josef zu den Brüdern kam, zogen sie ihm sein buntes Gewand aus.
Sie packten ihn und warfen ihn in das Wasserloch. Zum Glück war gerade kein Wasser darin.
Dann setzten sie sich hin und aßen ihr Brot.
Auf einmal sahen sie eine Karawane mit Kaufleuten herankommen. Die waren auf dem Weg nach Ägypten.
Auf ihren Kamelen hatten sie Säcke mit kostbaren Handelswaren: Salben, Kräuter und duftendes Harz.
Da sagte Juda, der vierte von den Brüdern, zu den anderen: „Was haben wir davon, wenn wir unseren Bruder umbringen?
Wir laden nur schwere Schuld auf uns. Verkaufen wir ihn doch an die Kaufleute da! Aber tun wir ihm nichts.
Er ist immer noch unser Bruder, unser eigenes Fleisch und Blut!"
Die Brüder hörten auf Juda und holten Josef aus dem Wasserloch.
Sie verkauften ihn an die Kaufleute für zwanzig Silberstücke.
Und die Kaufleute brachten Josef nach Ägypten.
Die Brüder schlachteten einen Ziegenbock und nahmen Josefs Prachtgewand und tauchten es in das Blut.
Dann schickten sie Boten mit dem verschmierten Gewand zu ihrem Vater und ließen ihm sagen: „Dies haben wir gefunden!
Schau es dir genau an, ob es vielleicht das Gewand deines Sohnes ist."
Als Jakob es sah, schrie er laut: „Das Gewand meines Sohnes!
Ein böses Tier hat ihn gefressen!
Josef ist tot!
Zerrissen von einem wilden Tier!"
Und Jakob zerriss seine Kleider und band sich um den Unterleib ein grobes schwarzes Tuch.
Und er trauerte um seinen Sohn eine sehr lange Zeit.
Alle seine Söhne und Töchter kamen zu ihm, um ihn zu trösten. Aber er wollte sich nicht trösten lassen.
Er sagte immerzu: „Nein, ich will nicht mehr leben!
Ich gehe hinunter zu meinem Sohn in die Unterwelt, wo die Toten sind."
So weinte Jakob um seinen Sohn.

(1. Mose 37)

Der Pharao träumt

Josef muss in Ägypten als Sklave arbeiten. Zuletzt kommt er sogar ins Gefängnis, ganz ohne Schuld.

Und es geschah, als einige Jahre vergangen waren, da träumte der Pharao, der König von Ägypten.
Im Traum steht er am Nil. Und siehe, sieben Kühe steigen herauf aus dem Wasser, schöne Kühe, fette Tiere.
Und sie fressen Gras am Ufer.
Und siehe, sieben andere Kühe steigen herauf aus dem Fluss hinter ihnen her, hässliche Kühe, magere Tiere. Die stellen sich neben die ersten Kühe.
Und es fressen die sieben hässlichen, mageren Kühe die sieben schönen, fetten Kühe auf.
Da wurde der Pharao wach.
Und er schlief wieder ein und er träumte zum zweiten Mal:
Siehe, da wachsen sieben Korn-Ähren auf einem einzigen Halm, schöne dicke Ähren.
Und danach wachsen noch einmal sieben Ähren auf, ganz dünne, vertrocknet vom heißen Wüstenwind.
Und die sieben dünnen Ähren verschlingen die sieben schönen, dicken Ähren.
Da wurde der Pharao wach. Und siehe: Es war ein Traum.
Am nächsten Morgen war der Pharao sehr aufgeregt über seine Träume.
Er schickte Boten hinaus ins Land Ägypten. Sie mussten alle Gelehrten und alle Wahrsager holen.
Und der Pharao erzählte ihnen, was er geträumt hatte. Aber keiner konnte ihm seinen Traum deuten.
Da meldete sich der Mundschenk des Pharao und sagte zu ihm: „Ich muss heute daran denken, wie ich einmal Böses getan habe gegen den Pharao.
Der Pharao war sehr wütend über mich und auch über den Obersten der Bäcker, und er ließ uns ins Gefängnis bringen.
Da träumten wir beide einen Traum, der Bäcker und ich, in derselben Nacht.
Jeder träumte einen Traum mit einer besonderen Bedeutung.
Nun war da bei uns im Gefängnis auch ein junger hebräischer Mann.
Dem erzählten wir unsere Träume.
Und er erklärte jedem von uns, was sein Traum bedeutet.
Und so, wie er es uns sagte, genauso traf es ein.“ (1. Mose 41)

Josef deutet die Träume

Da schickte der Pharao hin und ließ Josef rufen. Sie holten ihn schnell aus dem Gefängnis.
Josef ließ sich noch die Haare schneiden und zog bessere Sachen an.
Dann ging er in den Königspalast und trat vor den Pharao.
Der Pharao sprach zu Josef: „Ich habe einen Traum geträumt.
Aber keiner kann mir sagen, was er bedeutet.
Nun habe ich gehört: Wenn man dir einen Traum erzählt, kannst du ihn sofort deuten.“

Da sagte Josef: „Nicht ich!
Nur Gott kann es.
Er sagt dem Pharao durch den Traum bestimmt etwas Gutes."
Da erzählte der Pharao ihm seine beiden Träume.
Zuerst den von den sieben fetten Kühen und den sieben mageren, die die fetten verschlangen.
Und dann den von den sieben vollen Ähren und den sieben vertrockneten, die die sieben vollen verschlangen und am Ende so dünn waren wie vorher.
Da sagte Josef zum Pharao: „Die beiden Träume des Pharao sind nur einer.
Gott hat dem Pharao gezeigt, was er tun will.
Die sieben schönen Kühe, das sind sieben Jahre, und die sieben schönen Ähren, das sind ebenfalls sieben Jahre, sieben gute Jahre.
Es ist nur ein und derselbe Traum.
Und die sieben hässlichen Kühe, das sind sieben Jahre, und die sieben hässlichen Ähren, das sind ebenso viele Jahre, sieben Jahre, in denen es nichts zu essen gibt, Hungerjahre.
Das habe ich gemeint, als ich zum Pharao sagte: Gott hat dem Pharao gesagt, was er tun will.
Siehe, es kommen nun sieben Jahre, da wächst Korn im Überfluss im ganzen Land Ägypten.
Aber dann kommen sieben Jahre, da wächst gar nichts mehr im ganzen Land.
Es gibt eine schwere Hungersnot.
Aber dass der Pharao dieselbe Sache zweimal geträumt hat, das bedeutet: Gott hat es ganz fest vor. Ja, er fängt jetzt schon an damit.
Darum ist es am besten: Der Pharao sucht einen Mann, der tüchtig und klug ist, und stellt ihn über das Land Ägypten.
Der soll Aufseher einsetzen im ganzen Land.
Und er soll den fünften Teil einsammeln von allem Korn, das in Ägypten wächst in den sieben guten Jahren.
Und er bringt es alles in große Kornspeicher.
Dies ist dann der Vorrat für die sieben schlechten Jahre, damit die Menschen nicht sterben vor Hunger." (1. Mose 41)

Josef wird zweiter König

Dem Pharao und seinen Ministern gefiel es gut, was Josef sagte.
Und der Pharao sprach zu seinen Ministern: „So einen guten Mann wie Josef finden wir nicht wieder.
Gott hat ihm seinen Geist gegeben."
Und er sprach zu Josef: „Weil Gott dir dies alles gezeigt hat, gibt es keinen, der so tüchtig und klug ist wie du.
Darum wirst du jetzt eingesetzt über mein Land. Und mein ganzes Volk gehorcht dir.
Ich bleibe der König auf dem Thron, aber du machst alles für mich."
Und der Pharao nahm seinen Ring mit seinem Namen von seinem Finger und steckte ihn Josef an den Finger.
Er gab Josef auch feine Gewänder aus weißer Baumwolle und hängte ihm selbst die goldene Kette um den Hals.
Dann ließ er ihn in den Königswagen

steigen, in seinen zweiten Wagen für den Stellvertreter des Königs.
Und die Läufer vor dem Wagen riefen vor ihm her: „Achtung, der Vater des Landes kommt!“
So machte der Pharao Josef zum Herrn über ganz Ägypten.
Dann sprach er zu Josef: „Ich bin und bleibe der Pharao.
Aber niemand darf seine Hand oder seinen Fuß heben, wenn du es nicht sagst, im ganzen Land Ägypten.“
Josef war damals dreißig Jahre alt.
Und er ging weg vom Pharao und zog auf dem Wagen des Königs durch das ganze Land Ägypten.
Und es kamen die sieben guten Jahre. Auf den Feldern wuchs viel Korn, so viel wie noch nie.
Josefs Diener sammelten das Korn ein und brachten es in die Städte.
Dort kam es in die Vorratshäuser.
Es war so viel wie der Sand am Meer. Sie konnten gar nicht mehr alles wiegen.
Dann gingen die sieben guten Jahre zu Ende und es kamen die Hungerjahre, genau so, wie Josef es gesagt hatte.
Da schrien die Menschen in Ägypten zum Pharao nach Brot.
Und der Pharao sprach zu allen Ägyptern: „Geht zu Josef!“
Und Josef machte alle Vorratshäuser auf und verkaufte den Ägyptern Korn.
Aber es kamen auch die Menschen aus anderen Ländern nach Ägypten zu Josef, denn überall war der Hunger groß.

(1. Mose 41)

Josefs Brüder kaufen Korn in Ägypten

Auch im Land Kanaan gab es nichts mehr zu essen.
Da hörte Jakob: In Ägypten haben sie noch Korn!
Er sagte zu seinen Söhnen: „Was steht ihr herum und starrt euch an?
Ich höre, in Ägypten gibt es Korn.
Zieht hinunter und kauft uns Korn von dort, damit wir am Leben bleiben und nicht sterben.“
Da zogen Josefs Brüder hinunter nach Ägypten, zehn Mann, um dort Korn zu kaufen.
Nur Benjamin, der andere Sohn von Rahel, der Bruder von Josef, der durfte nicht mit seinen Brüdern mitgehen.
Denn Jakob dachte: „Sonst passiert ihm noch ein Unglück!“
So kamen die Söhne Jakobs mit vielen anderen Leuten nach Ägypten, um Korn zu kaufen, denn die Hungersnot war groß im Land Kanaan.
Und Josef? Der war der mächtige Mann in Ägypten. Er verkaufte allen Menschen im Land das Korn.
Auch Josefs Brüder kamen zu ihm.
Und sie warfen sich vor ihm nieder auf die Erde.
Josef sah seine Brüder und er erkannte sie gleich.
Aber er tat so, als würde er sie nicht kennen. Er redete hart mit ihnen und fragte: „Woher kommt ihr?“
Sie sagten: „Aus dem Land Kanaan. Wir wollen Korn kaufen.“

Die Brüder erkannten Josef nicht.
Da musste Josef an seine Träume denken, die er geträumt hatte von sich und seinen Brüdern.
Und er sprach zu ihnen: „Ihr seid Spione! Ihr wollt nur sehen, wo das Land offen ist. Darum kommt ihr her."
Sie sagten: „Nein, mein Herr, deine Diener wollen nur Korn kaufen.
Wir sind ehrliche Leute. Deine Diener sind keine Spione!"
Aber Josef sprach zu ihnen: „Nein, ihr kommt, um zu sehen, wo man uns am leichtesten angreifen kann."
Da sagten sie: „Deine Diener sind zwölf Brüder, Söhne von ein und demselben Mann im Land Kanaan.
Der Jüngste ist noch zu Hause bei unserem Vater. Und der eine – der ist nicht mehr da."
Da sprach Josef zu ihnen: „Es bleibt dabei: Ihr seid Spione.
Und daran sollt ihr geprüft werden, das schwöre ich bei Pharao:
Ihr kommt nicht weg von hier, wenn nicht euer jüngster Bruder hierher zu mir kommt.
Ihr schickt einen von euch hin. Der holt euren Bruder und ihr bleibt so lange gefangen.
So werden eure Worte geprüft, ob ihr die Wahrheit sagt.
Wenn ihr ihn nicht herbringt, dann seid ihr Spione!"
Und er ließ sie ins Gefängnis bringen für drei Tage.
Am dritten Tag sagte Josef zu seinen Brüdern: „Ich will, dass ihr mit euren Familien am Leben bleibt, denn ich diene Gott.
Wenn ihr wirklich ehrliche Leute seid, dann soll nur einer von euch Brüdern hier gefangen bleiben.
Ihr anderen, ihr zieht hin und bringt euren Familien Korn.
Und dann bringt mir ja euren jüngsten Bruder mit, damit ich sehe, dass eure Worte wahr sind.
Sonst müsst ihr sterben!"
Die Brüder sahen sich an und sagten zueinander: „Es ist wahr: Wir haben Schuld an unserem Bruder.
Wir sahen, wie er zitterte vor Angst.
Er flehte uns an, dass wir mit ihm Erbarmen haben.
Aber wir haben nicht auf ihn gehört!
Darum geht es uns jetzt genauso wie ihm!"
Da sprach Ruben zu ihnen: „Ich habe euch doch gesagt: ‚Tut dem Jungen ja nichts Böses!'
Aber ihr wolltet nicht hören. Und jetzt werden wir dafür bestraft."
Die Brüder wussten nicht, dass Josef alles verstand, was sie sagten, denn er redete ägyptisch mit ihnen durch einen Übersetzer.
Als Josef das hörte, was die Brüder zueinander sagten, musste er sich von ihnen abwenden, weil ihm die Tränen in die Augen kamen.
Aber dann drehte er sich wieder um zu ihnen und redete mit ihnen.
Er nahm Simeon, den Zweitältesten, aus ihrer Mitte und ließ ihn fesseln vor ihren Augen.

Dann sagte er seinen Leuten, dass sie die Säcke der Brüder mit Korn füllen und jedem das Geld wieder in seinen Sack legen. Und dass sie ihnen zu essen mitgeben für den Weg.
Und so wurde es gemacht.
Dann luden die Brüder ihr Korn auf ihre Esel und zogen wieder nach Hause.

(1. Mose 42)

Die Brüder erzählen ihrem Vater

So kamen die Brüder nach Hause und erzählten ihrem Vater Jakob alles, was sie erlebt hatten in Ägypten.
Sie erzählten, dass der fremde Mann sie für Spione hält, dass er den Simeon im Gefängnis behalten hat und dass sie nur wiederkommen dürfen, wenn sie Benjamin mitbringen.
Da sprach Jakob zu ihnen: „Ihr nehmt mir alle meine Kinder weg!
Josef ist nicht mehr da, Simeon ist nicht mehr da, und nun wollt ihr Benjamin auch noch wegbringen.
Alles Unglück kommt über mich!"
Da sagte Ruben, der Älteste, zu seinem Vater: „Gib Benjamin in meine Hand!
Ich bringe ihn dir wieder.
Wenn ich ihn nicht wiederbringe, dann nimm meine eigenen Söhne, alle beide, und mach mit ihnen, was du willst."
Aber Jakob gab ihnen Benjamin nicht.
Doch nach einiger Zeit war alles Korn aufgegessen.
Da ging Juda zu Jakob und sagte: „Schick den Jungen mit mir!
Ich stehe gerade für ihn.
Wenn ich ihn dir nicht wieder zurückbringe, dann will ich Schuld haben vor dir, mein ganzes Leben lang."
Diesmal war Jakob einverstanden und gab ihnen Benjamin mit.
Und Jakob sprach zu ihnen: „Nehmt Geschenke mit für den Mann und bringt auch das Geld wieder zurück, das in euren Säcken lag.
Und der allmächtige Gott gebe, dass der Mann freundlich ist zu euch, dass er Simeon freilässt und euch Benjamin wieder mitgibt.
Und ich, ich bin nun ohne Kinder und muss ohne Kinder bleiben!"

(1. Mose 42–43)

Josef stellt seine Brüder auf die Probe

So zogen die Brüder wieder nach Ägypten und stellten sich an in der Schlange der Käufer.
Als Josef Benjamin sah, sprach er zu seinem Hausmeister: „Bring die Leute in mein Haus!
Ich lade sie ein zum Essen bei mir. Und gib ihnen den Gefangenen heraus."
So nahm Josef seine Brüder auf in sein Haus. Er aß mit ihnen und fragte sie, ob ihr Vater noch lebt, und er ließ sie in seinem Haus schlafen.
Am anderen Morgen gab er ihnen ihr Korn.
Und er befahl seinem Hausmeister: „Leg meinen Silberbecher, aus dem ich trinke, bei dem Jüngsten oben in seinen Sack."

Und als die Brüder gerade hinausgezogen waren aus der Stadt, alle elf, da rief Josef seinen Hausmeister und sprach: „Schnell! Aufs Pferd und hinter ihnen her!
Sag ihnen, sie haben meinen Silberbecher gestohlen.
Wer ihn hat, bleibt hier als Sklave!“
Als der Hausmeister die Brüder eingeholt hatte, sagte er zu ihnen, was Josef ihm aufgetragen hatte.
Da antworteten die Brüder: „Mein Herr, warum redest du so zu uns?
So etwas tun wir nicht! Niemals!
Du weißt doch: Wir haben das Geld, das oben in unseren Säcken lag, wieder mitgebracht aus dem Land Kanaan.
Wie sollten wir das Gold und Silber stehlen im Haus deines Herrn?
Der, bei dem der Becher gefunden wird, der muss sterben. Und wir anderen werden Sklaven bei deinem Herrn.“
Da sagte der Hausmeister: „Gut, wir machen es so, wie ihr sagt.
Der, bei dem der Becher gefunden wird, der wird mein Sklave, aber ihr anderen seid frei.“
Sie holten schnell jeder seinen Sack vom Rücken des Esels, stellten ihn auf die Erde und banden ihn auf.
Der Hausmeister fing an zu suchen. Beim Ältesten fing er an und beim Jüngsten hörte er auf.
Da lag doch wirklich der Becher in Benjamins Sack!
Die Brüder waren erschrocken bis ins Herz hinein.
Sie zerrissen ihre Kleider, jeder hob seinen Sack auf seinen Esel und sie gingen mit Benjamin zurück in die Stadt.
Sie kamen zu Josef und warfen sich vor ihm zur Erde.
Josef sprach zu ihnen: „Was soll das, was ihr da getan habt?
Wisst ihr denn nicht, dass ein Mann wie ich wahrsagen kann und alles herausfindet?“

Da trat Juda vor und sagte: „Mein Herr, was sollen wir sagen?
Gott hat unsere Schuld gefunden. Wir können uns nicht herausreden.
Sieh, wir sind jetzt alle deine Sklaven, genauso wie der, bei dem der Becher gefunden wurde."
Aber Josef sprach: „Nein, so etwas mache ich nicht.
Der Mann, bei dem der Becher gefunden wurde, der gehört mir als Sklave.
Aber ihr, ihr zieht wieder zurück zu eurem Vater in Frieden."
Da ging Juda zu Josef hin und sagte: „Mein Herr, darf ich ein Wort sagen?
Da hattest uns gefragt, ob wir noch einen Vater haben und einen Bruder.
Und wir haben gesagt: ‚So ist es.'
Wir haben auch gesagt: Unser Vater hat unseren jüngsten Bruder so lieb, weil er ihn erst in seinem Alter bekam und weil der andere Sohn von seiner Lieblingsfrau schon tot ist.
Da sagtest du, dass wir den Bruder mitbringen sollen, damit du siehst, dass wir die Wahrheit sagen.
Nun haben wir unseren Bruder mitgebracht.
Ich habe meinem Vater versprochen, dass ich mein Leben für ihn einsetze, damit er wieder gesund zurückkommt.
Darum behalte mich als Sklaven hier.
Aber lass den Jungen zurückgehen zu seinem Vater.
Es darf nicht sein, dass ich zu meinem Vater zurückkomme ohne den Jungen. Er stirbt darüber." (1. Mose 44)

Josef sagt seinen Brüdern, wer er ist

Da konnte Josef sich nicht mehr halten vor all den Ägyptern, die um ihn her standen.
Er rief laut: „Lasst alle Ägypter hinausgehen!"
Kein Fremder sollte dabei sein, wenn er seinen Brüdern sagte, wer er ist.
Und alle gingen hinaus. Josef weinte so laut, dass die Ägypter es hörten und das ganze Haus des Pharao.
Und er sprach zu seinen Brüdern: „Ich bin Josef! Lebt mein Vater noch?"
Aber seine Brüder konnten ihm nicht antworten, so erschrocken waren sie.
Da sprach Josef zu ihnen: „Kommt doch her zu mir!"
Sie kamen heran und er sprach: „Ich bin Josef, euer Bruder, den ihr verkauft habt nach Ägypten!
Aber erschreckt nicht und macht euch keine Sorgen darüber.
Gott hat mich hierher gebracht, damit ihr alle am Leben bleibt.
Denn es sind schon zwei Jahre, dass der Hunger im Land ist, und es kommen noch fünf Jahre, da gibt es kein Säen und kein Ernten.
Darum hat Gott mich vor euch hergeschickt, damit ihr übrig bleibt auf der Erde und am Leben bleibt, damit wir alle gerettet werden.
Also, nicht ihr habt mich hierher gebracht, sondern Gott!
Er hat mich zum Vater gemacht für den Pharao und zum Herrn über sein ganzes

Haus und zum Herrscher über das ganze Land Ägypten.
Und nun schnell, zieht hinauf zu meinem Vater und sagt zu ihm: ‚So spricht Josef, dein Sohn:
Gott hat mich zum Herrn gemacht über ganz Ägypten.
Komm herab zu mir und halte dich nicht auf!
Du sollst hier wohnen im Land Goschen.
Du sollst ganz nah bei mir sein, du und deine Söhne und die Kinder deiner Söhne, dazu deine Schafe und Ziegen und Rinder und alles, was du hast.
Ich will hier für dich sorgen, denn es kommen noch fünf Jahre Hungerzeit.
Du sollst keine Not leiden, du und deine ganze Familie und alle deine Tiere.‘“
Und er sagte zu seinen Brüdern: „Seht doch her!
Eure eigenen Augen sehen es und die Augen meines Bruders Benjamin: Ich bin es, der mit euch redet.
Erzählt meinem Vater alles, was ihr gesehen habt, alle meine Herrlichkeit in Ägypten.
Und macht schnell und bringt meinen Vater hierher!“
Und er nahm Benjamin in den Arm, seinen Bruder, und weinte, und auch Benjamin weinte an seinem Hals.
Und er küsste alle seine Brüder und er weinte in ihren Armen.
Dann erst redeten seine Brüder mit ihm.

(1. Mose 45)

Jakob kommt nach Ägypten

Die Brüder zogen zurück nach Hause.
Sie brachten ihrem Vater Jakob Geschenke mit von Josef und Wagen aus Ägypten, damit er zu Josef fahren kann.
Und sie erzählten Jakob, dass Josef lebt und ihn nach Ägypten ruft, bis die Hungersnot vorüber ist.
Als Jakob den Namen Josef hörte, da wurde sein Herz starr vor Schmerz und er glaubte ihnen nicht.
Aber als er die Wagen sah und die Geschenke von Josef, da kam wieder Leben in ihn.
Er sprach: „Genug!
Josef, mein Sohn, lebt noch!
Ich will hingehen und ihn sehen, bevor ich sterbe!“
So brach Jakob auf mit allem, was er hatte, und kam an die Grenze des Landes Kanaan. Dort brachte er Gott Opfer auf dem Altar.
Da redete Gott mit Jakob und sprach zu ihm in der Nacht: „Ich bin der Gott deines Vaters Isaak.
Fürchte dich nicht! Zieh ruhig hinab nach Ägypten. Ich mache dich dort zu einem großen Volk.
Ich selbst, ich gehe mit dir hinab nach Ägypten und ich bringe dich wieder herauf, ganz bestimmt.
Und Josef legt seine Hand auf deine Augen, wenn du stirbst.“
Da zog Jakob hinab nach Ägypten mit seinen Söhnen und ihren Familien und mit allem, was er hatte, zusammen siebzig Menschen.

Und Josef zog seinem Vater entgegen.
Als sie zusammentrafen, nahmen sie sich in die Arme und weinten lange miteinander.
Dann sprach Jakob zu Josef: „Jetzt kann ich sterben, jetzt habe ich dich gesehen und weiß, dass du lebst."
Jakob lebte noch siebzehn Jahre in Ägypten. Dann starb er.
Vorher segnete er noch seine Söhne.
Zuletzt sagte er: „Wenn ich tot bin, dann begrabt mich in der Heimat bei meinen Vätern, bei Abraham und Isaak, in der Höhle Machpela im Land Kanaan."
Dann legte er sich zurück und starb.
Und alle seine Söhne gingen hin und begruben ihn in der Höhle bei Hebron im Land Kanaan. (Aus 1. Mose 45–50)

Josef vergibt seinen Brüdern

Als Jakob gestorben war, fürchteten sich die Brüder vor Josef.
Sie sagen zueinander: „Was machen wir, wenn Josef uns jetzt all das Böse zurückzahlt, das wir ihm angetan haben?"
So schickten sie einen Boten zu Josef und ließen ihm sagen: „Dein Vater gab uns einen Auftrag, bevor er starb.
Er sagte: ‚Bittet Josef: Ach, vergib uns unsere Schuld! Vergib uns all das Böse, das wir dir angetan haben.'
So vergib uns nun unsere Schuld! Der Gott deines Vaters ist doch auch unser Gott."
Als Josef das hörte, musste er weinen.
Danach gingen die Brüder selbst hin zu Josef, fielen auf ihre Knie und sagten: „Nimm uns hin als deine Sklaven!"
Aber Josef sagte zu ihnen: „Habt keine Angst!
Ist es denn meine Sache, euch zu bestrafen? Das darf höchstens Gott.
Es stimmt, ihr hattet Böses vor mit mir.
Aber Gott hatte Gutes vor.
Er hat aus Bösem Gutes gemacht, wie ihr es heute seht.
Er wollte ein großes Volk am Leben erhalten.
Und nun, fürchtet euch nicht! Ich sorge schon für euch und für eure Kinder."
So tröstete er sie und redete freundlich zu ihnen. (1. Mose 50)

Gott ruft sein Volk aus Ägypten

Der Pharao hat Angst vor den Israeliten

Dies sind die Söhne Jakobs, die mit ihm nach Ägypten kamen:
Ruben, Simeon und Levi,
Juda, Issachar und Sebulon,
Benjamin, Dan und Naftali,
Gad und Asser.
Josef war schon in Ägypten.
Es waren zusammen mit ihren Familien siebzig Menschen, alle Jakobs Nachkommen.
Jakob hieß auch Israel. Daher heißt das Volk, das von ihm abstammt, das Volk Israel oder die Israeliten.
Nach einiger Zeit starb Josef. Und auch seine Brüder und alle, die mit ihm nach Ägypten gekommen waren, starben.
Aber die Nachkommen Israels, die Israeliten, die wurden mehr und immer mehr.
Das ganze Land war voll von ihnen.
Jetzt regierte auch ein neuer König über Ägypten.
Der wusste nichts mehr von Josef und wie er den Ägyptern zu essen gab.
Er sprach zu seinem Volk: „Seht, das Volk der Israeliten!
Es ist größer und stärker als wir.
Wir müssen gut aufpassen, dass sie nicht noch mehr werden!
Sonst gehen sie zu unseren Feinden, wenn es Krieg gibt. Und dann kämpfen sie gegen uns."
So setzten die Ägypter Aufseher ein über die Israeliten, Aufseher mit der Peitsche in der Hand. Und sie ließen die Israeliten schwer arbeiten.
Die Männer mussten Städte bauen für den Pharao: die Städte Pitom und Ramses.
Aber je mehr die Ägypter das Volk bedrückten mit Arbeit, umso mehr wuchs es und breitete sich aus.
Die Ägypter bekamen immer mehr Angst vor den Israeliten.
Da machten sie die Israeliten zu Sklaven und machten ihnen das Leben schwer mit harter Arbeit.
Die Männer mussten Lehm graben und Backsteine daraus herstellen und auf den Feldern arbeiten.
Sie wurden mit Peitschen geschlagen und angetrieben bei allen Arbeiten.
Aber das war dem König von Ägypten, dem Pharao, noch nicht genug.
Er rief die beiden Hebammen, die Geburtshelferinnen der Israeliten. Die eine hieß Schifra und die andere Pua.
Er sagte zu ihnen: „Wenn ihr den israelitischen Frauen helft bei der Geburt ihrer Kinder, dann seht euch das Kind an.
Ist es ein Junge, dann tötet es. Ist es ein Mädchen, dann lasst es leben!"
Aber die Hebammen ehrten Gott.

Und deshalb taten sie das nicht, was der Pharao ihnen gesagt hatte, sondern sie ließen die Kinder am Leben.
Da rief der Pharao die Hebammen und sprach zu ihnen: „Warum tut ihr das und lasst die Kinder am Leben?"
Die Hebammen erfanden eine Ausrede und sagten zum Pharao: „Die israelitischen Frauen sind nicht wie die ägyptischen Frauen.
Sie schaffen die Geburt alleine.
Wenn die Hebamme kommt, ist das Kind schon da."
Da tat Gott den Hebammen Gutes. Er schenkte ihnen viele Kinder.
Und das Volk Israel vermehrte sich weiter und wurde sehr groß.
Da gab der Pharao seinem ganzen Volk den Befehl: „Werft jeden Jungen in den Nil, den die Frauen der Israeliten bekommen.
Nur die Mädchen lasst ihr leben!"

(2. Mose 1)

Mose wird gerettet

Damals lebte Amram, ein israelitischer Mann von den Nachkommen Levis.
Seine Frau hieß Jochebed.
Die beiden hatten eine Tochter. Die hieß Mirjam.
Nun bekam Jochebed noch ein Kind. Diesmal war es ein Sohn.
Und als sie sah, wie schön er war, da versteckte sie ihn drei Monate lang vor den Ägyptern.
Aber länger konnte sie das Kind nicht verstecken.
Darum nahm sie ein Körbchen aus Schilfrohr, verklebte es sorgfältig mit Harz und Teer, legte das Kind hinein und setzte das Körbchen ins Schilf am Ufer des Nils.
Seine Schwester Mirjam stellte sich in der Nähe hin und wartete, was mit dem Kind passiert.
Da kam die Tochter des Pharao herunter an den Nil zum Baden.
Ihre Dienerinnen blieben am Ufer.
Plötzlich sah sie das Körbchen mitten im Schilf.
Da rief sie ihre Dienerinnen, damit sie es ihr bringen.
Sie machte das Körbchen auf und sah das Kind.
Es war ein kleiner Junge, der weinte.
Da bekam sie Mitleid mit ihm.
Sie sagte: „Das ist eins von den Kindern der Israeliten."
Nun kam Mirjam, die Schwester des Kindes, aus ihrem Versteck und sagte zur Tochter des Pharao: „Soll ich hingehen und eine von den israelitischen Frauen holen?
Die kann dem Kind die Brust geben, dass es trinkt."
Die Tochter des Pharao sagte: „Ja, geh und hol eine!"
Da ging das Mädchen hin und brachte Jochebed, die Mutter des Kindes.
Die Tochter des Pharao sagte zu Jochebed: „Nimm dieses Kind hier mit nach Hause und gib ihm die Brust. Ich zahle dir Geld dafür."
So nahm die Frau ihr Kind mit zurück nach Hause und gab ihm ihre Milch und zog es auf.

Als das Kind größer war, brachte Jochebed es wieder zur Tochter des Pharao. Die nahm es als ihr eigenes Kind an und gab ihm den Namen Mose, das heißt: ‚Aus dem Wasser geholt'.
Denn sie sagte: „Ich habe ihn aus dem Wasser gezogen." (2. Mose 2)

Mose muss aus Ägypten fliehen

Als Mose ein Mann geworden war, ging er einmal hinaus zu den Israeliten, zu seinen Brüdern. Und er sah, wie schwer sie arbeiten mussten.
Er sah auch einen Ägypter, wie er gerade einen israelitischen Arbeiter schlug.
Da schaute er erst nach rechts und dann nach links.
Und als er sah: ‚Es ist kein Mensch hier, der es sieht', da schlug er den Ägypter tot.
Und er grub ein Loch in die Erde, legte ihn hinein und bedeckte ihn mit Sand.
Am nächsten Tag ging Mose wieder dorthin, wo die Israeliten arbeiten mussten.
Und er sah: Zwei israelitische Männer zanken sich.
Da sagte er zu dem, der Schuld hatte: „Warum schlägst du deinen Bruder?"
Der Mann antwortete: „Wer hat dich eingesetzt zum Aufseher und zum Richter über uns?
Du willst mich wohl auch töten, genau wie du den Ägypter getötet hast?"
Da bekam Mose Angst, denn er dachte: ‚Es hat doch einer gesehen! Die Sache ist bekannt geworden!'
Auch der Pharao hörte, was Mose getan hatte, und er wollte ihn töten.
Aber Mose lief weg vor dem Pharao, weit weg in das Land Midian.
Dort setzte er sich hin an einen Wasserbrunnen und ruhte sich aus.
Reguël, der Priester von Midian, hatte sieben Töchter.
Die kamen heraus zum Brunnen mit den Schafen und Ziegen ihres Vaters, um ihnen Wasser zu geben.
Sie schöpften Wasser und schütteten es in die Tränkrinnen.
Und es kamen andere Hirten mit ihren Herden und jagten sie weg.
Da stand Mose auf und half den Mädchen gegen die Hirten und tränkte ihre Tiere.
Als sie nun nach Hause kamen zu ihrem Vater, da fragte er sie: „Warum kommt ihr heute schon so früh?"
Sie sagten: „Ein Ägypter hat uns geholfen, als die Hirten kamen.
Er hat sogar das Wasser selbst geschöpft und unsere Tiere getränkt."
Da sprach Reguël zu seinen Töchtern: „Wo ist er denn? Warum habt ihr den Mann draußen stehen lassen?
Ruft ihn her, damit er etwas zu essen bekommt."
So kam Mose zu dem Priester und er blieb bei ihm.
Und der Priester gab ihm seine Tochter Zippora zur Frau.
Zippora bekam einen Sohn.
Dem gab Mose den Namen Gerschom, das heißt ‚Gast dort', denn er sagte: „Ich bin ein Gast dort im fremden Land."
(2. Mose 2)

Gott ruft Mose

In der langen Zeit, als Mose bei Reguël war, starb der Pharao.
Aber die Israeliten stöhnten weiter unter der schweren Arbeit.
Sie schrien laut und ihr Schreien stieg hinauf zu Gott.
Und Gott hörte ihren Hilferuf.
Er dachte an seinen Bund mit Abraham, mit Isaak und Jakob, und er kümmerte sich um die Nachkommen Israels.
Mose hütete damals die Schafe und Ziegen seines Schwiegervaters, des Priesters von Midian.
Er führte die Herde durch die Steppe und noch darüber hinaus, und er kam bis an den Berg Gottes, an den Horeb, der auch Sinai heißt.
Da erschien ihm der Engel Gottes in einer Feuerflamme, die brannte in einem Dornbusch.
Und Mose sah: Der Dornbusch brennt im Feuer, aber er verbrennt nicht!
Da dachte er: ‚Ich muss doch einmal hingehen und mir diese wunderbare Erscheinung ansehen. Warum verbrennt der Dornbusch nicht?'
Und Gott sah Mose, wie er herkam, um sich das anzusehen.
Da rief er ihn mitten aus dem Dornbusch und sprach: „Mose! Mose!"
Mose sagte: „Hier bin ich."
Gott sprach: „Komm nicht zu nahe her! Zieh deine Schuhe ab von deinen Füßen, denn der Boden, auf dem du stehst, der gehört Gott, es ist heiliges Land."
Dann sprach Gott: „Ich bin der Gott deiner Väter, der Gott Abrahams und Isaaks und Jakobs."

Da zog Mose ein Tuch über sein Gesicht; denn er hatte Angst, dorthin zu schauen, wo Gott war.
Und Gott sprach: „Ich habe gesehen, wie schwer es mein Volk hat in Ägypten.
Ich habe ihr Geschrei gehört über die, die sie schlagen.
Darum bin ich gekommen und will mein Volk retten aus der Hand der Ägypter.
Ich will das Volk herausführen aus diesem Land.
Und ich will sie hineinführen in ein schönes, weites Land, in ein Land, das von Milch und Honig überfließt, in das Land der Kanaaniter.
Siehe, ich schicke dich zum Pharao. Du sagst ihm, er soll mein Volk aus Ägypten wegziehen lassen.
Du führst mein Volk, die Nachkommen Israels, aus Ägypten heraus."
Das sagte Mose zu Gott: „Ich? Wer bin ich, dass ich zum Pharao gehe und die Israeliten aus Ägypten führe?"
Gott sprach: „Ich bin doch bei dir!
Und dies ist das Zeichen, dass ich selbst dich schicke: Wenn du das Volk herausführst aus Ägypten, dann bringt ihr mir Opfer hier an diesem Berg."

(2. Mose 2–3)

Gott sagt Mose seinen Namen

Da sagte Mose zu Gott: „Aber wenn ich nun hinkomme zu den Israeliten und zu ihnen sage: ‚Der Gott eurer Väter schickt mich zu euch', dann fragen sie mich: ‚Wie heißt er, wie ist sein Name?'

Was soll ich ihnen dann sagen?"
Da sprach Gott zu Mose: *„Ich bin da für euch!*
So sollst du zu den Israeliten sprechen: Der *Ich-bin-da-für-euch,* der schickt mich zu euch, der Gott eurer Väter, der Gott Abrahams und Isaaks und Jakobs.
‚Ich bin da für euch', das ist mein Name für immer.
Geh jetzt hin und rufe die führenden Männer im Volk, die Ältesten, zusammen und sprich zu ihnen:
‚Der Gott eurer Väter ist mir erschienen, der Gott Abrahams, Isaaks und Jakobs, der Ich-bin-da-für-euch.
Und er spricht: Ich kümmere mich um euch, denn ich habe gesehen, was sie euch alles antun in Ägypten.
Und ich verspreche euch: Ich führe euch heraus aus dem Elend in Ägypten.
Ich bringe euch in das Land der Kanaaniter, in ein Land, das von Milch und Honig überfließt.'
Wenn die Ältesten dann auf deine Worte hören und du kommst mit ihnen zum Pharao, dann sprecht ihr so:
‚Der Gott der Israeliten ist uns begegnet. Lass uns in die Wüste gehen, einen Weg von drei Tagen weit, damit wir unserem Gott Opfer bringen.'
Aber ich weiß: Der Pharao lässt euch nicht gehen. Er tut es nur, wenn eine starke Hand ihn zwingt.
Deshalb werde ich meine Hand ausstrecken und Ägypten schlagen mit schweren Plagen.
Danach lässt er euch frei und ihr zieht weg."

Mose wollte nicht zum Pharao gehen und sagte: „Ich kann nicht gut reden."
Da sprach Gott: „Ich bin bei dir und sage dir, was du reden sollst."
Aber Mose wollte immer noch nicht und sagte: „Ach, Herr, nimm, wen du willst, nur nicht mich!"
Da wurde Gott zornig auf Mose und sprach: „Dein Bruder Aaron, der kann reden, der geht mit. Er wird dein Mund, er spricht für dich."
Da machte sich Mose auf den Weg und ging zurück nach Ägypten.

(2. Mose 3–4)

Der Pharao muss die Israeliten ziehen lassen

Mose und Aaron gingen zum Pharao und sagten zu ihm: „So spricht der Gott Israels: ‚Lass mein Volk in die Wüste ziehen, damit es mir Opfer bringt!'"
Aber der Pharao sagte: „Wer ist das, der Gott Israels? Ich kenne ihn nicht.
Was hat er mir zu befehlen?
Nein, ich lasse euch nicht ziehen!"
Und der Pharao gab den Israeliten noch schwerere Arbeit.
Da schimpften alle Israeliten auf Mose und auf Aaron.
Und Mose rief zu Gott: „Herr, warum handelst du so schlecht an deinem Volk?
Warum hast du mich überhaupt hierher geschickt?
Seit ich zum Pharao gehe und mit ihm rede in deinem Namen, seitdem quält er das Volk nur noch stärker.
Und du hast dein Volk nicht gerettet."
Da sprach Gott zu Mose: „Jetzt sollst du sehen, was ich mit dem Pharao mache.
Meine starke Hand zwingt ihn und er lässt euch ausziehen!"
Und Gott schickte schwere Plagen über das ganze Land Ägypten.
Das Wasser im Nil wurde zu rotem Blut.
Man konnte es nicht mehr trinken.
Aus dem Nil stiegen Frösche und kamen in alle Häuser.
Die Menschen wurden von Schnaken zerstochen.
Sie bekamen böse Geschwüre auf der Haut.
Das Vieh wurde krank und starb.
Hagel fiel und vernichtete die Ernte auf den Feldern.
Und Heuschrecken fraßen alles Grüne, das übrig blieb.
Zuletzt kam eine große Finsternis. Am Tag war es genauso dunkel wie in der Nacht.
Doch der Pharao ließ die Israeliten nicht ziehen.
Und Gott sprach zu Mose: „Ich lasse jetzt noch eine einzige Plage kommen über den Pharao und über Ägypten, dann lässt er euch weggehen von hier.
Ja, er lässt euch nicht nur weggehen, er jagt euch sogar fort.
Geh und sag das dem Pharao!"
Da ging Mose zum Pharao und sagte: „Der Herr wird durch ganz Ägypten ziehen in der Mitte der Nacht.
Dann stirbt jeder Erstgeborene, jeder älteste Sohn, im Land Ägypten – vom ältesten Sohn des Pharao, der mit ihm auf seinem Thron sitzt, bis zum ältesten Sohn der

Dienerin, die an der Handmühle sitzt und Mehl mahlt.
Dann gibt es ein großes Geschrei im ganzen Land Ägypten, wie es noch nie eins gegeben hat und wie es nie wieder eins geben wird.
Aber gegen die Nachkommen Israels, gegen die darf nicht einmal ein Hund seine Schnauze hochheben und knurren!
Dann kommen alle deine Diener zu mir und werfen sich vor mir nieder und sagen: ‚Zieh weg aus Ägypten, du und dein ganzes Volk!'
Und dann ziehe ich aus!"

(Aus 2. Mose 5–11)

Die Israeliten feiern das Passa-Fest

Und Gott sprach zu Mose und Aaron in Ägypten:
„Am zehnten Tag dieses Monats nimmt jeder Familienvater ein Lamm für seine Familie.
Wenn die Familie klein ist, nimmt er noch Nachbarn dazu, so viele, dass sie zusammen ein Lamm aufessen können.
Es muss ein männliches Lamm sein, ein Jahr alt, gesund und schön, ohne einen Fehler.
Ihr nehmt es von den Schafen oder von den Ziegen.
Und ihr stellt es für sich allein in einen Stall und wartet bis zum vierzehnten Tag des Monats.
Dann schlachtet ihr es, wenn es Abend wird.
Und ihr sollt von dem Blut etwas nehmen und es an die Tür streichen, rechts und links an den Türpfosten und oben an den Balken.
So macht ihr es an allen Häusern, in denen ihr seid und das Lamm esst.
Und ihr sollt das Fleisch in derselben Nacht essen, am Feuer gebraten, dazu ungesäuertes Brot und bittere Kräuter.
Ihr dürft nichts davon übrig lassen bis zum Morgen.
Und so sollt ihr es essen: zur Reise fertig, das Gewand mit dem Gürtel hochgebunden, die Schuhe an den Füßen und den Wanderstock in der Hand.
Hastig und schnell sollt ihr es essen.
Es ist das Passa des Herrn, das ‚*Vorübergehen*' des Herrn.
Denn ich, der Herr, ich gehe durch das Land Ägypten in dieser Nacht und ich lasse jeden Erstgeborenen sterben im Lande Ägypten.
Ich halte Gericht über alle Götter in Ägypten, ich, der Herr.
Und das Blut an euren Häusern ist euer Zeichen.
Wenn ich das Blut sehe, dann gehe ich vorüber an euch.
Und es trifft euch kein Schlag, wenn ich auf das Land Ägypten losschlage."
Da rief Mose alle Ältesten der Israeliten zusammen und sagte ihnen, was Gott zu ihm gesprochen hatte.
Und dann sagte er noch: „Wenn ihr in das Land kommt, das Gott euch gibt, dann feiert dieses Fest jedes Jahr, genau so, wie Gott es befohlen hat.
Und wenn dann eure Söhne zu euch sagen: ‚Was bedeutet denn diese Feier?',

dann sprecht ihr: ‚Es ist das Passa-Opfer für den Herrn.
Der ging vorüber an den Häusern der Israeliten in Ägypten.
Die Ägypter ließ er sterben und uns tat er nichts.'"
Da warfen sich alle vor dem Herrn nieder und beteten ihn an.
Und die Israeliten gingen hin und taten, was Gott ihnen befohlen hatte – genauso taten sie es. (2. Mose 12)

Die Israeliten ziehen aus Ägypten weg

Und es geschah in der Mitte der Nacht, da ließ Gott jeden Erstgeborenen sterben im Lande Ägypten, vom ältesten Sohn des Pharao, der mit ihm auf seinem Thron saß, bis zum ältesten Sohn des Gefangenen, der im Gefängnis saß.
Und ganz Ägypten war voll von Geschrei und lautem Klagen, denn es gab kein Haus, in dem nicht ein Toter war.
Da rief der Pharao Mose und Aaron mitten in der Nacht und sagte: „Geht!
Zieht weg von meinem Volk, ihr beiden und die anderen Israeliten! Schnell!
Geht und bringt eurem Gott Opfer, wie ihr gesagt habt!
Und bittet auch um Segen für mich!"
Und die Ägypter drängten das Volk, damit sie schnell wegziehen aus dem Land.
Sie sagten zueinander: „Sonst sterben wir noch alle!"
Da zogen die Israeliten aus Ägypten weg, sechshunderttausend Mann zu Fuß, die Frauen und Kinder nicht mitgezählt.
Und sie nahmen auch ihre Schafe, Ziegen und Rinder mit, eine große Menge.
430 Jahre waren die Israeliten in Ägypten gewesen.
Und als die 430 Jahre um waren, genau an diesem Tag, da zog Gottes ganzes Volk weg aus dem Land Ägypten.
Und Gott zog vor ihnen her, am Tag in einer Wolkensäule, damit er ihnen den Weg zeigt, und bei Nacht in einer Feuersäule, damit er ihnen leuchtet.
So konnten sie Tag und Nacht wandern.
Die Wolkensäule am Tag und die Feuersäule in der Nacht gingen niemals weg von dem Volk. (2. Mose 12–13)

Der Pharao jagt den Israeliten nach

Gott führte das Volk nicht auf dem kürzesten Weg in das Land Kanaan.
Der kürzeste Weg ging durch das Land der Philister. Und die Philister waren starke Kämpfer.
Gott dachte: „Wenn das Volk kämpfen muss gegen die Philister, dann sagt es: ‚Ach, wären wir doch nie weggezogen aus Ägypten!'
Und dann gehen sie wieder zurück."
So ließ Gott die Israeliten einen Umweg machen. Er führte sie durch die Wüste bis zum Schilfmeer.
Dort schlugen sie ihr Lager auf.
Inzwischen hatte man dem Pharao gemeldet: „Die Israeliten sind weg! Sie sind geflüchtet!"
Da ärgerte sich der Pharao, dass er nachgegeben hatte, und seine Diener ärgerten sich auch.

Sie sagten: „Was haben wir da getan!
Wir haben die Israeliten freigelassen und sie arbeiten nicht mehr für uns!“
Und der Pharao ließ seinen Kriegswagen anspannen und nahm seine ganze Streitmacht mit: alle Kampfwagen in Ägypten und auf jedem drei Wagenkämpfer.
Gott verhärtete das Herz des Pharao so sehr, dass er hinter den Israeliten herjagte, obwohl sie doch unter dem Schutz seiner mächtigen Hand auszogen.
Die Israeliten sahen den Pharao und seine Kampfwagen schon von weitem.
Da bekamen sie große Angst und sie schrien zu Gott.
Sie liefen zu Mose und sagten: „Gab es in Ägypten keine Gräber für uns?
Hast du uns nur mitgenommen, damit wir in der Wüste sterben?
Warum hast du uns das angetan und hast uns herausgeführt aus Ägypten?
Haben wir nicht schon in Ägypten gesagt: ‚Lass uns in Ruhe! Wir wollen den Ägyptern dienen!‘
Ja, es wäre besser für uns, den Ägyptern zu dienen, als hier in der Wüste zu sterben!“
Da sprach Mose zu dem Volk: „Fürchtet euch nicht!
Habt Mut und ihr werdet sehen, wie der Herr euch hilft, wie er euch heute hilft!
Denn so, wie ihr jetzt die Ägypter seht, so seht ihr sie nie wieder.
Der Herr kämpft für euch.
Und ihr, ihr seht ruhig zu!“

(2. Mose 13–14)

Die Israeliten gehen durchs Meer

Da ging die Wolkensäule ans Ende des Zuges und stellte sich zwischen die Israeliten und die Ägypter.
Die ägyptischen Kampfwagen kamen nicht vorwärts, weil die Wolke so dicht und dunkel war.
Und Gott sprach zu Mose: „Sag den Israeliten, sie sollen weiterziehen.
Und du hebst deinen Stab hoch und streckst deine Hand aus über das Meer und teilst es in zwei Teile.
Dann können die Israeliten mitten hindurchgehen durch das Meer.
Und ich, ich mache die Ägypter stur, dass sie hinter euch hergehen in das Meer.
Dann will ich meine Macht zeigen am Pharao und seiner ganzen Streitmacht.
Und die Ägypter sollen erkennen, dass ich der Herr bin.“
Da streckte Mose seine Hand aus über das Meer und das Wasser teilte sich.
Die Israeliten gingen mitten durch das Meer auf trockenem Boden bis ans andere Ufer. Und das Wasser stand wie eine Mauer rechts von ihnen und links von ihnen.
Die Ägypter kamen hinterher und jagten den Israeliten nach, hinein in das Meer, alle Pferde des Pharao, seine Wagen und alle seine Kämpfer, bis in die Mitte.
Da sprach der Herr zu Mose: „Streck deine Hand aus über das Meer, damit das Wasser zurückläuft!“
Und Mose streckte seine Hand aus.
Da kam das Wasser zurück an seinen alten

Platz. Und es deckte alles zu, die Kriegswagen mit den Kämpfern.
Nichts blieb übrig von dem ganzen Heer des Pharao, nicht einer blieb übrig von allen, die hinter den Israeliten hergejagt waren in das Meer.
So rettete der Herr die Israeliten aus der Hand der Ägypter an diesem Tag.
Und Mirjam, die Schwester von Aaron und Mose, nahm ihre kleine Pauke in die Hand.
Und alle Frauen zogen hinter ihr her und schlugen ihre Handpauken und tanzten im Kreis.
Und Mirjam stimmte das Lied an:
„Singt dem Herrn,
denn hoch hat er sich erhoben,
Ross und Mann warf er ins Meer."
(2. Mose 14–15)

Gott gibt seinem Volk Brot und Fleisch in der Wüste

Die Israeliten zogen weiter durch die Wüste. Gott wollte sie zum Berg Sinai bringen. Sie waren schon sechs Wochen unterwegs.

Da schimpfte das ganze Volk auf Mose und Aaron.
Sie sagten: „Wären wir doch in Ägypten gestorben durch die Hand des Herrn!
Da saßen wir vor vollen Fleischtöpfen und hatten Brot genug.
Aber ihr, ihr habt uns herausgeführt in diese Wüste, nur damit wir hier sterben vor Hunger, das ganze Volk!"
Da erschien die Herrlichkeit des Herrn in der Wolke. Das ganze Volk sah es.
Und der Herr sprach zu Mose: „Ich habe das Murren der Israeliten gehört.
Sage ihnen: ‚Heute Abend bekommt ihr Fleisch zu essen und morgen früh Brot, damit ihr wisst, dass ich euer Gott bin, der Ich-bin-da-für-euch.'"
Und so kam es. Am Abend flogen Wachteln herbei und setzten sich überall im Lager auf die Erde. Die konnte das Volk fangen und essen.
Und am Morgen war die Erde nass vom Tau rings um das Lager.
Und als der Tau verdunstete, siehe, da lag etwas Feines auf dem Wüstenboden, feine Körner, so groß wie Hagelkörner.
Als die Israeliten das sahen, sagten sie zueinander: „Man hu?" Das heißt: ‚Was ist das?'
Denn sie wussten nicht, was es war.
Da sprach Mose zu ihnen: „Das ist das Brot, das Gott euch gibt.
Und dies ist es, was Gott bestimmt hat: Sammelt davon so viel, wie ihr zum Essen braucht, einen Krug voll für jeden."
Da gingen die Israeliten hinaus und sammelten die Körner auf, der eine viel und der andere wenig.
Aber als sie es abmaßen, da hatte der eine nicht mehr und der andere nicht weniger.
Jeder hatte gerade so viel, wie er brauchte: einen Krug voll.
So sammelten sie die Körner auf, jeden Morgen neu. Und jeder hatte so viel, wie er zum Essen brauchte.
Wenn aber die Sonne heiß wurde, dann zerschmolzen die Körner, die noch auf der Erde lagen.

Und am sechsten Tag, da sahen die Israeliten: Sie hatten das Doppelte an Brot eingesammelt, zwei Krüge für jeden.
Da sagte Mose ihnen, was der Herr zu ihm gesprochen hatte: „Morgen ist Ruhetag, der Sabbat des Herrn.
Niemand darf an diesem Tag arbeiten.
Backt oder kocht für heute, so viel ihr essen wollt. Und was übrig ist, das legt euch hin für morgen."
So legten sie einiges zurück bis zum anderen Morgen, wie Mose es gesagt hatte.
Und siehe, nichts verfaulte und es waren auch keine Würmer darin.
Da sprach Mose: „Esst das heute, denn heute ist Sabbat, der Tag, der dem Herrn gehört.
Heute findet ihr nichts auf dem Feld.
Sechs Tage könnt ihr arbeiten und einsammeln. Aber am siebten Tag ist Sabbat, da findet ihr nichts draußen."
Einige aus dem Volk gingen trotzdem hinaus am siebten Tag, um zu sammeln.
Aber sie fanden nichts.
Da sprach Gott zu Mose: „Ich habe euch den Sabbat gegeben, darum gebe ich euch am sechsten Tag Brot für zwei Tage.
Am siebten Tag bleibt ihr zu Hause, niemand geht aus dem Lager!"
So hielt nun das Volk am siebten Tag den Ruhetag.
Und die Israeliten nannten die Körner ‚Manna'. Sie hatten doch gefragt: Man hu, ‚was ist das'?
Es sah weiß aus und schmeckte wie Honigkuchen. Sie aßen es vierzig Jahre lang in der Wüste, bis sie in das Land Kanaan kamen. (2. Mose 16)

Gott hilft seinem Volk gegen Feinde

Als die Israeliten noch dort waren, kam ein wildes Wüstenvolk herangezogen.
Es waren die Amalekiter und sie wollten mit den Israeliten Krieg anfangen.
Da sprach Mose zu Josua: „Such dir tapfere Männer aus und kämpfe morgen mit ihnen gegen die Amalekiter!
Ich stehe dann oben auf dem Berg mit dem Stab Gottes in meiner Hand!"
Josua tat, was Mose ihm befohlen hatte, und kämpfte gegen die Amalekiter.
Aber Mose stieg mit Aaron und Hur auf die Spitze des Berges.
Und immer wenn Mose seine Hand hob mit dem Stab, dann waren die Israeliten stärker.
Und wenn er seine Hand wieder herunternahm, dann waren die Amalekiter stärker.
Aber Mose wurden die Arme schwer.
Da nahmen Aaron und Hur einen Stein und legten ihn dort hin, wo Mose stand.
Und er setzte sich darauf.
Aaron und Hur standen neben ihm und hielten seine Arme hoch, der eine auf der einen Seite und der andere auf der anderen Seite.
So blieben Moses Hände oben, bis die Sonne unterging.
Und Josua siegte mit seinen Männern über die Amalekiter mit dem Schwert.
Da baute Mose einen Altar und gab ihm den Namen: ‚Der Herr ist mein Zeichen im Kampf, die Fahne, die vor uns hergeht!' (2. Mose 17)

Die Israeliten am Berg Sinai

Gott spricht mit Mose

Zwei Monate nach ihrem Auszug aus Ägypten kamen die Israeliten an den Berg Gottes, den Berg Sinai.
Sie bauten ihre Zelte auf und lagerten sich gegenüber dem Berg.
Und Mose stieg hinauf auf den Berg zu Gott.
Und Gott sprach zu ihm: „Sage zu den Israeliten, den Söhnen Jakobs:
‚Ihr habt selbst gesehen, was ich mit den Ägyptern gemacht habe.
Aber euch habe ich getragen wie ein Adler, der seine Jungen auf seinen Flügeln trägt. Und ich habe euch hierher gebracht zu meinem Berg.
Wenn ihr nun auf mich hört
und mir treu bleibt
und meinen Bund haltet,
dann seid ihr mein Volk,
ein besonderes Volk vor allen Völkern;
denn mir gehört die ganze Erde.
Ihr sollt ein heiliges Volk sein,
ein Volk, das mir dient
wie ein Volk von lauter Priestern.‘
Das sind die Worte, die du den Israeliten sagst.“
Mose ging zurück in das Lager.
Und er rief die Ältesten des Volkes zusammen und sagte ihnen alle Worte, die Gott zu ihm gesprochen hatte.

Da antwortete das Volk: „Wir wollen alles tun, was der Herr gesagt hat.“
So ging Mose wieder hinauf und sagte Gott, was das Volk geantwortet hatte.
Und Gott sprach zu Mose: „Siehe, ich komme zu dir in einer dunklen Wolke, damit das ganze Volk es hört, wenn ich mit dir rede.
Dann glaubt dir das Volk, dass es meine Worte sind, die du ihnen sagst, jetzt und immer.“
Und Gott sprach zu Mose: „Geh und sag den Israeliten, dass sie sich vorbereiten, heute und morgen, und dass sie ihre Kleider waschen.
Denn übermorgen steige ich, der Herr, herab auf den Berg Sinai vor den Augen des ganzen Volkes.
Zieh eine Grenzlinie unten um den Berg und sag ihnen: ‚Hütet euch ja und steigt nicht auf den Berg!
Kommt ihm auch nicht zu nahe!
Jeder, der an den Berg kommt, muss sterben, ob Mensch oder Tier!‘“
Da stieg Mose herunter vom Berg zum Volk Israel und sagte zu ihnen: „Macht euch bereit für übermorgen!"
Und es geschah am dritten Tag, als es Morgen wurde: Schwere Wolken verhüllten den Berg, es donnerte und blitzte, Posaunen erschallten laut.
Da zitterte das ganze Volk vor Angst im

Lager. Und Mose führt das Volk hinaus aus dem Lager, Gott entgegen.
Alle stellten sich auf vor der Grenzlinie unten am Berg.
Der ganze Berg rauchte, weil der Herr auf ihn herabgestiegen war im Feuer.
Der Rauch stieg hoch wie aus einem riesigen Ofen. Und der ganze Berg zitterte und bebte.
Der Posaunenschall wurde immer lauter.
Mose rief zu Gott und Gott antwortete ihm im Donner.
So rief Gott Mose zu sich herauf auf den Berg.
Das Volk sah, wie der Berg rauchte, und es hörte, wie es donnerte und wie die Posaunen dröhnten.
Da bekam es Angst und lief weg und es blieb weit hinten stehen.
Nur Mose ging hinein in die Wolke, in der Gott war. (2. Mose 19–20)

Mose holt die Steintafeln mit den Zehn Geboten

Der Herr sprach zu Mose: „Komm herauf zu mir auf den Berg! Ich gebe dir die Steintafeln mit den Geboten.
Ich habe sie selbst aufgeschrieben für das Volk."
Da stand Mose auf und rief seinen Diener Josua zu sich.
Und er sprach zu den Ältesten: „Wartet hier unten, bis wir zurückkommen. Ihr habt ja Aaron und Hur bei euch.
Wer Hilfe braucht, der geht zu ihnen."
Und Mose stieg mit Josua hinauf auf den Berg.
Und als er hinaufstieg, da deckte eine große Wolke den Berg zu, oben an der Spitze.
Die Herrlichkeit des Herrn kam herunter auf den Berg Sinai.
Sie leuchtete wie brennendes Feuer aus der Wolke vor den Augen der Israeliten.
Und Gott rief Mose zu sich aus der Wolke heraus.
Da ließ Mose seinen Diener Josua zurück und ging hinein in die Wolke.
Und Mose blieb oben auf dem Berg vierzig Tage und vierzig Nächte.

(2. Mose 24)

Die Israeliten machen sich selbst einen Gott

Die Israeliten warteten unten im Lager auf Mose.
Als er nicht wiederkam, da versammelten sie sich um Aaron und sagten zu ihm: „Komm, mach uns einen Gott, der vor uns hergeht!
Wir wissen nicht, was aus diesem Mose geworden ist, aus dem Mann, der uns herausgeführt hat aus Ägypten."
Da sprach Aaron zu ihnen: „Nehmt die goldenen Ringe, die eure Frauen und Kinder an ihren Ohren haben. Bringt sie her zu mir!"
Da nahmen alle die goldenen Ohrringe ab und brachten sie Aaron.
Der tat sie in eine Pfanne und ließ sie auf dem Feuer schmelzen.
Dann ließ er das Gold in eine Form aus Sand laufen und machte daraus ein goldenes Kalb.

Die Zehn Gebote

Gott sprach zu Mose auf dem Berg und
gab ihm diese Gebote für das Volk Israel:

1. Ich bin der Herr, dein Gott,
Ich habe dich herausgeführt aus Ägypten,
aus dem Gefängnis,
wo du Sklavenarbeit tun musstest.
Du sollst keine anderen Götter
haben neben mir.
Denn ich bin der Herr, dein Gott.
Ich will, dass du mich allein liebst.

2. Du sollst dir kein Bild machen von
Gott und es anbeten.

3. Du sollst den Namen des Herrn,
deines Gottes, nicht missbrauchen
und sagen: ‚Es ist wahr, bei Gott!',
wenn du eine Lüge sagst.

4. Denk an den Ruhetag.
Er gehört Gott.
Sechs Tage lang sollst du deine
Arbeit tun.
Aber der siebte Tag,
der ist der Ruhetag.
Er gehört dem Herrn, deinem Gott.
Da sollst du keine Arbeit tun.
Denn in sechs Tagen,
da machte der Herr
den Himmel und die Erde
und das Meer
mit allem, was lebt.
Aber am siebten Tag ruhte er.
Darum segnete der Herr
den Ruhetag
und machte ihn zu dem Tag,
der ihm gehört.

5. Du sollst deinen Vater
und deine Mutter ehren
damit du lange lebst in dem Land,
das der Herr, dein Gott, dir gibt.

6. Du sollst nicht töten.

7. Du sollst deinem Ehepartner
nicht untreu sein.

8. Du sollst nicht stehlen.

9. Du sollst keine Lügen verbreiten
über deine Mitmenschen.

10. Du sollst keine begehrlichen
Blicke werfen auf das,
was einem anderen gehört.

(2. Mose 20)

Da rief das ganze Volk: „Dies ist dein Gott, Israel! Der hat dich herausgeführt aus Ägypten!“
Als Aaron das sah, baute er einen Altar vor dem Kalb.
Und er rief: „Morgen feiern wir ein Fest für den Herrn!“
Am nächsten Morgen standen sie früh auf und opferten vor dem goldenen Kalb. Sie brachten Brandopfer und schlachteten Tiere für das Opfermahl.
Und das Volk setzte sich hin zum Essen und Trinken und es stand auf und begann einen wilden Tanz.
Nun machte sich Mose auf den Weg und stieg hinunter vom Berg.
Er hatte die beiden Gesetzestafeln in der Hand. Sie waren auf beiden Seiten beschrieben, vorne und hinten.
Gott hatte die Tafeln selbst gemacht und auch die Schrift in den Stein geritzt.
Josua, der Diener Moses, war bei ihm.
Er hörte das Geschrei des Volkes und sagte: „Es ist Kriegsgeschrei im Lager!“
Aber Mose sagte: „Nein, so schreien sie nicht, wenn sie kämpfen. Ich höre lautes Singen!“
Als Mose nun nahe zum Lager kam, sah er das Kalb und die wilden Tänze.
Da wurde er wütend, schleuderte die Tafeln zu Boden und schlug sie kaputt, unten am Berg.
Und er nahm das goldene Kalb, das sie gemacht hatten, und warf es ins Feuer.
Dann sprach Mose zu Aaron: „Was hat dir dieses Volk getan?
Du bist schuld, dass sie eine so große Sünde begangen haben!“

Da sagte Aaron: „Sei nur nicht zornig auf mich! Du kennst ja dieses Volk und du weißt, wie böse es ist.
Sie sagten zu mir: ‚Mach uns einen Gott, der vor uns hergeht.
Denn dieser Mose, der uns aus Ägypten herausgeführt hat, er kommt ja nicht wieder. Wir wissen nicht, was aus ihm geworden ist!‘
Da sagte ich zu ihnen: ‚Wer hat Gold?‘ Und sie rissen ihre goldenen Ringe ab und gaben sie mir.
Die warf ich ins Feuer und schmolz sie ein. Da kam dieses Kalb heraus.“
Und Mose sprach zum Volk: „Ihr habt eine große Sünde getan.
Ich will hinaufsteigen zum Herrn und ihn für euch bitten.
Vielleicht vergibt er euch eure Sünde.“
So kam Mose zurück zum Herrn und sagte: „Ach dieses Volk, es hat gesündigt mit großer Sünde!
Sie haben sich einen Gott aus Gold gemacht.
Trotzdem, vergib ihnen ihre Sünde!
Wenn du sie ihnen nicht vergeben willst, dann streich auch mich aus deinem Buch aus!"
Der Herr sprach zu Mose: „Nur wer gesündigt hat gegen mich, den streiche ich aus meinem Buch.
Geh hin, führe das Volk, wohin ich dir gesagt habe.
Siehe, mein Engel geht vor dir her.
Aber wenn der Tag kommt, an dem ich strafe, dann strafe ich sie für ihre Sünden.“

(2. Mose 32)

Mose holt zwei neue Gesetzestafeln

Danach sprach Gott zu Mose: „Hau dir zwei Tafeln zurecht, genau wie die ersten beiden, die du zerbrochen hast.
Ich schreibe dieselben Worte darauf, die auf den ersten Tafeln standen.“
So ging Mose wieder hinauf zu Gott auf den Berg und er hatte die zwei Steintafeln in der Hand.
Und Gott schrieb die Gebote darauf.
Er sprach zu Mose: „Ich schließe einen Bund mit euch und tue Wunder für euch vor euren Augen.
Und ihr, ihr haltet meine Gebote, die ich euch heute gebe!"
Mose blieb wieder vierzig Tage und vierzig Nächte beim Herrn. Und er aß nicht und trank nicht, die ganze Zeit.
Dann stieg Mose herab vom Berg Sinai und hatte die beiden Gesetzestafeln in der Hand.
Die Haut seines Gesichtes leuchtete, weil er mit Gott geredet hatte, aber er wusste es nicht.
Aaron und alle Israeliten sahen, wie die Haut seines Gesichtes leuchtete, und sie fürchteten sich, zu ihm hinzugehen.
Aber Mose rief sie zu sich, da trauten sie sich näher zu kommen – zuerst Aaron und die Ältesten der Israeliten und dann das ganze Volk.
Und Mose redete mit ihnen und sagte ihnen alles, was Gott zu ihm gesprochen hatte auf dem Berg Sinai. (2. Mose 34)

Das Wohnzelt Gottes und die Bundeslade

Mose sagte zu dem versammelten Volk: „Das ist es, was der Herr befohlen hat: ‚Baut mir ein Zelt, in dem ich unter euch wohnen kann.
Alle Israeliten sollen dafür Opfergaben bringen.‘“
Und Mose sagte den Israeliten genau, wie das Zelt, die Wohnung Gottes, aussehen soll:
„Ringsherum ist ein Hof, mit Pfosten umgeben. Zwischen die Pfosten sind Tücher gespannt.
Mitten im Hof steht das Zelt und davor ein Altar, auf dem die Opfergaben für Gott verbrannt werden.
In dem Zelt selbst steht ein kleiner goldener Altar, auf dem Weihrauch verbrannt wird, und neben dem Altar ein goldener Tisch, auf dem immer frische Opferbrote liegen.
Weiter steht dort im Zelt ein goldener Leuchter mit sieben Öllampen darauf.
Hinten im Zelt ist ein besonderer Raum hinter einem Vorhang.
Dort ist meine Wohnung, dort bin ich für euch da, ganz in eurer Nähe. Deshalb heißt der Raum das Allerheiligste.
Dorthin bringt ihr die Tafeln mit meinen Geboten.
Ihr legt sie in eine Truhe, die Bundeslade.
Die sieht so aus:
Die Truhe ist aus Holz. Darauf liegt ein goldener Deckel.
Auf dem Deckel steht auf jeder Seite ein goldener Engel.
Die beiden Engel stehen einander gegenüber und breiten ihre Flügel schützend aus über der Truhe.
Und auf beiden Seiten sind an der Truhe Stangen, damit man sie tragen kann.
So sieht also die Bundeslade aus.“
Die Israeliten machten alles so, wie Mose es ihnen beschrieb.
Dann wurde das Zelt aufgestellt und alles wurde hineingebracht.
Und die Bundeslade mit den Geboten auf den Steintafeln, die stellten sie hinter den Vorhang.
Als das vollendet war, da bedeckte eine Wolke das Zelt und die Herrlichkeit Gottes füllte das ganze Zelt.
Niemand konnte an dem Tag hineingehen, auch Mose nicht.
So zeigte Gott den Israeliten: Wenn sie vor dem Zelt beten und ihre Opfer bringen und wenn die Priester im Zelt die Opferbrote auflegen und Weihrauch für Gott verbrennen, dann ist er ihnen ganz nahe.
Denn so hatte Gott zu Mose gesagt: „Ich will mitten unter den Israeliten wohnen, ich will ihr Gott sein, der Ich-bin-da-für-euch.“ (Aus 2. Mose 35–40 und 29)

Die Israeliten auf dem Weg in ihr Land

Die Israeliten brechen auf vom Berg Sinai

Das Volk Israel blieb eine lange Zeit am Berg Sinai.
Dann geschah es, im zweiten Jahr nach dem Auszug aus Ägypten, im zweiten Monat: Die Wolke erhob sich vom Zelt des Herrn.
Und sie zog als Wolkensäule allen Israeliten voran.
Da brach das ganze Volk auf aus der Wüste Sinai.
Die Truhe mit den Gesetzestafeln, die Bundeslade, die trugen sie mit sich.
Und das Zelt des Herrn, das bauten sie ab und nahmen es auch mit und alles, was dazugehört.
So zogen sie durch die Wüste bis an die Grenze des Landes Kanaan. (4. Mose 10)

Mose schickt zwölf Männer in das Land Kanaan

Da sprach Gott zu Mose: „Schick Männer voraus, dass sie das Land ansehen, das ich den Israeliten geben will.
Aus jedem der zwölf Stämme nimmst du einen Mann."
Mose wählte zwölf Männer aus, wie Gott es befohlen hatte.
Josua und Kaleb waren auch dabei.

Und Mose sprach zu ihnen: „Ihr zieht zuerst durch das Südland und dann hinauf in die Berge.
Und seht euch alles genau an.
Seht euch das Volk an, das darin wohnt, ob es stark ist oder schwach, klein oder groß.
Seht euch die Städte an, ob sie hohe Mauern haben oder nicht, und die Äcker, ob sie fruchtbar sind oder nicht, und ob es dort Bäume gibt oder nicht.
Habt keine Angst!
Und bringt von den Früchten des Landes welche mit!"
Denn es war gerade die Zeit, in der die ersten Weintrauben reif werden.
So zogen die Männer los und erforschten das Land.
Sie zogen durch das Südland und kamen nach Hebron.
Dort wohnten die Söhne Anaks: Ahiman, Scheschai und Talmai, alles riesengroße Männer.
Von dort kamen sie in das Traubental. Und sie schnitten eine von den Weinranken ab mit einer Traube daran.
Die Traube war so groß, dass zwei Männer eine Stange durchsteckten und sie auf ihren Schultern trugen.
Und sie nahmen noch Feigen mit und andere Früchte.
Als die zwölf Männer alles angesehen hat-

ten, kehrten sie wieder um und kamen zurück zu Mose und Aaron und zum ganzen Volk Israel.
Sie erzählten ihnen, was sie gesehen hatten. Und sie zeigten ihnen die Früchte des Landes, die sie mitgebracht hatten.
Sie sagten zu Mose: „Wir kamen in das Land, in das du uns geschickt hast.
Es ist wirklich wahr: Das Land ist schön und fruchtbar, ein Land, das von Milch und Honig überfließt.
Und dies hier sind seine Früchte.
Aber das Volk, das in dem Land wohnt, das ist stark!
Und die Städte, die sind sehr groß und haben feste Mauern!
Und dann haben wir noch die Söhne Anaks gesehen. Das sind Riesen!"
Da fing das Volk wieder an, auf Mose zu schimpfen.
Aber Kaleb beruhigte sie und sagte: „Wir ziehen hin und nehmen das Land ein.
Wir sind stärker.
Wir sind ganz bestimmt stärker!"
Aber die anderen Männer, die mit Kaleb durch das Land gezogen waren, die sagten: „Wir können nicht hinziehen und kämpfen gegen dieses Volk.
Es ist viel stärker als wir!"
Und sie erzählten den Israeliten schreckliche Geschichten über das Land und sagten: „Die Männer dort sind alle ganz groß.
Wir haben sogar richtige Riesen gesehen: die Söhne Anaks!
Dagegen kamen wir uns vor wie Grashüpfer. Und auch sie haben uns angesehen wie Grashüpfer!" (4. Mose 13)

Die Israeliten müssen in der Wüste bleiben

Da bekam das ganze Volk Angst und schrie und weinte die ganze Nacht hindurch.
Und alle Israeliten schimpften auf Mose und Aaron.
Sie sagten zu ihnen: „Wären wir doch bloß in Ägypten gestorben oder in der Wüste! Wären wir bloß gestorben!
Warum führt uns Gott überhaupt in dieses Land?
Nur damit wir vom Schwert erschlagen werden?
Und unsere Frauen und unsere kleinen Kinder, die werden gefangen und weggeschleppt!
Es ist besser für uns, wir gehen zurück nach Ägypten!"
Und einer sagte zum andern: „Wir suchen uns einen neuen Führer und gehen zurück nach Ägypten!"
Da warfen sich Mose und Aaron auf die Erde vor dem ganzen Volk, um Gott anzuflehen.
Aber Josua und Kaleb zerrissen ihre Kleider vor Entsetzen und sagten zu den Israeliten: „Das Land, durch das wir gezogen sind, das ist sehr, sehr gut!
Wenn der Herr uns freundlich ist, dann lässt er uns auch hineinkommen und gibt es uns.
Stellt euch nicht gegen den Herrn und fürchtet euch nicht vor dem Volk des Landes!
Wir werden ganz leicht mit ihnen fertig.
Ihre Götter haben sie verlassen.
Aber mit uns ist der Herr.

Habt also keine Angst vor ihnen!“
Aber das ganze Volke sagte: „Werft Steine auf sie, bis sie tot sind!“
Da erschien die Herrlichkeit des Herrn vor allen Israeliten über dem heiligen Zelt.
Und der Herr sprach zu Mose und Aaron: „Wie lange will dieses böse Volk mich noch verachten?
Ich habe genau gehört, wie sie auf mich geschimpft haben.
Du, Mose, sagst zu ihnen: ‚So spricht der Herr: Ich mache es mit euch genauso, wie ihr es gesagt habt.
Ihr sollt in dieser Wüste sterben!
Alle Männer, die älter sind als zwanzig Jahre, die sollen nicht in das Land hineinkommen.
Denn ihr habt mich beschimpft.
Nur Kaleb und Josua kommen hinein.
Und eure kleinen Kinder, von denen ihr gesagt habt: Die werden gefangen und weggeschleppt von unseren Feinden, die bringe ich in das Land.
Die bekommen das Land, das ihr nicht haben wollt.
Aber ihr bleibt hier in der Wüste, und hier werdet ihr sterben.
Auch eure Söhne bleiben in der Wüste mit ihren Herden, vierzig Jahre lang.
Sie tragen mit an eurer Schuld, bis keiner mehr am Leben ist von euch.
Vierzig Tage habt ihr das Land erkundet.
Vierzig Jahre sollt ihr in der Wüste bleiben, für jeden Tag ein Jahr.
Dann merkt ihr, wie das ist, wenn ich euch verlasse!‘“ (4. Mose 14)

Kann Mose Wasser geben?

Eines Tages kamen die Israeliten in die Wüste Zin und lagerten in Kadesch.
Aber es gab dort kein Wasser.
Da lief das Volk zusammen und wurde wütend auf Mose und Aaron und sagte: „Warum habt ihr uns in diese Wüste gebracht?
Nur damit wir hier sterben, wir und alle unsere Tiere?
Warum habt ihr uns überhaupt aus Ägypten herausgeführt? Nur damit ihr uns in diese Wildnis bringt?
Hier kann man nicht säen.
Hier gibt es keine Feigenbäume und keine Apfelbäume und keine Weinstöcke.
Hier gibt es nicht einmal Wasser!“
Da gingen Mose und Aaron weg von der Versammlung der Israeliten, hinüber zum Zelt des Herrn.
Und sie warfen sich nieder mit ihrem Gesicht zur Erde.
Da erschien ihnen die Herrlichkeit des Herrn.
Und der Herr redete mit Mose und sprach: „Nimm deinen Stab und rufe das Volk zusammen, du und dein Bruder Aaron.
Dann sprecht ihr vor ihren Augen zu dem Felsen und befehlt ihm, dass er Wasser hergibt.
So lässt du Wasser herausfließen aus dem Felsen und das Volk kann trinken und die Tiere auch.“
Da holte Mose den Stab aus dem Zelt des Herrn, wie der Herr es gesagt hatte.
Mose und Aaron versammelten das ganze Volk vor dem Felsen.

Und Mose sprach zu ihnen: „Hört zu, ihr Ungehorsamen!
Denkt ihr, dass wir aus diesem Felsen Wasser fließen lassen können für so ein ungehorsames Volk?“
Und Mose hob seine Hand hoch und schlug auf den Felsen mit seinem Stab, zweimal.
Da floss viel Wasser heraus. Und das ganze Volk trank mit allen Tieren.
Aber Gott sprach zu Mose und Aaron: „Ihr habt nicht geglaubt, dass ich diesem ungehorsamen Volk Wasser gebe.
Ihr habt mich nicht groß gemacht vor den Augen der Israeliten und mir nicht die Ehre gegeben.
Darum sollt ihr dieses Volk nicht in das Land bringen, das ich ihnen geben will.“

(4. Mose 20)

Aaron stirbt in der Wüste

Die Israeliten brachen auf und zogen von Kadesch zum Berg Hor an der Grenze zum Land Edom.
Dort sprach Gott zu Mose: „Aarons Leben ist jetzt zu Ende. Er muss sterben.
Er darf nicht mit in das Land, das ich den Israeliten gebe.
Nimm Aaron und seinen Sohn Eleasar und steigt miteinander auf den Berg Hor. Dort ziehst du Aaron sein Priestergewand aus und ziehst es seinem Sohn an.
So wird Eleasar sein Nachfolger.
Und Aaron soll dort oben sterben und begraben werden.“
Da ging Mose hin und tat, was Gott ihm befohlen hatte.
Er stieg mit Aaron und Eleasar auf den Berg Hor vor den Augen des ganzen Volkes.
Und er zog Aaron seine Priesterkleider aus und zog sie seinem Sohn an.
Dann starb Aaron dort oben auf der Spitze des Berges.
Mose und Eleasar stiegen wieder vom Berg hinunter in das Lager.
Und als die Israeliten sahen, dass Aaron gestorben war, da weinte das ganze Volk und trauerte um ihn dreißig Tage lang.

(4. Mose 20)

Balak ruft Bileam zu Hilfe

Als die Israeliten um das Land Edom herumgezogen waren, kamen sie an die Grenze des Landes Kanaan.
Sie wollten von Osten her über den Jordan in das Land einziehen.
Die vierzig Jahre waren jetzt um.

Die Israeliten bauten ihr Lager im Jordantal auf, gegenüber der Stadt Jericho.
Vor sich hatten sie das Land Kanaan.
Auf den Bergen hinter ihnen wohnten die Moabiter.
Balak, der Sohn Zippors, war der König der Moabiter.
Als er die Israeliten sah, bekam er große Angst, weil es so viele waren.
Da schickte er Boten zu Bileam.
(Bileam war ein Mann, der konnte mit seinem Wort jeden Feind ganz schwach machen.)
Sie sollten zu ihm sagen: „Ein großes Volk ist aus Ägypten gekommen.
Es bedeckt das ganze Land und hat hier

sein Lager aufgeschlagen, gerade mir gegenüber.
Darum komm her und verfluche dieses Volk.
Dann wird es schwach und ich kann es besiegen und aus dem Land jagen.
Ich weiß: Wen du segnest, der ist gesegnet und stark, und wen du verfluchst, der ist verflucht und wird schwach."
Da gingen die Ältesten der Moabiter zu Bileam. Sie hatten Gold und Silber mit als Geschenk für ihn.
Und sie sagten Bileam alles, was Balak ihnen aufgetragen hatte.
Da sprach Bileam zu ihnen: „Bleibt heute Nacht hier und schlaft bei mir.
Ich sage euch morgen, was der Herr in der Nacht zu mir spricht."
Und Gott kam zu Bileam in der Nacht und sprach: „Was sind das für Männer da bei dir?"
Bileam antwortete: „Balak hat sie zu mir geschickt, der König der Moabiter.
Er lässt mir sagen: ‚Das Volk, das aus Ägypten kommt, das bedeckt das ganze Land. Komm her und verfluche es für mich!
Dann wird es schwach und ich kann es besiegen und wegjagen.'"
Da sprach Gott zu Bileam: „Du darfst nicht mitgehen mit ihnen.
Du darfst das Volk nicht verfluchen, denn es ist gesegnet!"
Am anderen Morgen stand Bileam früh auf und er sagte zu den Ältesten: „Geht allein wieder in euer Land!
Der Herr erlaubt mir nicht, dass ich mit euch gehe." (4. Mose 22)

Balak schickt zum zweiten Mal zu Bileam

Da machten sich die Ältesten der Moabiter auf den Weg nach Hause.
Und sie kamen zu Balak und sagten zu ihm: „Bileam wollte nicht mitkommen mit uns!"
Da schickte Balak noch einmal Älteste zu Bileam.
Es waren noch mehr und noch vornehmere Männer als beim ersten Mal.
Sie kamen zu Bileam und sagten zu ihm: „Balak, der König der Moabiter, lässt dir sagen: ‚Nichts darf dich abhalten, zu mir zu kommen!
Ich will dich auch belohnen, sehr reich belohnen.
Ich will alles tun, was du sagst.
Nur komm doch her und verfluche dieses Volk!'"
Aber Bileam antwortete den Männern Balaks: „Und wenn Balak mir sein ganzes Haus voll Silber und Gold gibt!
Ich kann nur das tun, was der Herr, mein Gott, mir sagt.
Nicht die kleinste Kleinigkeit kann ich tun gegen den Willen des Herrn.
Aber bleibt hier heute Nacht, ihr auch. Ich will hören, was der Herr mir dazu noch sagt."
Und Gott kam zu Bileam in der Nacht und sprach zu ihm: „Wenn die Männer gekommen sind, um dich zu rufen, dann mach dich auf den Weg und geh mit ihnen.
Aber tu nur, was ich dir sage!"
(4. Mose 22)

Bileams Eselin redet

Am anderen Morgen stand Bileam auf, legte den Sattel auf seine Eselin und zog mit den Ältesten der Moabiter mit.
Da wurde Gott doch zornig, weil Bileam mitging.
Und der Engel des Herrn stellte sich mitten auf den Weg, als Bileam auf seiner Eselin daherritt.
Bileam sah ihn nicht. Aber die Eselin, die sah ihn, wie er auf dem Weg stand und wie er sein Schwert herausgezogen hatte und in der Hand hielt.
Sie drehte den Kopf zur Seite, ging herunter vom Weg und hinein ins Feld.
Da schlug Bileam die Eselin, damit sie wieder auf den Weg geht.
Nun stellte sich der Engel des Herrn an eine andere Stelle. Dort wurde der Weg eng und führte durch Weinberge; rechts eine Mauer und links eine Mauer.
Als die Eselin den Engel des Herrn sah, da drückte sie sich an der Mauer entlang und klemmte Bileams Fuß ein.
Da schlug Bileam sie wieder.
Aber der Engel des Herrn ging noch ein Stück weiter und stellte sich an eine ganz enge Stelle.
Es war kein Platz mehr, um ihm auszuweichen, nicht rechts und nicht links.
Als die Eselin den Engel des Herrn dort sah, da legte sie sich auf die Erde.
Bileam wurde wütend und schlug die Eselin mit dem Stock.
Da tat der Herr der Eselin den Mund auf und sie konnte sprechen.
Sie sagte zu Bileam: „Was habe ich dir getan, dass du mich nun schon dreimal geschlagen hast?“

Da sagte Bileam: „Weil du mich ärgerst und mich an der Nase herumführst!
Wenn ich doch ein Schwert in der Hand hätte, ich würde dich totschlagen!"
Doch die Eselin sprach zu Bileam: „Bin ich nicht deine treue Eselin?
Kennst du mich nicht lange genug?
Habe ich dir irgendwann einmal so etwas angetan?"
Bileam sagte: „Nein, noch nie!"
Da öffnete Gott Bileam die Augen.
Und er sah den Engel des Herrn mitten auf dem Weg stehen mit seinem Schwert in der Hand.
Da warf Bileam sich nieder mit dem Gesicht zur Erde.
Und der Engel des Herrn sprach zu ihm: „Warum schlägst du deine Eselin nun schon dreimal?
Siehe, ich bin hergekommen und habe mich selbst in deinen Weg gestellt; denn es ist nicht richtig, was du tust.
Deine Eselin, die sah mich und wich aus, schon dreimal.
Wäre sie nicht ausgewichen, so hätte ich dich totgeschlagen und sie am Leben gelassen."
Da sagte Bileam zum Engel des Herrn: „Ich habe gesündigt.
Ich habe nicht gewusst, dass du dich in den Weg gestellt hast.
Aber wenn es verkehrt ist in deinen Augen, dass ich mitgehe, dann kehre ich um und gehe wieder nach Hause."
Aber der Engel Gottes sprach zu Bileam: „Geh ruhig mit den Männern Balaks.
Aber sprich nur das, was ich sage. Nur das darfst du sprechen! (4. Mose 22)

Bileam muss Israel segnen

Als Balak hörte, dass Bileam kommt, da ging er ihm entgegen.
Und er sagte zu Bileam: „Ich habe doch schon einmal Leute zu dir geschickt.
Warum bist du nicht gleich gekommen?
Meinst du, ich kann dich nicht ordentlich bezahlen?"
Da sprach Bileam zu Balak: „Siehe, ich bin nun zu dir gekommen.
Aber ich warne dich! Ich kann nur das sagen, was Gott zu mir spricht!"
Am anderen Morgen führte Balak den Bileam an eine Stelle, wo er das Lager der Israeliten sehen konnte, aber nur den Rand; es war ja so groß.
Da sprach Bileam zu Balak „Bau mir sieben Altäre und stell mir sieben junge Stiere hin und sieben Schafböcke."
Balak stellte alles bereit, wie Bileam es verlangt hatte.
Und sie opferten auf jedem Altar einen jungen Stier und einen Schafbock.
Dann sprach Bileam zu Balak: „Bleib du hier bei deinem Brandopfer stehen und lass mich ein Stück weitergehen!
Vielleicht begegnet mir der Herr.
Und was er dann zu mir spricht, das sage ich dir."
Bileam ging auf einen kleinen Berg.
Und dort begegnete ihm Gott.
Bileam sagte zu ihm: „Sieben Altäre habe ich gebaut und auf jedem Altar habe ich einen jungen Stier und einen Schafbock geopfert."
Da legte der Herr dem Bileam Worte in den Mund und sprach zu ihm: „Geh wie-

der zurück zu Balak und sag ihm diese Worte!"
Als Bileam zurückkehrte, da stand Balak noch neben seinem Brandopfer, er und alle Ältesten der Moabiter.
Da begann Bileam zu reden und sprach:

„Balak, der König der Moabiter,
er rief mich hierher
vom Gebirge im Osten:
‚Komm her
und verfluche mir Israel!
Komm und bedrohe die Israeliten!'

Wie kann ich sie verfluchen,
wenn Gott sie nicht verflucht?
Wie soll ich das Volk bedrohen,
das der Herr nicht bedroht?

Ja, ich sehe es von hier oben,
ich erkenne es vom Berge aus:
Siehe, ein besonderes Volk.
Es wohnt für sich allein.
Es vermischt sich nicht
mit den anderen Völkern.

Wer kann sie zählen?
Wer kann ausrechnen,
wie viele sie sind,
die vielen Tausende,
wie der Staub der Erde!

Sie tun, was Gott will.
Oh, könnte ich einmal so sterben
wie sie
und ein Ende haben
wie diese Gerechten
bei Gott!"

(2. Mose 22–23)

Bileam segnet noch zweimal

Da sagte Balak zu Bileam: „Was hast du getan! Ich habe dich geholt, damit du meine Feinde verfluchst.
Und du, du segnest sie mit Segen!"
Bileam sprach: „Ich muss doch das reden, was der Herr in meinen Mund legt!"
Balak sagte zu ihm: „Komm mit!
Wir gehen an eine andere Stelle, wo du das Volk noch besser sehen kannst.
Verfluche es mir von da aus!"
Er nahm Bileam mit auf die Spitze eines Berges und baute sieben Altäre und opferte wieder einen jungen Stier und einen Schafbock auf jedem Altar.
Dann sagte Bileam zu ihm: „Bleib du hier bei deinem Brandopfer. Ich gehe dort hinüber und warte auf den Herrn."
Da kam der Herr zu Bileam und legte ihm wieder Worte in den Mund und sprach:
„Geh zu Balak und rede so zu ihm!"
Als Bileam zurückkehrte, da stand Balak noch bei seinem Brandopfer und bei ihm standen die Ältesten der Moabiter.
Balak fragte ihn: „Was hat der Herr dir gesagt?"
Da fing Bileam an zu reden und sprach:

„Steh auf, Balak, und höre!
Sohn Zippors, höre mir zu!
Siehe, Gott ist nicht ein Mensch.
Er lügt nicht.
Er ändert nicht seinen Sinn.
Sollte er etwas sagen und nicht tun?
Sollte er etwas reden
und nicht halten?

Siehe,
zu segnen hat er mir befohlen!
Gott selbst hat gesegnet,
ich kann es nicht ändern.
Es gibt kein Unglück im Volk Israel
und kein Unheil unter Jakobs Kindern.
Der Herr ist bei ihnen,
er ist ihr Gott, er ist ihr König.
Sie jubeln ihm zu.
Er hat sie herausgeführt aus Ägypten.
Er ist stark wie ein Wildstier.
Es hilft keine Zauberei gegen Jakob
und keine Wahrsagerei gegen Israel.
Alle werden von ihnen sagen:
‚Seht her, was Gott getan hat für sie.'"

Da sagte Balak zu Bileam: „Wenn du es schon nicht verfluchen darfst, dann sollst du es aber auch nicht segnen!"
Aber Bileam sprach: „Ich habe dir doch gesagt: Was der Herr zu mir spricht, das sage ich."
Noch einmal probierte es Balak. Aber auch diesmal musste Bileam die Israeliten segnen.
Da wurde Balak wütend auf Bileam.
Er ballte die Fäuste zusammen und sagte zu ihm: „Ich habe dich gerufen, damit du meine Feinde verfluchst.
Und du, du segnest sie! Schon das dritte Mal! Mach, dass du wegkommst, wo du hingehörst!"
Aber Bileam sprach: „Ich habe es doch gleich zu deinen Boten gesagt: Auch wenn Balak mir sein ganzes Haus voll Silber und Gold gibt, ich kann nur das sagen, was der Herr zu mir spricht."

(4. Mose 23–24)

Gott bestimmt Josua zum Nachfolger Moses

Gott sprach zu Mose: „Steig hinauf in das Gebirge und schau dir das Land an, das ich den Israeliten gebe.
Wenn du es gesehen hast, dann musst du auch sterben, genau wie dein Bruder Aaron.
Das ist die Strafe dafür, dass ihr ungehorsam wart gegen mein Wort damals in der Wüste, als das Volk auf mich schimpfte und ich sagte: ‚Macht mich groß vor ihren Augen durch das Wasser, das ich euch gebe.'"
Da redete Mose mit Gott und sagte: „Herr, du bist ein Gott des Lebens und alles Leben kommt von dir.
Bestimme doch einen Mann als Führer für dein Volk Israel, einen, der auszieht vor ihnen her und der sie sicher ans Ziel bringt.
Dein Volk soll nicht dastehen wie eine Schafherde, die keinen Hirten hat."
Da sprach Gott zu Mose: „Nimm Josua, den Sohn Nuns. Er ist ein Mann, in dem mein Geist ist.
Leg deine Hand auf ihn!
Stell ihn vor den Priester Eleasar und vor das Volk Israel und setze ihn vor ihren Augen ein zum Führer.
Gib ihm von deiner Kraft, damit ihm das ganze Volk Israel gehorcht.
Und immer, wenn sie losziehen wollen, soll er zum Priester Eleasar gehen.
Der fragt für ihn den Herrn und der Herr sagt ihm, was das Volk tun soll."
Mose tat, was ihm Gott befohlen hatte.

Er holte Josua und stellte ihn vor den Priester Eleasar und vor das ganze Volk.
Er legte seine Hände auf ihn und setzte ihn ein in sein Amt, so wie der Herr es gesagt hatte.
Und Mose sprach zu allen Israeliten:
„Ich bin jetzt 120 Jahre alt.
Ich kann nicht mehr euer Anführer sein wie früher.
Und der Herr hat auch zu mir gesagt: ‚Du gehst nicht mit über den Jordan!'
Der Herr, euer Gott, zieht selbst vor euch her.
Er treibt die Völker da drüben weg, damit ihr das Land einnehmen könnt.
Josua ist euer Anführer, wenn ihr über den Jordan zieht.
Ihn hat der Herr dazu bestimmt.
Seid tapfer und mutig!
Habt keine Angst und erschreckt nicht vor diesen Völkern.
Denn der Herr, euer Gott, geht mit euch.
Er lässt euch nicht im Stich, er lässt euch nicht allein!"
Und Mose rief Josua und sprach zu ihm vor allen Israeliten: „Sei mutig und sei stark!
Du bringst dieses Volk in das Land, das Gott unseren Vätern versprochen hat!
Du verteilst das Land unter die Israeliten als ihr Eigentum.
Und der Herr geht selbst vor dir her.
Er ist bei dir.
Er lässt dich nicht im Stich.
Er lässt dich nicht allein.
Hab keine Angst und fürchte dich nicht!"

(4. Mose 27; 5. Mose 31)

Mose stirbt

Mose segnete das ganze Volk Israel.
Dann ging er zurück aus dem Jordantal und stieg hinauf auf den Berg Nebo.
Gott zeigte ihm von dort oben das ganze Land Kanaan, vom hohen Norden bis weit in den Süden.
Und Gott sprach zu ihm: „Das ist das Land, das ich Abraham, Isaak und Jakob fest versprochen habe.
Du hast es nun mit eigenen Augen gesehen, aber hinübergehen darfst du nicht."
So starb Mose, der Diener des Herrn, im Land der Moabiter, wie der Herr es bestimmt hatte.
Und Gott selbst begrub ihn dort im Tal.
Niemand weiß, wo sein Grab ist.
Mose war 120 Jahre alt, als er starb.
Seine Augen waren nicht schwach geworden und er war gesund und stark bis zuletzt.
Die Israeliten weinten über Mose dreißig Tage lang. So lange trauerten sie.
Es gab nie mehr einen Propheten in Israel, der wie Mose war, mit dem Gott sprach wie mit Mose: Auge in Auge.
Und nie mehr hat Gott durch einen Propheten so große Zeichen und Wunder getan wie durch Mose in Ägypten: am Pharao, an allen seinen Dienern und seinem ganzen Land.
Keiner hat so gewaltige Taten getan vor den Augen des ganzen Volkes Israel wie Mose.

(5. Mose 34)

Josua führt die Israeliten in das Land Kanaan

Gott macht Josua Mut

Als Mose gestorben war, sprach der Herr zu Josua: „Mose, mein Diener, ist tot.
Jetzt führe du das Volk und geh mit ihm über den Jordan!
Zieht hinein in das Land, das ich euch gebe.
Jede Stelle, auf die eure Füße treten, die gehört euch.
So habe ich es Mose versprochen.
Euer Land reicht von der Wüste im Süden bis zum Gebirge Libanon im Norden und vom Fluss Euphrat bis zum großen Meer im Westen.
Niemand kann dich besiegen, die ganze Zeit, solange du lebst.
Ich bin bei dir, so wie ich bei Mose gewesen bin.
Ich lasse dich nicht im Stich, ich lasse dich nicht allein.
Sei also mutig und stark!
Denn du sollst diesem Volk das Land als Eigentum geben, das ich ihren Vätern versprochen habe.
Sei mutig und stark und tu alles so, wie es mein Diener Mose dir gesagt hat.
Halte dich genau an das Gesetz, das er dir übergeben hat.
Weiche nicht davon ab, nicht nach rechts und nicht nach links.
Dann gelingt dir alles, was du tust.
Lies dem Volk immer aus dem Buch des Gesetzes vor und denk Tag und Nacht darüber nach, damit du alles genau beachtest, was darin geschrieben steht.
Dann kommst du gut voran auf deinem Weg und alles gelingt dir.
Siehe,
ich habe dir befohlen:
Sei mutig und sei stark!
Fürchte dich nicht
und hab keine Angst,
denn der Herr, dein Gott,
er ist bei dir
bei allem, was du tust." (Josua 1)

Josua schickt Beobachter in das Land

Josua rief die Ältesten des Volkes zusammen und sprach: „Geht durch das ganze Lager und gebt bekannt:
‚In drei Tagen geht ihr hier über den Jordan und zieht in das Land, das der Herr, euer Gott, euch als Eigentum gibt.
Bereitet alles vor, nehmt auch Essen und Trinken mit!'"
Und Josua rief zwei Männer und schickte sie heimlich als Beobachter über den Jordan.
Er sprach zu ihnen: „Ihr geht hinüber und seht euch die Gegend genau an, besonders die Stadt Jericho!"

So gingen die beiden nach Jericho.
Die Stadt war von einer hohen Mauer umgeben.
Sie gingen durch das Stadttor und kehrten ein im Haus einer Frau, zu der viele Männer kamen. Die hieß Rahab.
Dort blieben sie über Nacht.
Da wurde dem König von Jericho gemeldet: „Es sind zwei Männer in der Stadt, zwei Israeliten, Spione!
Heute Abend sind sie gekommen!"
Der König von Jericho schickte Boten zu Rahab.
Die sprachen zu ihr: „Gib die Männer heraus, die zu dir gekommen sind!
Sie sind Spione! Sie wollen das Land auskundschaften. Darum sind sie hier."
Die Frau sagte: „Es stimmt, es kamen Männer zu mir.
Aber ich wusste nicht, woher sie sind.
Sie sind auch schon wieder weg. Ich weiß nicht wohin.
Vorhin, als es dunkel wurde, als man die Stadttore zumachte, da sind sie gerade noch hinausgekommen.
Macht schnell, jagt hinter ihnen her, damit ihr sie noch einholt!"
Rahab hatte aber die Männer auf das flache Dach hinaufgebracht, sie auf den Boden gelegt und Stroh über ihnen ausgebreitet.
So konnte sie keiner sehen.
Als die Boten weg waren, stieg Rahab noch einmal hinauf auf das Dach zu den beiden Männern und redete mit ihnen vor dem Einschlafen.
Sie sagte zu ihnen: „Ich weiß, der Herr hat euch das Land gegeben.

Wir haben alle Angst vor euch.
Die Leute im ganzen Land zittern vor euch.
Wir haben ja gehört, wie der Herr für euch einen Weg gemacht hat durch das Wasser im Schilfmeer, als ihr aus Ägypten weggezogen seid.
Der Herr, euer Gott, der ist mächtig oben im Himmel und unten auf der Erde.
Und nun bitte ich euch: Schwört mir bei dem Herrn, dass ihr barmherzig seid zu meiner Familie. Ich bin ja auch barmherzig zu euch.
Lasst uns leben, meinen Vater, meine Mutter, meine Brüder, meine Schwestern, die ganze Familie!"
Da sagten die Männer zu ihr: „Wenn der Herr uns das Land gibt, dann sind wir barmherzig und verschonen dich und deine Familie.
Darauf kannst du dich verlassen.
Aber du darfst uns nicht verraten!"
Da nahm die Frau ein Seil und ließ die Männer an dem Seil durch ihr Fenster hinunter, bis auf die Erde.
Ihr Haus stand genau an der Stadtmauer.
Die eine Hauswand gehörte zur Stadtmauer.
So kamen die Männer aus der Stadt heraus und sie kehrten zurück ins Lager zu Josua.
Sie erzählten ihm alles, was ihnen begegnet war, und sagten: „Der Herr hat das ganze Land in unsere Hand gegeben.
Alle Menschen im Land zittern vor uns."

(JOSUA 2)

Die Mauern von Jericho stürzen in sich zusammen

Die Leute von Jericho schlossen alle Tore ihrer Stadt fest zu.
Die Stadt war wie eine einzige Mauer gegen die Israeliten.
Niemand kam heraus oder hinein.
Da sprach der Herr zu Josua: „Siehe, ich gebe Jericho und seinen König und alle seine Soldaten in deine Hand.
Du ziehst mit den Männern Israels rund um die Stadt herum, jeden Tag einmal um die ganze Stadt, sechs Tage lang.
Sieben Priester mit sieben großen Posaunen gehen vor der Bundeslade mit den Gesetzestafeln her.
Und am siebten Tag zieht ihr siebenmal um die Stadt und beim siebten Mal blasen die Priester die Posaunen.
Und dann, wenn die Posaunen geblasen werden und ihr den Posaunenschall hört, dann fängt das ganze Volk ein gewaltiges Kriegsgeschrei an.
Dann stürzt die Mauer der Stadt zusammen und ihr steigt darüber, jeder an der Stelle, wo er gerade steht."
Da rief Josua die Priester und sprach zu ihnen: „Ihr nehmt die Bundeslade des Herrn auf eure Schultern.
Und sieben Priester nehmen sieben große Posaunen und gehen damit vor der Bundeslade her."
Und er sprach zu den Männern Israels: „Ihr zieht um die Stadt herum.
Und die besten Krieger gehen vor der Bundeslade her."
Und so machten sie es: Sieben Priester trugen sieben Posaunen vor der Bundeslade her und bliesen laut.
Die besten Krieger zogen vor den Priestern her.
Und die übrigen Männer gingen hinter der Bundeslade.
Und immer tönten die Posaunen.
Aber Josua sprach zu den Männern: „Macht ja kein Kriegsgeschrei!
Ihr bleibt ganz still! Ihr sagt kein einziges Wort, bis zum siebten Tag!
Erst wenn ihr mich rufen hört: ‚Kriegsgeschrei!', dann schreit ihr laut los!"
So ließ Josua die Bundeslade am ersten Tag einmal um die Stadt herumziehen. Dann gingen alle wieder ins Lager zurück und blieben die Nacht über dort.
Am nächsten Morgen ließ Josua das Volk wieder antreten. Die sieben Priester trugen wieder ihre sieben Posaunen vor der Bundeslade her und bliesen.
Die besten Krieger gingen vor ihnen her und das übrige Volk kam hinter der Bundeslade.
So zogen sie auch am zweiten Tag einmal um die Stadt und dann kehrten sie zurück ins Lager.
So machten sie es sechs Tage lang.
Aber am siebten Tag brachen sie schon mit der Morgenröte auf und zogen siebenmal um die Stadt.
Sechsmal blieben sie ganz still.
Erst beim siebten Mal bliesen die Priester ihre Posaunen.
Und als die Priester in die Posaunen stießen, rief Josua: „Auf! Kriegsgeschrei! Der Herr hat die Stadt in eure Hand gegeben!"

Die Männer Israels erhoben ein gewaltiges Kriegsgeschrei.
Und da geschah es: Die Mauer der Stadt stürzte in sich zusammen.
Und die Männer Israels stiegen über die Mauertrümmer in die Stadt, jeder, wo er gerade stand.
So nahmen sie die Stadt ein.
Aber zu den beiden Männern, die das Land heimlich erkundet hatten, zu denen sprach Josua: „Ihr geht in das Haus von Rahab.
Und ihr holt alle heraus, die darin sind, so wie ihr es versprochen habt."
Und die beiden Männer holten Rahab heraus und ihre ganze Familie.
Und sie brachten sie alle aus der Stadt.
Sie durften im Land bleiben und mit den Israeliten dort leben. (Josua 6)

Josua fragt: „Wem wollt ihr dienen?"

In Jericho hatte Gott für die Israeliten gekämpft. Sie sollten sehen: Er ist es, der ihnen das Land gibt. Später mussten sie auch selbst kämpfen.
Josua führte lange Zeit Krieg gegen die Könige des Landes. Aber immer wieder half Gott den Israeliten.
Zuletzt waren alle Feinde besiegt. Und Josua verteilte das Land an die zwölf Stämme.

So gab Gott den Israeliten das Land, das er ihren Vorfahren versprochen hatte.
Sie nahmen es in Besitz und wohnten darin.
Und Gott gab ihnen Ruhe, so wie er es ihren Vorfahren geschworen hatte.
Es war alles in Erfüllung gegangen, all das Gute, das der Herr den Israeliten versprochen hatte.
Es war alles eingetroffen.
Nun rief Josua die zwölf Stämme der Israeliten zusammen.
Sie kamen zu der Stadt Sichem in der Mitte des Landes Kanaan.
Josua ließ die Ältesten und die Führer der Stämme vortreten.
Dann sprach er zu dem ganzen Volk: „So spricht der Herr, der Gott Israels:
‚Früher wohnten eure Vorfahren in Haran, drüben auf der anderen Seite des Euphrat, und sie dienten anderen Göttern.
Da führte ich euren Vater Abraham heraus aus dem Land am Euphrat.
Und jetzt habe ich euch dieses Land gegeben, so wie ich es eurem Vater Abraham versprochen habe.
Ich gab die Stadt Jericho in eure Hand und ich jagte alle Völker im Land vor euch weg.
Nicht euer Schwert und nicht eure Pfeile haben sie verjagt.
Nein, ich habe es getan, ich, der Herr!
Und ich gab euch ein Land, in dem ihr wohnen könnt.
Ihr könnt in Städten leben, die ihr nicht gebaut habt, und ihr könnt die Früchte von Weinstöcken und Ölbäumen essen, die ihr nicht gepflanzt habt.'"
Josua sagte das alles zu dem ganzen Volk und er sprach weiter: „Haltet euch nun auch zum Herrn und dient ihm ehrlich und treu!

Wendet euch ab von den fremden Göttern, denen eure Vorfahren gedient haben drüben am Euphrat.
Dient allein dem Herrn!
Wenn ihr aber dem Herrn nicht dienen wollt, dann wählt heute, wem ihr dienen wollt: den Göttern, denen eure Vorfahren dienten drüben am Euphrat, oder den Göttern des Landes, in dem ihr jetzt wohnt, den Göttern der Kanaaniter.
Ich und mein Haus, meine ganze Familie, wir wollen dem Herrn dienen!"
Da sagte das Volk zu Josua: „Das kommt nicht infrage, dass wir den Herrn verlassen und anderen Göttern dienen!
Denn der Herr, unser Gott, hat uns herausgeführt aus Ägypten, er hat uns befreit aus dem Gefängnis, in dem wir als Sklaven arbeiten mussten.
Er hat uns beschützt auf dem ganzen Weg, den wir gegangen sind.
Er hat die Völker weggejagt vor uns, die in diesem Land gewohnt haben.
Nein, wir wollen dem Herrn dienen, denn er ist unser Gott!"
Josua sprach zum Volk: „Das bringt ihr nicht fertig! Es ist nicht so leicht, dem Herrn zu dienen!
Denn er ist ein heiliger Gott und will, dass ihr ihn allein liebt.
Er lässt euch eure Sünden nicht durchgehen!
Wenn ihr den Herrn verlasst und fremden Göttern dient, dann verlässt er euch auch.
Dann tut er euch Böses und vernichtet euch, auch wenn er vorher noch so viel Gutes an euch getan hat!"
Aber das Volk sagte zu Josua: „Doch, wir wollen dem Herrn dienen!"
Josua sprach zum Volk: „Das müsst ihr noch einmal sagen!
Ihr habt euch für den Herrn entschieden, ihm allein wollt ihr dienen."
Sie antworteten: „Ja, wir wollen ihm allein dienen."
Josua sprach: „Dann tut die Bilder der fremden Götter weg, die Götzenbilder, die ihr noch habt!
Gebt euer Herz ganz dem Herrn, dem Gott Israels!"
Und das Volk sagte: „Wir wollen dem Herrn, unserem Gott, allein dienen und wollen auf seine Stimme hören."
So macht Josua an diesem Tag einen Bund zwischen dem Volk der Israeliten und dem Herrn.
Dann nahm er einen großen Stein und stellte ihn auf unter der Eiche, die in Sichem steht.
Und Josua sprach zum ganzen Volk: „Dieser Stein ist Zeuge; denn er hat alles gehört, was der Herr durch mich zu euch gesprochen hat.
Er ist der Zeuge gegen euch, wenn ihr eurem Gott untreu werdet."
Danach ließ Josua das Volk nach Hause gehen, jeden dorthin, wo ihm sein Stück Land zugeteilt war. (Josua 21 und 24)

Gott schickt den Israeliten Richter

Die Israeliten werden von Feinden bedrängt

Josua war gestorben. Und auch alle anderen starben, die zusammen mit Josua gelebt hatten.
Ihre Kinder, die jetzt groß waren, kannten Gott nicht mehr und wussten nicht, was er alles für die Israeliten getan hatte.
So taten die Israeliten, was böse war in den Augen des Herrn.
Sie verließen den Gott ihrer Väter, der sie aus Ägypten herausgeführt hatte, und sie liefen anderen Göttern nach, den Göttern der Völker, bei denen sie wohnten.
Sie beteten die fremden Götter an, den Baal und die Astarte, und reizten damit den Herrn zum Zorn.
Als nun die Israeliten Gott verließen und dem Baal und der Astarte dienten, da wurde Gott zornig auf sie.
Und er gab sie in die Hand von Räubern.
Die raubten sie aus.
Und er gab sie in die Hand ihrer Feinde ringsumher.
Immer wenn die Israeliten zum Krieg auszogen, war die Hand des Herrn gegen sie.
Und die Feinde besiegten sie, so wie der Herr es ihnen im Voraus gesagt hatte.
So kamen sie in sehr große Not.
Da schrien sie zu Gott um Hilfe und er gab ihnen Anführer, die Richter.
Die retteten die Israeliten aus der Hand ihrer Feinde.
Denn Gott hatte Mitleid mit den Israeliten, wenn ihre Feinde sie unterdrückten und sie dann zu ihm schrien.
Doch jedes Mal, wenn der Richter starb, fielen sie wieder ab vom Herrn.
Sie machten es immer noch schlimmer und liefen den anderen Göttern nach und beteten zu ihnen.
Da wurde der Herr zornig auf die Israeliten und sprach: „Dieses Volk hört nicht auf meine Stimme und übertritt meinen Bund, den ich mit ihren Vätern geschlossen habe.
Darum vertreibe ich kein einziges mehr von den fremden Völkern, die Josua noch übrig gelassen hat in diesem Land, als er starb.
Durch sie will ich die Israeliten prüfen, ob sie auf dem Weg des Herrn bleiben, wie ihre Väter das getan haben."

(Richter 2)

Gott rettet die Israeliten durch Debora und Barak

Wieder einmal taten die Israeliten, was böse war in den Augen des Herrn.
Da gab der Herr sie in die Hand von Jabin, dem König der Kanaaniter.
Der regierte in Hazor, ganz in der Nähe

der Stämme, die im Norden des Landes wohnten. Sein Heerführer war Sisera.
Jabin hatte neunhundert eiserne Kriegswagen.
Und er unterdrückte die Israeliten schon zwanzig Jahre lang sehr schwer.
Da schrien die Israeliten zum Herrn um Hilfe.
Damals war Debora Richterin in Israel. Ihr Mann hieß Lappidot.
Sie hielt Gericht unter der Debora-Palme zwischen Rama und Bethel.
Immer wenn Israeliten miteinander Streit hatten, kamen sie zu ihr.
Jetzt schickte Debora Boten und ließ Barak rufen, den Sohn Abinoams aus der Stadt Kedesch im Gebiet des Stammes Naftali.
Sie ließ ihm sagen: „Der Herr, der Gott Israels, befiehlt dir:
‚Geh hin, steig auf den Berg Tabor und nimm mit dir zehntausend Mann von den Stämmen Naftali und Sebulon.
Ich, der Herr, lasse Sisera zu dir an den Bach Kischon kommen mit all seinen Wagen und mit seinem ganzen Heer, und ich gebe ihn in deine Hand.'"
Da sagte Barak zu Debora: „Ich gehe nur, wenn du mitgehst.
Wenn du nicht mitgehst, dann traue ich mich nicht."
Debora sprach: „Gut, ich gehe mit.
Aber die Ehre für den Sieg, die gehört dann nicht dir.
Der Herr gibt Sisera dann in die Hand einer Frau."
So machte sich Debora auf und zog mit Barak nach Kedesch.
Dorthin rief Barak die Männer aus dem Stamm Sebulon und aus dem Stamm Naftali.
Und es kamen zehntausend Mann, die zogen mit ihm hinauf auf den Tabor.
Debora zog auch mit ihm hinauf.
Da meldete man Sisera: „Barak, der Sohn Abinoams, ist auf den Berg Tabor gezogen mit einem großen Heer!"
Und Sisera holte alle seine Wagen zusammen, neunhundert eiserne Kriegswagen, und dazu alle seine Wagenkämpfer.
Und er kam an den Bach Kischon.
Da sprach Debora zu Barak: „Auf!
Dies ist der Tag, an dem der Herr den Sisera in deine Hand gibt!
Der Herr zieht schon vor dir her!"
Da stürmte Barak den Berg Tabor hinunter und die zehntausend Mann mit ihm, die Schwerter in der Hand.
Über Sisera und sein ganzes Heer kam ein gewaltiger Schrecken vom Herrn.
Die Kriegswagen machten kehrt und fuhren davon.
Sisera aber sprang aus Angst von seinem Wagen herunter und rannte weg.

(Richter 4)

Eine Frau tötet Sisera

Sisera kam zu einem Zelt.
Das gehörte Jaël, der Frau von Heber, dem Keniter.
Die Keniter wohnten mit ihren Zelten in der Nähe von Kedesch. König Jabin und die Familie von Heber hatten Frieden miteinander.
Jaël kam heraus zu Sisera und sagte zu

ihm: „Komm her, mein Herr, komm in mein Zelt! Hab keine Angst!“
So ging er zu ihr in das Zelt und sie deckte ihn mit einer Decke zu.
Er bat sie: „Gib mir etwas Wasser zu trinken, denn ich habe großen Durst.“
Da nahm sie den Milchschlauch, gab ihm etwas zu trinken und deckte ihn wieder ganz zu.
Er sagte noch zu ihr: „Stell dich an die Tür des Zeltes!
Und wenn einer kommt und dich fragt: ‚Ist jemand hier?‘, dann sagst du: ‚Nein, niemand.‘“
Aber Jaël nahm einen Zeltpflock in die eine Hand und einen Hammer in die andere und ging leise zu ihm hinein.
Sisera war tief eingeschlafen, weil er so schwach und müde war, und sein Kopf lag auf der Seite.
Da schlug sie den Zeltpflock mit dem Hammer durch seinen Kopf, durch beide Schläfen bis in die Erde hinein.
So starb Sisera.
Da kam auch schon Barak, der hinter Sisera her war.
Jaël ging hinaus, ihm entgegen, und sagte: „Komm, ich zeige dir den Mann, den du suchst.“
Da ging Barak mit ihr hinein und fand Sisera tot auf der Erde liegen, den Zeltpflock in seiner Schläfe.
So zeigte Gott an diesem Tag seine Macht an Jabin, dem König der Kanaaniter, und demütigte ihn vor den Israeliten.
Und die Israeliten setzten Jabin immer mehr zu, bis sie ihn schließlich ganz vernichtet hatten. (RICHTER 4)

Die Midianiter überfallen die Israeliten

Doch die Israeliten taten wieder, was böse war in den Augen des Herrn.
Darum gab er sie in die Hand der Midianiter, sieben Jahre lang.
Und die Hand der Midianiter lag sehr schwer auf den Israeliten.
Da gingen die Israeliten in die Berge und lebten in Höhlen und Schluchten und Steinburgen.
Und immer wenn in Israel das Getreide reif wurde, dann kamen die Midianiter und fielen ins Land ein und ernteten alles ab, was auf den Feldern wuchs.
Sie nahmen alles mit und ließen nichts übrig, auch kein Schaf, keine Kuh, keinen Esel.
Sie kamen daher mit ihren Herden und ihren Zelten wie die Heuschrecken, eine solche Menge.
Sie waren nicht zu zählen, sie nicht und ihre Kamele auch nicht.
Da schrien die Israeliten zum Herrn um Hilfe. (RICHTER 6)

Gott gibt den Israeliten Gideon als Richter

Und es kam der Engel des Herrn und setzte sich unter die Eiche bei Ofra, die dem Joasch gehörte.
Gideon, der Sohn von Joasch, war gerade dabei, Weizen zu dreschen.
Er machte es nicht im Freien, sondern in der Weinkelter, damit die Midianiter es nicht sahen.

Da zeigte sich ihm der Engel des Herrn und sprach zu ihm: „Der Herr ist bei dir, du tüchtiger Kämpfer!“
Gideon sagte zu ihm: „Ach, sag mir doch: Wenn der Herr bei uns ist, warum ist uns dann dies alles passiert?
Wo sind denn seine Wundertaten, von denen uns unsere Väter erzählt haben?
Die sagten doch: ‚Der Herr hat uns aus Ägypten hierher geführt!‘
Und jetzt hat er uns im Stich gelassen und hat uns in die Hand der Midianiter gegeben.“
Da sah der Herr ihn an und sprach: „Du hast so viel Kraft!
Geh hin und rette das Volk Israel aus der Hand der Midianiter.
Ich selbst, ich schicke dich hin.“
Aber Gideon sagte: „Ich bitte dich, mein Herr, womit soll ich Israel befreien?
Meine Familie ist doch die kleinste im Stamm Manasse und ich bin der Jüngste im Haus meines Vaters.“
Der Herr sprach zu ihm: „Ich bin bei dir. Du schlägst das ganze Heer der Midianiter wie einen einzelnen Mann.“
Da sagte Gideon: „Bist du wirklich gut zu mir? Habe ich Gnade gefunden in deinen Augen?
Dann gib mir ein Zeichen, damit ich weiß, dass du es bist, der mit mir spricht.
Bleib doch bitte hier, bis ich wiederkomme und meine Opfergabe hole und sie hier vor dir hinlege.“
Und der Engel des Herrn sprach: „Ich bleibe hier, bis du wiederkommst.“
So ging Gideon ins Haus und schlachtete ein Ziegenböckchen.
Er kochte es, backte ungesäuerte Brote, legte das Fleisch in einen Korb, tat die Brühe in einen Topf und brachte alles hinaus unter die Eiche.
Da sprach der Engel des Herrn zu ihm: „Nimm das Fleisch und die Brote und leg sie auf den Felsen da vorne und schütte die Brühe darüber aus!“
Gideon machte es so.
Und der Engel des Herrn hob seinen Stab und berührte mit seiner Spitze das Fleisch und die Brote.
Da schlug Feuer aus dem Felsen und verzehrte das Fleisch und die Brote.
Und der Engel des Herrn verschwand vor Gideons Augen.
Da wusste Gideon bestimmt: Es war der Engel des Herrn.
Und Gideon sagte: „O Herr, mein Gott! Ich habe den Engel des Herrn gesehen, Auge in Auge!“
Aber der Herr sprach zu ihm: „Friede sei mit dir! Hab keine Angst, du musst nicht sterben!“
Und Gideon baute an der Stelle einen Altar für den Herrn und nannte ihn ‚Der Herr ist Friede‘. (Richter 6)

Gideon bittet Gott um ein Zeichen

Wieder einmal fielen die Midianiter im Land ein.
Sie gingen durch den Jordan und bauten ihre Zelte in der Ebene Jesreel auf.
Da kam der Geist des Herrn über Gideon.
Und Gideon blies die Trompete und rief die Männer von Ofra zusammen.

Und er schickte Boten aus zum Stamm Manasse, dass sie auch kommen und mit ihm ziehen.
Er schickte auch Boten zu den Stämmen Asser, Sebulon und Naftali.
Und sie zogen alle herauf zu Gideon.
Da sagte Gideon zu Gott: „Wenn du Israel wirklich durch meine Hand retten willst, wie du versprochen hast, dann gib mir ein Zeichen.
Siehe, ich lasse diese Schafwolle heute Abend auf dem Dreschplatz liegen.
Und morgen früh soll der Tau nur auf der Wolle liegen und auf dem Boden rundherum soll alles trocken sein.
Dann weiß ich: Du rettest Israel durch meine Hand, so wie du es versprochen hast."
Am anderen Morgen, als Gideon aufgestanden war, nahm er die Schafwolle und drückte sie aus.
Und es kam eine Schale voll Wasser aus der Wolle, aber ringsherum war alles trocken.
Doch Gideon sagte zu Gott: „Werde nicht zornig auf mich!
Ich möchte noch einmal bitten, nur noch ein einziges Mal.
Ich möchte es noch einmal mit der Wolle versuchen.
Diesmal soll nur die Wolle trocken bleiben und der Erdboden rundherum soll nass sein vom Tau."
Da ließ Gott es in der Nacht so geschehen.
Nur die Wolle blieb trocken und die Erde ringsherum wurde nass vom Tau.

(Richter 6)

Gideon hat zu viele Kämpfer

Gideon und alle Kämpfer, die er zusammengerufen hatte, machten sich auf den Weg.
Sie schlugen ihr Heerlager an der Wasserquelle Harod auf.
Das Lager der Midianiter lag nördlich davon in der Ebene.
Da sprach Gott zu Gideon: „Die Kriegsleute bei dir sind viel zu viele.
So kann ich die Midianiter nicht in eure Hand geben.
Sonst bildet sich Israel etwas darauf ein und sagt: ‚Mit unserer eigenen Hand haben wir uns gerettet.'
Darum rufe überall aus, dass alle es hören: ‚Wer Angst hat, darf umkehren und nach Hause gehen!'"
Da gingen 22 000 Mann wieder nach Hause. Nur zehntausend blieben zurück bei Gideon.
Und Gott sprach zu Gideon: „Es sind immer noch zu viele.
Führe die Männer hinunter ans Wasser.
Da suche ich selbst aus, wer mitgeht und wer nicht."
Gideon führte die Männer hinunter ans Wasser.
Und Gott sprach zu Gideon: „Wer das Wasser mit der Zunge aufleckt und so wie ein Hund schlabbert, den stell auf die eine Seite.
Und wer sich zum Trinken hinkniet und mit der Hand das Wasser schöpft, den stell auf die andere Seite."
Es waren dreihundert Mann, die wie ein

Hund leckten. Alle anderen Männer knieten sich hin und tranken das Wasser aus der Hand.
Da sprach Gott zu Gideon: „Mit den dreihundert Mann, die das Wasser geleckt haben, mit denen will ich euch retten und die Midianiter besiegen.
Die anderen sollen nach Hause gehen, jeder in seine Stadt."
So schickte Gideon alle anderen Israeliten nach Hause. Nur die dreihundert Mann blieben bei ihm. (RICHTER 7)

Gideon belauscht die Midianiter

In dieser Nacht sprach der Herr zu Gideon: „Steh auf und geh mit deinen Männern hinunter in das Lager der Midianiter. Ich gebe es in deine Hand. Aber wenn du Angst davor hast, mit ihnen zu kämpfen, dann nimm deinen Diener Pura und geh mit ihm allein ins Lager.
Und horch, was sie miteinander reden.
Dann hast du bestimmt keine Angst mehr, gegen sie zu kämpfen."
So stieg Gideon hinunter mit seinem Diener Pura.
Sie kamen bis zur ersten Wache.
Das Lager war riesengroß.
Die Midianiter bedeckten die ganze Ebene wie ein Schwarm von Heuschrecken. Und ihre Kamele waren ohne Zahl wie der Sand am Meer.
Als Gideon dort ankam, erzählte gerade ein Mann seinem Kameraden einen Traum.
Er sagte: „Ich hatte einen Traum, und siehe: Ein rundes Gerstenbrot rollte in

das Lager der Midianiter und kam bis an unser Zelt.
Es stieß dagegen und das Zelt fiel um und lag da, das Unterste nach oben."
Da sagte sein Kamerad: „Gideon kommt mit seinem Schwert, der Sohn von Joasch, der Israelit!
Gott hat die Midianiter und das ganze Heerlager in seine Hand gegeben."
Als Gideon diesen Traum hörte und das, was er bedeutet, da kniete er nieder und dankte Gott. (Richter 2)

Gott kämpft mit Gideon gegen die Midianiter

Dann kehrte Gideon zurück in das Lager der Israeliten und rief: „Auf, macht euch fertig!
Der Herr hat das ganze Lager der Midianiter in eure Hand gegeben!"
Er teilte die dreihundert Mann auf in drei Gruppen.
Jeder bekam eine Trompete in die Hand und einen Krug.
In dem Krug war eine brennende Fackel versteckt.
Und er sprach zu ihnen: „Ihr achtet alle auf mich und tut genau das, was ich tue.
Wenn ich an den Rand des Lagers komme und die Trompete blase, dann stoßt ihr auch in die Trompeten.
Ihr steht rings um das ganze Lager und ruft ganz laut: ‚Für den Herrn und für Gideon!'"
Gideon schlich mit seinen hundert Mann bis an den Rand des Lagers.
Es war mitten in der Nacht.
Da bliesen Gideons Männer die Trompeten, schlugen ihre Tonkrüge in Stücke und hielten die brennenden Fackeln hoch.
Und genauso machten es die anderen.
Alle drei Gruppen stießen in die Trompeten und zerschlugen die Krüge.
Sie fassten die Feuerfackel mit der linken Hand und die Trompete mit der rechten.
Und alle riefen: „Auf zum Kampf für den Herrn und für Gideon!"
So standen sie rings um das Lager.
Da brachte der Herr das ganze Lager der Midianiter durcheinander.
Die Trompeten dröhnten und der Herr machte, dass jeder mit dem Schwert auf den anderen losging im ganzen Lager.
Und die Midianiter rannten alle weg, weit weg, so schnell sie konnten.
Danach sagten die Israeliten zu Gideon: „Du hast uns aus der Hand der Midianiter gerettet.
Werde unser König, herrsche über uns, du und nach dir dein Sohn und nach ihm wieder sein Sohn!"
Aber Gideon sagte zu ihnen: „Ich will nicht über euch herrschen.
Und mein Sohn soll auch nicht über euch herrschen.
Der Herr allein herrscht über euch."
Und Gideon, der Sohn Joaschs, wurde sehr alt. Dann starb er und wurde begraben in Ofra, in demselben Grab wie sein Vater Joasch.
Doch als Gideon tot war, fielen die Israeliten wieder ab vom Herrn, ihrem Gott, und liefen dem Baal nach.

(Richter 7–8)

Rut kommt mit Noomi nach Bethlehem

In Bethlehem in Juda wohnte ein Mann, der hieß Elimelech.
Da gab es eine Hungersnot im Land. Und Elimelech ging mit Noomi, seiner Frau, und mit seinen beiden Söhnen ins Ausland, ins Land der Moabiter.
Da gab es genug zu essen.
Aber Elimelech starb bald. Seine Söhne heirateten zwei moabitische Frauen, Orpa und Rut. Doch die Söhne starben auch.
Nun waren die drei Frauen allein.
Da hörte Noomi, dass es in Bethlehem wieder zu essen gibt. Und sie machte sich auf den Weg nach Hause.
Orpa und Rut gingen mit.
Unterwegs sagte Noomi zu den beiden Frauen: „Nun kehrt um und geht zurück zu euren Eltern!
Ihr habt mir viel Gutes getan und auch euren Männern, die gestorben sind.
Der Herr schenke euch auch Gutes dafür!
Er gebe euch wieder einen Mann und ein Zuhause!“
Noomi umarmte die beiden und küsste sie zum Abschied.
Da weinten Orpa und Rut und sagten: „Wir lassen dich nicht allein! Wir gehen mit zu deinem Volk.“
Aber Noomi sagte: „Nein, meine Töchter, kehrt um!
Der Herr hat mir Unglück geschickt. Ich möchte nicht, dass es euch so schlecht geht wie mir.“
Da weinten Orpa und Rut noch mehr.
Dann küsste Orpa ihre Schwiegermutter und kehrte um.
Aber Rut blieb bei ihr.
Noomi sagte zu Rut: „Du siehst doch, deine Schwägerin geht zurück zu ihrem Volk und zu ihrem Gott. Mach es doch auch so!“
Aber Rut antwortete: „Nein, ich will bei dir bleiben!
Wohin du gehst, dahin gehe ich auch.
Wo du bleibst, da bleibe ich auch.
Dein Volk ist mein Volk, und dein Gott ist mein Gott.
Wo du stirbst, da will ich auch sterben. Da will ich auch begraben sein.
Nur der Tod kann mich von dir trennen.“
Da sah Noomi: Rut ist ganz fest entschlossen. Und sie sagte nichts mehr.
So gingen die beiden miteinander weiter bis nach Bethlehem. (Rut 1)

Rut sorgt für Noomi

Eines Tages sagte Rut zu ihrer Schwiegermutter: „Ich gehe jetzt hinaus aufs Feld und sammle Ähren für uns.
Ich finde bestimmt jemand, der es mir erlaubt.“
Noomi sagte: „Es ist gut. Geh ruhig, meine Tochter!“
So ging Rut hinaus auf ein Feld und sammelte Ähren auf, die bei der Ernte liegen blieben.
Sie ging immer hinter den Leuten her, die das Getreide abschnitten und zu Garben zusammenbanden.
Nun traf es sich so, dass dieses Feld dem Boas gehörte.

Boas war ein Verwandter von Elimelech, der gestorben war.
Und siehe, da kam Boas gerade zu den Schnittern und den Schnitterinnen auf das Feld.
Er fragte den Mann, der auf die anderen aufpasste: „Woher kommt denn das Mädchen da?"
Der Mann antwortete: „Das ist eine Moabiterin.
Sie ist mit Noomi gekommen.
Sie fragte, ob sie die Ähren aufsammeln darf, die wir liegen lassen zwischen den Garben.
Sie ist seit heute Morgen da und sammelt die ganze Zeit ohne Pause."
Da sprach Boas zu Rut: „Hör zu, meine Tochter!
Bleib hier bei uns und geh auf kein anderes Feld zum Ährensammeln.
Geh hinter meinen Schnitterinnen her und sammle immer da, wo sie gerade schneiden.
Und wenn du Durst hast, dann geh zu unseren Wasserkrügen und trink!"
Da warf Rut sich vor Boas auf die Erde und sagte: „Womit habe ich das verdient, dass du so gut zu mir bist?
Ich bin doch eine Ausländerin!"
Boas antwortete: „Ich habe alles gehört, was du für deine Schwiegermutter getan hast.
Du hast alles verlassen: deinen Vater und deine Mutter und deine Heimat.
Du bist mit ihr gegangen zu einem Volk, das du nicht kennst.
Der Herr, der Gott Israels, möge dir dafür viel Gutes tun!"

So blieb Rut auf dem Feld von Boas bis zum Abend und sammelte Ähren.
Dann klopfte sie die Körner aus den Ähren und brachte sie Noomi.
Es war ein richtiger kleiner Sack voll Gerstenkörner.
Als Noomi das sah, fragte sie: „Wo hast du denn heute Ähren gesammelt?
Wem gehörte das Feld?
Gott segne den Mann, der so gut war und dir das erlaubt hat."
Rut erzählte ihr: „Der Mann heißt Boas."
Da sagte Noomi: „Der Herr ist gut zu uns!
Er hat uns nicht allein gelassen.
Boas ist mit uns verwandt. Er muss uns helfen." (Rut 2)

Noomi und Rut werden glücklich

Noomi wollte, dass Rut wieder ein Zuhause bekommt. Und sie wusste, dass Boas helfen muss, weil er Noomis Verwandter ist.
Aber Noomi sorgte sich nicht nur um Rut. Sie dachte auch an ihren verstorbenen Mann, an Elimelech.
Er hatte keinen Sohn und Erben, und sie wusste: Dann wird sein Name bald vergessen sein.

An einem Abend sagte Noomi zu Rut: „Mach dich schön und geh zu Boas!
Sag zu ihm: ‚Du bist unser Helfer!'"
Rut machte es so und ging hin.
Und Boas sprach zu ihr: „Ja, ich will euch helfen. Aber es ist noch einer da, der ist näher mit Elimelech verwandt."

(Nach dem Gesetz musste der nächste Verwandte helfen.)
Am anderen Morgen ging Boas zum Tor der Stadt, wo die Männer immer zusammensaßen.
Da kam gerade der andere vorbei.
Boas sprach zu ihm: „Noomi ist wieder da.
Sie hat noch ein Stück Land von Elimelech. Willst du es kaufen?“
Der andere sagte: „Ja, ich kaufe es.“
Boas sagte: „Dann musst du auch die Moabiterin Rut zur Frau nehmen und mit ihr einen Sohn haben, damit das Land wieder einen Erben bekommt.“
Der andere sagt: „Das kann ich nicht! Dann muss ich später ja alles wieder hergeben und habe den Schaden.“
Da sprach Boas zu den Männern, die im Tor saßen: „Ihr seid meine Zeugen:
Ich kaufe heute das Stück Land von Noomi und nehme Rut, ihre Schwiegertochter, zur Frau.
Das tue ich, damit Elimelech einen Erben bekommt.
Dem soll dann alles gehören.
Er soll die Familie Elimelechs fortführen, damit der Name Elimelechs niemals vergessen wird.“
Da sagten alle Männer, die im Tor saßen: „Wir sind Zeugen dafür!
Der Herr segne die Frau, die in dein Haus kommt!
Er gebe ihr so viele Kinder, wie er Rahel und Lea gab.
Und du, Boas, du sollst berühmt werden in deiner Verwandtschaft und in der Stadt Bethlehem.“
So nahm Boas die Moabiterin Rut zur Frau. Und Gott gab es ihr, dass sie schwanger wurde und einen Sohn bekam.
Da sagten die Frauen zu Noomi: „Gelobt sei der Herr!
Er hat dir einen Erben geschenkt.
Dein Enkelsohn bringt dir neues Leben und sorgt für dich, wenn du alt bist.
Deine Schwiegertochter hat ihn für dich geboren.
Sie ist so treu zu dir. Sie ist für dich mehr wert als sieben Söhne!“
Als das Kind da war, nahm Noomi es auf ihren Schoß und nahm es an wie ihr eigenes Kind.
Und ihre Nachbarinnen sagten: „Noomi hat einen Sohn bekommen!
Er soll Obed heißen.“
Obed wurde der Vater von Isai.
Und Isai wurde der Vater von David, dem König. (Rut 4)

Hanna bittet Gott um einen Sohn

In der kleinen Stadt Rama im Bergland Efraïm lebte ein Mann, der hieß Elkana.
Er hatte zwei Frauen. Die eine hieß Hanna und die andere Peninna.
Peninna hatte Kinder, aber Hanna hatte keine. Doch Elkana hatte Hanna lieber als Peninna.
Elkana zog jedes Jahr mit seiner Familie hinauf nach Silo zum Haus des Herrn und betete zu Gott und brachte ihm Opfer.
Dort in Silo waren die beiden Söhne von Eli Priester, Hofni und Pinehas.
Jedes Mal, wenn Elkana das Opfer feierte,

gab er seiner Familie vom Opferfleisch zu essen.
Seiner Frau Peninna und allen ihren Söhnen und Töchtern gab er die gleichen Stücke.
Aber Hanna gab er ein besonderes Stück, weil er sie so lieb hatte, auch wenn Gott ihren Mutterleib verschlossen hatte und sie keine Kinder bekam.
Da fing Peninna jedes Mal an zu sticheln und ärgerte Hanna, weil Gott ihr keine Kinder gab.
So ging es jedes Jahr: Immer wenn sie miteinander ihre Opferreise zum Haus des Herrn machten, stichelte Peninna und ärgerte Hanna so, dass sie die ganze Zeit weinte und nichts essen mochte.
Und jedes Mal sagte dann Elkana, ihr Mann: „Hanna, warum weinst du?
Warum isst du denn nichts? Warum bist du so betrübt? Bin ich dir nicht mehr wert als zehn Söhne?"
Aber einmal, als sie wieder zum Opfer in Silo waren und gegessen und getrunken hatten, da stand Hanna auf und ging ins Haus des Herrn und betete vor Gott.
Eli, der alte Priester, saß da auf seinem Stuhl am Eingang.
Und Hanna betete zu Gott aus ihrem traurigen Herzen heraus und weinte und weinte in einem fort.
Sie gab Gott ein Versprechen und sagte: „Ach Herr, sieh doch das Unglück deiner Dienerin an und denk an mich!
Vergiss deine Dienerin nicht und gib mir einen Sohn!
Ich gebe ihn dir auch wieder zurück, Herr! Er soll dir dienen sein Leben lang.
Seine Haare werden niemals geschnitten als Zeichen dafür, dass er ganz dem Herrn gehört."
So betete Hanna und Eli beobachtete dabei ihren Mund.
Hanna betete ja leise in ihrem Herzen und bewegte nur die Lippen. Ihre Stimme war nicht zu hören.
Da dachte Eli: „Sie ist betrunken."
Und er rief sie an: „Wie lange willst du dich hier noch wie eine Betrunkene benehmen?
Sieh zu, dass du erst einmal deinen Weinrausch loswirst!"
Hanna antwortete: „O nein, mein Herr, ich bin eine unglückliche Frau.
Ich habe nicht getrunken, keinen Wein und auch sonst nichts, was betrunken macht.
Ich habe nur mein Herz vor dem Herrn ausgeschüttet.
Bitte, sieh deine Dienerin nicht als eine liederliche Frau an.
Ich habe so lange gebetet, weil ich so voller Kummer und so voller Traurigkeit bin."
Da sprach Eli zu ihr: „Geh hin in Frieden! Der Gott Israels erfüllt dir die Bitte, die du ihm gesagt hast."
Hanna sagte: „Möge deine Dienerin nur Gnade finden in deinen Augen."
So ging die Frau zurück zu ihrer Familie, aß wieder und hatte kein so trauriges Gesicht mehr.
Am anderen Morgen standen sie früh auf, beteten noch einmal im Haus des Herrn und kehrten zurück in ihr Haus nach Rama. (1. Samuel 1)

Hanna gibt ihren Sohn an Gott zurück

Und Elkana schlief mit seiner Frau.
Da dachte Gott an Hanna und sie wurde schwanger. Und als die Zeit um war, bekam sie einen Sohn.
Sie gab ihm den Namen Samuel (‚Der ist von Gott'). Denn sie sagte: „Vom Herrn habe ich ihn erbeten."
Als Elkana mit seiner Familie wieder hinaufzog, um Gott das jährliche Opfer zu bringen, da zog Hanna nicht mit.
Sie sagte zu ihrem Mann: „Der Junge muss erst alt genug sein und nicht mehr bei mir trinken.
Dann bringe ich ihn dem Herrn und dann bleibt er für immer da."
Elkana sagte: „Mach, was du für richtig hältst. Bleib zu Hause, bis du ihm nicht mehr die Brust gibst zum Trinken.
Nur, dass Gott auch wirklich tut, was er mit diesem Kind vorhat!"
So blieb die Frau zu Hause und stillte ihren Sohn, bis er drei Jahre alt war.
(So lange wurden Kinder damals gestillt.)
Dann nahm Hanna den kleinen Samuel und ging mit ihm hinauf zum Haus des Herrn in Silo.
Sie nahm auch einen dreijährigen Stier mit, dazu einen kleinen Sack Mehl und einen Schlauch voll Wein.
Der Junge war aber noch sehr klein.
Sie opferten den Stier und brachten den Jungen zu Eli.
Seine Mutter sagte: „Entschuldige, mein Herr, ich bin die Frau, die damals hier bei dir stand und betete.
Um diesen Jungen habe ich gebetet und Gott hat meine Bitte erfüllt.
Darum gebe ich ihn jetzt zurück. Solange er lebt, gehört er dem Herrn."

(1. Samuel 1)

Gott segnet Hanna mit Kindern

Elkana kehrte zurück nach Rama in sein Haus.
Aber der kleine Samuel blieb in Silo und diente Gott. Und Eli, der Priester, zeigte ihm, wie man das macht.
So lernte Samuel den Dienst eines Priesters vor Gott.
Er war noch ein Junge, aber er trug schon den Lendenschurz eines Priesters aus Leinen.
Seine Mutter machte ihm dazu jedes Jahr ein passendes Obergewand und brachte es ihm mit, wenn sie mit ihrem Mann zum Haus des Herrn kam und das jährliche Opferfest feierte.
Und jedes Mal, wenn sie kamen, segnete der Priester Eli die beiden, Elkana und seine Frau.
Und er sagte zu Elkana: „Gott der Herr gebe dir noch mehr Kinder von dieser Frau für das eine, das sie dem Herrn gegeben hat."
So gingen sie wieder nach Hause.
Und Gott schenkte es Hanna, dass sie noch mehr Kinder bekam: noch drei Jungen und zwei Mädchen.
Aber der kleine Samuel wuchs im Haus des Herrn auf. (1. Samuel 2)

Gott spricht zu Samuel

Samuel half Eli und er lernte dabei den Dienst eines Priesters im Haus des Herrn.
Zu der Zeit kam es nur noch selten vor, dass Gott einmal zu einem Menschen sprach.
Es war auch selten, dass er jemand im Traum erschien.
Da geschah es in einer Nacht: Eli schlief an seinem Platz.
Seine Augen waren schwach geworden. Er konnte nicht mehr sehen.
Im Heiligtum brannte die Lampe, die nachts vor Gott angezündet wurde.
Und dort schlief Samuel ganz in der Nähe der Bundeslade des Herrn.
Da rief Gott: „Samuel!"
Samuel antwortete: „Ja, hier bin ich."
Er lief zu Eli und sagte: „Du hast mich gerufen. Ich bin hier."
Aber Eli sagte: „Nein, ich habe dich nicht gerufen. Geh nur wieder schlafen."
Und Samuel legte sich wieder hin.
Da rief Gott noch einmal: „Samuel!"
Samuel stand auf, ging zu Eli und sagte: „Du hast mich gerufen. Hier bin ich."
Aber Eli sagte: „Nein, mein Sohn, ich habe dich nicht gerufen. Leg dich nur wieder hin und schlaf weiter."
Samuel merkte nicht, dass es Gott war, denn er hatte seine Stimme noch nie gehört.
Da rief Gott zum dritten Mal: „Samuel!"
Und Samuel stand wieder auf und ging zu Eli und sagte: „Du hast mich gerufen. Hier bin ich."
Da merkte Eli: Der Herr ist es, er ruft den Jungen.
Und Eli sprach zu Samuel: „Geh, leg dich schlafen. Und wenn du wieder gerufen wirst, dann sagst du: ‚Rede, Herr, dein Diener hört.'"
So ging Samuel wieder hin an seinen Platz und legte sich schlafen.
Da kam Gott, stellte sich vor ihn hin und rief wieder: „Samuel! Samuel!"
Und Samuel sagte: „Rede, denn dein Diener hört."
Da sprach Gott zu Samuel: „Siehe, ich tue jetzt etwas in Israel – wer davon hört, hält sich beide Ohren zu, so schlimm ist es.
Ich will alles tun an der Familie von Eli, was ich ihm angekündigt habe, alles vom Anfang bis zum Ende.
Er hat gewusst: Seine Söhne missbrauchen ihren Priesterdienst und nehmen von den heiligen Opfern das Beste für sich.
Aber er hat sie nicht daran gehindert.
Darum habe ich geschworen:
Die Schuld der Familie Elis kann nicht vergeben werden.
Es gibt kein Opfer, mit dem das jemals wieder gutgemacht werden kann!"
Samuel blieb liegen bis zum Morgen.
Dann machte er die Tür auf am Haus des Herrn. Aber er hatte Angst, Eli etwas zu sagen von dem, was Gott ihm in der Nacht offenbart hatte.
Da rief ihn Eli und sagte: „Samuel, mein Sohn!"
Samuel antwortete: „Hier bin ich."
Eli sagte: „Was hat Gott zu dir gesprochen diese Nacht?
Sag mir alles, lass kein Wort aus!

Sonst soll Gott dich strafen, wenn du auch nur ein Wort weglässt von allem, was er zu dir gesprochen hat!"
Das sagte ihm Samuel alles und ließ nichts davon weg.
Und Eli sagte: „Er ist der Herr.
Er tue, was gut ist in seinen Augen!"

(1. Samuel 3)

Die Bundeslade bei den Philistern

Es kam so, wie Gott es zu Samuel gesagt hatte.
Die Philister rückten gegen die Israeliten heran mit ihrem Heer.
Die Israeliten nahmen die Bundeslade des Herrn mit in den Kampf.
Sie dachten: ‚Dann ist Gott bei uns und hilft uns.'
Die beiden Söhne von Eli holten die Bundeslade und gingen neben ihr her.
Als die Bundeslade ins Lager der Israeliten kam, da sprangen die Krieger hoch und schrien so sehr vor Freude, dass die Erde davon dröhnte.
Aber die Philister waren stärker. Sie besiegten die Israeliten und töteten auch die beiden Söhne von Eli.
Und die Bundeslade des Herrn nahmen sie den Israeliten weg.
Als der Priester Eli hörte: Die Bundeslade ist in der Hand der Philister, da fiel er tot von seinem Stuhl.
Die Philister nahmen die Bundeslade mit in ihr Land.
Aber der Herr brachte Unglück über die Philister, immer da, wo die Lade stand.
Zuerst stellten sie die Lade in Aschdod in den Tempel ihres Gottes Dagon.
Da fiel das Standbild des Gottes Dagon um, und es brachen ihm der Kopf und die Hände ab.
Und die Menschen in der Stadt wurden krank und bekamen Beulen.
Dann brachten sie die Lade weg nach der Stadt Gat.
Aber in Gat wurden die Menschen auch krank.
Zuletzt kam die Lade nach Ekron.
Aber die Leute von Ekron schickten sie gleich weiter, wieder zurück zu den Israeliten.
Dort kam sie nach Kirjat-Jearim in das Haus Abinadabs.
Abinadab hatte einen Sohn, der hieß Eleasar. Den setzten die Israeliten dazu ein, dass er die Bundeslade bewachte.
Aber Samuel wuchs heran und Gott war bei ihm.
Gott sprach auch weiterhin zu Samuel. Und alles, was er Samuel sagte, das traf ein.
Da merkten alle Israeliten im ganzen Land: Samuel ist der Prophet des Herrn.

(Aus 1. Samuel 3–7)

Gott gibt den Israeliten Könige

Die Israeliten wollen einen König haben

Samuel war nicht nur Prophet in Israel, sondern auch Richter.
Jedes Jahr zog er durch das Land und hielt Gericht.
Die Leute kamen zu ihm, wenn sie Streitigkeiten hatten oder wenn ein Verbrechen geschehen war.
Danach kehrte Samuel nach Rama zurück. Da wohnte er und da hielt er in der übrigen Zeit das Gericht ab.
Und es geschah, als Samuel alt wurde, da setzte er seine Söhne als Richter für die Israeliten ein.
Aber seine Söhne waren nicht so gerecht wie Samuel.
Sie ließen sich von den Leuten Geschenke geben und hielten sich nicht an die Gesetze.
Da kamen die Ältesten der Israeliten zusammen und gingen zu Samuel nach Rama und sagten zu ihm: „Sieh, du bist nun alt, und deine Söhne richten nicht so, wie du es getan hast.
Gib uns jetzt einen König, so wie ihn alle Völker haben.
Der soll unser Richter sein, unser Herrscher.
Er soll uns auch helfen gegen unsere Feinde, gegen die Philister."
Aber das gefiel Samuel gar nicht, dass sie sagten: „Gib uns einen König, der uns regiert."
Samuel betete zum Herrn.
Und der Herr sprach zu ihm: „Hör auf die Stimme des Volkes in allem, was sie zu dir sagen.
Sie lehnen ja nicht dich ab, sondern mich.
Ich soll nicht mehr ihr König sein.
So haben sie es mit mir schon immer gemacht, von dem Tag an, als ich sie aus Ägypten herausführte.
Sie haben mich verlassen und haben anderen Göttern gedient.
So machen sie es jetzt auch mit dir.
Also: Hör auf das, was sie wollen.
Aber warne sie und sag ihnen genau, was ein König alles mit ihnen machen darf, wenn er über sie herrscht."
Und Samuel sprach zu dem Volk: „Dies ist das Recht des Königs, der über euch herrschen wird:
Er nimmt eure Söhne.
Sie müssen für seine Pferde und Kampfwagen sorgen und mit den Kampfwagen in den Krieg ziehen.
Sie müssen vor seinem eigenen Wagen herlaufen, wenn er ausfährt.
Sie müssen seine Felder pflügen und seine Ernte einholen und seine Waffen und seine Kampfwagen herstellen.
Er nimmt auch eure Töchter.

Sie müssen kochen und backen und Salben herstellen für seine vielen Leute.
Und er nimmt eure besten Felder und eure besten Weingärten und Ölbaumgärten und gibt sie seinen Ministern.
Er nimmt als Steuern ein Zehntel von eurer Ernte, damit seine Diener und Hofleute davon leben.
Er nimmt eure Knechte und Dienstmägde, eure besten jungen Leute und eure Esel, damit sie für ihn arbeiten.
Auch von euren Schafen und Ziegen nimmt er jedes zehnte Tier.
Und ihr, ihr werdet alle seine Sklaven.
Dann kommt sehr bald der Tag, an dem es euch zu viel wird mit eurem König, den ihr euch selbst gewünscht habt!
Dann schreit ihr zum Herrn wegen eures Königs.
Aber der Herr hört euch dann nicht."
Aber das Volk wollte nicht hören, was Samuel sagte, sondern sie riefen: „Nein! Wir wollen einen König über uns!
Wir wollen es genauso haben wie alle anderen Völker.
Unser König soll unser Richter sein und er soll vor uns hergehen und mit uns in den Krieg ziehen."
Samuel hörte sich alles an, was das Volk sagte, und brachte es vor Gott.
Und Gott sprach zu Samuel: „Hör auf das, was sie sagen.
Gib ihnen einen König."
Da sagte Samuel zu den Ältesten der Israeliten: „Es ist gut. Geht nun nach Hause, jeder in seine Stadt." (1. Samuel 7–8)

Saul sucht die Eselinnen seines Vaters

In Gibea im Gebiet des Stammes Benjamin lebte ein Mann mit Namen Kisch.
Er war reich und hatte einen Sohn, der hieß Saul.
Saul war ein junger und starker Mann. Keiner unter den Israeliten war so gut gewachsen wie er.
Er war einen Kopf größer als alle anderen im Volk.
Eines Tages liefen dem Vater von Saul die Eselinnen weg.
Da sagte er zu seinem Sohn: „Nimm dir einen von den jungen Leuten mit.
Mach dich auf den Weg und such die Eselinnen!"
Die beiden suchten überall, aber sie fanden nichts.
Zuletzt sagte Saul zu dem Jungen, der ihn begleitete: „Komm, wir kehren um!
Sonst macht mein Vater sich noch Sorgen um uns statt um die Eselinnen."
Der Junge sagte zu Saul: „In der Stadt da oben wohnt ein berühmter Gottesmann.
Der kann den Herrn für uns fragen.
Alles, was er voraussagt, trifft ganz bestimmt ein.
Da wollen wir noch hingehen.
Vielleicht zeigt er uns den Weg und wir finden unsere Eselinnen!"
Saul sagte: „Aber was bringen wir dem Mann mit, wenn wir hingehen?
Wir haben kein Geschenk für den Gottesmann. Wir haben nicht einmal mehr Brot im Beutel.
Was sollen wir ihm geben?"

Aber der Junge wusste wieder Rat und sagte: „Sieh her, ich habe noch ein kleines Stück Silbergeld bei mir.
Das gebe ich dem Gottesmann, damit er uns unseren Weg zeigt.“
Saul sagte zu dem Jungen: „Das ist gut. Komm, wir gehen hin!“
Als sie nun die Straße zur Stadt hinaufgingen, da trafen sie Mädchen, die aus der Stadt herauskamen.
Die Mädchen wollten gerade im Tal Wasser holen.
Sie fragten die Mädchen: „Ist der Prophet zu Hause!“
Die Mädchen sagten: „Ja, er ist da, er ist gerade heute wiedergekommen.
Das Volk feiert ein Opferfest auf dem Berg.
Macht schnell und geht in die Stadt!
Dann trefft ihr ihn noch, bevor er zum Essen auf den Berg geht.
Das Volk isst erst, wenn er kommt, weil er das Opfer erst segnen muss.
Dann essen alle, die eingeladen sind.
Beeilt euch, ihr trefft ihn bestimmt noch.“

(1. Samuel 9)

Saul kommt zu Samuel

Sie gingen also in die Stadt.
Und als sie ans Tor kamen, siehe, da kam Samuel heraus, ihnen entgegen. Er wollte gerade auf den Berg hinaufgehen.
Gott hatte Samuel schon darauf vorbereitet und zu ihm gesprochen, einen Tag bevor Saul kam.
Er sagte zu ihm: „Morgen um diese Zeit schicke ich einen Mann aus dem Stamm Benjamin zu dir.
Den machst du zum König über mein Volk Israel.

Er soll mein Volk retten aus der Hand der Philister.
Denn ich habe gesehen, wie hart mein Volk unterdrückt wird, und ich habe ihr Geschrei um Hilfe gehört."
Als nun Saul kam, sagte Gott zu Samuel: „Das ist der Mann, von dem ich zu dir sprach.
Der soll mein Volk regieren!"
Saul ging mitten im Tor auf Samuel zu und fragte ihn: „Kannst du mir sagen, wo hier der Prophet wohnt?"
Samuel antwortete ihm: „Ich bin der Prophet. Komm mit mir auf den Berg!
Ihr esst heute mit mir.
Morgen früh lasse ich dich weiterziehen und beantworte dir alles, was du auf dem Herzen hast.
Mach dir keine Gedanken mehr über die Eselinnen, die dir vor drei Tagen weggelaufen sind. Sie sind gefunden.
Aber alles, was wertvoll ist in Israel, das gehört dir und deiner Familie.
Alle Israeliten warten voll Sehnsucht auf dich."
Da antwortete Saul: „Auf mich?
Ich bin doch aus dem Stamm Benjamin, aus dem kleinsten Stamm in Israel, und meine Familie ist die kleinste von allen im Stamm Benjamin.
Warum sprichst du so zu mir?"
Aber Samuel nahm Saul und seinen Jungen und führte sie in das Haus, in dem die Gäste saßen.
Und er gab ihnen einen Platz ganz oben am Tisch.
Es waren etwa dreißig Männer da.
Und Samuel sprach zum Koch: „Bring jetzt das Stück her, das ich dir gegeben habe!"
Da brachte der Koch das beste Stück, das Hinterbein mit allem Fleisch daran, und legte es vor Saul hin.
Und Samuel sprach: „Siehe, das ist das Stück, das wir dir aufgehoben haben.
Nimm und iss!
Es war für dich zur Seite gelegt, damit du jetzt mit den Gästen zusammen essen kannst."
So aß Saul mit Samuel zusammen an diesem Tag.
Dann gingen sie wieder vom Berg hinunter in die Stadt.
Und Samuel gab Saul ein Nachtlager auf dem flachen Dach seines Hauses.

(1. Samuel 9)

Samuel salbt Saul zum König über Israel

Als die Morgensonne aufging, rief Samuel zu Saul hinauf aufs Dach: „Steh auf!
Ich will dich jetzt noch ein Stück begleiten!"
Da stand Saul auf und sie gingen hinaus auf die Straße.
Als sie draußen vor der Stadt waren, sprach Samuel zu Saul: „Sag dem Jungen, dass er schon weitergeht.
Und du bleibst noch hier. Ich muss dir sagen, was Gott gesprochen hat."
Und Samuel nahm die Ölflasche heraus und goss sie aus über Sauls Kopf.
Dann küsste er ihn und sprach: „Siehe, der Herr hat dich zum König über sein Volk Israel gesalbt.

Du bist der, der über das Volk des Herrn herrschen soll.
Du sollst es aus der Hand seiner Feinde ringsumher erretten.
Und dies ist das Zeichen dafür, dass dich Gott zum König über sein Volk gesalbt hat, daran kannst du es sehen:
Wenn du jetzt von mir weggehst, dann findest du zwei Männer an der Grenze des Stammes Benjamin.
Die sagen dir: ‚Die Eselinnen, die du suchst, die sind wieder gefunden.
Dein Vater denkt schon gar nicht mehr an die Sache mit den Eselinnen.
Er sorgt sich nur noch um euch und sagt: Was soll ich bloß machen? Wie finde ich jetzt meinen Sohn wieder?‘
Und wenn du von da weitergehst und zur Eiche von Tabor kommst, dann triffst du drei Männer.
Die gehen hinauf nach Bethel zum Haus Gottes.
Einer trägt drei Böckchen, einer trägt drei Brotlaibe und einer trägt einen Schlauch mit Wein.
Die sagen dir freundlich ‚Guten Tag‘ und geben dir zwei von den Broten. Nimm sie von ihnen an.
Dann kommst du nach Hause, nach Gibea. Vor der Stadt triffst du auf eine Gruppe Propheten.
Die kommen gerade vom Berg herunter. Vor ihnen her Musik: Harfen, Handpauken, Flöten und Zithern.
Und dahinter die Propheten. Die tanzen voll Freude und Begeisterung.
Wenn du sie siehst, dann kommt der Geist des Herrn auch über dich und du bist voll Freude und Begeisterung, genau wie sie.
Wenn nun alle diese Zeichen geschehen sind, dann tu, was dir gerade vor die Hände kommt, denn Gott ist bei dir.“
Und es geschah, als Saul sich umdrehte und von Samuel wegging, da verwandelte Gott sein Herz und machte ihn zu einem anderen Menschen.
Und alle diese Zeichen trafen am selben Tage ein.
Zuletzt, als sie nach Gibea kamen, Saul und sein Junge, siehe, da kam ihm eine Gruppe Propheten entgegen.
Und der Geist Gottes kam über Saul.
Und er tanzte voll Freude und Begeisterung mitten unter ihnen.
Alle, die ihn kannten, sagten zueinander: „Was ist denn mit dem Sohn von Kisch passiert?
Gehört denn Saul jetzt auch zu den Propheten?“
Danach ging Saul in die Stadt hinein und kam nach Hause.
Sein Onkel fragte ihn und den Jungen: „Wo seid ihr so lange gewesen?“
Saul sagte: „Die Eselinnen suchen.
Und als wir sie nicht finden konnten, da gingen wir zu Samuel.“
Da sagte Sauls Onkel zu ihm: „Erzähl mir doch: Was hat er zu euch gesagt?“
Saul antwortete seinem Onkel: „Er hat uns gesagt, dass die Eselinnen gefunden sind.“
Aber dass Samuel ihm gesagt hatte, er soll König werden, das erzählte er ihm nicht.

(1. Samuel 9–10)

Saul wird durchs Los zum König bestimmt

Samuel rief alle Männer Israels zusammen zum Heiligtum des Herrn nach Mizpa.
Und er sprach zu ihnen: „Der Herr hat euch aus Ägypten herausgeführt und euch aus aller Not gerettet.
Aber ihr habt euren Gott verlassen.
Ihr habt gesagt: ‚Nein! Du sollst einen König einsetzen über uns!'
Nun gut! Stellt euch auf vor dem Herrn, nach den Stämmen und Verwandtschaften!"
Dann ließ Samuel für jeden Stamm einen Mann nach vorn kommen und fragte Gott mit dem Los.
Da traf das Los den Stamm Benjamin.
Dann ließ er für jede Familie im Stamm Benjamin einen Mann vortreten und zog das Los.
Da traf das Los die Familie Matri.
Und als man weiter das Los zog, da traf es Saul, den Sohn von Kisch.
Aber Saul war nicht da.
Sie suchten ihn überall und konnten ihn nicht finden.
Da fragten sie Gott noch einmal: „Herr, ist er denn hierher gekommen?"
Gott antwortete: „Ja, er hat sich im Lager beim Gepäck versteckt."
Da liefen sie hin und holten ihn.
Und als er kam und mitten unter dem Volke stand, da war er einen Kopf größer als alle.
Samuel sprach zum ganzen Volk: „Seht ihr, wen der Herr ausgewählt hat?
Es gibt keinen im Volk, der so groß und stattlich ist wie er!"
Da rief das Volk mit lautem Jubel: „Es lebe der König!"
Und Samuel sagte dem Volk noch einmal alles, was dem König zusteht, das ganze Recht des Königs.
Dann ließ er das Volk wieder nach Hause gehen, jeden in seine Stadt.
Auch Saul ging zurück in sein Haus nach Gibea.
Und eine ganze Schar tüchtiger Männer ging mit ihm.
Der Herr hatte ihr Herz dazu bereitgemacht.
Aber es gab auch ein paar böse Leute.
Die sagten: „Was will denn der? Kann der uns von den Feinden erretten?"
Und sie brachten ihm keine Geschenke, sondern verachteten ihn.
Aber Saul sagte nichts dazu.

(1. Samuel 10)

Saul besiegt die Ammoniter

In Gilead, im Land östlich des Jordans, lag die Stadt Jabesch. Dort wohnten Israeliten, nahe an der Grenze zum Königreich der Ammoniter.

Eines Tages kam der König der Ammoniter herangezogen mit einem großen Heer.
Er hieß Nahasch.
Er stellte seine vielen Krieger rings um die ganze Stadt herum und ließ niemand hinein und niemand heraus.
Da sagten alle Männer von Jabesch zu Nahasch: „Mach einen Bund mit uns!

Du lässt uns am Leben und wir gehorchen dir und arbeiten für dich."
Aber der König der Ammoniter sagte zu ihnen: „Jawohl, ich schließe einen Bund mit euch, aber so einen: Ich steche jedem von euch das rechte Auge aus.
So will ich Schande über ganz Israel bringen."
Da sagten die Ältesten von Jabesch: „Gib uns noch sieben Tage Zeit.
Wir schicken erst Boten in das ganze Land Israel.
Wenn uns keiner helfen will, dann kommen wir heraus aus der Stadt und ergeben uns dir."
Sie schickten Boten aus. Die kamen auch nach Gibea, in die Stadt Sauls.
Und sie berichteten den Leuten, was Nahasch gesagt hatte.
Die Leute von Gibea fingen an zu jammern und zu weinen.
Da kam Saul gerade vom Feld mit seinen Rindern.
Er fragte: „Was haben die Leute denn, dass sie so jammern?"
Sie erzählten ihm, was die Boten aus Jabesch berichtet hatten.
Und der Geist Gottes kam über Saul, als er von dieser Sache hörte, und er wurde sehr wütend.
Er nahm zwei Rinder und zerhackte sie in Stücke.
Und er schickte Boten in das ganze Land mit den Rinderstücken und ließ laut ausrufen:
„Wer nicht in den Kampf zieht mit Saul und Samuel, dem werden seine Rinder genauso zerhackt wie diese hier!"
Da erschrak das ganze Volk und merkte: Das kommt von Gott.
Darum zogen sie alle mit in den Kampf wie ein Mann.
Und Saul sagte zu den Boten von Jabesch: „Bringt den Männern in der Stadt diese Nachricht:
‚Morgen, wenn die Sonne hoch am Himmel steht, seid ihr befreit!'"
Die Boten gingen hin und brachten den Männern von Jabesch die gute Nachricht.
Und alle freuten sich.
Und die Männer von Jabesch gaben dem König der Ammoniter Bescheid: „Morgen kommen wir heraus zu euch!
Dann könnt ihr mit uns machen, was ihr wollt."
In der nächsten Nacht teilte Saul seine Männer auf in drei große Gruppen.
Und ganz früh am Morgen, ehe es hell wurde, stürmten sie von drei Seiten in das Lager der Ammoniter und kämpften gegen sie.
Als es Mittag wurde und die Sonne hoch am Himmel stand, waren fast alle Ammoniter erschlagen.
Die paar, die noch übrig waren, liefen weg, jeder nach einer anderen Seite.
Die Kämpfer kehrten über den Jordan zurück und sagten zu Samuel: „Wo sind die Männer, die Saul nicht als König haben wollten?
Bring sie her, dass wir sie töten!"
Aber Saul sprach: „Nein, an diesem Tag wird kein Israelit getötet.
Denn heute hat der Herr sein Volk Israel befreit!"
Und Samuel sprach zu den Männern von

Israel: „Kommt, wir gehen nach Gilgal zum Altar des Herrn. Wir machen Saul noch einmal für alle zum König.“
So ging das ganze Volk nach Gilgal und machte Saul zum König vor Gott.
Sie schlachteten Opfertiere. Und alle Israeliten feierten miteinander vor Gott ein großes Fest. (1. Samuel 11)

Gott setzt Saul als König ab

Eines Tages kam Samuel zu Saul und sprach zu ihm: „Der Herr hat mich damals geschickt, damit ich dich zum König mache über sein Volk, über Israel.
So höre nun, was er von dir verlangt!
So spricht Gott der Herr: ‚Ich habe nicht vergessen, was die Amalekiter den Israeliten getan haben, als sie aus Ägypten kamen.
Sie haben ihnen den Weg versperrt und wollten sie in der Wüste töten.
So zieh nun hin und kämpfe gegen die Amalekiter!
Töte sie alle. Auch ihre Tiere müssen sterben.
Ihr dürft nichts als Beute behalten!‘“
Da rief Saul alle Männer im Volk Israel zusammen. Er zog mit ihnen bis zum Zeltlager der Amalekiter und versteckte sich in einer Schlucht.
Dann brach er plötzlich aus dem Versteck hervor und besiegte die Amalekiter.
Saul und seine Männer töteten das ganze Volk der Amalekiter mit dem Schwert.
Aber die besten Schafe und Rinder töteten sie nicht, die fetten Tiere und die zarten Lämmer und alles, was gut war.
Nur das, was krank und schwach war, das brachten sie um.
Da hörte Samuel das Wort des Herrn, wie er zu ihm sprach: „Es reut mich, dass ich Saul zum König gemacht habe.
Er will nichts mehr von mir wissen. Er hat nicht getan, was ich ihm befohlen habe.“
Samuel war sehr erschrocken. Er schrie zu Gott die ganze Nacht, um ihn umzustimmen.
Am Morgen stand er auf und ging Saul entgegen.
Als Saul ihn sah, sagte er zu ihm: „Sei gesegnet vom Herrn!
Ich habe alles so gemacht, wie der Herr es befohlen hat.“
Samuel sprach: „Und was ist das für ein Blöken von Schafen, das ich da höre, und was für ein Brüllen von Rindern in meinen Ohren?“
Saul sagte: „Die haben meine Leute von den Amalekitern mitgebracht.
Sie haben die besten von den Schafen und Rindern am Leben gelassen.
Sie wollen die Tiere dem Herrn, deinem Gott, zum Opfer bringen.
Aber alles andere, das haben wir umgebracht.“
Da sprach Samuel zu Saul: „Kein Wort mehr! Ich will dir sagen, was der Herr zu mir gesprochen hat in dieser Nacht.“
Saul sagte: „Sprich nur!“
Und Samuel begann: „Du weißt, was der Herr für dich getan hat.
Du selbst hast dich für klein und unbedeutend gehalten, aber der Herr hat dich zum König über Israel gemacht.

Und nun hat der Herr dich auf den Weg geschickt und dir befohlen: ‚Geh hin und vernichte die Amalekiter, diese Übeltäter, und alles, was ihnen gehört.‘
Warum hast du nicht auf den Herrn gehört? Du hast dich auf die Beute gestürzt und hast alle diese Tiere mitgebracht.“
Da sagte Saul zu Samuel: „Ich habe ja auf den Herrn gehört!
Ich habe gegen die Amalekiter gekämpft und habe sie alle vernichtet.
Nur meine Männer, die haben Schafe und Rinder genommen, die besten von allen Tieren. Die wollen sie dem Herrn, deinem Gott, opfern.“
Aber Samuel sprach zu Saul: „Meinst du, der Herr freut sich über Brandopfer und Schlachtopfer mehr, als wenn du tust, was er sagt?
Nein! Gott gehorchen ist besser als Opfer!
Und auf Gottes Stimme hören ist besser als das Fett von Schafen.
Siehe, Gott nicht gehorchen, das ist genauso schlimm, wie wenn du Zauberei treibst.
Und nicht tun, was der Herr verlangt, ist ebenso schlimm, wie wenn du fremde Götter anbetest.
Du hast auf das Wort des Herrn nicht gehört. Jetzt hört der Herr dich auch nicht mehr.
Du bist nicht mehr sein König!“
Da sagte Saul zu Samuel: „Ich bin schuldig, ich habe gesündigt. Ich habe den Befehl des Herrn nicht befolgt.
Ich hatte Angst vor meinen Männern und habe auf sie gehört.
Aber vergib mir doch meine Schuld und kommt mit mir! Ich will dem Herrn die Opfer bringen und zu ihm beten.“

Aber Samuel sprach: „Ich komme nicht mit dir.
Du hast das Wort des Herrn verworfen.
Darum hat der Herr dich als König über Israel verworfen."
Und Samuel drehte sich um und ging weg.
Saul wollte ihn festhalten und fasste ihn am Zipfel seines Mantels.
Aber der Zipfel riss ab.
Da sprach Samuel zu Saul: „Heute reißt der Herr das Königtum in Israel von dir ab und gibt es einem anderen, der besser ist als du."
Saul bat Samuel noch einmal: „Komm trotzdem jetzt mit!
Blamiere mich nicht vor dem Volk!
Ehre mich nur heute noch als König der Israeliten."
Da kehrte Samuel mit Saul um und Saul brachte dem Herrn sein Opfer und betete zu ihm.
Dann ging Samuel nach Hause. Er sah Saul nie wieder bis zu seinem Tod.
Und er trauerte um Saul. (1. Samuel 15)

Gott wählt David zum König über Israel

Gott sprach zu Samuel: „Wie lange willst du noch trauern über Saul?
Ich habe ihn doch abgesetzt. Für mich ist er nicht mehr König über Israel.
Fülle dein Horn mit Öl und mach dich auf den Weg. Ich schicke dich zu Isai nach Bethlehem.
Unter seinen Söhnen habe ich mir einen König ausgewählt."
Samuel sagte: „Wie kann ich das tun? Wenn Saul es hört, dann schlägt er mich tot!"
Gott sprach: „Nimm eine junge Kuh mit und sag: ‚Ich komme zu euch, weil ich dem Herrn ein Opferfest feiern will.'
Dann lädst du Isai zum Opferessen ein. Und ich sage dir, was du tun sollst. Du salbst mir den, den ich dir zeige."
Samuel tat, was Gott ihm gesagt hatte.
Als er nach Bethlehem kam, waren die Ältesten der Stadt ganz erschrocken.
Sie kamen ihm entgegen und fragten: „Es bedeutet doch nichts Schlimmes, dass du kommst?"
Er antwortete: „Nein, etwas Gutes!
Ich komme, weil ich dem Herrn ein Opfer bringen will.
Bereitet euch vor und kommt morgen mit mir zum Opferfest."
Samuel lud auch Isai und seine Söhne zum Opferessen ein.
Als sie kamen, da sah er den Ältesten an, den Eliab.
Er dachte: „Das ist bestimmt der, den der Herr zum König macht."
Aber Gott sprach zu Samuel: „Schau nicht darauf, wie groß und stattlich er ist.
Diesen will ich nicht.
Der Herr achtet nicht auf das, was Menschen für wichtig halten.
Der Mensch sieht nur, was die Augen sehen, aber der Herr sieht in das Herz hinein."
Da rief Isai seinen nächsten Sohn, den Abinadab.
Aber Samuel sprach: „Diesen hat der Herr auch nicht ausgewählt."

Dann ließ Isai den dritten, Schima, vor Samuel vorübergehen.
Aber Samuel sprach: „Auch diesen hat der Herr nicht erwählt."
So ließ Isai sieben von seinen Söhnen an Samuel vorübergehen.
Und Samuel sprach zu Isai: „Diese hat Gott alle nicht erwählt."
Dann fragte er ihn: „Sind das alle deine Söhne?"
Isai sagte: „Nein, der Jüngste fehlt noch. Er hütet gerade die Schafe."
Samuel sprach zu Isai: „Schick jemand hin und lass ihn holen!
Wir setzen uns nicht zum Essen hin, bis er hier ist."
Da schickte Isai nach dem Jüngsten und ließ ihn holen.
Und der Junge kam und stand da, braun gebrannt, mit schönen Augen und gut gewachsen.
Es war David.
Da sprach der Herr: „Auf, salbe ihn!
Der ist es!"
Und Samuel nahm das Horn mit dem Öl und salbte ihn mitten unter seinen Brüdern.
Und der Geist des Herrn kam auf David und blieb bei ihm von diesem Tag an.
Gott war mit ihm. (1. Samuel 16)

David kommt zu Saul

Der Geist Gottes war nun nicht mehr bei Saul, denn Gott hatte ihn verlassen.
Dafür kam immer wieder ein böser Geist über Saul und machte ihn ganz trübsinnig.
Da sagten seine Diener zu ihm: „Du siehst, ein böser Geist quält dich.
Sprich nur ein Wort zu uns und wir suchen dir einen Mann, der Harfe spielen kann.
Der spielt dann auf der Harfe, wenn der böse Geist über dich kommt.
Und dann geht es dir wieder besser."
Saul sprach zu seinen Dienern: „Ja, sucht für mich einen Mann, der Harfe spielen kann, und bringt ihn zu mir."
Da antwortete einer von den Dienern: „Ich kenne jemand in Bethlehem, einen Sohn von Isai, der kann so gut Harfe spielen.
Er ist auch ein tüchtiger Kämpfer und er sieht sehr gut aus. Er kann auch gut reden und Gott ist mit ihm."
So schickte Saul Boten zu Isai und ließ ihm sagen: „Schick mir deinen Sohn David, der die Schafe hütet!"
Da nahm Isai zehn Brote, einen Schlauch Wein und ein Ziegenböckchen.
Das gab er alles seinem Sohn David und schickte ihn damit zu Saul.
So kam David zu Saul und diente ihm.
Und Saul hatte ihn lieb und machte ihn sogar zu seinem Waffenträger.
Er schickte einen Boten zu Isai und ließ ihm sagen: „Lass doch David bei mir bleiben. Ich habe ihn in mein Herz geschlossen!"
Und immer wenn der böse Geist über Saul kam, nahm David die Harfe und spielte darauf.
Saul tat es gut, es wurde ihm besser dabei und der böse Geist ließ ihn in Ruhe.
(1. Samuel 16)

Der gute Hirte

Ein Lied von David

1. Der Herr ist mein Hirte,
mir wird nichts mangeln.
Er weidet mich auf einer grünen Aue
und führet mich zum frischen
Wasser.

2. Er erquicket meine Seele.
Er führet mich auf rechter Straße
um seines Namens willen.

3. Und ob ich schon wanderte im
finstern Tal,
fürchte ich kein Unglück;
denn du bist bei mir,
dein Stecken und Stab trösten mich.

4. Du bereitest vor mir einen Tisch
im Angesicht meiner Feinde.
Du salbest mein Haupt mit Öl
und schenkest mir voll ein.

5. Gutes und Barmherzigkeit
werden mir folgen mein Leben lang,
und ich werde bleiben
im Hause des Herrn immerdar.

(Psalm 23)

Der Riese Goliat verspottet das Heer Israels

Die Philister sammelten sich zum Krieg gegen Israel. Sie zogen bis zur Grenze und bauten da ihr Lager auf.
Saul rief die Männer Israels zusammen und sie bauten ihr Lager ganz in der Nähe auf.
Zwischen ihnen lag das Eichental.
Dann zogen sie beide aus dem Lager, die Philister und die Israeliten, und stellten sich zum Kampf auf.
Die Philister standen auf der einen Seite des Tals und die Israeliten auf der anderen Seite.
Da kam aus den Reihen der Philister ein einzelner Kämpfer heraus.
Er hieß Goliat und war über drei Meter groß.
Er hatte einen Helm aus Eisen auf dem Kopf und einen Panzer aus Eisenplatten am Körper.
Der Panzer wog über einen Zentner.
Er hatte auch eiserne Schutzschienen an seinen Beinen. Und auf dem Rücken hing ihm ein Krummschwert.
Sein Spieß war wie ein Baumstamm. Die Spitze aus Eisen wog über sieben Kilo.
Ein anderer Kämpfer trug seinen Schild vor ihm her.
Goliat stellte sich unten im Tal auf und rief zu den Israeliten hinüber: „Warum zieht ihr mit dem ganzen Heer aus und stellt euch auf zur Schlacht?
Ich fordere euch zum Zweikampf heraus! Ich stehe für die Philister und einer von euch steht für die Israeliten.
Wählt unter euch einen tapferen Mann aus. Der soll zu mir herunterkommen und gegen mich kämpfen.
Wenn er gewinnt, dann sind wir eure Sklaven.
Aber wenn ich gewinne und ihn totschlage, dann seid ihr unsere Sklaven und müsst uns dienen."
Und der Philister rief noch lauter: „Ich verspotte heute das Heer der Israeliten. Schickt mir einen Mann, dass wir gegeneinander kämpfen!"
Als Saul und die Israeliten die Worte des Philisters hörten, da erschraken sie und bekamen große Angst.
Aber der Philister kam jeden Morgen und jeden Abend heraus und stellte sich hin und rief immer das Gleiche, vierzig Tage lang. (1. Samuel 17)

David kommt ins Lager

Im Heer der Israeliten waren auch die Söhne von Isai aus Bethlehem.
Es waren die drei ältesten: Eliab, Abinadab und Schima.
Isai selbst war schon ein alter Mann. Er war zu alt für den Kampf.
David, der Jüngste, war wieder in Bethlehem und hütete die Schafe.
Eines Tages sprach Isai zu David: „Geh zu deinen Brüdern ins Lager und bring ihnen diesen kleinen Sack geröstetes Korn und diese zehn Brote.
Sieh nach, wie es ihnen geht! Und lass dir etwas von ihnen mitgeben als Zeichen, an dem ich sehe, dass sie noch am Leben sind."

So machte sich David am frühen Morgen auf den Weg.
Als er zum Lager kam, stellten sich die Soldaten gerade auf zum Kampf, die Israeliten am Abhang hier, die Philister am Abhang dort.
Da gab David seine Sachen der Wache im Lager und lief nach vorn.
Er fand seine Brüder und fragte sie, wie es ihnen geht.
Als er so mit ihnen redete, kam gerade wieder der Riese Goliat nach vorn.
Er stellte sich vor die Reihen der Philister und sprach dieselben Worte wie jeden Tag. Und David hörte es auch.
Als die Israeliten den Riesen sahen, sagten sie zueinander: „Seht ihr ihn? Er kommt, um Israel zu verspotten!
Wer ihn totschlägt, der bekommt eine große Belohnung vom König.
Er gibt ihm sogar seine Tochter.
Und seine Familie muss keine Steuern mehr bezahlen."
David fragte die Männer, die bei ihm standen: „Was bekommt der Mann, der den Philister totschlägt und diese Schande von Israel wegnimmt?
Dieser gottlose Philister darf doch nicht das Heer des lebendigen Gottes verspotten!"
Da sagten sie ihm noch einmal, was der bekommt, der ihn totschlägt.
Eliab, sein ältester Bruder, hörte, wie David so mit den Männern redete.
Da wurde er wütend auf David und sagte: „Was machst du denn hier?
Wer passt jetzt auf unsere kümmerlichen Schafherden auf in der Wüste?
Ich weiß genau, was du im Kopf hast.
Du willst bloß den Krieg sehen."
David sagte: „Was habe ich denn getan?
Ich habe doch nur gefragt!"
Dann drehte er sich um und ging weg von Eliab zu einem anderen.

(1. Samuel 17)

David kämpft gegen Goliat

Die Männer erzählten es weiter, was David gesagt hatte.
Das hörte auch Saul und er ließ David zu sich holen.
David sprach zu Saul: „Keiner soll den Mut verlieren wegen dem Kerl da!
Dein Diener geht hin und kämpft gegen diesen Philister."
Aber Saul sagte zu David: „Du kannst nicht zu diesem Philister gehen und mit ihm kämpfen.
Du bist noch zu jung und er ist ein starker Mann."
Da sprach David zu Saul: „Dein Diener war ein Hirte und hütete die Schafe seines Vaters.
Manchmal kam ein Löwe oder ein Bär und holte sich ein Schaf weg.
Dann lief ich hinter ihm her und schlug auf ihn ein und rettete das Tier aus seinem Maul.
Wenn er auf mich losging, dann packte ich seine Mähne und schlug ihn tot.
Dein Diener ist mit Löwen und Bären fertig geworden.
Und diesem gottlosen Philister soll es genauso ergehen wie ihnen, weil er das Heer des lebendigen Gottes verspottet hat!

Der Herr hat mich aus den Krallen des Löwen errettet und aus den Pranken des Bären.
Er rettet mich auch aus den Händen dieses Philisters."
Da sagte Saul: „So geh hin und der Herr gehe mit dir!"
Dann gab er David seine Rüstung.
Er setzte ihm den eisernen Helm auf den Kopf und zog ihm den Panzer an.
Und er hängte ihm sein Schwert um.
David versuchte, in der Rüstung zu gehen. Aber er kam nicht zurecht damit.
So zog er alles wieder aus.
Er nahm nur einen Hirtenstock und seine Schleuder in die Hand.
Er suchte sich im Bach fünf glatte Steine und legte sie in seine Hirtentasche.
So ging er auf den Philister zu, nur mit der Schleuder in der Hand.

(1. Samuel 17)

David schlägt Goliat tot

Der Philister kam Schritt für Schritt auf David zu.
Er sah David an und verachtete ihn, weil er noch so jung war.
Er sagte zu David: „Bin ich denn ein Hund, dass du mit einem Stock zu mir kommst?"
Und er rief zu seinen Göttern und verfluchte David.
Dann sagte er zu David: „Komm doch her zu mir, ich gebe dein Fleisch den Vögeln am Himmel und den Tieren auf dem Feld zum Fressen!"
Aber David sprach zu dem Philister: „Du kommst zu mir mit einem Schwert und mit einem Spieß.
Aber ich, ich komme zu dir im Namen des Herrn, des allmächtigen Gottes, den du verspottet hast.
Der Herr gibt dich heute in meine Hand.
Und ich gebe dein Fleisch den Vögeln am Himmel und den Tieren auf der Erde zum Fressen, und dazu das Fleisch des ganzen Heeres der Philister.
Dann weiß die ganze Welt: Das Volk Israel hat einen Gott.
Und dann sehen alle, die hier stehen: Der Herr rettet sein Volk.
Er braucht dazu kein Schwert und keinen Spieß. Er gibt euch in unsere Hand!"
Als nun der Philister vorwärts ging und immer näher zu David kam, da lief David schnell ihm entgegen.
Er fasste mit seiner Hand in die Tasche, holte einen Stein heraus, schleuderte ihn und traf den Philister an der Stirn.
Der Stein schlug durch die Stirn durch und blieb im Kopf stecken.
Da fiel der Philister um, mit seinem Gesicht auf die Erde.
So warf David den Philister zu Boden mit Schleuder und Stein. Er hatte nicht einmal ein Schwert in der Hand.
Und David lief hin, stellte den Fuß auf den Philister, packte sein Schwert am Griff, zog es aus der Scheide und schlug ihm damit den Kopf ab.
Als die Philister sahen, dass ihr stärkster Mann tot war, da liefen sie weg.
Und die Männer von Israel fingen das Kriegsgeschrei an und jagten hinter den Philistern her. (1. Samuel 17)

David muss vor Saul fliehen

Saul wird eifersüchtig auf David

Als der Kampf zu Ende war, rief Saul David zu sich und redete mit ihm.
Jonatan, Sauls Sohn, war auch dabei und hörte zu. Und er gewann David lieb, so lieb wie sein eigenes Leben.
Er machte einen Bund mit David und schloss Freundschaft mit ihm, weil er ihn so lieb hatte.
Er schenkte ihm seinen eigenen Mantel und seinen Umhang. Er gab ihm sogar sein Schwert, seinen Bogen und seinen Gürtel.
Und später bekam David auch die Tochter des Königs zur Frau.
Als sie nun nach Hause zurückkehrten aus dem Krieg gegen die Philister, da zogen ihnen die Frauen aus allen Städten Israels entgegen.
Sie schlugen die Handpauken und tanzten.
Sie spielten auf Harfen und sangen Lieder vom Sieg.
Und sie sangen immer wieder:

„Saul hat Tausend erschlagen!
Aber David hat Zehntausend erschlagen!"

Als Saul das hörte, ärgerte er sich und wurde ganz wütend.
Er dachte bei sich selbst: „David geben sie Zehntausend und mir nur Tausend.
Jetzt fehlt nur noch, dass er auch noch König wird!"
Von da an sah Saul David nicht mehr so gern. (1. Samuel 18)

Saul will David töten

Es geschah am anderen Tag, da kam ein böser Geist über Saul.
Saul wurde ganz wild drinnen im Palast und rannte hin und her.
David hatte die Harfe in der Hand und spielte seine Lieder wie an jedem Tag.
Auf einmal nahm Saul seinen Speer und schleuderte ihn gegen David.
Er hatte Schaum vor dem Mund und schrie: „Ich spieße dich an die Wand!"
Aber David sprang schnell zur Seite und der Speer ging daneben.
Da bekam Saul Angst vor David, denn er merkte: Gott ist bei David, und bei mir ist er nicht.
Deshalb wollte er David nicht mehr in seinem Haus haben.
Er schickte ihn ins Lager zu den Soldaten und gab ihm den Oberbefehl über tausend Mann.
So wurde David Hauptmann im Heer der Israeliten.
Doch alles, was er tat, wurde gut, denn Gott war bei ihm.
Da bekam Saul noch mehr Angst vor ihm,

denn er sah: Alles was David anfängt, wird gut.
Aber die Männer aus Israel und aus Juda liebten David, denn er zog aus mit ihnen in den Kampf, und er kam zurück mit ihnen aus dem Kampf, und immer ging er allen voran. (1. Samuel 18)

David und Jonatan

Als David einmal aus dem Krieg zurückkehrte, da kam wieder der böse Geist über Saul und machte ihn trübsinnig.
David nahm die Harfe und spielte vor Saul, so wie früher.
Und wieder geschah es: Saul hob den Speer und warf ihn nach David.
Aber der Speer fuhr in die Wand, knapp an David vorbei.
Da floh David in sein Haus.
Saul schickte Männer hinterher, die sollten ihn töten.
Aber David stieg aus dem Fenster und lief weg.
Er ging zu Jonatan und sagte: „Was habe ich denn getan?
Womit habe ich deinen Vater geärgert, dass er mich töten will?"
Jonatan antwortete ihm: „Das ist nicht wahr. Du musst nicht sterben.
Mein Vater sagt mir immer alles, was er tut, große Sachen und kleine Sachen.
Warum sollte er mir gerade dies nicht sagen? Es stimmt wirklich nicht!"
David sagte: „Aber dein Vater weiß doch, dass du mein Freund bist.
Und da denkt er: ‚Jonatan darf das nicht wissen. Das tut ihm zu weh.'
So gewiss der Herr lebt und so gewiss du lebst: Es ist nur ein Schritt zwischen mir und dem Tod!"
Jonatan fragte David: „Was kann ich für dich tun? Sag es mir!"
Da sagte David: „Morgen und übermorgen ist Neumondfeier. Da soll ich beim König mit am Tisch sitzen.
Erlaube mir, dass ich wegbleibe.
Wenn dein Vater nach mir fragt, dann sag ihm: ‚David hat mich um Urlaub gebeten. Er wollte schnell nach Hause, nach Bethlehem.
Seine Familie feiert das jährliche Opferfest für die ganze Verwandtschaft.'
Wenn er jetzt sagt: ‚Es ist in Ordnung', dann steht es gut um mich.
Wenn er aber böse wird, dann weißt du, dass er mit mir das Schlimmste vorhat.
Bitte, tu mir diesen Gefallen.
Du hast doch Freundschaft mit mir geschlossen vor Gott.
Wenn ich irgendeine Schuld habe, dann töte du mich. Aber bring mich ja nicht zu deinem Vater."
Da sagte Jonatan: „Du kannst dich darauf verlassen, ich sage dir alles."
Aber David sagte: „Wer gibt mir denn Bescheid, wenn dein Vater dir eine schlimme Antwort gibt?"
Jonatan sagte: „Komm, wir gehen ein Stück hinaus aufs Feld, damit uns keiner hört."
So gingen die beiden hinaus aufs Feld.
Dort sprach Jonatan zu David: „Bei dem Herrn, dem Gott Israels!
Wenn mein Vater etwas Schlimmes gegen dich vorhat, dann sage ich dir das und

lasse dich ziehen, damit du in Frieden weggehen kannst.
Und der Herr sei mit dir, so wie er mit meinem Vater gewesen ist!
Und wenn du einmal König bist und wenn ich dann noch lebe, dann sei du so gut zu mir, wie der Herr zu dir ist, und lass mich am Leben.
Sei auch gut zu meiner Familie, zu meinen Kindern, für immer!"
Und Jonatan sagte zu David: „Schwöre mir das, wenn es wahr ist, dass du mich liebst!"
So schloss Jonatan einen Bund mit David.
Denn Jonatan liebte David wie sein eigenes Leben.
Und David schwor es ihm.
Dann sagte Jonatan: „Morgen ist Neumondfest.
Da werden sie merken, dass du nicht da bist, weil dein Platz leer ist. Sie werden nach dir fragen.
Warte dann noch einen Tag und komm am dritten Tag wieder zu der Stelle, wo du dich schon einmal versteckt hast.
Setz dich dort hinter den Steinhaufen.
Ich schieße dann drei Pfeile ab gegen den Stein, so, als ob ich Schießen übe.
Dann schicke ich meinen Diener hin und sage: ‚Lauf und such die Pfeile!'
Nun pass auf! Wenn ich zu ihm sage: ‚Die Pfeile liegen weiter hier bei mir!', dann kannst du wiederkommen.
Dann steht es gut für dich, es ist keine Gefahr, so gewiss der Herr lebt!
Wenn ich aber zu dem Jungen sage: ‚Die Pfeile liegen weiter dahinten!', dann musst du gehen.
Dann hat der Herr es so bestimmt und schickt dich weg von hier.
Aber das, was wir beiden abgemacht haben, du und ich, das gilt.
Der Herr ist der Zeuge zwischen dir und mir für immer!"
Danach versteckte sich David auf dem Feld. (1. Samuel 19–20)

Jonatan spricht mit Saul

Nun kam das Neumondfest. Der König setzte sich an den Tisch zum Essen.
Er saß wie immer auf seinem Platz an der Wand. Jonatan saß ihm gegenüber.
Aber Davids Platz blieb leer.
Saul sagte nichts an diesem Tag. Er dachte: „Es ist ihm wohl etwas dazwischengekommen."
Aber am zweiten Festtag, als Davids Platz wieder leer war, da sagte Saul zu seinem Sohn Jonatan: „Warum ist der Sohn Isais gestern und heute nicht zum Essen gekommen?"
Da antwortete Jonatan: „David bat mich um Urlaub, damit er nach Bethlehem gehen kann.
Er sagte: ‚Lass mich doch gehen. Wir haben ein Familienfest in der Stadt.
Mein Bruder ist da gewesen und hat mich gebeten, dass ich komme.
Sei so gut und lass mich gehen, damit ich meine Brüder wiedersehe.'
Darum ist er nicht zum Tisch des Königs gekommen."
Da wurde Saul wütend auf Jonatan.
Er sagte zu ihm: „Du verfluchter Hundesohn!
Ich weiß es schon lange: Du hast dich mit dem Sohn Isais zusammengetan.
Das ist eine Schande für dich und deine Mutter!
Solange der lebt auf dieser Erde, so lange wirst du nichts, und schon gar nicht König.
Also: Schick Leute hin und hol ihn her zu mir. Er muss sterben."
Aber Jonatan sagte zu seinem Vater: „Warum soll er sterben? Was hat er denn getan?"
Da nahm Saul seinen Speer und zielte gegen seinen eigenen Sohn.
Jetzt wusste Jonatan: ‚Mein Vater hat es fest beschlossen, David zu töten.'
Er stand ganz wütend auf vom Tisch und aß nichts am zweiten Neumondtag, weil er sich Sorgen machte wegen David.

(1. Samuel 20)

David und Jonatan nehmen Abschied

Am anderen Morgen ging Jonatan mit seinem jungen Diener hinaus aufs Feld zu der Stelle, die er mit David verabredet hatte.
Er sprach zu seinem Jungen: „Lauf los! Ich schieße Pfeile ab und du holst sie mir wieder."
Als der Junge loslief, schoss Jonatan einen Pfeil über seinen Kopf hinweg.
Und als er ihn suchte, rief Jonatan: „Sieh, der Pfeil liegt weiter dahinten!"
Der Junge brachte den Pfeil zu seinem Herrn zurück. Er hatte nichts gemerkt.
Nur Jonatan und David wussten, was das bedeutet.
Dann gab Jonatan dem Jungen seinen Bogen und seine Pfeile und sagte zu ihm: „Geh jetzt und bring die Sachen in die Stadt."
Als er weggegangen war, kam David hinter seinem Steinhaufen hervor, kniete sich vor Jonatan hin und verbeugte sich dreimal mit der Stirn bis zur Erde.

Sie umarmten sich und küssten sich und weinten miteinander.
David weinte am meisten.
Und Jonatan sprach zu David: „Zieh hin in Frieden!
Denk an das, was wir beide uns fest versprochen haben vor Gott.
Er ist der Zeuge zwischen mir und dir, zwischen meinen Nachkommen und deinen Nachkommen für immer!“
So machte sich David auf und zog weg.
Und Jonatan ging wieder zurück in die Stadt. (1. Samuel 20)

David rächt sich nicht an Saul

David zog weiter und versteckte sich in den Bergen.
Als seine Brüder das hörten, kamen sie alle mit ihren Familien zu ihm und blieben bei ihm.
Es kamen auch andere Männer zu David und blieben bei ihm: Männer, die Schulden hatten, Männer, die nicht zufrieden waren mit ihrem Leben, und Männer, die flüchten mussten.
So kamen ungefähr vierhundert Mann zu David und er wurde ihr Anführer.

Saul zog mit seinen Soldaten überall umher und wollte David fangen. Aber er konnte ihn nicht finden, weil Gott mit David war.
David zog in der Wüste Juda von einem Versteck zum andern. Zuletzt kam er zu den Felsen bei En-Gedi.

Die Leute dort meldeten Saul: „David ist bei En-Gedi, oben in den Bergen.“
Da nahm Saul dreitausend Männer aus ganz Israel und suchte David und seine Männer bei den Steinbockfelsen.
Als er dort zu den Schafweiden kam, sah er eine Höhle und ging hinein, weil er dringend mal musste.
Er hockte sich auf die Erde und breitete seinen Mantel um sich aus wie ein Zelt, damit ihn niemand dabei sieht.
Aber David hatte sich genau in dieser Höhle versteckt mit seinen Männern.
Sie saßen weiter hinten im Dunkeln.
Die Männer Davids sagten zu ihm: „Dies ist der Tag, von dem der Herr zu dir sprach, als er sagte: ‚Siehe, ich gebe deinen Feind in deine Hand.‘
Jetzt kannst du mit ihm machen, was du willst!“
David schlich nach vorn, aber er schnitt nur ganz vorsichtig einen Zipfel vom Mantel Sauls ab.
Und gleich danach schlug ihm das Herz, dass er den Zipfel von Sauls Mantel abgeschnitten hatte.
Und er sprach zu seinen Männern: „Gott behüte mich davor, dass ich meinem König, dem Gesalbten des Herrn, etwas Böses antue!
Ich will meine Hand nicht gegen ihn erheben, denn er ist und bleibt der Gesalbte des Herrn.“
Und David schimpfte seine Männer aus und erlaubte nicht, dass sie Saul etwas antun.
Als Saul fertig war, stand er auf und ging wieder aus der Höhle hinaus.

Er wollte gerade mit seinen Soldaten weiterziehen, da kam David aus der Höhle und rief hinter ihm her: „Mein König!"
Saul sah sich um.
Da warf sich David zur Erde und sprach zu Saul: „Warum hörst du auf die Worte der Leute, die sagen: ‚Pass auf, David will dich töten!'
Du kannst es heute mit deinen eigenen Augen sehen!
Gott hat dich hier in der Höhle in meine Hand gegeben.
Und als sie sagten, ich soll dich töten, da habe ich dir doch nichts getan und habe gesagt: ‚Ich erhebe meine Hand nicht gegen meinen König, denn er ist der Gesalbte des Herrn.'
Mein Vater, sieh hier den Zipfel deines Mantels in meiner Hand!
Jetzt kannst du sehen, dass ich nichts Böses gegen dich vorhabe: Ich habe den Zipfel deines Mantel abgeschnitten und habe dich nicht getötet.
Ich habe dir nichts getan.
Und du, du ziehst immerzu hinter mir her und willst mich töten.
Gott ist selbst Richter zwischen dir und mir. Er soll mich an dir rächen, aber meine Hand soll dir nichts tun.
Hinter wem zieht der König von Israel her? Auf wen macht er Jagd?
Auf einen toten Hund? Auf einen einzigen Floh?"
Als David zu Ende gesprochen hatte, sagte Saul: „Ist das nicht deine Stimme, mein Sohn David?"
Und Saul weinte laut und sprach zu David: „Du bist besser als ich!

Du hast mir Gutes getan dafür, dass ich dir Böses getan habe.
Du hast es mir heute bewiesen.
Gott hat mich in deine Hand gegeben und du hast mich doch nicht getötet.
Gott gebe dir Gutes für das, was du an mir getan hast!
Ich weiß ja: Du wirst bestimmt König und das Königreich Israel bleibt ständig in deiner Hand.
Darum schwöre mir bei dem Herrn: Du lässt meine Nachkommen am Leben und rottest meine Familie nicht aus, wenn ich gestorben bin!"
David schwor ihm das.
Dann ging Saul nach Hause. Aber David ging mit seinen Leuten wieder hinauf in die Berge. (1. Samuel 22 und 24)

Saul sucht Rat bei einem Toten

Es geschah nach einiger Zeit, da riefen die Philister wieder ihre Soldaten zusammen zum Krieg gegen die Israeliten.
Sie fielen in das Land ein und schlugen ihr Heerlager in der Ebene Jesreel auf, mitten in Israel.
Und Saul versammelte alle Männer aus Israel auf dem Berg Gilboa.
Aber als er das Heer der Philister sah, bekam er Angst und sein Herz fing an zu zittern.
Er fragte den Herrn, wie er die Philister besiegen kann.
Aber Gott gab ihm keine Antwort, nicht im Traum und nicht durch das heilige Los und nicht durch Propheten.

Samuel war damals schon gestorben.
Es gab für Saul nur noch einen Weg: Er konnte die Wahrsager und Totenbeschwörer fragen.
Aber die durfte es nach Gottes Gebot in Israel nicht geben.
Deshalb hatte Saul früher alle Totenbeschwörer und Wahrsager im Land töten lassen. Nun suchte er selbst welche.

Saul sprach zu seinen Dienern: „Sucht mir eine Frau, die die Toten befragen kann. Ich will zu ihr gehen und sie um Rat fragen."
Seine Diener sagten zu ihm: „Es gibt eine Frau in En-Dor. Die kann das."
Aber die Frau durfte nicht sehen, dass es Saul war.
Deshalb bemalte er sein Gesicht und zog andere Kleider an.
Nur zwei Männer gingen mit. Sie kamen zu der Frau, als es Nacht war.
Saul sagte zu ihr: „Du kannst die Toten herbeirufen. Hol mir den herauf, den ich dir sage."
Aber die Frau sagte zu ihm: „Du weißt ja selbst, was Saul gemacht hat: Er hat alle Totenbeschwörer und Wahrsager im Land töten lassen.
Du willst mich nur hereinlegen, dass ich auch getötet werde."
Da schwor Saul bei Gott und sprach: „So gewiss der Herr lebt, du wirst nicht bestraft wegen dieser Sache."
Die Frau fragte: „Wen soll ich heraufholen für dich?"
Saul sagte zu ihr: „Lass Samuel heraufkommen!"
Als die Frau Samuel heraufkommen sah, schrie sie laut und sagte zu Saul: „Du hast mich belogen! Du bist ja Saul!"
Aber der König sprach zu ihr: „Hab keine Angst. Was siehst du?"
Die Frau sagte: „Ich sehe einen Geist aus der Erde heraufsteigen."
Saul fragte sie: „Wie sieht er aus?"
Sie sagte: „Es kommt ein alter Mann herauf. Er hat einen Prophetenmantel an."
Da wusste Saul: Das ist Samuel.
Und er warf sich nieder mit dem Gesicht zur Erde.
Aber Samuel sprach zu Saul: „Warum störst du mich in meiner Ruhe und holst mich herauf?"
Saul sagte: „Ich habe große Angst.
Die Philister kommen mit ihrem Heer und machen Krieg gegen mich.
Gott hat mich verlassen und antwortet mir nicht mehr, nicht durch Propheten und nicht durch Träume.
Darum habe ich dich gerufen, damit du mir zeigst, was ich tun soll."
Samuel sprach: „Warum fragst du mich noch?
Der Herr hat dich verlassen und ist dein Feind geworden.
Der Herr hat mit dir gemacht, was er durch mich versprochen hat:
Er hat das Königreich aus deiner Hand genommen und hat es dem anderen neben dir gegeben, dem David.
Du hast auf die Stimme des Herrn nicht gehört, als er dich zu den Amalekitern geschickt hat.
Darum gibt der Herr dich jetzt in die Hand der Philister.

Morgen bist du bei mir, unten bei den Toten, du mit deinen Söhnen.
Und das Heer Israels gibt der Herr in die Hand der Philister."
Da fiel Saul hin auf die Erde, so lang er war, als ob ein Blitz ihn getroffen hätte. So erschrocken war er.
Er hatte auch keine Kraft mehr, denn er hatte den ganzen Tag und die ganze Nacht nichts gegessen.
Da trat die Frau zu Saul und sagte: „Sieh, deine Dienerin hat auf dich gehört.
Ich habe mein Leben aufs Spiel gesetzt für dich und habe deine Bitte erfüllt.
So höre du nun auch auf deine Dienerin!
Ich mache dir jetzt etwas zu essen.
Dann bekommst du wieder Kraft und kannst zurückgehen."
Saul sagte: „Ich mag nicht essen."
Aber seine Männer und die Frau redeten ihm zu und er hörte auf sie.
Er stand auf von der Erde und setzte sich aufs Bett.
Die Frau hatte ein fettes Kalb im Haus, das schlachtete sie.
Sie nahm Mehl, knetete damit einen Brotteig und backte Brote.
Dann brachte sie alles herein zu Saul und seinen Dienern.
Und sie aßen, standen auf und gingen in derselben Nacht wieder zurück.

(1. Samuel 28)

Saul und Jonatan sterben im Krieg

Es kam zur Schlacht zwischen den Philistern und den Israeliten.
Und die Männer Israels liefen weg vor den Philistern.
Viele wurden erschlagen und lagen tot auf dem Berg Gilboa.
Die Philister jagten hinter Saul und seinen Söhnen her.
Sie erschlugen Jonatan und zwei andere Söhne Sauls.
Nun wurde es gefährlich für Saul.
Die Bogenschützen kamen näher und trafen ihn mit ihren Pfeilen.
Da sprach Saul zu seinem Waffenträger: „Zieh dein Schwert heraus und stich mich tot damit.
Sonst kommen diese Gottlosen und durchstechen mich mit ihrem Schwert und verspotten mich!"
Aber sein Waffenträger sagte nein.
Er wollte nicht den Gesalbten des Herrn töten.
Da nahm Saul sein Schwert und ließ sich nach vorn fallen ins Schwert hinein.
Als der Waffenträger sah, dass Saul tot war, stürzte er sich auch in sein Schwert und starb mit ihm.
So starben Saul und seine drei Söhne und sein Waffenträger und alle seine Männer an einem und demselben Tag.

(1. Samuel 31)

David, der große König

David wird König

Ein Mann kam zu David und erzählte ihm alles, was passiert war.
Da weinte David laut und sang ein Trauerlied über Saul und Jonatan und über alle Männer Israels, die im Kampf gefallen waren.
Nicht lange danach fragte David Gott: „Soll ich in eine Stadt in Juda ziehen?"
Der Herr sprach zu ihm: „Zieh hin!"
David fragte weiter: „Und wohin soll ich ziehen?"
Der Herr antwortete: „Nach Hebron."
So zog David nach Hebron und wohnte dort.
(Hebron liegt im Gebiet des Stammes Juda, weiter südlich als Davids Heimatstadt Bethlehem.)
Da kamen die Männer von Juda nach und salbten David zum König über den Stamm Juda.
Aber es war noch ein Sohn Sauls am Leben: Isch-Boschet.
Und Abner, der Heerführer Sauls, nahm Isch-Boschet und brachte ihn nach Mahanajim.
(Das lag auf der anderen Seite des Jordans, wo die Philister nicht hinkamen.)
Dort machte er ihn zum König über alle anderen Stämme, über das ganze übrige Israel.
Isch-Boschet blieb nicht lange König, nur zwei Jahre.
Dann töteten ihn zwei seiner Soldaten.
Da kamen die Ältesten aus den anderen Stämmen Israels nach Hebron zu David und sagten: „Wir sind doch Brüder, wir sind alle von deinem Fleisch und Blut!
Du warst es, der Israel hinaus in den Kampf und zurück nach Hause geführt hat – schon früher, als Saul noch König über uns war.
Und der Herr hat zu dir gesprochen: ‚Du wirst der Hirte meines Volkes Israel, du sollst der König sein.'"
Und die Ältesten salbten David zum König über das übrige Israel.

(2. Samuel 1, 2, 4 und 5)

David erobert Jerusalem

In Jerusalem wohnten damals noch die Jebusiter. Ihnen gehörte die Stadt.
König David zog mit seinen Männern vor Jerusalem und wollte es erobern.
Aber rings um die ganze Stadt war eine starke Mauer.
Die Jebusiter riefen zu David hinunter: „Du kommst hier nicht herein!
Blinde und Lahme jagen dich weg von hier."
(Sie wollten damit sagen: David schafft es nie, in diese Stadt zu kommen.)

Aber David sagte an dem Tag zu seinen Männern: „Wer mutig ist, der steigt durch den Wasserschacht in die Stadt und besiegt die Jebusiter.
Der wird dann der oberste Feldherr über alle meine Kämpfer."
Da stieg Joab zuerst hinauf.
Und er wurde der oberste Feldherr.
So zog David ein in die Burg auf dem Berg Zion und blieb dort wohnen.
David wurde immer mächtiger und der Gott Israels war bei ihm.
Er musste noch zweimal in den Krieg ziehen gegen die Philister.
Aber dann hatte er sie besiegt und hatte Ruhe vor ihnen für immer.
Danach holte David die Bundeslade des Herrn nach Jerusalem.
Sie stand bis dahin im Haus von Abinadab in Kirjat-Jearim.
David brachte sie in seine Stadt und stellte sie dort in das heilige Zelt.
Er selbst tanzte voll Freude vor der Bundeslade her, als sie in die Stadt getragen wurde. (2. Samuel 5–6)

Gott baut David ein Haus

Als der König vor allen seinen Feinden Ruhe hatte, sprach er zu Nathan, dem Propheten: „Sieh doch! Ich wohne hier in einem Palast aus Zedernholz!
Aber die Bundeslade des Herrn steht unter einem Zeltdach."
(Das ist so, wie wenn Gott selbst in einem Zelt wohnt, dachte David.)
Da sprach Nathan zum König: „Geh ruhig hin und tue, was du vorhast.
Der Herr ist mit dir."
Aber in derselben Nacht hörte Nathan, wie Gott zu ihm sprach: „Geh hin zu meinem Diener David und sag zu ihm:
‚So spricht der Herr: Du willst mir ein Haus bauen, damit ich darin wohne?
Ich habe doch noch nie in einem Haus gewohnt – von dem Tag, als ich das Volk Israel aus Ägypten hierher führte, bis heute.
Ich bin immer in einem Zelt mit euch gezogen.
Auch hier im Land zog ich mit der Bundeslade unter den Israeliten von Stamm zu Stamm.
Damals führten die Richter mein Volk Israel.
Habe ich jemals zu einem von ihnen gesagt: Warum habt ihr mir kein Haus aus Zedernholz gebaut?‘
Darum sag zu meinem Diener David:
‚So spricht der Herr, der Gott Israels:
Ich habe dich von der Weide geholt, von den Schafen weg, damit du der König für mein Volk Israel wirst.
Ich war überall bei dir, wo du hingezogen bist, und ich habe alle deine Feinde vor dir hergetrieben.
Ich habe dir einen großen Namen gemacht, so groß wie der Name der Größten dieser Erde.
Und ich habe dir Ruhe verschafft vor allen deinen Feinden.
Und nun verkündet der Herr dir:
Ich baue dir ein Haus!
Wenn deine Zeit um ist und du stirbst, dann berufe ich einen Nachfolger für dich, einen von deinen eigenen Söhnen.

Der baut mir dann ein Haus.
Und ich mache seine Königsherrschaft fest für immer.
Ich will sein Vater sein und er soll mein Sohn sein.
Wenn er etwas Böses tut, bestrafe ich ihn mit Schlägen, so wie Menschen Schläge austeilen.
Aber ich verwerfe ihn nicht.
Ich nehme meine Güte nicht weg von ihm, so wie ich das bei Saul gemacht habe, der vor dir König war.
Es sollen immer Nachkommen von dir auf deinem Königsthron sitzen.
Dein Königsthron soll für alle Zeiten feststehen!'"
Nathan ging zu David und sagte ihm das alles. (2. Samuel 7)

David dankt Gott

Da ging König David in das heilige Zelt, kniete sich hin und betete:
„O Herr, mein Gott, ich bin es nicht wert, dass du mich so weit gebracht hast!
Und nun willst du noch mehr tun: Du hast mir und meinen Nachkommen auch noch für die Zukunft so viel Gutes versprochen.
Ich weiß nicht, wie ich dir dafür danken soll.
Aber du kennst ja mein Herz und meine geheimsten Gedanken, o Herr!
Du tust all dieses Große an mir, weil du es schon früher versprochen hast und weil es aus deinem Herzen kommt.
Du bist so groß und hoch, mein Herr und Gott!
Niemand ist wie du. Es gibt keinen Gott außer dir!
O Herr, du hast deinem Diener gesagt: ‚Ich will dir ein Haus bauen.'
Mach dein Wort wahr und lass immer einen meiner Nachkommen auf meinem Thron sein." (2. Samuel 7)

David holt sich die Frau eines anderen

David hatte Krieg mit dem Volk auf der anderen Seite des Jordans, mit den Ammonitern.
Joab, Davids Feldherr, stand mit seinen Soldaten vor ihrer Hauptstadt Rabba.
Aber David selbst blieb in Jerusalem.
Einmal gegen Abend stand David von seinem Ruhebett auf und ging auf dem flachen Dach seines Palastes umher.
Da sah er vom Dach aus eine Frau, die gerade badete.
Die Frau war sehr schön.
David rief einen Diener und ließ nachforschen, wer die Frau ist.
Man sagte ihm: „Das ist Batseba, die Frau des Hetiters Uria."
(Der Hetiter Uria war einer von Davids alten Kampfgefährten.)
Da schickte David Boten hin und ließ die Frau holen.
Sie kam zu ihm und er schlief mit ihr.
Danach ging sie wieder zurück in ihr Haus.
Aber die Frau wurde schwanger und schickte jemand zu David und ließ ihm sagen: „Ich bekomme ein Kind."
Da schickte David einen Boten zu Joab, zu

seinem Feldherrn, und befahl ihm: „Schick mir Uria, den Hetiter, her!"
Joab schickte Uria zu David.
Als Uria kam, fragte David ihn, wie es Joab geht und wie es den Soldaten geht und wie der Krieg steht.
Dann sagte er zu Uria: „Nun geh hinunter in dein Haus, wasch deine Füße und ruh dich aus."
Und als Uria vom König wegging, ließ der König noch ein Geschenk hinter ihm hertragen.
Aber Uria ging nicht hinunter in sein Haus, sondern er legte sich bei den Dienern des Königs zum Schlafen hin, in dem Raum neben dem Eingang zum Königspalast.
Und es wurde David gemeldet: „Uria ist nicht hinuntergegangen in sein Haus!"
Da sprach David zu Uria: „Warum bist du nicht in dein Haus gegangen?
Du musst dich doch erholen. Du hast so einen weiten Weg gemacht!"
Uria sagte zu David: „Die Bundeslade des Herrn ist im Feldlager mit den Männern von Israel und Juda, und mein Feldherr Joab und alle deine tapferen Kämpfer lagern unter freiem Himmel.
Und da soll ich in meine Haus gehen und essen und trinken und mit meiner Frau schlafen?
Nein, so gewiss der Herr lebt und so gewiss du lebst: Das tue ich nicht!"
Da sprach David zu Uria: „Bleib noch einen Tag hier. Dann lasse ich dich wieder ziehen."
So blieb Uria auch am nächsten Tag noch in Jerusalem.
David lud ihn ein, aß und trank mit ihm und machte ihn betrunken.
Aber am Abend ging Uria hinaus und legte sich wieder auf sein Lager bei den Dienern des Königs.
Er ging nicht hinunter in sein Haus.

(2. Samuel 11)

David schreibt einen schlimmen Brief

Am nächsten Morgen schrieb David einen Brief an Joab und gab ihn Uria mit. Er schrieb in den Brief:
„Stell Uria ganz vorn hin, wo sie am stärksten kämpfen. Dann lasst ihn im Stich, dass er erschlagen wird und stirbt!"
Als nun Joab die Stadt Rabba mit seinen Soldaten umstellte, da schickte er Uria an eine Stelle, von der er wusste: Hier stehen die stärksten Soldaten des Feindes.
Die Männer der Stadt stürmten heraus und es wurden einige von den Männern Israels getötet.
Uria, der Hetiter, starb auch.
Da schickte Joab einen Boten zu David und meldete ihm, wie der Kampf ausgegangen war.
Der Bote sagte zu David: „Die Männer waren stärker als wir und kamen heraus zu uns aufs Feld, aber wir trieben sie zurück bis zum Stadttor.
Da schossen die Schützen von der Mauer herunter auf uns und töteten einige von den Soldaten des Königs.
Auch Uria, der Hetiter, ist tot."
Da sprach David zu dem Boten: „Sag zu Joab: ‚Mach dir nur keine Gedanken des-

wegen. Das Schwert trifft heute diesen und morgen jenen.
Kämpfe weiter gegen die Stadt, bis du sie zerstört hast!'
So sollst du Joab Mut machen."

(2. SAMUEL 11)

Gott schickt den Propheten Nathan

Als Urias Frau hörte, dass ihr Mann tot ist, da trauerte sie um ihren Ehemann.
Aber dann, als die Trauerzeit vorüber war, schickte David gleich hin und holte sie in sein Haus.
Sie wurde seine Ehefrau und schenkte ihm einen Sohn.
Dem Herrn gefiel das nicht, was David da getan hatte.
Und er schickte Nathan, den Propheten, zu David.
Der ging zu ihm und sprach: „Es waren zwei Männer in einer Stadt.
Der eine war reich, der andere arm.
Der Reiche hatte sehr viel Schafe und Rinder.
Aber der Arme hatte nichts als ein einziges kleines Schäflein.
Das Schäflein hatte er sich gekauft.
Und er gab ihm zu essen und es wurde bei ihm mit seinen Kindern zusammen groß.
Es aß von seinem Teller und trank aus seinem Becher und schlief auf seinem Schoß.
Es war für ihn wie ein Kind.
Eines Tages bekam der reiche Mann Besuch.

Es war ihm zu schade, eins von seinen eigenen Schafen zu nehmen und für den Besucher zu schlachten.
So nahm er einfach das Schäfchen des armen Mannes weg. Und er schlachtete es für den Gast, der zu ihm gekommen war."
Da wurde David wütend.
Er sprang auf und sprach zu Nathan: „So gewiss der Herr lebt! Der Mann, der das getan hat, muss sterben!"
Da sprach Nathan zu David: „*Du* bist der Mann!"
Und er sagte zu David: „So spricht der Herr, der Gott Israels:
‚Ich habe dich zum König über Israel gesalbt und ich habe dich aus der Hand Sauls gerettet.
Ich habe dir ganz Israel und Juda gegeben. Und wenn das noch nicht genug ist, dann gebe ich dir gern noch dies und das dazu.
Warum hast du mich, den Herrn, verachtet und hast getan, was böse ist in meinen Augen?
Du hast den Hetiter Uria totgeschlagen. Durch das Schwert der Ammoniter hast du ihn umgebracht.
Darum soll das Schwert immer neu in deinem Haus wüten.
Siehe, ich lasse Unglück über dich kommen aus deinem eigenen Haus, aus deiner eigenen Familie.'
So spricht der Herr."
Da sagte David zu Nathan: „Ich habe gegen den Herrn gesündigt!"
Nathan sprach: „Weil du es einsiehst, hat dir der Herr deine Sünde vergeben.

Du musst nicht sterben.
Aber du hast den Herrn durch diese Sache beleidigt.
Darum muss der Sohn, den die Frau dir geboren hat, sterben."

(2. SAMUEL 11–12)

David muss das Kind hergeben

Der Herr ließ das Kind schwer krank werden, das die Frau Urias dem König geboren hatte.
Da ging David jeden Tag zum Zelt des Herrn und betete für das Kind und aß nichts mehr.
Und wenn er nach Hause kam, legte er sich zum Schlafen auf die Erde.
Die ältesten Diener seines Hauses gingen zu ihm und redeten ihm zu, er soll sich doch ins Bett legen.
Aber er hörte nicht auf sie. Und er aß auch nicht mit ihnen.
Am siebten Tag starb das Kind.
Die Diener Davids hatten Angst, es ihm zu sagen.
Denn sie dachten: „Als das Kind noch lebte, hörte er schon nicht auf uns.
Wenn wir ihm jetzt sagen: ‚Das Kind ist tot', dann tut er sich noch etwas Schlimmes an."
Aber David sah, dass seine Diener miteinander flüsterten.
Da fragte er sie: „Ist es gestorben?"
Sie antworteten: „Ja, es ist gestorben."
Da stand David von der Erde auf, wusch sich, salbte sich mit duftendem Öl und zog andere Kleider an.
Dann ging er in das Zelt des Herrn und betete zu ihm.
Als er nach Hause kam, mussten ihm seine Diener Essen bringen und er aß.
Seine Diener fragten ihn: „Was soll das bedeuten, was du da tust?
Als das Kind noch lebte, hast du geweint und nichts gegessen. Und jetzt, wo es gestorben ist, da stehst du auf und isst."
Er antwortete: „Als das Kind noch lebte, habe ich gefastet und geweint, weil ich dachte: ‚Wer weiß, vielleicht ist der Herr gnädig zu mir und das Kind darf am Leben bleiben.'
Aber jetzt, wo es tot ist, was soll ich da noch fasten?
Kann ich es denn wieder zurückholen?
Ja, ich werde einmal zu ihm ins Totenreich gehen, aber es kommt nie wieder zurück zu mir."

(2. SAMUEL 12)

Salomo wird geboren

Batseba weinte, weil das Kind tot war, aber David tröstete sie.
Er schlief mit ihr und sie bekam wieder einen Sohn.
David nannte ihn Salomo.
Gott liebte das Kind und er sagte das David durch den Propheten Nathan.
Und Nathan nannte das Kind Jedidja, das bedeutet ‚Liebling des Herrn'.

(2. SAMUEL 12)

David und seine Söhne

Wer wird König nach David?

David hatte viele Frauen und viele Söhne. Nur einer von den Söhnen konnte sein Nachfolger auf dem Thron werden.
Der Älteste war Ammon, er hatte das erste Recht.
Nach ihm kam Absalom, dann Adonija und dann noch fünf andere. Jeder von ihnen hatte eine andere Mutter.
Dann erst kam Salomo, der Sohn von Batseba.

Aber das Schwert suchte sich Opfer in Davids Haus, so wie der Prophet Nathan es angekündigt hatte: Davids Sohn Absalom schlug seinen ältesten Bruder Amnon tot.
Absalom musste weit wegziehen wegen dieser bösen Tat.
Erst nach vielen Jahren durfte er nach Jerusalem zurückkehren.
Aber auch dann wollte sein Vater David ihn nicht sehen und ließ ihn nicht in den Königspalast.
Schließlich ließ David ihn doch zu sich kommen und vergab ihm seine Schuld, denn er hatte ihn lieb.
Absalom warf sich vor dem König nieder, das Gesicht auf der Erde, und der König hob ihn auf und küsste ihn.
Absalom war ein schöner Mann. Niemand in ganz Israel war so schön wie er, und alle bewunderten ihn.
Er hatte langes und dichtes Haar, das ließ er einmal im Jahr schneiden.
Und die abgeschnittenen Haare wogen dann jedes Mal zweieinhalb Kilo.

(2. Samuel 3, 5, 13 und 14)

Absalom will König werden

Nicht lange danach besorgte sich Absalom einen Wagen und Pferde, dazu fünfzig Männer, die vor seinem Wagen herliefen.
Und er machte sich morgens immer früh auf und stellte sich an den Weg zum Palast des Königs.
Dort kamen die Leute vorbei, die zum König wollten, weil sie einen Streit mit jemand hatten.
Der König war ja der Richter und musste entscheiden, wer Recht hat.
Immer wenn so einer kam, dann rief Absalom ihn zu sich und fragte: „Aus welchem Stamm bist du?“
Und wenn er nicht aus Juda, dem Stamm Davids, kam, sondern aus einem andern Stamm in Israel, dann sagte Absalom zu ihm: „Siehst du, deine Sache ist gut und du bist im Recht. Aber da drinnen beim König ist keiner, der dich anhört.“

Und dann sagte er jedes Mal: „Wenn ihr *mich* zum Richter und König macht in diesem Land, dann könnt ihr alle zu mir kommen, wenn ihr Streit habt.
Dann helfe ich euch und ihr bekommt Recht."
Und wenn dann jemand vor Absalom auf die Knie fallen wollte, dann streckte er seine Hand aus und zog ihn an sich und küsste ihn.
So machte Absalom es mit jedem, der nach Jerusalem kam, um beim König sein Recht zu suchen.
So stahl Absalom dem König das Herz der Männer Israels.
Nach vier Jahren sagte Absalom zum König: „Ich möchte nach Hebron gehen und Gott ein Dankopfer bringen.
Ich habe es ihm versprochen."
Er schickte aber heimlich Boten aus zu allen Stämmen Israels und sagte zu ihnen: „Wenn ihr die Trompeten hört, ruft ihr alle: ‚Absalom ist König geworden in Hebron!'" (2. SAMUEL 15)

David muss vor Absalom fliehen

Ein Mann kam zu David nach Jerusalem und erzählte ihm alles.
Er sagte zu David: „Das Herz aller Israeliten gehört jetzt Absalom!
Alle stehen auf seiner Seite."
Da sagte David zu seinen Soldaten, die bei ihm in Jerusalem waren: „Schnell, wir müssen weg!
Sonst sind wir verloren!"
Die Soldaten des Königs antworteten ihm:

„Unser Herr und König hat zu befehlen. Wir sind bereit!“
So zog der König aus der Stadt und nahm seine Frauen und Kinder mit.
Beim letzten Haus hielt er an und ließ alle seine Soldaten an sich vorüberziehen.
Alle, die es sahen, weinten laut.
Auch Zadok, der Priester, war da und mit ihm alle Tempeldiener.
Die brachten die Bundeslade mit und stellten sie hin.
Und der Priester Abjatar brachte Gott Opfer bei der Bundeslade, bis alle Soldaten vorbeigezogen waren.
Dann sprach der König zu Zadok: „Bring die Bundeslade des Herrn wieder in die Stadt!
Wenn Gott freundlich zu mir ist und ich Gnade finde bei ihm, dann bringt er mich wieder hierher zurück.
Dann darf ich die Bundeslade des Herrn und ihr Zelthaus wiedersehen.
Wenn er aber spricht: ‚Ich habe keine Freude mehr an dir‘, dann bin ich auch damit einverstanden.
Er soll mit mir machen, was er für gut hält!“
So brachten Zadok und Abjatar die Bundeslade wieder nach Jerusalem zurück und sie blieben bei ihr.
Aber David ging weiter, Schritt für Schritt, hinauf auf den Ölberg.
Er ging barfuß, hatte sein Gesicht bedeckt und weinte.
Und auch seine Soldaten, die ihm folgten, hatten jeder sein Gesicht bedeckt und weinten und gingen so mit ihm hinauf.

(2. Samuel 15)

David wird beschimpft

Auf seinem Weg kam David an der Stadt Bahurim vorbei.
Die Stadt liegt im Gebiet des Stammes Benjamin.
Dort lebte ein Mann aus der Verwandtschaft von König Saul.
Sein Name war Schimi.
Der kam aus der Stadt herausgelaufen und beschimpfte David.
Er nahm Steine und warf sie auf ihn und auf alle seine hohen Diener.
Schimi wünschte David alles Böse und rief: „Verschwinde bloß und komm nie wieder, du Mörder, du Verbrecher!
Du hast der Familie Sauls das Königtum weggenommen!
Dafür hat Gott jetzt das Königtum in die Hand deines Sohnes Absalom gegeben.
Siehst du, nun steckst du in deinem Unglück, du Mörder, du!“
Da sagte Abischai, der Bruder Joabs, zum König: „Darf dieser tote Hund meinen Herrn, den König, beschimpfen?
Ich gehe hin und schlage ihm den Kopf ab!“
Aber der König sprach: „Was kümmerst du dich um meine Sache?
Lass ihn schimpfen!
Wenn Gott zu ihm spricht: ‚Wünsche David Böses!‘ – wer darf dann sagen: ‚Warum machst du das?‘“
Und David sagte zu Abischai und zu allen seinen Dienern: „Ihr seht doch: Mein eigener Sohn will mich töten!
Warum soll da dieser Verwandte von Saul nicht meinen Tod wünschen?

Lasst ihn Böses wünschen, denn der Herr hat es ihm befohlen.
Vielleicht sieht der Herr mein Elend und gibt mir Gutes statt dem Bösen, das dieser mir wünscht."
So ging David mit seinen Männern weiter auf seinem Weg.
Und Schimi lief auf der anderen Seite des Tals immer neben ihm her, schimpfte weiter und bewarf ihn mit Steinen und mit Erdklumpen.
Schließlich kam der König mit allen seinen Leuten, die bei ihm waren, an den Jordan.
Er war müde von dem langen Weg und ruhte sich dort aus. (2. Samuel 16)

David bringt sich in Sicherheit

David brach wieder auf mit allen Männern, die bei ihm waren. Und sie gingen durch den Jordan an einer Stelle, wo das Wasser niedrig war.
Als der Morgen kam, waren sie alle drüben auf der anderen Seite.
Sie zogen weiter bis nach Mahanajim im Lande Gilead.
Dort warteten schon drei treue Männer auf David, um ihm zu helfen.
Auch Barsillai aus Roglim war dabei.
Sie sagten: „David und seine Leute sind bestimmt müde und hungrig geworden auf dem Weg durch die Wüste."
Darum brachten sie Schlafmatten und Wolldecken, Weizen und Gerste, Bohnen und Linsen, Honig, Butter und Käse und ein paar Schafe.
Es dauerte viele Tage, bis Absalom über den Jordan kam.
Er hatte ein großes Heer aus ganz Israel bei sich.
David zählte seine Männer und bestimmte die Anführer.
Er teilte seine Kämpfer in drei Gruppen, eine Gruppe unter Joab, eine Gruppe unter Abischai, dem Bruder Joabs, und eine Gruppe unter Ittai, einem alten treuen Gefolgsmann.
Und David sprach vor allen Männern: „Ich ziehe mit in den Kampf."
Da sagten seine Männer: „Nein, niemals! Du musst hier bleiben!
Wenn wir verlieren und wenn sogar die Hälfte von uns getötet wird, dann zählt das nicht.
Aber wenn dir etwas passiert, ist das schlimm.
Du bist so viel wert wie zehntausend von uns.
Darum ist es besser, wenn du hier bleibst.
Wenn es nötig ist, kannst du uns von der Stadt aus helfen."
David war damit einverstanden. Er stellte sich neben das Tor der Stadt und ließ seine Soldaten an sich vorbeiziehen.
Und der König sprach zu den Truppenführern, zu Joab, Abischai und Ittai: „Passt mir auf meinen Jungen auf, auf Absalom!
Dass ihm keiner etwas tut!"
Und alle Soldaten hörten es mit.
(2. Samuel 17–18)

Absalom verliert den Kampf

So zogen die Soldaten Davids aus gegen Absalom und das ganze Heer Israels.
Es kam zum Kampf in einer Gegend mit Bäumen und dichtem Gestrüpp.
Davids Soldaten schlugen das Heer Israels so schwer, dass an diesem Tag zwanzigtausend Israeliten getötet wurden.
Der Kampf zog sich hin über das ganze Waldgebiet.
Dabei starben mehr Menschen durch den Wald als durch das Schwert, weil sie sich verirrten und nicht mehr aus dem Gestrüpp herausfanden.
Absalom kämpfte auch mit.
Er ritt auf einem Maultier.
Einmal ging das Tier mit Absalom unter einer Eiche mit dichten Zweigen hindurch.
Da verfing sich sein langes Haar in den Zweigen und er blieb daran hängen.
Das Maultier lief weiter und Absalom hing an seinen Haaren in der Luft zwischen Himmel und Erde.
Einer von Davids Männern kam vorbei und sah es.
Er meldete Joab: „Ich habe Absalom gesehen! Er hängt da hinten an der Eiche!"
Da rief Joab: „Du hast ihn gesehen und hast ihn nicht gleich umgebracht?
Ich hätte dir zehn Silberstücke als Belohnung gegeben."
Aber der Mann sagte: „Und wenn ich tausend Silberstücke bekommen hätte, ich hätte es nicht gemacht.
Ich vergreife mich doch nicht am Sohn des Königs!
Ich habe ja selbst gehört, wie der König dir und Abischai und Ittai befohlen hat: ‚Passt mir auf meinen Jungen auf, auf Absalom!
Dass ihm keiner etwas tut!'
Wenn ich ihn getötet hätte und der König hätte es gehört, dann hättest du mich bestimmt nicht in Schutz genommen."
Da rief Joab: „Halt mich nicht auf!"
Und er nahm drei spitze Stäbe und stieß sie Absalom in die Brust, als er noch lebendig am Baum hing.
Da machten sich die zehn Waffenträger Joabs über Absalom her und schlugen ihn tot.
Sofort stieß Joab in die Trompete.
Da hörten seine Soldaten auf zu kämpfen und ließen die Israeliten laufen.
Der Krieg war zu Ende. (2. Samuel 18)

David trauert um Absalom

David stand am Tor der Stadt und wartete, wie der Kampf ausgeht.
Da kamen zwei Boten gelaufen.
Der erste rief: „Gewonnen!" Und er verbeugte sich tief vor dem König.
David fragte ihn: „Und wie geht es Absalom?"
Da sagte der zweite: „Mein König, es müsste allen deinen Feinden so gehen, wie es deinem Sohn ergangen ist!"
David wurde ganz weiß und ging die Treppe hinauf in die Torstube, weinte laut und rief: „Absalom, mein Sohn!
Absalom, mein Sohn!
Ach, wäre ich doch selber gestorben an deiner Stelle, mein Sohn Absalom!"

Davids Soldaten waren ganz bedrückt.
Sie schlichen stumm durch das Tor.
Sie konnten sich nicht freuen an dem Sieg, weil der König um seinen Sohn trauerte und nicht zu ihnen herauskam.
Da ging Joab hinein zum König und sagte zu ihm: „Du beleidigst deine tapferen Soldaten.
Sie haben dir das Leben gerettet und allen deinen Frauen und Kindern.
Aber du liebst deine Feinde mehr als deine treuen Freunde.
Du willst wohl, dass Absalom noch lebt und wir alle tot sind!
Nimm dich jetzt zusammen und geh hinaus!
Sag deinen Leuten ein Lob.
Ich schwöre dir bei Gott: Sonst laufen sie dir noch in dieser Nacht alle davon.
Das ist dann schlimmer als alles, was du jemals erlebt hast."
Da stand der König auf, ging hinaus und setzte sich auf seinen Königsstuhl neben das Tor der Stadt.
Und die Soldaten kamen und zogen an ihm vorbei. (2. Samuel 18–19)

David kehrt zurück

Als der Krieg vorüber war, dachten die Israeliten über die ganze Sache nach.
Und sie sagten zueinander: „Der König hat uns aus der Hand unserer Feinde befreit, er hat uns aus der Hand der Philister errettet und nun musste er aus dem Land fliehen wegen Absalom.
Den hatten wir zum König gemacht.
Nun ist er tot.
Warum holen wir unseren König David eigentlich nicht zurück?"
Man berichtete König David, dass die Leute in Israel so miteinander redeten.
Da schickte der König Boten zu den Priestern Zadok und Abjatar, die sollten ihnen ausrichten: „Das ist doch eine Sache für den Stamm Juda!
Ruft die Ältesten von Juda zusammen und sagt zu ihnen: ‚Wollt ihr die Letzten sein, die den König zurückholen in seinen Königspalast?
Ihr seid doch meine Stammesbrüder, mein eigenes Fleisch und Blut!'"
So brachte David sie auf seine Seite.
Alle waren jetzt wieder für ihn und ließen ihm sagen: „Komm zurück, du und alle deine Männer bei dir!"
So machte sich David auf den Weg und zog bis zum Jordan.
Als er gerade ins Boot steigen wollte, kam Schimi daher, der Mann, der David mit Steinen beworfen hatte, als er vor Absalom fliehen musste.
Schimi warf sich vor David auf die Erde und bat: „Mein Herr und König, verzeih mir meine Schuld!
Vergib mir alles, was ich getan habe an dem Tag, als mein Herr und König aus Jerusalem zog.
Dein Diener hat es eingesehen: Es war ein schweres Unrecht."
Da rief Abischai dazwischen: „Er muss sterben! Er hat den König beschimpft, den Gott der Herr eingesetzt hat!"
Aber David sagte zu Abischai: „Ist das eure Sache oder meine Sache?
Der Mann ist ein Israelit. Heute bin ich

wieder König in Israel geworden. Heute wird kein Israelit getötet!"
Und er sprach zu Schimi: „Du musst nicht sterben. Ich schwöre es!"
Dann trat Barsillai aus Roglim vor David. Er war mitgekommen bis zum Jordan und wollte sich jetzt verabschieden.
Barsillai hatte David und alle seine Leute versorgt, als sie in Mahanajim waren.
Er war schon alt, über achtzig Jahre.
Der König sprach zu ihm: „Komm mit mir nach Jerusalem, du und deine ganze Familie!
Ich will dort für dich sorgen."
Aber Barsillai antwortete dem König: „Ich bin alt, ich lebe nicht mehr lange. Was soll ich noch in Jerusalem?
Ich sehe nicht mehr gut. Ich höre nicht mehr gut.
Ich habe das auch gar nicht verdient.
Ich wollte dich nur über den Jordan bringen.
Lass mich wieder umkehren in meine Stadt und dort meine letzten Tage verleben, da, wo auch mein Vater und meine Mutter begraben sind."
So fuhren sie noch zusammen über den Jordan.
Dann nahm der König Barsillai in den Arm, küsste ihn und segnete ihn und ließ ihn zurückkehren in seine Heimat.
Aber David zog weiter und alle Männer aus Juda und die Hälfte aller Männer aus Israel begleiteten ihn.
So kam David wieder nach Jerusalem.

(2. Samuel 19)

Adonija will König werden

König David war alt, sehr alt. Er konnte nicht mehr warm werden, auch wenn sie ihn mit Decken zudeckten.
Da dachte Adonija, der nächste Königssohn nach Absalom: „Nun bin ich an der Reihe. Ich werde jetzt König."
Adonija war der Sohn von Davids Frau Haggit.
Er beschaffte sich einen Wagen und Pferde und fünfzig Männer, die vor seinem Wagen herliefen.
Sein Vater hatte ihm von Kind auf alles erlaubt, er hatte ihm nie etwas verboten oder zu ihm gesagt: „Es ist nicht recht, was du da tust!"
Adonija redete mit Joab, dem Feldherrn, und mit Abjatar, dem Priester.
Die hielten zu ihm.
Aber der Priester Zadok, der General Benaja, der Prophet Nathan und die alten Kämpfer Davids, die hielten nicht zu Adonija.
Adonija feierte in der Nähe von Jerusalem ein großes Fest. Da wollte er sich von den Leuten zum König machen lassen.
Er schlachtete Schafe, Rinder und fette Kälber und brachte Gott Opfer.
Dazu lud er alle seine Brüder ein, die anderen Königssöhne, und auch alle Männer aus Juda, die im Palast des Königs dienten.
Auch Joab und Abjatar waren da.
Nur den Propheten Nathan, den General Benaja und die alten Kämpfer des Königs, die lud er nicht ein, und auch nicht seinen Bruder Salomo. (1. Könige 1)

Nathan und Batseba gehen zum König

Da sprach Nathan zu Batseba, der Mutter Salomos: „Hast du es schon gehört?
Adonija, der Sohn der Haggit, hat sich selbst zum König gemacht!
Und David, unser Herr, weiß nichts davon!
Pass auf! Ich gebe dir einen Rat, damit du dein Leben rettest und das Leben deines Sohnes.
Du gehst heute noch zum König David und sagst zu ihm: ‚Mein Herr und König, du hast mir doch selbst geschworen und gesagt: Dein Sohn Salomo wird König nach mir.
Er soll auf meinem Thron sitzen.
Warum ist dann jetzt Adonija König geworden?‘
So sagst du. Und wenn du beim König bist und mit ihm redest, komme ich auch und sage ihm dasselbe."
Da ging Batseba hinein zum König in das Zimmer, wo er lag.
Sie verbeugte sich vor dem König und warf sich vor ihm nieder.
Der König fragte: „Was möchtest du?"
Sie sagte zu ihm: „Mein Herr, du hast mir beim Herrn, deinem Gott, geschworen: ‚Dein Sohn Salomo wird nach mir König und er allein soll auf meinem Thron sitzen!‘
Aber nun ist Adonija König geworden. Und du, mein Herr und König, du weißt nichts davon!
Er hat Rinder und fette Kälber und Schafe geopfert.

Und er hat alle anderen Söhne des Königs eingeladen, dazu den Priester Abjatar und den Feldherrn Joab.
Aber deinen Diener Salomo, den hat er nicht eingeladen.
Mein Herr und König, alle Israeliten richten ihre Augen auf dich.
Du musst ihnen sagen, wer auf deinem Thron sitzen soll, wer nach dir König sein soll, wenn du nicht mehr da bist.
Sonst kommt es noch so: Ich und mein Sohn, wir müssen um unser Leben fürchten, wenn mein Herr, der König, gestorben ist."
Und als sie noch mit dem König redete, kam der Prophet Nathan.
Sie meldeten dem König: „Der Prophet Nathan ist da!"
Da ging Batseba hinaus und Nathan kam herein.
Er warf sich vor dem König nieder und sprach: „Mein Herr und König!
Hast du wirklich gesagt: ‚Adonija soll nach mir König werden und er soll auf meinem Thron sitzen!‘
Siehe, sie essen und trinken vor ihm und rufen: ‚Es lebe der König Adonija!‘
Hat mein Herr und König das so angeordnet? Und deinen treuen Dienern hast du nichts davon gesagt?"
Da antwortete König David: „Ruft mir Batseba herein!"
Sie kam herein und trat vor den König.
Und der König sprach zu ihr: „So gewiss der Herr lebt, der mich aus aller Not errettet hat: Noch heute wird dein Sohn Salomo König.
Ich habe es dir bei dem Herrn, dem Gott

Israels, geschworen und so wird es jetzt gemacht!“
Da warf sich Batseba vor dem König nieder, dankte ihm und sagte: „Mein Herr, der König David, er lebe ewig!“
(1. Könige 1)

Salomo wird König

Dann sagte König David: „Ruft mir den Priester Zadok, den Propheten Nathan und den General Benaja!“
Sie kamen alle drei herein und traten vor den König.
Der König sprach zu ihnen: „Ihr nehmt meine Leibwache mit euch, setzt meinen Sohn Salomo auf meinen Maulesel und führt ihn hinunter zur Gihon-Quelle.
Und der Priester Zadok und der Prophet Nathan salben ihn dort zum König über Israel.
Dann blast ihr die Trompeten und ruft: ‚Es lebe der König Salomo!‘
Danach zieht ihr wieder herauf hinter ihm her.
Und mein Sohn Salomo kommt herein und setzt sich auf meinen Thron und ist König an meiner Stelle.
Ich bestimme ihn zum Herrscher über Israel und Juda.“
Da antwortete Benaja dem König und sagte: „So soll es sein!
Der Herr, der Gott meines Herrn und Königs, gebe seinen Segen dazu!
Er stand meinem Herrn und König bei sein Leben lang.
So möge er auch Salomo beistehen und seinen Thron noch größer machen als den Thron meines Herrn und Königs David!“
So gingen der Priester Zadok und der Prophet Nathan und der General Benaja mit der Leibwache Davids hinunter, setzten Salomo auf das Maultier des Königs und führten ihn zur Gihon-Quelle.
Und der Priester Zadok nahm das Ölhorn aus dem Zelt des Herrn mit und salbte Salomo.
Sie stießen in die Trompeten und das Volk rief: „Es lebe der König Salomo!“
Und alle Männer zogen wieder hinauf hinter Salomo her.
Und sie bliesen auf Flöten und Pfeifen und schrien so laut vor Freude, dass die Erde zitterte.
(1. Könige 1)

Salomo lässt Adonija am Leben

Auch Adonija hörte das Geschrei und alle Gäste, die bei ihm waren. Sie waren gerade fertig mit dem Essen.
Als Joab den Schall der Trompeten hörte, sagte er: „Was ist denn das für ein Lärm in der Stadt?“
Da kam auch schon ein Bote aus der Stadt und rief: „Unser Herr, der König David, hat Salomo zum König gemacht!
Er hat den Priester Zadok, den Propheten Nathan, den General Benaja und seine eigene Leibwache mitgeschickt.
Sie haben ihn auf das Maultier des Königs gesetzt und der Priester Zadok hat ihn an der Gihon-Quelle zum König gesalbt.
Und von da sind sie mit großem Jubel hinaufgezogen.

Darum ist die ganze Stadt so aufgeregt. Daher kommt das Geschrei, das ihr gehört habt.
Und außerdem hat Salomo sich schon auf den Königsthron gesetzt.
Die höchsten Diener des Königs waren schon da und haben unserem Herrn, dem König David, gratuliert.
Sie haben gesagt: ‚Dein Gott mache den Namen Salomos noch herrlicher als deinen Namen und den Thron Salomos noch berühmter als deinen Thron!'
Und der König hat sich auf seinem Bett zum Gebet verneigt und hat gesprochen: ‚Gelobt sei der Herr!
Er hat es mir heute geschenkt, dass einer meiner eigenen Söhne auf meinen Thron gestiegen ist, und ich darf es noch selber sehen!'"
Die Männer, die Adonija eingeladen hatte, waren ganz erschrocken.
Sie standen auf vom Tisch und jeder sah zu, dass er so schnell wie möglich nach Hause kam.
Aber Adonija hatte Angst vor Salomo.
Darum suchte er Schutz im Zelt des Herrn und fasste die Hörner des Altars an.
Sie meldeten es Salomo und sagten: „Adonija hat Angst vor dem König Salomo.
Er hält die Hörner des Altars fest und sagt: ‚Ich gehe hier nicht weg!
Der König Salomo muss mir erst schwören, dass er mich nicht tötet.'"
Da sprach Salomo: „Wenn er sich anständig benimmt, wird ihm kein Haar ausgerissen.
Aber wenn er etwas gegen mich tut, muss er sterben."

Und König Salomo schickte Diener hin und ließ Adonija vom Altar weg zu sich holen.
Adonija kam und verbeugte sich vor dem König.
Und Salomo sprach zu ihm: „Du kannst in dein Haus gehen." (1. KÖNIGE 1)

David stirbt

Als nun die Zeit kam, dass David sterben sollte, rief er seinen Sohn Salomo zu sich und sprach: „Ich gehe jetzt den Weg, den wir alle gehen müssen.
So sei nun stark und sei ein Mann!
Diene dem Herrn, deinem Gott.
Geh auf seinen Wegen und halte seine Gebote.
Dann wird alles gut, was du tust.
Dann erfüllt der Herr auch sein Wort, das er zu mir gesprochen hat:
‚Wenn deine Nachkommen auf dem rechten Weg bleiben, wenn sie mir gehorchen mit ganzem Herzen und ganzer Seele, dann sitzt immer einer von ihnen auf dem Thron Israels.'"
Bald danach starb David und wurde in Jerusalem begraben.
Und Salomo war König an seiner Stelle.
(1. KÖNIGE 2)

Der weise König Salomo

Salomo darf sich etwas wünschen

König Salomo hatte den Herrn lieb und befolgte die Mahnungen, die sein Vater David ihm gegeben hatte.
Als Erstes ging der König nach Gibeon und opferte dort Schlachtopfer auf dem Altar.
In der Nacht darauf erschien ihm Gott im Traum und sprach: „Du darfst mich bitten, was ich dir geben soll!“
Da sagte Salomo: „Ich bin noch so jung und weiß nicht viel.
Dein Diener ist König über dein Volk, das du dir ausgewählt hast, ein Volk, das niemand zählen kann.
So gib doch deinem Diener ein Herz, das auf dich hört, damit ich dein Volk richtig führe und merke, was gut ist und was böse ist.
Wie soll ich sonst ein so großes Volk regieren?“
Diese Bitte gefiel dem Herrn gut.
Er sprach zu Salomo: „Du bittest mich um ein weises Herz, damit du richtig regieren kannst.
Du bittest nicht, dass du ein reicher Mann wirst und dass du lange lebst und dass deine Feinde sterben sollen.
Du bittest um ein Herz, das versteht, was ich will, und mir gehorcht.
Siehe, so will ich tun, worum du bittest. Ich schenke dir Weisheit, mehr als irgendeinem anderen.
Es gab keinen Menschen vor dir und es kommt keiner nach dir, der so weise ist wie du.
Und das, worum du mich nicht gebeten hast, das gebe ich dir auch: Reichtum und Ehre.
Solange du lebst, gibt es keinen König, der dich darin übertrifft.
Und wenn du mir gehorchst und meine Gebote hältst, dann gebe ich dir auch ein langes Leben.“
Da wurde Salomo wach. Und er sah: Es war ein Traum. (1. Könige 3)

Salomo zeigt seine Klugheit

Damals kamen zwei Frauen zu Salomo, die hatten einen Streit miteinander.
Die eine Frau sagte: „Ach, mein Herr, ich und diese Frau da, wir wohnen im selben Haus.
Ich bekam ein Kind, und zwei Tage nach mir, da bekam diese Frau auch ein Kind.
Es war sonst niemand bei uns im Haus. Wir waren ganz allein.
Da starb ihr Sohn in einer Nacht, weil sie sich im Schlaf auf ihn gelegt hatte.
Und da stand sie mitten in der Nacht auf.
Sie nahm mir, als ich schlief, meinen Sohn aus dem Arm und legte ihn in ihren Arm.
Und ihren toten Sohn, den legte sie in meinen Arm.
Als ich am nächsten Morgen aufstand und meinem Sohn zu trinken geben wollte, da war er tot.
Aber als ich ihn mir genau ansah, da war es gar nicht mein Sohn, den ich geboren hatte.“
Da rief die andere Frau: „Das ist nicht wahr!
Mein Sohn lebt und deiner ist tot!“
Dagegen sagte die erste wieder: „Nein, dein Sohn ist tot und meiner lebt!“
So zankten sie sich vor dem König.
Da sprach der König: „Die eine sagt: ‚Der lebendige ist *mein* Sohn und der tote ist dein Sohn‘, und die andere sagt: ‚Nein, der tote ist dein Sohn und der lebendige ist *mein* Sohn!‘
Holt mir ein Schwert!“
Sie brachten dem König ein Schwert.
Und er befahl: „Teilt das lebende Kind in zwei Teile!
Gebt der einen die eine Hälfte und der andern die andere Hälfte!“
Da bekam die Frau, der das Kind wirklich gehörte, Angst um ihr Kind.
Die Mutterliebe brannte in ihrem Herzen und sie rief: „Ach, mein Herr, gib ihr das Kind lebendig und töte es nicht!“
Aber die andere rief: „Nein, es soll nicht dir gehören und nicht mir.
Schneidet es durch!“
Da entschied der König und sprach: „Gebt das lebende Kind der ersten und tötet es nicht!
Sie ist die Mutter!“
Alle Israeliten, die dieses Wort des Königs hörten, hatten Respekt vor dem König, denn sie sahen: Gott hat ihm Weisheit geschenkt, er kann gerecht richten.

(1. Könige 3)

Salomo dichtet Sprüche

Gott gab Salomo sehr große Weisheit und Klugheit und einen Verstand, der reichte so weit wie der Sand am Ufer des Meeres.
Der König war weiser als alle Menschen, sogar weiser als die alten Ägypter.
Er dichtete dreitausend Sprüche und über tausend Lieder.
Er dichtete von Bäumen und Tieren, von Vögeln, Fischen und Menschen.
Und aus allen Völkern kamen die Menschen und hörten Salomo zu, wenn er seine Sprüche und seine Lieder aufsagte.

(1. Könige 5)

Sprüche von Salomo

Den Herrn fürchten und lieben:
Das ist der Anfang der Weisheit.

Ein Mann macht viele Pläne
in seinem Herzen,
aber nur das gelingt,
was der Herr will.

Wer anderen eine Grube gräbt,
fällt selbst hinein.
Wer einen Stein hochwirft,
auf den fällt er zurück.

Wer zugrunde gehen soll,
der wird zuvor stolz;
und Hochmut kommt vor dem Fall.

Wer dem Armen etwas gibt,
der leiht es dem Herrn,
und der Herr wird es ihm
voll zurückgeben.

Wer seine Ohren zustopft
vor dem Schreien des Armen,
der wird einst auch um Hilfe rufen
und niemand hört ihn.

Einer gibt gerne weg
und wird dabei reicher,
ein anderer behält alles für sich
und wird dabei ärmer.

Wenn jemand arbeitet,
kommt etwas dabei heraus,
aber wenn einer nur Worte macht,
wird er bald Not leiden.

Der Faulpelz sagt:
„Ich kann nicht hinausgehen,
draußen ist ein Löwe,
der bringt mich um!“

Der Faulpelz greift in die Schüssel,
aber er bekommt die Hand
nicht zum Mund.

Ein Wort zur rechten Zeit
ist wie goldene Äpfel
auf silbernen Schalen.

Eine Schüssel Gemüse bei Leuten,
die dich gern haben,
ist mehr wert
als ein gebratener Ochse
bei Leuten,
die dich nicht ausstehen können.

Auch einen Dummkopf
wird man für klug halten,
wenn er nur seinen Mund halten kann.

Ein Geduldiger
ist besser als ein Starker,
und wer sich selbst beherrscht,
ist besser als einer,
der Städte erobert.

Wenn dein Feind hungrig ist,
gib ihm zu essen,
und wenn er Durst hat,
gib ihm zu trinken.
So wirst du seine Feindschaft überwinden
und Gott wird dich dafür belohnen.

Salomo und König Hiram

König David und König Hiram von Tyrus waren Freunde gewesen, solange David lebte.
Als nun Hiram hörte: Salomo ist König geworden für seinen Vater, da schickte er Boten und gratulierte ihm.
Salomo schickte wieder Boten zu Hiram und schrieb ihm:
„Du weißt doch, mein Vater David konnte dem Herrn, seinem Gott, kein Haus bauen, weil er immerzu in den Krieg ziehen musste.
Nun hat der Herr, mein Gott, mir Ruhe gegeben vor allen meinen Feinden.
Da habe ich gedacht: Ich baue dem Herrn, meinem Gott, ein Haus, so wie er zu meinem Vater David gesprochen hat: ‚Dein Sohn, der auf deinem Thron sitzt, der baut mir das Haus.'
So bitte ich dich: Schick mir Zedernholz und Zypressenholz aus dem Libanon.
Deine Arbeiter und meine Arbeiter arbeiten zusammen und ich bezahle deine Arbeiter."
Hiram freute sich über diese Nachricht von Salomo und schrieb ihm zurück:
„Meine Arbeiter bringen die Bäume hinunter ans Meer, binden sie zusammen und bringen sie auf dem Wasser bis dahin, wo deine Arbeiter sie abholen.
Du schickst mir dafür eine große Ladung Weizen und Öl."
So schlossen Hiram und Salomo einen Vertrag. Und Hiram lieferte Salomo Zedernstämme und Zypressenstämme, so viele er wollte.
Salomo brauchte auch Steine für seinen Bau.
Darum ließ er eine Menge Leute für sich arbeiten und schickte sie ins Gebirge.
Dort brachen sie große Steine aus dem Berg und schlugen sie zurecht für das Haus des Herrn. (1. Könige 5)

Salomo baut den Tempel

Salomo war schon vier Jahre König in Israel, da fing er an und baute das Haus des Herrn.
Er baute es so: Das Haus wurde dreißig Meter lang, zehn Meter breit und fünfzehn Meter hoch.
Und so war der Eingang: Zuerst ging es eine breite Treppe hinauf, dann stand man vor der Vorhalle.
Die Vorhalle war nur fünf Meter lang, aber so breit wie das Haus: zehn Meter!
Rechts davor stand eine dicke Säule, neun Meter hoch.
Die nannte Salomo Jachin.
Und links davor stand noch einmal eine solche Säule, auch neun Meter hoch.
Die nannte er Boas.
Wenn man durch die Vorhalle durchgegangen war, stand man vor der Tür zur Tempelhalle.
In der Tempelhalle waren Fenster, ganz oben in der Wand, kleine Fenster mit Gittern aus Stein darin.
Dann, nach den dreißig Metern, kam wieder eine Treppe, und man stand vor der Tür zum Allerheiligsten.
Es war zehn Meter lang und zehn Meter breit und zehn Meter hoch.

Hier war der Platz für die Bundeslade des Herrn.
Hier war Gott ganz nahe.
Hier durfte niemand hinein, nur einmal im Jahr der oberste Priester.
Salomo schmückte den ganzen Tempel innen aus. Er verkleidete die Wände ganz mit Brettern aus Zedernholz.
Und die Bretter wurden verziert mit geschnitzten Engeln und Palmen und Blumen.
Dann wurde das ganze Holz mit Gold überzogen.
Man konnte innen im Haus kein Holz mehr sehen, nur noch Gold.
Mitten in das Allerheiligste stellte Salomo zwei große Engel aus Ölbaumholz, fünf Meter hoch.
Ihre ausgebreiteten Flügel waren fünf Meter lang, ganz mit Gold überzogen.
Die Flügel stießen aneinander und reichten zusammen von einer Wand zur anderen.
Mit ihren Flügeln sollten die Engel die Bundeslade des Herrn beschirmen, wenn sie dann im Allerheiligsten steht.
In die Tempelhalle kam der Räucheraltar, auf dem wurde Weihrauch verbrannt als Opfer für den Herrn.
Er war ganz mit Gold überzogen.
Daneben stand ein Tisch aus Gold, auf den wurden immer frische Brote gelegt als Opfer für den Herrn.
Und dann waren da noch zehn goldene Leuchter mit Lichtern.
Draußen vor dem Tempel, im Freien vor der Vorhalle, stand in der Mitte der große Altar für die Brandopfer.

Er war zehn Meter lang, zehn Meter breit und fünf Meter hoch.
Links davon stand ein großes Wasserbecken, das bronzene ‚Meer'.
Es war fünf Meter breit von einem Rand zum andern und fünf Meter hoch und ganz rund.
Es stand auf dem Rücken von zwölf Rindern aus Bronze.
Der Tempel wurde fertig im elften Jahr Salomos.
Im vierten Jahr hatte Salomo angefangen und sieben Jahre hatte er am Haus des Herrn gebaut.
Später baute Salomo sich auch noch einen neuen Palast und Städte mit starken Mauern. (1. Könige 6–7)

Die Bundeslade kommt in den Tempel

Damals rief König Salomo alle Ältesten der Israeliten zu sich nach Jerusalem, die Ältesten der zwölf Stämme und die Ältesten der Familien.
Er wollte die Bundeslade des Herrn aus ihrem Zelt in den Tempel bringen.
So kamen die Männer Israels beim König Salomo zusammen.
Als sie alle versammelt waren, hoben die Priester die Bundeslade auf ihre Schultern und trugen sie bis vor das Tempelhaus.
Sie setzten die Bundeslade ab vor dem großen Altar.
König Salomo und alle Israeliten, die zum Fest gekommen waren, standen vor der Bundeslade.

Die Tempeldiener, die Leviten, schlachteten Schafe und Rinder und opferten sie dem Herrn, eine große Menge.
Dann nahmen die Priester die Bundeslade des Herrn und stellten sie hinten in den Tempel in das Allerheiligste, an ihren Platz unter den Flügeln der Engel.
Die Engel breiteten ihre Flügel weit aus über der Stelle, wo die Lade stand.
In der Lade waren die beiden Steintafeln, die Mose am Berg Sinai hineingelegt hatte.
Auf den Tafeln standen die Gebote des Bundes, den der Herr mit den Israeliten geschlossen hatte.
Und als die Priester aus dem Tempel hinausgingen, wurde das ganze Haus von der Wolke des Herrn erfüllt.
Die Priester konnten nicht mehr hineingehen und ihren Dienst tun, denn die Herrlichkeit des Herrn war in den Tempel eingezogen.
Da sprach Salomo: „Herr, du hast gesagt: ‚Ich will im Wolkendunkel wohnen.‘
So habe ich nun ein Haus gebaut für dich zum Wohnen, einen Platz, an dem du immer bei uns bleiben kannst.“

(1. Könige 8)

Salomo betet zum Herrn

Die ganze Gemeinde der Israeliten war im Tempelhof versammelt.
Da ging Salomo zum Altar des Herrn, hob seine Hände hoch zum Himmel, ging auf die Knie und sprach:

„O Herr, du Gott Israels!
Kein Gott ist wie du,
nicht oben im Himmel
und nicht unten auf der Erde.
Du stehst zu deinem Bund,
du bist barmherzig zu deinen Dienern,
die von ganzem Herzen mit dir leben.
Du hast gehalten,
was du meinem Vater David versprachst:
dass ihm ein Sohn auf seinem Thron folgt,
der dir ein Haus zur Wohnung baut.
Das ist heute vollendet worden
durch dich, Herr!
Du hast mit deiner Hand erfüllt,
was du mit deinem Mund verheißen hast.

Aber ist es denn möglich,
dass du, Gott, auf der Erde wohnst?
Siehe, der Himmel
ist viel zu klein für dich.
Wie findest du da Platz in diesem Haus,
das ich gebaut habe!
Nein, Herr, mein Gott!
Aber höre das Gebet deines Dieners
und sein Rufen zu dir:
Lass deine Augen offen sein
über diesem Haus bei Tag und bei Nacht,
offen über dieser Stätte,
von der du gesagt hast:
‚Hier soll mein Name wohnen.‘

Höre das Beten deines Dieners
und das Beten deines Volkes,
wenn sie an dieser Stätte zu dir rufen.
Höre sie vom Himmel aus,
wo dein Thron ist.
Und wenn du sie hörst,
dann sei ihnen gnädig.

Wenn jemand Böses tut
gegen seinen Mitmenschen,
wenn dein Volk Israel besiegt wird
von seinen Feinden,
wenn der Himmel zu ist
und kein Regen fällt,
wenn eine Hungersnot
im Lande ausbricht
und wenn wir dann zu dir kommen
und um deine Hilfe bitten,
dann höre unser Gebet im Himmel,
wo du wohnst,
und vergib uns und hilf uns.

Lass doch deine Augen offen sein
über uns
und höre die Gebete deines Dieners
und die Gebete deines Volkes Israel.
Hilf ihnen,
immer wenn sie zu dir rufen.

Denn du hast die Israeliten ausgewählt
aus allen Völkern der Erde
als dein Eigentum.
So hast du es verkündet
durch deinen Diener Mose,
als du unsere Väter herausführtest
aus Ägypten,
o Herr, du Gott Israels.“ (1. KÖNIGE 8)

Einweihung des Tempels

Als Salomo sein Gebet zum Herrn beendet hatte, da stand er auf von seinen Knien, drehte sich um zum Volk und hob die Hände zum Segen über die ganze Gemeinde der Israeliten.
Dann brachten der König und das Volk dem Herrn Opfer auf dem neuen Altar im Hof vor dem Tempel.
Sie schlachteten eine große Menge Schafe und Rinder.
Die besten Stücke verbrannten sie auf dem Altar als Opfer für den Herrn, den Rest verzehrten sie gemeinsam beim Opferessen.
So weihten sie den Tempel des Herrn ein.
Sie feierten zwei Wochen lang und aßen und tranken und waren fröhlich vor dem Herrn, ihrem Gott. (1. KÖNIGE 8)

Die Königin von Saba

König Salomo wurde überall bekannt in der Welt.
Auch die reiche Königin von Saba in Arabien hörte von ihm.
Sie kam nach Jerusalem, um zu sehen, ob der König wirklich so klug war, wie man sich erzählte.
Und sie brachte schwierige Rätselfragen mit, die er beantworten sollte.
Sie kam zu Salomo mit einer großen Karawane von Kamelen.
Die hatten den Rücken schwer beladen mit Gold und Edelsteinen und mit kostbarem, duftendem Öl.
Die Königin fragte Salomo alles, was sie sich ausgedacht hatte. Sie stellte ihm die schwierigen Rätselfragen.
Aber Salomo hatte auf alle Fragen die richtige Antwort. Es gab nichts, was der König nicht wusste.
Daran sah die Königin, wie klug König Salomo war.

Sie sah auch seinen Palast, den er gebaut hatte.
Sie sah die herrlichen Speisen und Getränke, die auf seinen Tisch kamen.
Sie sah seine Minister, wie sie am Tisch des Königs saßen, jeder an seinem bestimmten Platz.
Sie sah, wie seine Diener die Gäste bedienten, und sah die schönen Kleider, die sie dabei anhatten.
Später sah sie die vielen Brandopfer, die Salomo im Tempel des Herrn opferte.
Die Königin kam aus dem Staunen nicht heraus.
Sie sagte zu Salomo: „Es ist alles wahr, was ich in meinem Land gehört habe über dich und über deinen Königshof und deine Weisheit!
Ich habe es nicht geglaubt.
Aber jetzt habe ich es mit meinen eigenen Augen gesehen.
Nicht einmal die Hälfte davon hat man mir gesagt.
Deine Weisheit und dein Reichtum sind größer als alles, was ich gehört habe.
Wie gut haben es deine Frauen und wie gut deine Minister, dass sie jeden Tag bei dir sein dürfen und die Worte deiner Weisheit hören!
Der Herr, dein Gott, sei gelobt, dass er dich ausgewählt hat und dich zum König gemacht hat für das Volk Israel.
Weil er sein Volk so sehr liebt, hat er dich eingesetzt als Herrscher, damit du für Recht und Gerechtigkeit sorgst."
Die Königin schenkte König Salomo eine riesige Menge Gold und duftendes Öl und Edelsteine.
Nie wieder ist so viel kostbares Öl nach Jerusalem gekommen.
Auch der König Salomo machte der Königin von Saba Geschenke.
Er gab ihr alles, was sie sich wünschte, und noch viel mehr.
Dann kehrte die Königin wieder zurück in ihr Land, samt allen Dienerinnen und Dienern, die mit ihr gezogen waren.

(1. Könige 10)

Salomo bleibt Gott nicht ganz treu

Als Salomo alt wurde, gehorchte er dem Herrn nicht mehr ganz so wie am Anfang.
Das kam so:
Salomo hatte sehr viele Frauen.
Und viele von diesen Frauen kamen aus anderen Völkern.
Es waren Töchter von den Königen der Moabiter, der Ammoniter, der Phönizier und der Hetiter.
Alle diese Völker beteten zu ihren eigenen Göttern. Und Salomo erlaubte seinen Frauen, dass sie in Jerusalem ihre Götter anbeten.
Er baute ihnen auch Altäre für ihre Schlachtopfer und Brandopfer auf einem Berg bei Jerusalem.
Deshalb sprach Gott zu Salomo: „Weil du so etwas zugelassen hast und weil du meinen Bund und meine Gebote nicht gehalten hast, darum nehme ich dir das Königtum weg und gebe es einem von deinen Dienern.
Ich tue das noch nicht, solange du lebst, deinem Vater David zuliebe.

Aber deinem Sohn, dem nehme ich es dann weg.
Ich nehme euch auch nicht das ganze Königreich weg.
Dein Sohn darf einen Stamm behalten, wegen David, meinem treuen Diener, und wegen Jerusalem, das ich mir erwählt habe.“ (1. KÖNIGE 11)

Davids Königreich bricht in zwei Teile

Salomo regierte vierzig Jahre in Jerusalem über das vereinigte Königreich Israel und Juda. Dann starb er.
Nun wurde sein Sohn Rehabeam König an seiner Stelle.

In Juda wurde Rehabeam gleich von allen als König anerkannt. Aber in Israel, bei den Stämmen im Nordteil des Landes, da sagten die Leute: „Wir wollen erst mit ihm reden. Er soll in unsere Versammlung kommen!“

So ging Rehabeam nach Sichem.
Dort waren alle Männer aus den Nordstämmen Israels zusammengekommen.
Sie sagten zu Rehabeam: „Dein Vater hat uns zu schwere Lasten aufgelegt.
Wir mussten als Bauarbeiter für ihn arbeiten und bekamen keinen Lohn dafür.
Und außerdem mussten wir alle seine Angestellten und seine vielen Soldaten mit Essen versorgen.
Mach jetzt unsere Lasten leichter, die uns dein Vater aufgelegt hat.
Dann wollen wir dich als König anerkennen und dir dienen.“
Da sagte Rehabeam zu ihnen: „Geht und wartet drei Tage.
Dann kommt wieder zu mir.“
Das Volk ging weg und König Rehabeam beriet sich mit den alten, erfahrenen Männern, die schon seinem Vater Salomo ihren Rat gaben.
Er fragte sie: „Was meint ihr? Was sollen wir diesem Volk antworten?“
Sie sagten zum König: „Gib dem Volk heute einmal nach!
Höre auf ihre Bitte und sei freundlich zu ihnen.
Dann werden sie dir immer dienen.“
Aber Rehabeam gefiel der Rat nicht, den ihm die alten Männer gaben.
Er ging zu den jungen Leuten, die mit ihm zusammen aufgewachsen waren und in seinem Dienst standen.
Auch sie fragte er: „Was ratet ihr mir?
Was sollen wir diesem Volk für eine Antwort geben?
Die Leute haben zu mir gesagt: ‚Mach unsere Last leichter, die dein Vater uns aufgelegt hat.‘“
Da sagten die jungen Männer, die mit Rehabeam groß geworden waren: „Diesem Volk musst du es zeigen!
Du musst ihnen sagen: ‚Mein kleiner Finger ist stärker als der ganze Arm meines Vaters.
Mein Vater hat euch eine schwere Last aufgelegt.
Aber ich mache sie noch schwerer.
Mein Vater hat euch bloß mit Ruten geschlagen.
Aber ich schlage euch mit Stachelpeitschen.‘“

Am dritten Tag kam das ganze Volk wieder zu Rehabeam.
Da gab der König ihnen eine harte Antwort.
Er folgte nicht dem Rat der Alten, sondern antwortete ihnen, wie die Jungen es ihm geraten hatten.
Er sagte zu ihnen: „Mein Vater hat eure Last schwer gemacht. Aber ich mache sie noch schwerer.
Mein Vater hat euch mit Ruten geschlagen. Aber ich schlage euch mit Stachelpeitschen."
Es war nicht klug vom König, dass er dem Volk so hart antwortete.
Aber so hatte Gott es bestimmt: Es sollte genauso kommen, wie er es Salomo angekündigt hatte.
Als nun die Israeliten sahen, dass der König hart blieb, sagten sie zueinander: „Was geht uns die Davidsfamilie an?
Wozu brauchen wir einen König von den Nachkommen Isais?
Kommt, Männer von Israel, wir gehen nach Hause. Soll Davids Familie sehen, was für sie übrig bleibt!"
König Rehabeam machte noch einen Versuch: Er schickte Adoniram, den Aufseher über die israelitischen Arbeiter, zu dem versammelten Volk.
Aber die Männer bewarfen Adoniram mit Steinen, bis er tot war.
Da stieg Rehabeam schnell auf seinen Wagen und flüchtete nach Jerusalem.
So fielen die zehn Nordstämme Israels vom Königshaus David ab.
Und das blieb so. (1. Könige 12)

Die goldenen Kälber

Die Männer der zehn Stämme machten Jerobeam, den Sohn Nebats, zu ihrem König.
So gab es nun bei den Israeliten zwei Königreiche: das Nordreich mit König Jerobeam und das Südreich mit König Rehabeam.
Zum Nordreich gehörten die zehn Stämme, zum Südreich gehörten Jerusalem und Juda und der kleine Stamm Benjamin.
Aber in Jerusalem war der Tempel, dort stand die Bundeslade. Alle Israeliten waren bis dahin zu den großen Festen nach Jerusalem gezogen.

König Jerobeam hatte Angst, denn er dachte: „Wenn die Leute immer zum Tempel nach Jerusalem gehen, dann werden sie am Ende denken: Der König ist dort ihr richtiger König!"
Deshalb ließ er zwei goldene Kälber machen und stellte sie auf, eins in Bethel im Süden des Reiches und eins in Dan, ganz weit im Norden.
Und er sprach zu seinem Volk: „Jerusalem ist zu weit weg für euch.
Siehe, Israel, hier ist dein Gott, der dich aus Ägypten geführt hat!
Kommt hierher, bringt hier dem Herrn eure Opfer!"
Da kamen die Israeliten und beteten zu den goldenen Kälbern.
So verführte Jerobeam das Volk zur Sünde. Gott hatte aber gesagt: „Macht euch kein Bild von mir!" (1. Könige 12)

Gott schickt den Propheten Elia

Die Könige in Israel gehorchten Gott nicht.
So war es schon mit Saul, so war es mit David und so war es mit Salomo und Jerobeam.
Und so ging es weiter.
Darum schickte Gott seinem Volk und den Königen Propheten.
Die Propheten hörten Gottes Stimme.
Sie sagten dem Volk und den Königen, was Gott will.
So sprach der Prophet Samuel zu Saul, so sprach der Prophet Nathan zu David.
Und so blieb es auch:
Es kamen noch viele Propheten und sagten dem Volk und den Königen, was Gott will.

Der Regen bleibt aus

Der siebte König im Nordreich Israel war Ahab, der Sohn von Omri.
Er regierte zweiundzwanzig Jahre in seiner Hauptstadt Samaria.
Er tat, was böse war in den Augen des Herrn, mehr als alle Könige vor ihm.
Es reichte ihm nicht, dass er die goldenen Kälber anbetete wie Jerobeam.
Er heiratete auch noch Isebel, die Tochter von Etbaal, dem König der Phönizier.
Die Phönizier beteten zu ihrem Gott Baal und Isebel brachte Ahab dazu, dass auch in Samaria, seiner Hauptstadt, der Gott Baal angebetet wurde.
Ahab baute in Samaria einen großen Tempel für den Baal.
Und dann ging er selbst hin, brachte Baal Opfer und betete ihn an.
Seine Frau Isebel tat noch mehr: Sie gab den Befehl, dass alle Propheten Gottes getötet werden sollen.
Aber die Propheten Baals versorgte sie mit Essen und Trinken.
Da kam der Prophet Elia zum König Ahab und sprach: „So gewiss der Herr lebt, der Gott Israels, dem ich diene!
Es gibt in den nächsten Jahren keinen Regen und keinen Tau mehr, bis ich es sage.“ (1. Könige 16–17)

Gott sorgt für Elia

Und Elia hörte die Stimme des Herrn, der zu ihm sprach: „Geh weg von hier, geh nach Osten und versteck dich am Bach Kerit, der in den Jordan fließt.
Aus dem Bach kannst du trinken. Und ich habe den Raben befohlen, dass sie dir zu essen bringen.“
Da ging Elia hin und blieb am Bach Kerit.
Die Raben brachten ihm morgens und abends Brot und Fleisch.
Und aus dem Bach trank er Wasser.
Aber nach einiger Zeit hatte der Bach kein

Wasser mehr, denn es regnete nicht mehr im Land.
Da hörte Elia die Stimme des Herrn, der zu ihm sprach: „Mach dich auf den Weg und geh nach Sarepta in Phönizien und bleib da.
Ich habe dort zu einer Witwe gesprochen. Die sorgt für dich."
So machte sich Elia auf den Weg und ging nach Sarepta.
Als er ans Tor der Stadt kam, da war dort eine Witwe, die sammelte Holz.
Elia rief ihr zu: „Hol mir doch bitte etwas Wasser zum Trinken!"
Als sie ging, um es zu holen, rief er hinter ihr her: „Bring mir auch gleich noch ein Stück Brot mit!"
Da sagte sie: „So gewiss der Herr, dein Gott, lebt!
Ich habe kein Stück Brot mehr im Haus, nur noch eine Hand voll Mehl im Topf und ein bisschen Öl in der Flasche.
Du siehst, ich bin gerade dabei und sammle ein paar Stücke Holz für den Herd zum Feuermachen.
Dann will ich nach Hause gehen und für mich und meinen Sohn etwas backen, zum letzten Mal.
Wenn wir das gegessen haben, müssen wir sterben."
Da sprach Elia zu ihr: „Mach dir keine Sorgen!
Geh nach Hause und mach, was du gesagt hast.
Aber zuerst backst du für mich ein kleines Brot und bringst es mir heraus.
Für dich und deinen Sohn kannst du hinterher noch etwas backen.

Denn so spricht der Herr, der Gott Israels: ‚Das Mehl im Topf wird nicht ausgehen und die Ölflasche wird nicht leer, bis zu dem Tag, an dem der Herr wieder Regen schickt über das Land.'"
Da ging die Frau hin und tat, was Elia ihr gesagt hatte.
Und so aßen sie, Elia, die Witwe und ihr Sohn, Tag für Tag.
Der Mehltopf wurde nicht leer und die Ölflasche auch nicht, genau nach dem Wort, das der Herr durch Elia gesprochen hatte. (1. KÖNIGE 17)

König Ahab sucht Wasser

Es war das dritte Jahr, seit kein Regen mehr kam.
Da geschah es endlich, dass Gott zu Elia sprach: „Geh zu Ahab, verstecke dich nicht länger vor ihm!
Ich will es wieder regnen lassen auf der Erde!"
Und Elia machte sich auf den Weg.
Die Hungersnot war damals sehr schwer in Samaria.
Es gab auch kein Futter mehr für die Pferde und die Maultiere des Königs.
Da rief König Ahab den Obadja, der für seinen Königspalast zu sorgen hatte.
Er sagte zu Obadja: „Komm, wir gehen jetzt durch das ganze Land zu allen Wasserquellen und zu allen Bächen.
Vielleicht finden wir irgendwo noch Gras für unsere Pferde und Maultiere, damit wir sie nicht töten müssen."
Sie teilten das Land unter sich auf und zogen los.

Ahab ging in der einen Richtung und Obadja in der anderen.
Als Obadja seinen Weg ging, stand auf einmal Elia vor ihm.
Obadja erkannte ihn, warf sich vor ihm nieder und sagte: „Bist du es wirklich, Elia, mein Herr?“
Elia antwortete: „Ja, ich bin es!
Geh und sag dem König: ‚Elia ist da!‘“
Aber Obadja sagte: „Was habe ich getan, dass du mich in die Hände Ahabs gibst, damit er mich tötet?
So gewiss der Herr, dein Gott, lebt! Der König hat dich in jedem Land und in jedem Königreich gesucht.
Und wenn sie sagten: ‚Er ist nicht hier!‘, dann musste das Land oder das Königreich schwören, dass sie dich nicht finden konnten.
Und nun sprichst du: ‚Geh und sag dem König: Elia ist da!‘
Du weißt doch, was passieren kann: Wenn ich jetzt von dir weggehe, dann trägt der Geist des Herrn dich weg, wer weiß wohin.
Und dann komme ich zu Ahab und sage, dass du da bist, aber er findet dich nicht. Dann bringt er mich um!
Von Kind auf diene ich dem Herrn und bin ihm treu geblieben.
Weiß du nicht, was ich getan habe, als Isebel die Propheten des Herrn tötete?
Dass ich da von den Propheten des Herrn hundert Mann versteckt habe, fünfzig hier in einer Höhle, fünfzig dort in einer andern Höhle?
Und ich habe sie alle mit Brot und Wasser versorgt.
Und da sprichst du: ‚Geh und sag dem König: Elia ist da.‘
Der bringt mich um!“
Da sprach Elia: „So gewiss Gott lebt, der Herr über Himmel und Erde, dem ich diene: Noch heute sieht mich Ahab!“
Da ging Obadja hin zu Ahab und sagte es ihm. (1. Könige 18)

Elia trifft König Ahab

König Ahab machte sich auf und ging Elia entgegen.
Als er ihn sah, rief er ihm zu: „Da bist du also, du, der Israel Unglück bringt!“
Elia sagte: „Nicht ich bin es, der Israel Unglück bringt. Du bist es, du und deine ganze Familie!
Ihr habt den Herrn verlassen. Du selbst betest den Baal an!
Aber nun ist Schluss damit!
Schick Boten aus und ruf das ganze Volk zusammen.
Alle sollen zu mir kommen auf den Berg Karmel, auch die vierhundertfünfzig Propheten des Baal, die bei Isebel ihr Brot bekommen.“
Da schickte Ahab Boten aus und rief alle Männer Israels zusammen.
Auch alle Propheten Baals holte er auf den Berg Karmel. (1. Könige 18)

Baal soll zeigen, was er kann

Elia trat vor das ganze Volk und sprach: „Wie lange wollt ihr noch hin und her schwanken?
Entweder der Herr ist Gott, dann folgt ihm.
Oder Baal ist Gott, dann folgt dem."
Aber das Volk blieb still und antwortete nichts.
Da sprach Elia zum Volk: „Ich bin allein übrig geblieben von den Propheten des Herrn.
Und da stehen die Propheten des Baal, vierhundertfünfzig Mann.
Gebt uns zwei Stiere.
Die Propheten Baals sollen sich einen davon aussuchen, ihn schlachten und in Stücke schneiden und auf ihren Altar legen, oben auf den Holzstoß.
Ich mache es mit dem anderen Stier genauso.
Aber keiner zündet Feuer an.
Dann sollen sie den Namen ihres Gottes anrufen und ich rufe den Namen des Herrn an.
Und der Gott, der Feuer als Antwort schickt, der ist wirklich Gott!"
Da antwortete das ganze Volk und rief: „Gut so! So soll es sein!"
Elia sprach zu den Baalspropheten: „Ihr fangt an, weil ihr mehr seid.
Sucht euch einen Stier aus und macht ihn zurecht.
Dann ruft den Namen eures Gottes an. Aber macht kein Feuer!"
Da nahmen sie den einen Stier, machten ihn zurecht und riefen laut den Namen Baals an.
Sie riefen vom Morgen bis zum Mittag: „Baal, antworte uns!"
Aber da kam keine Stimme, keine Antwort.
Sie gingen immerzu um ihren Altar herum und schwankten beim einen Schritt nach rechts, beim andern nach links.
(Sie dachten, das gefällt Baal.)
Als es Mittag war, fing Elia an zu spotten und rief: „Ihr müsst lauter schreien!
Er ist doch ein Gott!
Vielleicht ist er in Gedanken.
Oder er sitzt gerade auf der Toilette. Oder er ist verreist.
Oder er schläft und man muss ihn aufwecken!"
Da schrien sie noch lauter und schnitten sich mit Schwertern und Speerspitzen in die Haut, sodass Blut an ihnen herunterlief.
Sie wurden immer wilder, sie rasten und tobten.
So ging das bis zum Nachmittag.
Aber da war keine Stimme zu hören, keine Antwort. Keiner hörte auf sie.
Da sprach Elia zu dem ganzen Volk: „Kommt her zu mir!"
Und das ganze Volk kam her zu ihm.
Elia baute den Altar des Herrn wieder auf, der zerstört war.
Er nahm zwölf Steine, für jeden Stamm des Volkes Israel einen, und baute daraus einen Altar für den Herrn.
Er grub einen Wassergraben rund um den Altar.
Er packte trockenes Holz darauf, schnitt

den Stier in Stücke und legte die Stücke oben auf das Holz.
Dann sagte er: „Holt vier Eimer Wasser und schüttet sie auf die Opferstücke und auf das Holz!"
Sie taten es und Elia sagte: „Tut es noch einmal!"
Sie taten es noch einmal.
Elia sagte: „Tut es zum dritten Mal!"
Das Wasser floss am Altar herunter und füllte auch den Wassergraben.
Dann ging Elia an den Altar heran und sprach: „O Herr, du Gott Abrahams, Isaaks und Jakobs!
Heute sollen alle sehen: Du bist Gott in Israel und ich bin dein Diener.
Und sie sollen sehen: Ich habe dieses alles auf deinen Befehl getan.
Höre mich an, o Herr! Antworte mir, damit dieses Volk erkennt: Du, Herr, du bist allein Gott. Und du bist es auch, der ihr Herz zu dir zurückbringt."
Da fiel das Feuer des Herrn vom Himmel und verbrannte das Opfertier und den Holzhaufen und sogar die Steine vom Altar und die Erde ringsherum.
Es trocknete den Wassergraben aus, sodass kein Tropfen Wasser darin blieb.
Als das Volk das sah, warfen sie sich nieder, mit dem Gesicht zur Erde.
Und sie riefen: „Der Herr ist Gott, der Herr allein!"
Aber Elia sagte zu ihnen: „Haltet die Baalspropheten fest! Dass keiner von ihnen wegläuft!"
Sie hielten sie fest. Und Elia brachte sie hinunter an den Bach Kischon und schlug sie dort alle tot. (1. Könige 18)

Gott schickt Regen

Danach sagte Elia zu Ahab: „Geh in dein Zelt und iss und trink! Ich höre schon, wie der Regen herunterrauscht."
Da ging Ahab und aß und trank.
Aber Elia ging weiter nach oben auf den Berg.
Er setzte sich hin auf die Erde und legte seinen Kopf zwischen seine Knie.
Und er sagte zu seinem Diener: „Geh noch weiter nach oben und schau auf das Meer hinaus!"
Der Diener stieg hinauf und hielt Ausschau.
Aber er kam wieder und sagte: „Es ist noch nichts zu sehen."
Elia sagte: „Geh wieder hin."
So schickte er ihn siebenmal hin.
Und beim siebten Mal, da meldete der Diener: „Es steigt eine kleine Wolke aus dem Meer auf, so groß wie eine Männerhand!"
Elia sagte: „Geh hin zu Ahab und sag zu ihm: ‚Mach deinen Wagen fertig und fahr hinunter.
Sonst holt dich der Regen ein!'"
Da wurde auch schon der Himmel dunkel von Wolken und Sturm. Und es fiel ein gewaltiger Regen.
Ahab fuhr schnell ab nach Jesreel.
(Dort hatte König Ahab einen Palast.)
Da kam die Kraft des Herrn über Elia.
Er band seinen Mantel mit dem Gürtel hoch und lief vor Ahabs Wagen her bis nach Jesreel. (1. Könige 18)

Elia hat keinen Mut mehr

Ahab erzählte seiner Frau Isebel alles, was Elia getan hatte.
Da schickte Isebel einen Boten zu Elia und ließ ihm sagen: „Morgen um diese Zeit mache ich mit dir dasselbe, was du mit meinen Propheten gemacht hast.
Darauf kannst du dich verlassen!"
Da bekam Elia Angst um sein Leben.
Er stand auf und lief weg, durch das ganze Land Israel.
In Beerscheba, ganz im Süden von Juda, ließ er seinen Diener zurück und ging noch weiter, hinein in die Wüste, einen ganzen Tag lang.
Dann setzte er sich auf die Erde unter einen Ginsterbusch. Er wollte nur noch sterben.
Er sagte: „Es ist genug, Herr!
Nimm mein Leben wieder zurück. Ich bin nicht besser als meine Vorfahren."
Und er legte sich hin und schlief ein unter dem Ginsterbusch.
Da kam ein Engel, stieß ihn an und sprach: „Steh auf und iss!"
Elia sah sich um.
Und siehe: Ein frisch gebackenes Brot und ein Krug mit Wasser!
Genau da, wo sein Kopf gelegen hatte!
Und er aß und trank und legte sich wieder hin.
Da kam der Engel des Herrn zum zweiten Mal, stieß ihn an und sprach: „Steh auf und iss! Du hast noch einen weiten Weg vor dir!"
Da stand Elia auf, aß und trank.
Und er ging weiter, vierzig Tage und vierzig Nächte, bis an den Gottesberg, den Berg Sinai. (1. Könige 19)

Ein neuer Auftrag für Elia

Elia stieg auf den Berg. Er fand eine Höhle und wollte darin schlafen.
Da hörte er die Stimme des Herrn, der zu ihm sprach: „Elia, was willst du hier?"
Elia antwortete: „Ich habe mich abgequält für dich, Herr, du Gott des Himmels und der Erde.
Die Israeliten haben deinen Bund verlassen, den du mit ihnen gemacht hast.
Sie haben deine Altäre zerstört und deine Propheten mit dem Schwert erschlagen.
Ich bin allein übrig geblieben.
Und nun wollen sie mich auch töten."
Da sprach der Herr: „Komm heraus und stell dich auf den Berg vor mich hin!"
Und siehe, der Herr selbst ging an ihm vorbei.
Und so geschah es:
Ein wilder Sturm, groß und stark.
Der stürzt Berge ein und zerbricht Felsen.
Der geht vor Gott her.
Aber Gott ist nicht in dem Sturm.
Nach dem Sturm ein Erdbeben.
Aber Gott ist nicht in dem Erdbeben.
Und nach dem Erdbeben ein Feuer.
Aber Gott ist nicht in dem Feuer.
Und nach dem Feuer ein ganz leiser Ton:
Ein Atemhauch weht.
Als Elia das hörte, zog er seinen Mantel über sein Gesicht, ging hinaus aus der Höhle und stellte sich in den Eingang.
Und da war eine Stimme, die sprach zu ihm: „Elia, was willst du hier?"
Er sagte: „Ich habe mich gequält für dich, Herr, du Gott des Himmels und der Erde.

Denn die Israeliten haben deinen Bund verlassen. Sie haben deine Altäre zerstört und deine Propheten mit dem Schwert erschlagen.
Ich bin allein übrig geblieben. Und jetzt wollen sie mich auch umbringen."
Da sprach der Herr zu ihm: „Geh den Weg zurück, den du hierher gekommen bist.
Geh noch weiter, bis nach Damaskus. Dort salbst du Hasaël zum König von Syrien.
Und Jehu, den Sohn von Nimschi, den salbst du zum König von Israel.
Und Elisa, den Sohn von Schafat aus Abel-Mehola, den salbst du zum Propheten nach dir.
Und so kommt es in Israel: Wen Hasaëls Schwert nicht trifft, den tötet Elisa.
So strafe ich sie dafür, dass sie mich verlassen und dem Baal folgen.
Aber ich lasse siebentausend Mann am Leben, alle die, die nicht vor dem Baal niedergekniet sind und sein Bild nicht geküsst haben." (1. Könige 19)

Elia ruft seinen Nachfolger

Als Elia zurückkam, traf er Elisa, den Sohn Schafats.
Elisa pflügte gerade den Acker.
Elf Diener pflügten vor ihm, jeder mit zwei Stieren. Und er selbst pflügte mit dem zwölften Paar Stiere.
Elia ging dicht an Elisa vorbei und warf seinen Prophetenmantel über ihn.
Da ließ Elisa die Tiere stehen, lief hinter Elia her und rief: „Ich komme gleich mit und folge dir!

Aber ich möchte vorher noch meinem Vater und meiner Mutter ‚Auf Wiedersehen' sagen."
Elia sagte zu ihm: „Geh ruhig hin. Aber vergiss nicht, was du tun sollst."
Da ging Elisa hin und nahm Abschied von seinen Eltern.
Danach schlachtete er die beiden Stiere und kochte ihr Fleisch mit dem Holz des Pfluges und gab seinen Leuten ein Abschiedsessen.
Dann folgte er Elia und diente ihm.

(1. Könige 19)

König Ahab nimmt sich Nabots Weingarten

Nabot hatte einen Weingarten in Jesreel, der lag gerade neben dem Palast von König Ahab.
Der König redete mit Nabot und sagte: „Gib mir deinen Weingarten!
Ich möchte einen Gemüsegarten daraus machen. Er liegt so günstig neben meinem Haus.
Ich gebe dir dafür einen besseren Weingarten.
Oder wenn es dir lieber ist, dann bezahle ich ihn dir mit gutem Geld."
Das sagte Nabot zum König: „Der Herr bewahre mich davor, dass ich ein Stück Land weggebe, das ich von meinen Vorfahren habe.
Es ist das Landstück, das der Herr meiner Familie zugeteilt hat!"
Ahab kam nach Hause, böse und verärgert über die Antwort, die Nabot ihm gegeben hatte.
Er legte sich auf sein Bett, drehte sein Gesicht zur Wand und aß nichts.
Da kam Isebel, seine Frau, herein zu ihm und fragte ihn: „Was ist denn los mit dir? Warum isst du nichts?"
Er antwortete ihr: „Ich habe schon ein paar Mal mit Nabot aus Jesreel geredet und habe zu ihm gesagt: ‚Verkauf mir deinen Weingarten.
Oder wenn dir das lieber ist, gebe ich dir einen anderen dafür!'
Aber er sagt jedes Mal: ‚Ich gebe dir meinen Weingarten nicht!'"
Da sagte seine Frau Isebel zu ihm: „Wer ist eigentlich der König hier in Israel?
Wer bestimmt, was gemacht wird?
Steh auf und iss!
Ich sorge dafür, dass du den Weingarten Nabots bekommst."
Und Isebel schrieb Briefe mit Ahabs Namen und stempelte sie mit dem Stempel des Königs und schickte sie an die Ältesten und die Ratsherren in Jesreel.
In den Briefen schrieb sie:
„Ruft einen Trauertag aus, wie man es macht, wenn irgendein Unglück geschehen ist.
Holt alle Männer der Stadt zusammen und fragt nach, wer an dem Unglück schuld ist.
Nabot setzt ihr ganz vorn in die Versammlung.
Und ihm gegenüber setzt ihr zwei Männer, die zu allem fähig sind.
Die sollen als Zeugen gegen ihn aufstehen und sagen: ‚Du hast Gott gelästert. Du hast dem König geflucht!'

Dann bringt ihr Nabot hinaus vor die Stadt und werft ihn mit Steinen tot."
Die Ältesten und Ratsherren der Stadt taten, was Isebel ihnen befohlen hatte. Sie machten es genauso, wie es in den Briefen stand.
Dann schickten sie Isebel eine Nachricht und teilten ihr mit: „Nabot ist tot, er ist gesteinigt!"
Als Isebel das hörte, sagte sie zu Ahab: „Steh auf und nimm dir den Weingarten Nabots.
Nabot wollte ihn dir nicht geben, aber jetzt ist er tot."
Als Ahab hörte, dass Nabot tot ist, da stand er auf und ging hinunter in den Weingarten von Nabot, um ihn für sich zu nehmen. (1. KÖNIGE 21)

Gott schickt Elia zu Ahab

Da sprach Gott zu dem Propheten Elia: „Schnell, geh hinunter zu Ahab, dem König von Israel!
Er geht gerade in den Weingarten von Nabot und will ihn für sich nehmen.
Sag zu ihm: ‚So spricht Gott der Herr: Eben hast du einen unschuldigen Menschen ermordet und jetzt stiehlst du schon sein Eigentum!
An derselben Stelle, wo die Hunde das Blut von Nabot aufgeleckt haben, da sollen die Hunde auch dein Blut auflecken, dein eigenes Blut!'"
Als Ahab den Propheten Elia sah, sagte er: „Hast du mich wieder gefunden, mein Feind, du?"

Elia sagte zu Ahab: „Ja, ich habe dich gefunden, ich habe dich erwischt!
Du hast dich wieder verführen lassen und hast getan, was böse ist vor dem Herrn.
Darum spricht der Herr: ‚Siehe, ich bringe Unglück über dich und dein Haus.
Ich fege dein Haus leer!
Du musst sterben und auch alle Männer in deiner Familie, die nach dir geboren werden, sollen sterben.
Denn du hast mich beleidigt und hast die Israeliten verführt: Sie beten zu den Götzenbildern!
Wer von Ahabs Familie in der Stadt stirbt, den fressen die Hunde, und wer draußen auf dem Feld stirbt, den fressen die Vögel am Himmel.‘
Und über Isebel spricht der Herr: ‚Die Hunde sollen Isebel fressen an der Stadtmauer von Jesreel.‘“
Als Ahab diese Worte hörte, da zerriss er seine Kleider, zog einen alten Sack an und fastete.
Er schlief auch in dem Sack und schlich traurig umher.
Da sprach der Herr zu Elia: „Hast du es gesehen?
Ahab gibt nach. Er sieht es ein.
Weil es ihm Leid tut, bringe ich das Unglück später, wenn sein Sohn König ist, nicht schon jetzt, solange er noch lebt.“

(1. KÖNIGE 21)

Gott macht ein Ende mit dem Nordreich

So böse gegen Gott wie Ahab waren auch die Könige nach ihm. Noch zwölf Könige kamen nach ihm im Nordreich Israel.
Gott sprach zu ihnen durch seine Propheten, aber sie hörten nicht auf ihn.
Da zog der König Salmanassar aus Ninive in Assyrien heran. Er belagerte die Hauptstadt Samaria und eroberte sie.
Die Leute aus Samaria und aus dem ganzen Nordreich führte er fort aus ihrem Land und brachte sie weit weg in fremde Länder.
Sie blieben dort und kehrten nie wieder zurück.
Und der König von Assyrien brachte Leute aus anderen Ländern in das Land Israel und ließ sie da wohnen.
Aus ihnen wurde das Volk der Samariter oder Samaritaner.
Das war das Ende des Königreiches Israel, in dem zehn Stämme der Israeliten wohnten.
Nur das Königreich Juda blieb übrig und Jerusalem, wo der Tempel stand.
Aber die Israeliten in Juda und Jerusalem waren nicht besser als die Israeliten im Nordreich.
Und ihre Könige auch nicht.
Noch sieben Könige regierten nacheinander in Jerusalem.
Dann kam auch dort das Ende.

Gott schickt den Propheten Jeremia

Ein schwerer Auftrag für Jeremia

Jeremia berichtet selbst, was eines Tages geschah:

Ich hörte die Stimme des Herrn, der zu mir sprach:
„Ich habe dich auserwählt, schon bevor ich dich geschaffen habe im Leib deiner Mutter.
Ich habe die Hand auf dich gelegt, schon bevor deine Mutter dich geboren hat.
Ich habe dich zum Propheten für die Völker gemacht."
Da sagte ich: „Ach, Herr, mein Gott! Ich kann nicht gut reden.
Ich bin ja noch viel zu jung."
Aber der Herr sprach zu mir: „Sag nicht: ‚Ich bin zu jung.'
Nein, du gehst zu allen, zu denen ich dich schicke, und du sagst ihnen alles, was ich dir sage.
Hab keine Angst vor ihnen. Denn ich bin bei dir und errette dich, ich, der Herr."
Dann streckte der Herr seine Hand aus und berührte meinen Mund mit dem Finger.
Er sprach zu mir: „Siehe, ich lege meine Worte in deinen Mund.
Ich gebe dir Macht über Völker und Königreiche.

Du sollst ausreißen und umwerfen, verderben und zerstören, aber auch aufbauen und pflanzen – und das alles durch die Worte aus deinem Mund."
Und er sprach zu mir: „Was siehst du, Jeremia?"
Ich sagte: „Ich sehe einen wachen Zweig."
(Das ist der Blütenzweig des Mandelbaums, der im Frühling als Erster „aufwacht".)
Er sprach zu mir: „Du siehst richtig.
Ja, ich *wache* über mein Wort. Ich tue bestimmt, was ich sage."
Noch einmal sprach er zu mir: „Was siehst du?"
Ich sagte: „Ich sehe einen Wasserkessel. Er neigt sich vom Norden her gegen mich und kocht über."
Da sprach der Herr zu mir: „Das Unglück kommt vom Norden her über alle Menschen in diesem Land.
Denn siehe, ich rufe alle Königreiche im Norden, dass sie kommen.
Und alle diese Könige stellen hier im Land ihren Thron auf, vor den Toren von Jerusalem und vor seinen Mauern ringsherum und vor allen Städten in Juda.
Dann spreche ich mein Gerichtsurteil über die Menschen in diesem Land und bestrafe sie für all das Böse, das sie tun: dass sie mich verlassen, dass sie anderen Göttern ihre Opfer bringen und dass sie

die Götzenbilder anbeten, die ihre eigenen Hände gemacht haben.
Und nun, mach dich bereit und sag ihnen alles, was ich dir befehle.
Hab ja keine Angst vor ihnen. Sonst mache ich dir Angst vor ihnen!
Siehe, ich mache dich heute zu einer festen Burg, zu einer Säule aus Eisen, zu einer Mauer aus Stahl.
So stark mache ich dich gegen die Könige in Juda und gegen ihre Beamten, gegen die Priester und gegen das ganze Volk des Landes.
Sie alle werden gegen dich kämpfen. Aber sie schaffen es nicht.
Denn ich bin bei dir und ich errette dich.
So spricht Gott der Herr." (JEREMIA 1)

Jeremia redet im Tempel

Der Herr sprach zu Jeremia: „Stell dich ins Tor, das zum Tempel führt, und ruf laut:
Hört das Wort des Herrn, ihr Leute aus Juda, alle, die hier hereinkommen in den Tempel, um den Herrn anzubeten!
So spricht der Herr des Himmels und der Erde, der Gott Israels:
Ändert euer Leben und euer Tun!
Dann bleibe ich bei euch, hier in diesem Haus.
Glaubt nicht, es hilft euch, wenn ihr immerzu sagt: ‚Der Tempel des Herrn, der Tempel des Herrn! Hier wohnt Gott, hier sind wir beschützt!'
Nein, ihr könnt nur in diesem Land bleiben, wenn ihr euer Leben ganz und gar ändert.

Seid gerecht zueinander.
Seid gut zu den Ausländern, zu den Witwen und zu den Waisenkindern.
Tötet nicht unschuldige Menschen, betet nicht fremde Götter an.
Das bringt euch nur Unglück!
Aber ihr verlasst euch auf Lügenworte, die nichts nützen.
Nicht wahr: erst stehlen und töten und ehebrechen, falsch schwören, dem Baal opfern und fremden Göttern nachlaufen, die euch nichts angehen.
Und dann kommt ihr her zu mir, stellt euch hier hin in meinem Haus und sagt: ‚Es kann uns nichts passieren.'
Und dann geht ihr hin und macht genauso weiter.
Ist denn mein Haus ein Versteck für Räuber geworden?
Gut, dann sehe ich das auch so und behandle es danach.
Geht doch einmal hin nach Silo, wo früher mein Tempel war. Seht nach, was ich mit ihm gemacht habe!
In Trümmer gelegt habe ich ihn, wegen all des Bösen, das mein Volk Israel getan hat.
Genauso mache ich es jetzt mit diesem Haus hier, das meinen Namen trägt!
Und diese Stadt wird so verwüstet, dass kein Mensch mehr darin wohnt.
Und dann schicke ich euch weg von mir, so wie ich alle eure Brüder weggeschickt habe, die Leute aus Samaria und aus dem ganzen Nordreich Israel, weg in fremde Länder." (JEREMIA 7)

Jeremia vor dem Gericht

Die Priester und die falschen Propheten und das ganze Volk hörten zu, wie Jeremia diese Worte vor dem Tempel des Herrn sprach.
Und es geschah, als er zu Ende gesprochen hatte, da packten sie ihn und riefen: „Dafür musst du sterben!
Du verkündest hier im Namen des Herrn: ‚Mit diesem Tempel geht es genauso wie mit Silo. Und diese Stadt wird so verwüstet, dass kein Mensch mehr darin wohnt.‘ Das ist unerhört!“
Und das ganze Volk lief zusammen und stellte sich vor Jeremia auf.
Man meldete das den Beamten des Königs und sie kamen schnell vom Königshaus herauf in den Tempel des Herrn.
Sie setzten sich als Richter in den Eingang des Neuen Tores und Jeremia wurde vor das Gericht gebracht.
Die Priester und die falschen Propheten traten vor und sagten zu den Richtern und zum ganzen Volk: „Dieser Mann muss sterben!
Er hat gegen diese Stadt im Namen des Herrn geredet.
Ihr habt es ja selbst gehört.“
Da trat Jeremia vor und sprach zu allen Richtern und zum ganzen Volk: „Der Herr hat mich geschickt, er hat mir befohlen, das alles zu sagen, was ihr gehört habt.
Ändert euer Leben und euer Tun!
Hört auf die Stimme des Herrn, eures Gottes!
Dann tut es ihm Leid und er lässt das Unglück nicht kommen, das er gegen euch geplant hat.
Seht, ich bin in eurer Hand. Ihr könnt mit mir machen, was ihr wollt.
Aber das sollt ihr wissen: Wenn ihr mich tötet, dann ladet ihr schwere Schuld auf euch.
Denn es ist wirklich der Herr, der mich zu euch schickt.“
Da traten einige von den Ältesten des Landes vor und sprachen zu der ganzen Versammlung: „Als Hiskia König von Juda war, da kam der Prophet Micha aus Moreschet.
Der sagte auch zum ganzen Volk von Jerusalem und Juda: ‚So spricht der Herr des Himmels und der Erde:
Der Berg Zion wird umgepflügt wie ein Acker, und Jerusalem wird zu einem Steinhaufen, und auf dem Tempelberg wächst dichter Wald.‘
Was hat König Hiskia damals gemacht und das ganze Volk von Juda?
Haben sie den Propheten deswegen getötet, weil er das gesagt hat?
Nein! Hiskia fürchtete den Herrn und betete zu ihm.
Da tat es dem Herrn Leid und er ließ das Unglück nicht kommen.
Und wir, sollen wir jetzt so großes Unheil über uns bringen?“
Da sagten die Richter und das ganze Volk zu den Priestern und den falschen Propheten: „Dieser Mann hat nicht den Tod verdient.
Er hat zu uns im Namen des Herrn, unseres Gottes, gesprochen!“
So taten sie Jeremia nichts.

Aber Ahikam, der Sohn von Schafan, nahm Jeremia mit und beschützte ihn von jetzt an vor dem Volk.
Sonst wäre er vielleicht doch noch getötet worden. (JEREMIA 26)

Baruch geht für Jeremia in den Tempel

Jeremia ging immer in den Tempel und sprach zum Volk die Worte, die Gott ihm sagte. Aber dann kam eine Zeit, da durfte er nicht mehr im Tempel reden.

Da sprach der Herr zu Jeremia: „Nimm eine Papierrolle!
Schreib auf die Rolle alle Worte, die ich zu dir gesprochen habe über Jerusalem und über Juda, vom ersten Tag an, als ich zu dir sprach, bis heute.
Vielleicht kehren die Menschen aus Juda doch noch um, wenn sie hören, wie viel Unglück ich ihnen sonst schicke.
Vielleicht bekehren sie sich, ein jeder von seinem bösen Weg.
Dann kann ich ihnen ihre Schuld und Sünde vergeben."

Da rief Jeremia seinen Schreiber Baruch.
Er diktierte ihm alle Worte, die Gott zu ihm gesprochen hatte. Und Baruch schrieb sie in die Papierrolle.
Danach gab Jeremia dem Baruch einen Auftrag und sprach: „Du weißt, ich darf nicht mehr in das Haus des Herrn gehen.
Sie haben es mir verboten.
Aber du kannst es.
Du gehst hin am nächsten Fastentag, wenn alle Leute zum Tempel kommen.
Und dann liest du aus der Schriftrolle die Worte des Herrn im Tempel vor.
Vielleicht kehren sie um, wenn sie hören, wie groß der Zorn ist, den der Herr gegen dieses Volk hat."
Als gerade der Winter anfing, rief man in Jerusalem einen großen Fastentag aus.
Das ganze Volk aus Jerusalem und aus den Städten in Juda kam zum Tempel des Herrn zum Beten.
Da las Baruch im Tempel die Worte Jeremias aus der Schriftrolle dem ganzen Volk vor.
Alle konnten hören, wie er las:
„Glaubt nicht, es hilft euch, wenn ihr immerzu sagt: ‚Der Tempel des Herrn, der

Tempel des Herrn. Hier wohnt der Herr!‘ Geht doch einmal hin nach Silo, wo früher mein Tempel war!
In Trümmer gelegt habe ich ihn, zur Strafe für all das Böse, das mein Volk Israel getan hat.
Genauso mache ich es jetzt mit diesem Haus hier, das meinen Namen trägt!“
Und noch viele ähnliche Worte las Baruch aus der Schriftrolle vor.
Er stand im Vorhof des Tempels am Eingang des Neuen Tores, dicht bei dem Raum, der Gemarja gehörte, dem Sohn des Staatsschreibers Schafan.
Und Micha, der Sohn Gemarjas, hörte alle Worte des Herrn, die Baruch aus der Schriftrolle vorlas.
Da ging er hinunter in den Königspalast, in das Zimmer des Staatsschreibers.
Dort saßen gerade sein Vater Gemarja und alle Minister des Königs.
Micha berichtet ihnen alles, was Baruch dem Volk aus der Schriftrolle vorlas.
Da schickten die Minister jemand hin, der sagte zu Baruch: „Nimm die Schriftrolle, aus der du dem Volk vorgelesen hast, und komm mit!“
Als Baruch kam, sagten sie zu ihm: „Setz dich hin und lies vor!“
Und Baruch las ihnen vor.
Als sie das alles hörten, waren sie sehr erschrocken und sahen sich an.
Sie sagten zu Baruch: „Das müssen wir unbedingt dem König melden, alle diese Worte!“
Aber sie fragten Baruch erst noch: „Sag uns, wie hast du denn alle diese Worte aufgeschrieben?“
Baruch antwortete ihnen: „Jeremia hat mir alles Wort für Wort vorgesprochen und ich schrieb es mit Tinte in die Papierrolle.“
Da sagten die Minister zu Baruch: „Geh wieder zurück!
Versteckt euch, du und Jeremia. Niemand darf wissen, wo ihr seid!“

(Jeremia 36)

Der König wirft das Wort Gottes ins Feuer

Die Minister des Königs legten die Rolle in das Amtszimmer des Staatsschreibers Elisama und gingen in den Palasthof zum König Jojakim.
Sie berichteten alles dem König.
Da schickte der König den Schreiber Jehudi hin, dass er die Rolle holt.
Jehudi brachte die Rolle und las dem König alle Worte des Herrn vor.
Und alle seine Minister standen um den König herum.
Der König saß gerade in seinem Winterhaus und vor ihm stand ein Becken mit glühenden Kohlen.
Und immer wenn Jehudi drei oder vier Spalten aus der Schriftrolle vorgelesen hatte, schnitt der König sie mit einem scharfen Messer ab. Und er warf das abgeschnittene Stück auf die glühenden Kohlen.
So machte er es, bis die ganze Rolle im Feuer verbrannt war.
Aber niemand war erschrocken und zerriss seine Kleider, der König nicht und die Minister auch nicht.

Und sie hatten doch alle diese Worte des Herrn gehört.
Nur Gemarja und zwei andere sagten zum König: „Wirf die Rolle nicht ins Feuer!"
Aber er hörte nicht auf sie.
Dann befahl der König seinen Dienern, dass sie den Schreiber Baruch und den Propheten Jeremia gefangen nehmen.
Aber der Herr sorgte dafür, dass keiner sie fand.
Als nun König Jojakim die Schriftrolle mit den Worten des Herrn verbrannt hatte, da sprach der Herr zu Jeremia: „Nimm dir eine neue Papierrolle!
Schreib darauf dieselben Worte, die in der anderen Rolle standen, die König Jojakim verbrannt hat.
Und über Jojakim, den König von Juda, schreibst du: ‚So spricht der Herr:
Du hast diese Rolle verbrannt und hast gesagt: Der König von Babylonien kommt ganz bestimmt nicht!
Darum spricht der Herr über Jojakim, den König von Juda:
Keiner von Jojakims Söhnen kommt auf Davids Thron.
Und wenn Jojakim gestorben ist, werfen sie ihn hinaus aufs Feld.
Dort liegt er am Tag in der Hitze und in der Nacht in der Kälte, und niemand begräbt ihn.
Ich bestrafe ihn und seine Nachkommen und seine Diener für ihre Schuld.
Ich bringe all das Unheil, das ich ihnen angedroht habe, über sie und über die Menschen in Jerusalem und über die Menschen in Juda.
Denn keiner von ihnen wollte auf mich hören.'"
Da nahm der Prophet Jeremia eine neue Papierrolle und gab sie seinem Schreiber Baruch.
Und Baruch schrieb darauf alle Worte des Herrn, alles, was in der ersten Rolle stand, die der König verbrannt hatte.
Jeremia diktierte ihm alles ganz genau noch einmal. (Jeremia 36)

Gott warnt Jerusalem zum letzten Mal

Und es geschah, wie Gott es durch Jeremia angekündigt hatte:
Nebukadnezar, der König von Babylonien, zog mit seinen vielen tausend Kriegern vor Jerusalem.
Sie umstellten die ganze Stadt, keiner konnte mehr herauskommen.
Der König von Juda verlor allen Mut.
Er öffnete die Tore und ließ sich von Nebukadnezar gefangen nehmen.
Nebukadnezar führte ihn weit weg in seine Stadt Babel.
Auch die Krieger aus Jerusalem und die Handwerker nahm er mit, dazu die goldenen Geräte aus dem Tempel und die Schätze aus dem Königspalast.
Aber die Stadt und den Tempel zerstörte er nicht.
Gott wollte Jerusalem noch ein letztes Mal warnen.
Der König, den Nebukadnezar mitnahm, war nicht Jojakim. Es war sein Sohn Jojachin. Denn Jojakim war gestorben, wie Jeremia es gesagt hatte.

Jojachin war erst achtzehn Jahre alt, als er König wurde. Und nur drei Monate lang war er König in Jerusalem.
Nebukadnezar setzte einen neuen König ein: Mattanja, den Onkel von Jojachin und Bruder von Jojakim.
Und er gab ihm den Namen Zedekia.
Zedekia musste dem König von Babylonien Treue schwören und ihm jedes Jahr viel Geld als Tribut zahlen.

(2. KÖNIGE 24)

Jeremia muss ein Joch tragen

Die Leute, die in Jerusalem zurückgeblieben waren, nahmen sich das alles nicht zu Herzen.
Die falschen Propheten sagten zu ihnen: „Jojachin bleibt unser richtiger König. Bald kommt er wieder zurück. Und mit ihm kommen alle anderen wieder, die Nebukadnezar weggeführt hat."
Und die Ratgeber des Königs Zedekia sagten zu ihm: „Nebukadnezar ist weit weg in Babel. Warum willst du ihm Tribut zahlen? Er kann dir nichts tun."
Auch den Nachbarländern ging es wie Jerusalem und Juda: Sie mussten dem König von Babylonien Tribut zahlen.
Da taten sie sich alle zusammen und wollten von Nebukadnezar abfallen.
Die Könige von Edom, von Moab, von Ammon, von Tyrus und von Sidon schickten ihre Botschafter zu König Zedekia nach Jerusalem.
Sie wollten miteinander ein Bündnis gegen König Nebukadnezar machen.

Da hörte Jeremia die Stimme Gottes, der zu ihm sprach:
„Mach dir ein Joch, ein Joch aus Holz, so wie man es den Zugtieren auf den Nacken legt.
Bücke dich und leg dir das Joch hinten auf den Nacken und geh so herum.
Und dann schickst du eine Nachricht an den König von Edom und an den König von Moab, an den König von Ammon, an den König von Tyrus und an den König von Sidon.
Die Nachricht gibst du ihren Botschaftern mit, die gerade zu Zedekia gekommen sind.
Sag ihnen, was sie ihren Königen melden sollen: ‚So spricht der Gott Israels, der Herr der ganzen Welt:
Ich habe die Erde geschaffen und die Menschen und die Tiere auf der Erde. Mit meiner großen Kraft und mit meinem ausgestreckten Arm habe ich es getan.
Und ich gebe die Erde, wem ich will.
Jetzt habe ich alle diese Länder meinem Diener Nebukadnezar, dem König von Babylonien, in die Hand gegeben.
Alle Völker sollen ihm dienen, ihm und seinem Sohn und seinem Enkelsohn, so lange, bis auch für sein Land die Zeit kommt, wo es anderen Völkern und ihren Königen dienen muss.
Und es kommt so: Wenn ein Volk oder ein Königreich dem König Nebukadnezar nicht gehorchen will und seinen Nacken nicht unter das Joch des Königs von Babylonien beugen will, dann bringe ich über dieses Volk Krieg und Hunger und Seuchen.

Und keiner wird sich vor Nebukadnezar retten.
So spricht der Herr!
Hört ja nicht auf eure Propheten und Wahrsager und Träumer und Zeichendeuter und Zauberer.
Die sagen zu euch: ‚Ihr braucht dem König von Babylonien nicht zu dienen!'
Sie lügen, wenn sie euch das versprechen.
Sie bringen es nur dazu, dass ihr aus eurem Land fortmüsst.
Ich selbst vertreibe euch. Ich helfe euch nicht!
Aber ein Volk, das seinen Nacken unter das Joch des Königs von Babylonien beugt und ihm dient, das lasse ich in seinem Land.
Es darf darin wohnen und darf säen und ernten.
So spricht der Herr!'" (JEREMIA 27)

Das zerbrochene Joch

Dasselbe sagte Jeremia auch zu König Zedekia und zu den Priestern und zum ganzen Volk.
Aber der Prophet Hananja aus Gibeon sagte zu Jeremia im Tempel des Herrn, und alle Priester und das ganze Volk hörten es: „So spricht der Herr des Himmels und der Erde, der Gott Israels:
‚Ich zerbreche das Joch des Königs von Babylonien!
Es dauert keine zwei Jahre, dann bringe ich alle Geräte aus dem Haus des Herrn zurück an diesen Ort, alle Geräte, die Nebukadnezar, der König von Babylonien, weggenommen hat und nach Babel gebracht hat.
Und Jojachin, den König von Juda, und alle Gefangenen von Juda, die nach Baby-

lonien gekommen sind, die bringe ich auch zurück an diesen Ort.
Denn ich zerbreche das Joch des Königs von Babylonien.‘
So spricht der Herr!“
Und der Prophet Hananja nahm das Joch vom Nacken des Propheten Jeremia und zerbrach es in Stücke.
Dabei sagte er zu dem ganzen Volk: „So spricht der Herr:
‚Genauso nehme ich in zwei Jahren das Joch des Königs Nebukadnezar vom Nacken aller Völker und zerbreche es in Stücke.‘“
Da ging der Prophet Jeremia weg von diesem Ort.
Aber er hörte, wie der Herr zu ihm sprach:
„Geh wieder hin und sprich zu Hananja:
‚So spricht der Herr:
Du hast ein Joch aus Holz zerbrochen.
Dafür bekommt ihr jetzt ein Joch aus Eisen.
Denn so spricht der Herr des Himmels und der Erde, der Gott Israels:
Ich lege ein Joch aus Eisen auf den Nacken all dieser Völker.
Sie alle sollen Nebukadnezar, dem König von Babylonien, dienen.“
Jeremia ging hin und sagte das dem Propheten Hananja. Und auch das sagte er noch zu ihm: „Hör gut zu!
Der Herr hat dich nicht geschickt.
Du hast dieses Volk betrogen, du erzählst ihm Lügen.
Darum spricht der Herr zu dir: ‚Siehe, ich nehme dich weg von der Erde.
Du stirbst noch in diesem Jahr.
Denn du bist schuld daran, dass die Menschen hier nicht auf mich, den Herrn, hören!‘“
Und der Prophet Hananja starb zwei Monate später in demselben Jahr.

(Jeremia 28)

Jeremia schreibt einen Brief nach Babylonien

Der Prophet Jeremia schrieb einen Brief an die Gefangenen in Babylonien.
Er schrieb den Brief an die Ältesten und die Priester und die Propheten und an alle anderen, die Nebukadnezar von Jerusalem weggeführt hatte.
Und er gab den Brief zwei Männern mit, die gerade nach Babel gingen.
König Zedekia schickte sie zum König Nebukadnezar.
Jeremia schrieb:
„So spricht der Herr des Himmels und der Erde, der Gott Israels, zu allen Gefangenen, die von Jerusalem nach Babylonien weggeführt sind:
‚Baut euch Häuser und wohnt darin.
Pflanzt Gärten und esst ihre Früchte.
Heiratet, damit ihr Söhne und Töchter bekommt.
Lasst eure Söhne heiraten und verheiratet eure Töchter, damit sie wieder Söhne und Töchter bekommen.
Vermehrt euch da drüben.
Seht zu, dass ihr nicht weniger werdet!
Sucht nur das Gute für das Land, in das ich euch weggeführt habe, und betet für es zum Herrn.
Denn wenn es dem Land gut geht, dann geht es euch auch gut!‘

So spricht der Herr des Himmels und der Erde, der Gott Israels:
‚Lasst euch ja nicht belügen von den Propheten, die bei euch sind.
Lasst euch nicht betrügen von euren Wahrsagern!
Hört nicht auf diese Leute, die schöne Träume für euch träumen!
Sie weissagen euch das Falsche und berufen sich dafür auf mich.
Aber ich habe sie nicht geschickt, spricht der Herr.‘
Denn so spricht der Herr: ‚Ich gebe Babel noch siebzig Jahre Zeit.
Wenn die um sind, dann komme ich zu euch und helfe euch.
Dann erfülle ich mein Wort, das ich zu euch gesprochen habe. Ich bringe euch zurück in euer Land.
Denn ich weiß genau, was ich für Gedanken habe über euch:
Gedanken des Friedens und der Liebe und nicht Gedanken des Leides.
Ich gebe euch neue Hoffnung und eine neue Zukunft, spricht der Herr.
Dann wird es so sein: Wenn ihr mich ruft, dann antworte ich euch.
Wenn ihr zu mir betet, dann höre ich euch.
Und wenn ihr mich sucht, dann findet ihr mich.
Wenn ihr mich von ganzem Herzen sucht, dann lasse ich mich finden von euch, spricht der Herr.‘“ (Jeremia 29)

Jeremia kommt in Lebensgefahr

Es geschah alles so, wie Jeremia es gesagt hatte.
Nebukadnezar kam mit seinem ganzen großen Heer und belagerte Jerusalem.
Niemand konnte aus der Stadt heraus und niemand in die Stadt hinein.

Jeremia sprach zu den Kriegsleuten des Königs Zedekia und zu allen Leuten in der Stadt: „So spricht der Herr:
‚Wer in dieser Stadt bleibt, stirbt durch das Schwert, durch Hunger oder durch die Pest.
Aber wer hinausgeht zu den Babyloniern, der bleibt am Leben.‘
Denn so spricht der Herr: ‚Diese Stadt fällt in die Hand der Babylonier.
Der König von Babel erobert sie mit seinen Soldaten.‘“
Die Beamten des Königs hörten das und sagten zu Zedekia: „Lass diesen Mann töten! Er darf nicht weiterreden.
Der nimmt ja unseren Kriegsleuten den letzten Mut und dem ganzen Volk in der Stadt auch.
Der will nicht unser Bestes. Der will unser Unglück!“
Da sprach König Zedekia: „Nehmt ihn, er ist in eurer Hand. Ich kann ihn nicht retten vor euch.“
So nahmen sie Jeremia und schleppten ihn zu einem tiefen Loch, in dem man Regenwasser sammelte.
Sie banden ihm Stricke um den Körper und ließen ihn hinunter.

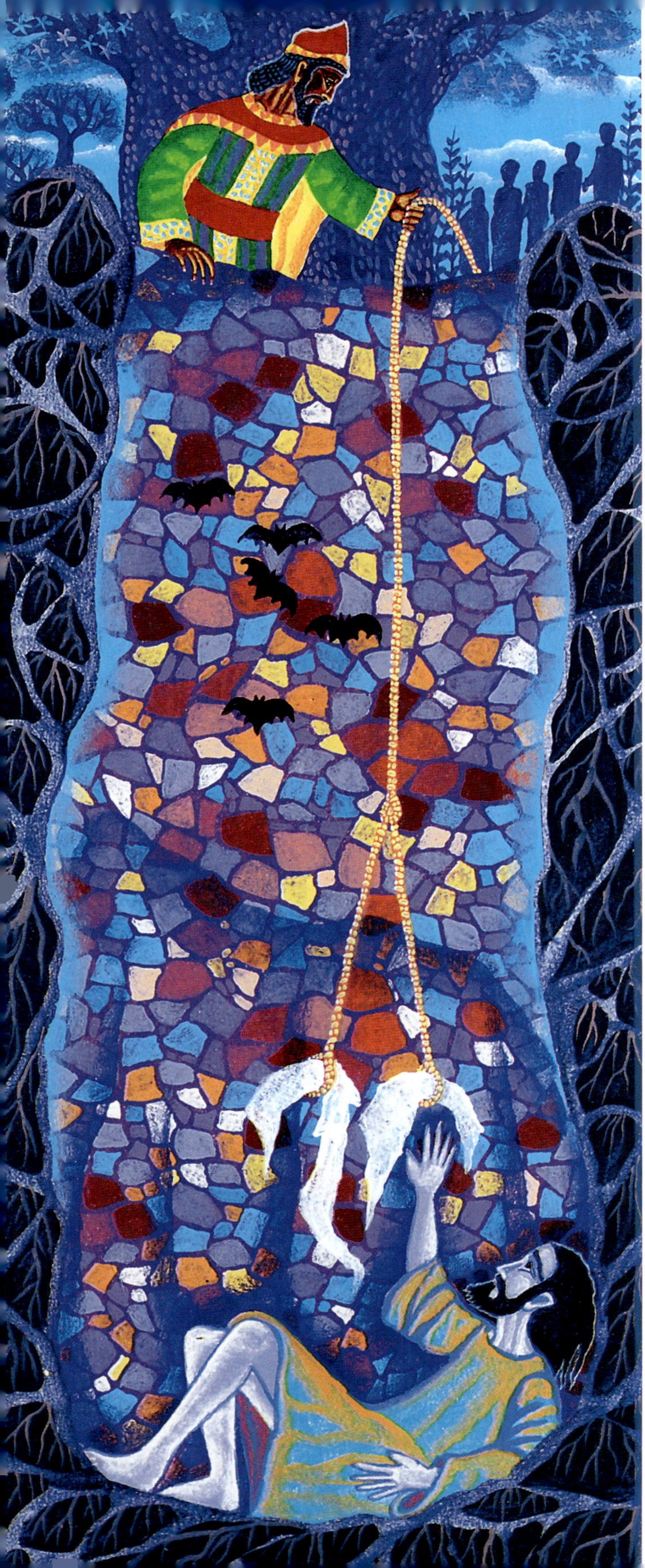

Es war gerade kein Wasser darin.
Aber unten war alles voll Schlamm und Jeremia sank immer tiefer ein.
Es war aber ein Diener aus Äthiopien im Königspalast, der hieß Ebed-Melech.
Als er hörte, dass sie Jeremia in das Wasserloch geworfen hatten, ging er zum König.
Und er sagte zu ihm: „Mein Herr und König, sie haben den Propheten Jeremia in das Schlammloch geworfen.
Er hat nichts zu essen. Wenn er da unten bleibt, muss er sterben."
Da sprach der König zu ihm: „Nimm dir genug Männer von hier mit und hol den Propheten wieder aus dem Loch heraus, bevor er stirbt."
Ebed-Melech rief die Männer zusammen und holte aus der Vorratskammer weiche Tücher.
Er ließ die Tücher an einem Seil zu Jeremia hinunter.
Und er rief ihm zu: „Nimm diese Tücher und leg sie unter deine Arme und dann leg das Seil darum.
Wir ziehen dich heraus!"
Und sie zogen den Propheten langsam mit dem Seil hoch und holten ihn so aus dem Wasserloch heraus.
Jeremia durfte jetzt im Hof des Königspalastes bleiben. (Jeremia 38)

Der König wird zum letzten Mal gewarnt

König Zedekia schickte einen Boten zum Propheten Jeremia und ließ ihn heimlich zu sich rufen.

Er fragte Jeremia: „Hat Gott dir etwas für mich gesagt? Sei ganz ehrlich!“
Da sprach Jeremia zu Zedekia: „Wenn ich dir die Wahrheit sage, dann tötest du mich.
Und wenn ich dir einen Rat gebe, dann hörst du doch nicht auf mich.“
Da schwor der König einen Eid vor Jeremia und sagte: „So gewiss der Herr lebt, ich töte dich nicht.
Und ich gebe dich nicht in die Hände der Männer, die dich töten wollen.“
Da sagte Jeremia zu Zedekia: „So spricht der Herr:
‚Wenn du zu den Heerführern des Königs von Babylonien hinausgehst, bleibst du am Leben und diese Stadt wird nicht mit Feuer verbrannt.
Aber wenn du nicht hinausgehst zu ihnen, dann gebe ich diese Stadt in die Hand der Babylonier, dass sie verbrannt wird.
Und du, du kannst dich auch nicht vor ihnen retten.“
Da sagte Zedekia zu Jeremia: „Niemand darf etwas hören von diesem Gespräch, sonst musst du sterben.
Wenn die Beamten kommen und dich fragen, dann sagst du: ‚Ich habe den König gebeten, dass ich im Hof des Königspalastes bleiben darf.‘"
Und Jeremia blieb im Hof des Königspalastes bis zu dem Tag, an dem die Babylonier in die Stadt kamen und Jerusalem besetzten. (Jeremia 38)

Es kommt das Ende für Jerusalem

Ein Jahr und noch ein halbes Jahr lagen die Babylonier vor Jerusalem.
Zuletzt gab es nichts mehr zu essen in der Stadt.
Gerade da schlugen die Babylonier ein großes Loch in die Mauer der Stadt.
Als König Zedekia das sah, floh er in der Nacht durch ein kleines Tor in der Stadtmauer und seine Kriegsleute mit ihm.
Er nahm den Weg durch die Wüste hinunter an den Jordan.
Aber die babylonischen Soldaten holten ihn bei Jericho ein, nahmen ihn gefangen und brachten ihn zum König Nebukadnezar in sein Hauptquartier.
König Nebukadnezar setzte sich auf seinen Richterstuhl und sprach das Urteil über Zedekia.
Alle seine Söhne wurden getötet und ihm selbst wurden beide Augen ausgestochen.
Dann brachte man Zedekia in Ketten gebunden nach Babel.
Dort musste er im Gefängnis bleiben, bis er starb.
Und alle, die noch in Jerusalem wohnten, Handwerker, königliche Beamte und Priester, die nahm Nebukadnezar gefangen und führte sie weg nach Babylonien.
Nur die Bauern und die armen Leute ließ er im Land zurück.
Sie sollten auf den Feldern und in den Weinbergen arbeiten, damit nicht das ganze Land verwildert.
Und alle Geräte, die noch im Tempel des Herrn waren, goldene und silberne Töpfe

und Schalen, die goldenen Leuchter, das große kupferne Wasserbecken und die kupfernen Wasserbecken und die kupfernen Säulen, die der König Salomo aufgestellt hatte, das alles wurde mitgenommen nach Babel.
So wurden die Israeliten weggeführt aus ihrem Land.
Und die Soldaten der Babylonier verbrannten ganz Jerusalem mit Feuer: den Tempel des Herrn, den Palast des Königs und alle Häuser in der Stadt.
Und sie zerstörten die ganze Stadtmauer ringsherum. (Jeremia 52)

Was mit Jeremia geschah

König Nebukadnezar hatte von Jeremia gehört. Er wusste, was der Prophet den Leuten in der Stadt sagte.
Deshalb wollte er Jeremia schützen, damit seine Soldaten ihm nichts tun.

König Nebukadnezar gab dem Hauptmann seiner Leibwache den Befehl: „Nimm Jeremia in deinen Schutz und pass auf, dass ihm nichts passiert!
Er darf alles tun, was er will."
Das hatte Nebukadnezar schon früher gesagt, als Jerusalem noch nicht von den Babyloniern erobert war.
Als nun die babylonischen Soldaten in die Stadt hineinstürmten, da schickte der Hauptmann der Leibwache seine Leute hin und ließ Jeremia aus dem Hof des Königspalastes holen.
Jeremia durfte in seine Heimatstadt gehen, zwei Stunden von Jerusalem.
Aber später entdeckte der Hauptmann den Propheten Jeremia bei den Gefangenen, die in Ketten gebunden waren und nach Babylonien gebracht werden sollten.
Er nahm Jeremia die Ketten ab und fragte ihn: „Willst du mit mir nach Babel kommen oder willst du lieber in deinem Land bleiben?
Ich sehe, du bleibst lieber bei deinem Volk. Dann geh doch zu dem Statthalter, den der König von Babylonien eingesetzt hat in diesem Land!"
So blieb Jeremia im Land Juda.
Der Hauptmann der Leibwache ließ ihn gehen und gab ihm zu essen und zu trinken mit und dazu noch Geschenke.

Was geschah weiter mit Jeremia?
Er wurde nach Ägypten weggeschleppt und kam nicht mehr zurück.
Es waren Leute von Juda, die ihn nach Ägypten mitschleppten. Sie hatten Angst vor den Babyloniern und wollten nicht in Juda bleiben.
Jeremia sagte zu ihnen: „Bleibt doch hier im Land, dann wird es euch gut gehen!"
Aber sie hörten nicht auf ihn, so wie sie schon früher nicht auf ihn hörten. Sie nahmen ihn mit Gewalt nach Ägypten mit. Wir wissen nicht, was aus ihm geworden ist. (Aus Jeremia 39–43)

Sie blieben ihrem Glauben treu

Nebukadnezar stellt ein Götzenbild auf

Die Juden, die König Nebukadnezar nach Babylonien weggeführt hatte, lebten dort nicht im Gefängnis.
Sie hatten eigene Dörfer und bekamen Ackerland und Arbeit.

Aus den vornehmsten Familien holte sich König Nebukadnezar junge Männer an seinen Königshof nach Babel.
Sie lernten in der Schule des Königs die babylonische Sprache und alles andere, was man für den Dienst beim König wissen musste.
Unter ihnen waren drei Freunde: Hananja, Mischaël und Asarja.
Sie bekamen babylonische Namen und hießen von jetzt an Schadrach, Meschach und Abed-Nego.
Nach drei Jahren Schule wurden alle zum König gebracht und er stellte ihnen schwierige Fragen.
Da zeigte es sich: Die drei Freunde waren die Besten von allen.
Und der König setzte sie über das Land Babel, das lag in der Mitte seines Reiches, rings um die Hauptstadt Babel.
Nach einiger Zeit gab König Nebukadnezar den Befehl:
„Es soll ein großes Standbild gemacht werden, ein Bild von meinem Gott, ganz mit Gold überzogen.
Das Bild soll in der Ebene bei der Stadt Babel aufgestellt werden!“
Das Standbild wurde dreißig Meter hoch und drei Meter breit.
Als es fertig war, rief König Nebukadnezar alle hohen Beamten zusammen aus seinem ganzen Reich.
Und Nebukadnezar ließ sie antreten vor dem goldenen Standbild, das er aufgestellt hatte.
Dann trat sein Ausrufer vor und rief mit lauter Stimme: „Ihr Männer aus allen Völkern, über die König Nebukadnezar regiert!
Gleich beginnt die Musik! Die vielen Trompeten, Flöten, Pfeifen, Gitarren und alle anderen Instrumente spielen alle auf einmal ganz laut.
Wenn ihr das hört, dann werft ihr euch auf die Erde und betet das goldene Bild an, das der König aufgestellt hat.
Wer nicht niederfällt und das Bild anbetet, der wird heute noch in den glühenden Feuerofen geworfen.“
Die Musik setzte ein und alle warfen sich auf die Erde und beteten das goldene Götterbild an, alle die hohen Beamten im ganzen Reich des Königs Nebukadnezar.
Nur die drei Freunde aus Jerusalem, die taten es nicht. (Daniel 1 und 3)

Die drei Männer im Feuerofen

Da gingen einige babylonische Männer zum König Nebukadnezar und zeigten die Juden an.
Sie sagten: „O König, lebe ewig!
Du hast befohlen: ‚Alle Menschen fallen nieder und beten mein Bild an, wenn die Musik ertönt.
Wer das Bild nicht anbetet, kommt in den großen Feuerofen!‘
Nun sind da diese jüdischen Männer, Schadrach, Meschach und Abed-Nego.
Sie hören nicht auf deinen Befehl!
Sie ehren deinen Gott nicht und beten das goldene Bild nicht an, das du aufgestellt hast.“
Da wurde Nebukadnezar wütend und befahl, dass man die drei zu ihm bringt.
Und er sprach zu ihnen: „Was denkt ihr euch eigentlich?
Ihr wollt meinen Gott nicht ehren und das goldene Bild nicht anbeten, das ich aufgestellt habe?
Ich warne euch!
Wenn ihr die Musik hört, fallt ihr nieder und betet das Bild an!
Wenn ihr es nicht anbetet, kommt ihr sofort in den Feuerofen!
Dann möchte ich sehen, welcher Gott euch dann noch retten kann aus meiner Hand!“
Da sprachen Schadrach, Meschach und Abed-Nego zum König Nebukadnezar: „Wir haben es nicht nötig, dir darauf zu antworten.
Wir haben einen Gott, dem wir dienen.
Wenn er will, kann er uns erretten aus dem glühenden Ofen und aus deiner Hand, o König!
Und wenn er das nicht tut, dann sollst du trotzdem wissen: Wir ehren deinen Gott nicht!
Wir beten das goldene Bild nicht an, das du aufgestellt hast.“
Da wurde Nebukadnezar ganz böse und sein Gesicht verzerrte sich vor Wut.
Er befahl: „Macht den großen Ofen heiß, siebenmal so heiß wie sonst!“

Dann rief er die Wache: „Nehmt diese Männer fest, fesselt ihre Arme und Beine mit Ketten und werft sie in den glühenden Feuerofen!“
Da kamen die Wachen des Königs, fesselten Schadrach, Meschach und Abed-Nego und brachten sie zum glühenden Ofen.
Der Ofen war oben offen und die Flammen schlugen heraus.
Die Wachen schleppten die drei gefesselten Männer hinauf und warfen sie in den Ofen hinein, in ihren Mänteln und Mützen und Hosen, mit allem, was sie anhatten.
Das Feuer war so heiß, dass es die Wachen verbrannte und sie tötete.
Aber Schadrach, Meschach und Abed-Nego fielen hinunter in die Feuersglut mit gefesselten Armen und Beinen.

(Daniel 3)

Gott schickt seinen Engel

König Nebukadnezar saß auf seinem hohen Thron und konnte in den Ofen hineinsehen.

Auf einmal bekam der König einen großen Schreck.
Er sprang auf und sprach zu seinen Ministern: „Was sehe ich da?
Haben wir nicht drei Männer gefesselt und ins Feuer geworfen?“
Sie antworteten: „Ja, o König, es waren genau drei.“
Da rief der König: „Ich sehe aber vier!
Die gehen umher, mitten im Feuer.
Sie haben keine Ketten mehr. Und sie brennen nicht.
Und der vierte sieht aus wie ein Engel Gottes!“
Nebukadnezar ging zur Tür des Ofens und rief hinein: „Schadrach, Meschach und Abed-Nego, ihr Diener des höchsten Gottes, kommt schnell heraus!“
Da kamen sie heraus aus dem Ofen.
Die höchsten Beamten des Königs kamen herbei und sahen: Das Feuer hat die Männer nicht verbrannt.
Ihre Haare sind nicht versengt, ihre Mäntel sind nicht angeschmort.
Sie riechen nicht einmal nach Feuer.
Da rief Nebukadnezar: „Gelobt sei der Gott von Schadrach, Meschach und Abed-Nego!
Er hat seinen Engel geschickt und hat seine Diener gerettet.
Sie haben ihrem Gott vertraut und haben meinen Befehl nicht befolgt.
Denn sie wollten keinen anderen Gott verehren und anbeten. Sie haben lieber ihr Leben hergegeben.
Nun hört, was ich allen Völkern in meinem ganzen Reich befehle:
‚Niemand darf schlecht reden über den Gott von Schadrach, Meschach und Abed-Nego!
Wer ihren Gott lästert, der wird in Stücke gehauen. Und sein Haus wird zu einem Steinhaufen gemacht.‘
Denn es gibt keinen anderen Gott, der so retten kann wie dieser Gott!“
Und der König gab den drei Freunden noch höhere Stellungen im Land Babel, als sie vorher hatten. (Daniel 3)

Böse Menschen stellen Daniel eine Falle

Schadrach, Meschach und Abed-Nego hatten einen Freund, der hieß Daniel.
Er war mit ihnen auf die Schule am Königshof gegangen.
Er war noch klüger als die anderen.
Deshalb ließ König Nebukadnezar ihn nicht weg. Er behielt ihn als Ratgeber an seinem Königshof in Babel.
Daniel blieb auch später am Königshof, als König Nebukadnezar starb.
Er diente sogar noch dem zweiten Nachfolger von Nebukadnezar. Das war König Darius aus Medien.

Der König Darius setzte hundertzwanzig Statthalter über das ganze große Königreich.
Und er setzte drei Ober-Statthalter über die hundertzwanzig Statthalter.
Die sollten aufpassen auf die Statthalter, damit der König es nicht tun muss.
Daniel war einer von den drei Ober-Statthaltern.
Er war klüger und tüchtiger als die beiden anderen Ober-Statthalter.
Darum dachte der König bei sich: ‚Ich mache Daniel zum Obersten über das ganze Königreich.'
Aber die beiden anderen Ober-Statthalter und alle anderen Statthalter merkten, was der König vorhatte.
Sie waren neidisch auf Daniel und sagten zueinander: „Wir müssen etwas finden, was Daniel getan hat, etwas Böses, was gegen den König ist.
Dann können wir ihn beim König anzeigen."
Aber sie fanden nichts bei Daniel.
Sie konnten ihm nichts vorwerfen, denn er war ehrlich und treu und machte nichts verkehrt und tat nichts Böses.
Da sagten sie zueinander: „Wir finden nichts bei ihm.
Aber er betet doch zu seinem Gott!
Da können wir ihn treffen!"
So gingen sie alle zusammen zum König und sprachen zu ihm: „König Darius, lebe ewig!
Wir und alle hohen Beamten in deinem Reich haben einen Vorschlag.
Der König gibt einen Befehl heraus an alle Menschen in seinem Reich.
Und das ist der Befehl:
Wer in den nächsten dreißig Tagen ein Gebet oder eine Bitte ausspricht an irgendeinen Gott oder an irgendeinen Menschen außer an dich, o König, der wird zu den Löwen hinuntergeworfen in die Löwengrube.
Schreib den Befehl auf, o König, und mach ihn zu einem Gesetz der Meder und Perser.
Ein solches Gesetz gilt ewig und niemand kann es wieder ändern!"
Da ließ König Darius den Befehl aufschreiben und machte daraus ein Gesetz der Meder und Perser, das nicht geändert werden kann. (Daniel 6)

Daniel in der Löwengrube

Die anderen Statthalter legten sich auf die Lauer und passten genau auf, was Daniel tat.
Daniel hatte in seinem Haus im oberen Stockwerk offene Fenster. Die zeigten in Richtung Jerusalem.
Und Daniel ging jeden Tag dreimal nach oben, kniete am Fenster nieder und betete zu seinem Gott.
Als Daniel von dem Befehl des Königs hörte, machte er es wie immer: Er ging zur gleichen Zeit wie sonst nach oben und betete zu seinem Gott.
Das sahen die anderen Statthalter. Sie sahen Daniel auf dem Boden knien und hörten ihn zu seinem Gott beten.
Da gingen sie zum König und sagten zu ihm: „O König, du hast doch ein Gesetz gemacht und geschrieben:
‚Jeder kommt in die Grube zu den Löwen, der irgendeinen Gott oder Menschen um etwas bittet und nicht mich.'"
Der König antwortete: „Das ist wahr.
Und es ist ein Gesetz der Meder und Perser, das niemand ändern kann."
Da sagten die Statthalter zu ihm: „Aber Daniel, einer von den Leuten aus Juda, der gehorcht dir nicht.
Er übertritt dein Gesetz und betet jeden Tag dreimal zu seinem Gott."
Als der König das hörte, wurde er sehr traurig.
Er dachte den ganzen Tag darüber nach, wie er Daniel retten könnte.

Aber am Abend kamen die Statthalter wieder und sagten zu ihm: „Du weißt doch, o König, ein Gesetz der Meder und Perser kann nicht geändert werden!"
Da ließ der König Daniel herbringen und zu den Löwen in die Grube werfen.
Der König rief hinter Daniel her: „Dein Gott, dem du so treu dienst, der möge dir jetzt helfen und dich erretten!"
Und die Diener des Königs legten einen schweren Stein oben auf die Öffnung der Grube.
Dann ging der König in seinen Palast.
Er aß nichts und trank nichts.
Und er konnte auch nicht schlafen die ganze Nacht.
Am Morgen, als eben die Sonne aufging, stand der König schnell auf und lief hin zur Löwengrube.
Schon von weitem rief er voller Angst: „Daniel, Daniel!"
Und als er da war, sagte er: „Daniel, du Diener des lebendigen Gottes!
Hat dich dein Gott gerettet vor den Löwen? Dein Gott, dem du so treu dienst! Hat er dich retten können?"
Da antwortete ihm Daniel: „O König, lebe ewig!
Mein Gott hat mir seinen Engel geschickt und der hat den Löwen den Rachen zugehalten.
Da konnten sie mir nichts tun.
Denn ich habe nichts Böses getan vor Gott.
Ich habe auch nichts Böses getan gegen dich, mein König."
Als der König das hörte, freute er sich sehr.
Er befahl seinen Leuten, dass sie Daniel herausholen aus der Löwengrube.
Sie zogen ihn heraus und da zeigte sich: Es war ihm nichts geschehen!
Er hatte keine Wunde, nicht einmal eine Schramme.
Denn er hatte seinem Gott vertraut.
Dann ließ der König die Männer holen, die Daniel angezeigt hatten.
Er ließ sie zu den Löwen hinunterwerfen.
Und die Löwen packten sie, ehe sie unten waren.
Sie fraßen sie auf und zerbissen alle ihre Knochen.
Dann schrieb König Darius einen Brief an alle Menschen in seinem Königreich, in allen ihren Sprachen.
Er schrieb: „Frieden und Glück für euch alle!
Dies ist mein Befehl: Alle Menschen in meinem ganzen Königreich sollen zittern vor dem Gott Daniels und ihn verehren.
Denn er ist der lebendige Gott.
Er bleibt ewig, und sein Reich ist ohne Ende, und seine Herrschaft hört niemals auf.
Er hilft in der Not.
Er rettet Menschen und Völker.
Seine Macht kann man sehen am Himmel und auf der Erde.
Er ist es, der Daniel gerettet hat aus dem Rachen der Löwen!"
Und alle Menschen ehrten Daniel im ganzen Reich des Königs Darius.

(Daniel 6)

Ein neuer Anfang nach dem Untergang

Gott macht das tote Volk wieder lebendig

Jeremia hatte die Israeliten in Babylonien gewarnt vor den falschen Propheten.
Aber Gott schickte den Israeliten in Babylonien auch richtige Propheten.
Einer von ihnen war Hesekiël.
Hesekiël erlebte einmal etwas ganz Besonderes.
Und so erzählte er es den Israeliten in Babylonien:

Die Hand des Herrn kam über mich.
Er führte mich im Geist hinaus und brachte mich mitten auf ein weites Feld.
Das lag ganz voll Knochen von toten Menschen.
Er führte mich überall herum, an den Knochen vorbei. Es waren sehr, sehr viele über das ganze weite Feld hin.
Und siehe, sie waren ganz trocken und hart!
Da sprach er zu mir: „Menschensohn, können diese Knochen wieder lebendige Menschen werden?"
Ich sagte: „O Herr, mein Gott, das weißt nur du allein!"
Und er sagte zu mir: „Sprich über diesen Knochen, was ich dir jetzt sage!
Sprich: ‚Ihr trockenen Menschenknochen, hört das Wort des Herrn!
So spricht Gott der Herr:
Siehe, ich bringe den Lebensgeist in euch hinein, dass ihr lebendig werdet.
Ich gebe euch Sehnen und lasse Fleisch über euch wachsen und ziehe Haut über euch.
Und ich gebe euch den Lebensgeist, den Atem des Lebens, damit ihr wieder lebendig seid.
Daran seht ihr: Ich bin der Herr.'"
Ich sagte den vertrockneten Knochen das Wort des Herrn, wie er es zu mir gesprochen hatte.
Und siehe, da knackte und rauschte es: Die Knochen gingen zusammen, so wie sie zusammengehörten.
Und ich sah, wie Sehnen darauf kamen und wie Fleisch darüber wuchs und zuletzt die Haut außen herum.
Nur der Lebensgeist, der war noch nicht in ihnen.
Da sprach der Herr zu mir: „Nun, Menschensohn, sag dem Lebensgeist, was ich dir jetzt auftrage.
Sag zu ihm: ‚So spricht Gott der Herr!
Du Atem des Lebens, komm nun her von allen Seiten und blase hinein in diese toten Menschen, dass sie wieder lebendig werden.'"
Da sagte ich dem Lebensgeist das Wort des Herrn, wie er es zu mir gesprochen hatte.

Und siehe, es kam der Lebensgeist in die toten Menschen hinein!
Sie wurden lebendig, fingen an zu atmen und stellten sich auf ihre Füße, eine ganz, ganz große Menge Menschen.
Und Gott sprach zu mir: „Menschensohn, diese Knochen sind das Volk Israel.
Sie sagen jetzt alle: ‚Unsere Knochen sind ausgetrocknet, unsere Hoffnung ist gestorben, es ist aus mit uns.'
Darum bring ihnen mein Wort!
Sag zu ihnen: ‚So spricht Gott der Herr: Siehe, ich mache eure Gräber auf und hole euch heraus aus den Gräbern.
Und ich bringe euch in das Land Israel, euch, mein Volk.
Daran seht ihr: Ich bin der Herr!
Ich öffne eure Gräber und hole euch heraus aus den Gräbern, mein ganzes Volk.
Ich gebe meinen Lebensatem in euch hinein, dass ihr wieder lebt.
Und ich bringe euch zurück in euer Land. Daran seht ihr: Ich bin der Herr!
Ich sage es und ich tue es auch.
Und ich gebe euch ein neues Herz.
Ich gebe einen neuen Geist in euch hinein.
Ich nehme das Herz aus Stein heraus aus eurer Brust und ich gebe euch ein Herz, das lebendig ist.
Ich gebe meinen Geist in euch hinein und mache solche Menschen aus euch, die meine Gebote halten und nach meinem Gesetz leben und die es auch wirklich tun."

(Hesekiël 37 und 36)

Gott tröstet sein Volk

Gott schickte den Gefangenen in Babylonien noch einen anderen Propheten. Der sprach zu ihnen:

„Tröstet, tröstet mein Volk,
spricht euer Gott.
Redet freundlich mit Jerusalem!
Sagt zu seinen Bewohnern:
Eure Gefangenschaft ist zu Ende.
Eure Schuld ist vergeben.
Ihr habt die doppelte Strafe bekommen
von der Hand des Herrn
für alle eure Sünde.
Es ruft eine Stimme:
‚Bereitet jetzt den Weg für den Herrn
in der Wüste,
baut eine Straße für unseren Gott
in der Steppe!
Alle Täler werden aufgefüllt,
und alle Berge und Hügel
werden abgetragen.
Denn der Herr kommt,
er zeigt seine Herrlichkeit
und alle Menschen sollen es sehen.'
Und in Jerusalem wird man sagen:
‚Seht, da kommt euer Gott!
Seht: Gott, der Herr!'
Keiner kann ihn aufhalten,
und sein Arm ist mächtig.
Er bringt sein gefangenes Volk zurück,
die Beute,
die er seinen Feinden abgejagt hat.
Er führt seine Herde wie ein Hirt,
er trägt die Schwachen auf seinem Arm!"

(Jesaja 40)

Gott ruft König Kyrus

Als König Nebukadnezar starb, folgten ihm schwache Könige auf dem Thron in Babel und das Reich der Babylonier zerfiel.
Aber im Nachbarland, in Persien, da kam ein junger König auf den Thron. Der hieß Kyrus.
Und er wurde mächtig und eroberte viele Länder.
Kyrus zog auch vor die Stadt Babel. Und seine Soldaten brachen ein Tor auf in der Stadtmauer und drangen ein in die Stadt und besetzten sie. Die Babylonier liefen davon.
So wurde Kyrus König von Babylonien.
Von diesem König, von Kyrus, sprach der Prophet zu den Gefangenen aus Jerusalem. Er sagte zu ihnen:

„So spricht der Herr, der euch befreit:
Ich bin der Herr,
ich schaffe alles.
Ich breite den Himmel aus,
und ich mache die Erde fest.
Ich spreche zu Jerusalem:
‚In dir wohnen wieder Menschen.'
Und zu den anderen Städten in Juda:
‚Ihr werdet wieder aufgebaut.'
Und ich spreche zu Kyrus:
‚Du bist mein Hirte für mein Volk.
Du tust, was ich will.
Du sagst zu Jerusalem:
Du wirst wieder aufgebaut.
Und zum Tempel:
Du wirst von Grund auf
neu errichtet.'

Und so spricht der Herr zu Kyrus,
zu dem König,
den er selbst eingesetzt hat:

‚Ich gehe vor dir her
und ebne die Berge ein vor dir
und breche die Tore auf vor dir.
Ich gebe dir den Reichtum der Welt,
damit du merkst:
Ich bin der Herr
und ich habe dich gerufen
bei deinem Namen,
ich, der Gott Israels.

Das tue ich wegen Jakob,
meinem Diener,
wegen Israel,
meinem erwählten Volk.
Darum habe ich dich gerufen
und dich groß gemacht in der Welt,
auch wenn du mich gar nicht kanntest.
Ich bin der Herr,
es gibt keinen Gott außer mir.
Nur ich habe dich so stark gemacht,
und du kanntest mich nicht einmal.
Ich bin der Herr und sonst keiner.'"

(Jesaja 44–45)

Die Israeliten kehren zurück

Es war im ersten Jahr, in dem Kyrus, der König von Persien, in Babel regierte.
Da begann das Wort in Erfüllung zu gehen, das der Herr dem Propheten Jeremia in den Mund gelegt hatte.
Der Herr machte das Herz des Kyrus, des Königs von Persien, wach.
Da gab der König einen Befehl heraus.

Er ließ ihn durch Boten in seinem ganzen Reich ausrufen und auf Plakaten öffentlich anschlagen.
Und so lautete der Befehl:
„So spricht Kyrus, der König von Persien!
Der Herr, der Gott des Himmels, hat mir alle Königreiche der Erde gegeben.
Und er hat mir den Auftrag gegeben: Ich soll ihm einen Tempel bauen in Jerusalem im Land Juda.
Jeder unter euch, der zum Volk dieses Gottes gehört, wird von seinem Gott beschützt.
Und er soll hinaufziehen nach Jerusalem in Juda und das Haus des Herrn, des Gottes Israels, bauen. Denn das ist der Gott, der in Jerusalem wohnt.
Und überall, wo einer von den Leuten aus Juda übrig geblieben ist, da sollen die anderen ihm helfen, die in demselben Ort wohnen.
Sie sollen ihm Geld geben, Gold und Silber.
Sie sollen ihm Tiere geben und was er sonst noch braucht, und dazu freiwillige Geschenke für das Haus Gottes in Jerusalem."
Da machten sich alle auf den Weg, denen Gott das Herz wach gemacht hatte.
Und sie zogen nach Jerusalem, um das Haus des Herrn zu bauen: die Familienhäupter aus Juda und Benjamin mit ihren Familien, die Priester und die Priesterdiener, die Leviten.
Alle ihre Nachbarn halfen ihnen mit Gold und Silber, mit Tieren und allem, was sie brauchten.
Und König Kyrus gab ihnen die Geräte wieder, die Nebukadnezar aus dem Tempel des Herrn in Jerusalem mitgenommen hatte.
Nebukadnezar hatte sie in den Tempel seines Gottes in Babel gestellt.
König Kyrus rief seinen Schatzmeister und der übergab ihnen die Geräte einzeln und abgezählt.
Es waren 30 goldene Schalen, 1000 silberne Schalen, 29 silberne Schalen mit ausgebesserten Stellen, 30 goldene Becher, 410 silberne Becher und 1000 andere Gefäße.
Das alles brachten die Gefangenen aus Juda mit, als sie wieder nach Jerusalem zurückkamen. (Esra 1)

Altar und Tempel werden wieder aufgebaut

Als sie zurückkamen, gingen sie wieder in ihre alten Städte und wohnten dort.
Dann versammelten sie sich alle in Jerusalem.
Es begann gerade der siebte Monat, in dem die großen Feste gefeiert werden.
Es war auch der Priester Jeschua da und Serubbabel, der Statthalter, den der König Kyrus eingesetzt hatte.
Jeschua mit seinen Brüdern und Serubbabel mit seinen Brüdern, die gingen hin zum Tempelplatz.
Sie bauten den Altar für die Brandopfer wieder auf, genau an der Stelle, wo er früher stand.
Und sie brachten dem Herrn wieder Brandopfer auf dem Altar am Morgen und am Abend.

Dann feierten sie das Laubhüttenfest in Jerusalem, so wie Mose es ihnen gesagt hatte.
Sie bauten sich Hütten aus Zweigen mit Laub, wohnten darin und waren fröhlich vor dem Herrn und brachten ihm Opfer auf dem Brandopferaltar.
Aber im zweiten Jahr, nachdem die Israeliten wieder in ihrem Land waren, da fingen Serubbabel und Jeschua an, den Tempel des Herrn wieder aufzubauen.
Sie kauften Zedernholz vom Libanon und bestellten Handwerker aus Sidon und Tyrus.
Und sie gaben den Maurern und Zimmerleuten Essen und Trinken und Geld für ihre Arbeit.
Als die Bauleute den Grundstein legten für das Haus des Herrn, da stellten sich die Priester auf mit Trompeten und die Leviten mit Trommeln, und sie stimmten den Lobgesang an:
„Danket dem Herrn,
denn er ist gütig
und seine Barmherzigkeit
hat kein Ende
für sein Volk Israel!"
Das ganze Volk jubelte laut, weil der Grund gelegt war für den Tempel des Herrn.
Und die alten Priester und Leviten und die Ältesten der Familien, alle, die den alten Tempel des Herrn noch gesehen hatten, die weinten laut vor Freude.
Viele andere schrien vor Freude und hörten gar nicht damit auf.
Und das Freudengeschrei übertönte das Weinen.

Denn das Volk schrie so laut vor Freude, dass man es weithin hörte.
Viele Jahre bauten sie am Tempel. Dann war der Bau vollendet.
Und alle, die aus der Gefangenschaft in Babylonien zurückgekommen waren, weihten miteinander den Tempel des Herrn ein.
Sie opferten hundert Stiere, zweihundert Schafböcke, vierhundert Schafe und zwölf Ziegenböcke, für jeden Stamm der Israeliten einen Ziegenbock.
Die Israeliten feierten auch wieder das Passafest am Tempel des Herrn, im ersten Monat des Jahres, vom 14. Tag an sieben Tage lang.
Sie feierten es mit großer Freude und großem Dank gegen Gott, der ihnen so viel Gutes getan hatte. (ESRA 3 UND 6)

Nehemia ist traurig

Der Tempel war wieder aufgebaut.
Aber die Stadt hatte noch keine Mauern, und die Leute in Jerusalem hatten keinen Schutz gegen Räuber und Feinde.
Da kam Nehemia nach Jerusalem. Er berichtet selbst darüber:

Ich war in Susa, im Palast des Königs von Persien.
Da besuchte mich mein Bruder Hanani aus Juda. Er erzählte mir von den Juden in Jerusalem.
Er sagte: „Es geht ihnen schlecht, sie haben keinen Schutz. Die Mauern liegen zerbrochen am Boden und die Tore der Stadt sind mit Feuer verbrannt."

Als ich das hörte, setzte ich mich hin und weinte tagelang und aß nichts.
Und ich betete zu Gott: „Ach, Herr, du großer und mächtiger Gott!
Blicke gnädig auf mich und höre mein Gebet, das ich heute vor dich bringe für deine Diener, dein Volk Israel.
Wir waren ungehorsam, wir haben deine Gebote nicht befolgt.
Aber nun denk doch an dein Wort, das du Mose gegeben hast.
Du hast zu Mose gesprochen: ‚Wenn ihr mir untreu seid und meine Gebote nicht haltet, zerstreue ich euch unter die fremden Völker.
Wenn ihr aber umkehrt zu mir und meine Gebote haltet, dann hole ich euch zurück nach Jerusalem, auch wenn ihr bis an das Ende der Erde weggeführt seid.‘
Sie sind ja doch deine Diener und dein Volk, das du mit deiner starken Hand aus Ägypten befreit hast!
Deshalb hör auf mein Gebet, Herr, und auf das Gebet deiner Diener, die deinen Namen ehren!
Hilf mir, wenn ich heute zum König komme, dass er freundlich zu mir ist und mir meine Bitte erfüllt.“
Ich war damals Mundschenk des Königs und musste immer den Wein für ihn probieren und ihm den Becher füllen.
An diesem Tag, als ich beim Essen vor dem König stand und ihm den Wein einschenkte, da war ich sehr traurig.
Der König fragte mich: „Warum bist du so traurig?
Bist du krank?
Oder was ist mit dir?“
Ich hatte große Angst und sagte zum König: „Der König lebe ewig!
Wie kann ich fröhlich sein? Die Stadt, in der meine Vorfahren begraben sind, liegt schutzlos.
Die Mauern sind zerstört und die Tore sind vom Feuer verbrannt.“
Da fragte der König mich: „Und was möchtest du tun?“
Ich betete im Herzen zu Gott und sagte zum König: „Wenn du freundlich zu mir bist, wenn ich Gnade bei dir gefunden habe, dann erlaube mir, dass ich nach Juda ziehe und die Stadt meiner Vorfahren wieder aufbaue.“
Die Königin saß dabei und der König fragte mich: „Wie lange wirst du weg sein? Wann kommst du zurück?“
Ich sah, dass der König mich ziehen lassen wollte, und sagte ihm eine Zeit.
Und weiter bat ich ihn um Briefe an seine Statthalter, dass sie mich durchziehen lassen, und um Briefe an den Verwalter der königlichen Wälder, dass er mir Holz gibt für die Bauarbeiten.
Der König sagte zu allem Ja, weil die freundliche Hand meines Gottes über mir war. (Nehemia 1–2)

Die Stadtmauer wird wieder aufgebaut

Als ich nach Jerusalem kam, sagte ich niemand, was ich vorhatte.
Ich wartete drei Tage. Dann stand ich in der Nacht auf, stieg auf einen Esel und ritt an der Stadtmauer entlang.
Ich nahm nur ein paar Männer mit.

Beim Taltor fing ich an und merkte mir genau, wo Jerusalems Mauer eingestürzt war und wo die Tore vom Feuer verbrannt waren.
Am anderen Tag rief ich alle wichtigen Männer in der Stadt zusammen, die Priester und die Reichen und die Ratsherren der Stadt und alle, die ich für mein Vorhaben brauchte.
Ich sprach zu ihnen: „Ihr seht unser Unglück: Jerusalem ist schutzlos, seine Mauern liegen in Trümmern und die Tore sind verbrannt.
Wir wollen die Stadtmauer wieder aufbauen, damit unsere Feinde uns nicht mehr verspotten!"
Und ich erzählte ihnen, wie die Hand meines Gottes so freundlich über mir war und der König mir alles erlaubt hatte.
Da sagten sie alle: „Auf! Wir bauen!"
Und sie machten sich bereit für das gute Werk.

Nehemia teilte die Mauer in 42 Bauabschnitte ein.
Und an jedem Bauabschnitt arbeitete eine Baugruppe: Männer und auch Frauen aus Jerusalem und aus den Städten in Juda, immer eine Familie oder die Leute aus einem Ort miteinander. Und auch die Priester bauten mit.

Sanballat, der Statthalter in Samaria, war böse auf die Juden, als er hörte, dass wir an der Mauer bauten.
Und sein Freund Tobija stand neben ihm, lachte und spottete: „Lass sie doch bauen! Wenn ein Fuchs auf ihre Mauer springt, fällt sie um."
Aber wir beteten zum Herrn: „O Herr, unser Gott, höre, wie sie uns verspotten. Strafe du sie!"
Und wir bauten weiter.
Als nun Sanballat und Tobija und andere Nachbarn sahen, wie die Mauer von Jerusalem so schnell höher wurde, da verabredeten sie sich heimlich und wollten uns überfallen.
Aber die Juden, die unter ihnen wohnten, verrieten es uns.
Da ließ ich alle Männer, die kämpfen konnten, antreten.
Ich stellte sie vor der Mauer auf mit Schwertern, Spießen und Bogen.
Ich sprach zu ihnen: „Habt keine Angst! Denkt an den Herrn! Der ist mächtig und stark!
Kämpft für eure Brüder und eure Söhne, für eure Töchter und Frauen und für eure Häuser!"
Als unsere Feinde hörten, dass wir alles wussten, blieben sie zu Hause.
Da kehrten wir alle zurück zur Mauer und arbeiteten weiter.
Aber von da an machte ich es so: Von meinen eigenen Leuten baute nur noch die Hälfte an der Mauer, die andere Hälfte hielt die Waffen in der Hand und stand zum Kampf bereit.
Und jeder, der baute, hatte auch noch ein Schwert am Gürtel.
Ein Mann mit einer Trompete stand immer neben mir.
Ich sagte zu ihnen: „Wenn ihr die Trompete blasen hört, dann lauft ihr alle dorthin, wo der Trompetenschall herkommt, und kommt uns zu Hilfe.

Habt Mut, unser Gott kämpft für uns!"
So arbeiten wir am Bau, immer vom ersten Morgenlicht an, bis die Sterne sich zeigten.
Aber ich und meine Brüder und meine Leute, wir hielten die Wache und passten auf alles auf.
Wir zogen unsere Kleider nie aus und jeder hatte seinen Spieß in der rechten Hand.
So wurde die Mauer in 52 Tagen fertig.
(NEHEMIA 2–4)

Die Israeliten danken Gott

Als wir die Mauer gebaut hatten, hängte ich die Türen ein und bestellte die Torhüter.
Ich sprach zu ihnen: „Die Tore werden morgens erst aufgemacht, wenn die Sonne die Luft wärmt, und sie werden abends schon wieder zugemacht, wenn die Sonne noch ganz zu sehen ist."
Und wir feierten ein großes Fest zur Einweihung der Mauer.
Dazu holte man alle Tempeldiener, die Leviten, aus dem ganzen Land nach Jerusalem. Sie sollten singen und dazu mit Harfen und Lauten spielen und die Gongs schlagen.
Dann stellte ich auf der Mauer zwei Festzüge auf.
Der eine Zug zog links um die Stadt, oben auf der Mauer, und der andere zog rechts herum, auch oben auf der Mauer.
Hinter den Sängern kamen die Ältesten aus ganz Juda und die Priester mit Posaunen.
So gingen sie nach beiden Seiten über die ganze Mauer und trafen zusammen auf dem Platz vor dem Tempel des Herrn.
Dort stimmten die Sänger den Lobgesang an.
Viele Opfertiere wurden geschlachtet und das ganze Volk feierte ein großes Opfermahl.
Sie waren alle fröhlich, weil Gott ihnen eine so große Freude gemacht hatte und Jerusalem wieder mit einer Mauer geschützt war.
Auch die Frauen und Kinder waren dabei und freuten sich.
Man konnte die Freude Jerusalems bis weit ins Land hinein hören.
(NEHEMIA 7 UND 12)

Jona, der eigensinnige Prophet

Jona läuft weg vor Gott

Eines Tages sprach der Herr zu Jona, dem Sohn von Amittai: „Jona, mach dich auf den Weg und geh nach Ninive, in die große Stadt!
Sag den Leuten dort, dass ich ihre Stadt zerstöre. Denn ich habe gesehen, wie böse sie sind."
Ninive lag weit im Osten am Tigris-Fluss.
Jona machte sich auf – aber nicht nach Ninive.
Er ging in die andere Richtung, nach Westen.
Jona wollte weglaufen, ganz weit weg. Er wollte nach Tarsis in Spanien.
Er ging hinunter ans Mittelmeer und kam nach Jafo.
Dort fand er ein Schiff, das nach Tarsis fuhr.
Er bezahlte dem Kapitän das Fahrgeld und stieg ein, um nach Spanien zu fahren. Nur weg von Gott! Weit weg!
Da schickte Gott einen großen Sturm auf das Meer.
Die Wellen waren so hoch, dass die Matrosen dachten: ‚Das Schiff bricht in Stücke!'
Sie hatten große Angst und schrien.
Jeder betete zu seinem Gott um Hilfe.
Sie warfen alles aus dem Schiff ins Meer, Säcke und Kisten, damit das Schiff leichter wird.

Und Jona? Der war die Leiter hinuntergestiegen unter das Deck in den Schiffsbauch, hatte sich hingelegt und schlief fest.
Da ging der Kapitän hinunter zu ihm, weckt ihn auf und sagte: „Was schläfst du?
Steh auf, bete zu deinem Gott!
Vielleicht hilf er uns, dass wir nicht untergehen!"
Aber die Matrosen sagten zueinander: „Kommt, wir losen!
Dann sehen wir, wer daran schuld ist, dass uns dieses Unglück trifft."
Sie schrieben die Namen von allen Leuten auf dem Schiff auf Papier-Lose, dann mischten sie die Lose und zogen eines davon heraus.
Auf dem Los stand: Jona.
Da sagten sie zu ihm: „Du bist schuld, dass uns dieses Unglück trifft! Was hast du gemacht?
Was für einen Beruf hast du eigentlich?
Woher kommst du?
Aus welchem Land bist du?
Zu welchem Volk gehörst du?"
Jona sagte: „Ich bin ein Israelit.
Ich glaube an den Herrn, den höchsten Gott, der alles gemacht hat, das Meer und das Land."
Und er erzählte ihnen, dass er vor Gott weggelaufen ist.

Da bekamen die Männer noch mehr Angst und sagten zu ihm: „Warum hast du das getan?
Was sollen wir jetzt mit dir machen, damit das Meer still wird und uns am Leben lässt?"
Da sagte Jona zu ihnen: „Nehmt mich und werft mich ins Meer!
Dann wird das Meer still und ihr bleibt am Leben.
Denn ich weiß, der Sturm ist nur meinetwegen über euch gekommen."
Aber die Matrosen versuchten es noch einmal.
Sie ruderten mit aller Kraft und wollten mit dem Schiff ans Land kommen.
Aber sie schafften es nicht, denn die Wellen wurden immer noch wilder.
Da riefen sie zum Herrn und sagten: „Ach Herr, strafe uns nicht dafür, wenn wir jetzt diesen Mann ins Meer werfen.
Du hast es ja selbst gewollt."
Und sie nahmen Jona und warfen ihn ins Meer.
Da wurde das Meer sofort still und die Wellen legten sich.
Und die Matrosen fürchteten sich sehr vor dem Herrn.
Sie schlachteten ein Opfertier für ihn und versprachen ihm, dass sie ihm gehorchen.

(Jona 1)

Jona im Bauch des Fisches

Und was geschah mit Jona?
Gott ließ einen großen Fisch kommen. Der sperrte sein Maul auf und schluckte Jona ganz hinunter.
Und Jona blieb im Bauch des Fisches drei Tage und drei Nächte.
Da betete Jona im Bauch des Fisches zum Herrn, seinem Gott.
Er sagte:

„Herr, mein Gott!
Ich rief zu dir
in meiner Angst
und du hast mir geantwortet.
Ich schrie um Hilfe,
als der Tod mich packte,
und du hast mein Schreien gehört.

Du hast mich ins Meer geworfen,
ganz tief hinein.
Ich war ganz mit Wasser bedeckt,
alle deine Wellen und Wogen
schlugen über mir zusammen.
Ich dachte:
Du hast mich von dir weggejagt,
ich darf nie mehr zu dir kommen
in deinen heiligen Tempel.
Ich sank immer tiefer.
Es wurde ganz dunkel.
Ich hatte lauter Schlingpflanzen
um meinen Hals.
Ich war ganz tief unten,
wo die Berge anfangen.
Über mir war alles zugeschlossen.

Aber da hast du mich herausgezogen
aus der Tiefe,
aus dem tiefen Totenloch,
mein Herr und mein Gott!
Ich betete zu dir
und du hörtest mein Gebet
in deinem heiligen Tempel.

Herr,
ich will dir danken,
ich will dir mein Opfer bringen,
ich will tun,
was ich dir versprochen habe,
denn du hast mir geholfen."

Da sprach Gott zu dem Fisch: „Gib Jona heraus!"
Und der Fisch schwamm ans Ufer und spuckte Jona aus seinem Maul ans Land.
(JONA 2)

Jona geht nach Ninive

Der Herr sprach zum zweiten Mal zu Jona: „Mach dich auf den Weg und geh nach Ninive, in die große Stadt!
Sag den Leuten dort, dass ich ihre Stadt zerstöre."
Da machte sich Jona auf den Weg und ging nach Ninive, so wie der Herr es ihm gesagt hatte.
Ninive war eine sehr, sehr große Stadt. Man brauchte drei Tage von einem Ende bis zum anderen.
Und Jona ging hinein in die Stadt, eine Tagesreise weit.
Er stellte sich hin und rief: „Noch vierzig Tage, dann geht Ninive unter und ist nicht mehr da!"
Da glaubten die Leute aus Ninive, dass Gott das ernst meint.
Und als der König davon hörte, stand er auf von seinem Thron.
Er zog seinen roten Königsmantel aus, zog schwarze Trauerkleider an und setzte sich in die Asche.
Und er schickte Boten in die ganze Stadt Ninive.
Die mussten laut rufen: „Dies ist der Befehl des Königs:
Niemand isst mehr etwas!
Kein Mensch und kein Tier!
Und niemand trinkt etwas!
Alle ziehen Trauerkleider an, Menschen und Tiere!
Alle beten und rufen laut zu Gott!
Jeder kehrt um auf seinem falschen Weg!
Jeder lässt das Böse und fängt ein neues Leben an!
Vielleicht hört Gott uns.
Vielleicht tut er es nicht, was er gesagt hat, und lässt uns am Leben."
Und alle Menschen in Ninive, die Reichen und die Armen, zogen schwarze Kleider an und aßen und tranken nichts mehr.
Und Gott sah, dass die Leute in Ninive umkehrten von ihrem bösen Tun.
Da tat es ihm Leid, was er mit ihnen machen wollte.
Und er tat es nicht. (JONA 3)

Jona ärgert sich über Gott

Aber Jona gefiel es nicht, dass Gott die Leute von Ninive nicht mehr bestrafen wollte.
Er ärgerte sich und betete zu Gott:
„Ach Herr!
Das habe ich mir gleich gedacht, als ich noch zu Hause war.
Darum wollte ich ja auch nach Spanien fliehen.
Denn ich wusste ganz genau:

Du bist so gnädig, so barmherzig, so geduldig und so gut zu den Menschen.
Nachher tut dir alles Leid, was du ihnen antun wolltest, und dann tust du es doch nicht.
Herr, ich habe keine Lust mehr!
Ich möchte nicht mehr leben, ich möchte sterben!"
Da sprach der Herr zu Jona: „Meinst du, das ist richtig, dass du so wütend bist?"
Jona sagte nichts und ging hinaus vor die Stadt.
Er machte sich ein kleines Dach aus grünen Blättern und setzte sich darunter in den Schatten.
Er wollte sehen, was nun passiert mit der Stadt.
Aber die Blätter wurden welk und gaben nicht genug Schatten.
Da ließ Gott eine Rizinusstaude aus der Erde kommen.
Die wuchs ganz schnell hoch über Jona und gab ihm Schatten mit ihren großen Blättern.
So wollte Gott Jonas Zorn vertreiben.
Jona freute sich sehr über die Staude.
Aber früh am nächsten Morgen, beim ersten Morgenrot, da schickte Gott einen Wurm.
Der nagte die Wurzel der Staude durch, sodass sie ganz schnell vertrocknete.
Und als die Sonne aufgegangen war, rief Gott einen heißen Wind aus dem Osten.
Und die Sonne stieg hoch und brannte auf Jonas Kopf.
Da wurde ihm ganz schlecht und er wollte sterben.
Er sagte: „Ich möchte nicht mehr leben!"
Da sprach Gott zu Jona: „Meinst du, es ist richtig, dass du so wütend bist wegen der Rizinusstaude?"
Jona sagte: „Ja! Das ist ganz richtig, dass ich so wütend bin!
Ich will auch nicht mehr leben!"
Und Gott sprach: „Sieh her!
Diese Rizinusstaude tut dir Leid.
Dabei hast du doch gar keine Arbeit gehabt mit ihr.
Du hast sie nicht gepflanzt und nicht begossen.
Sie ist ganz allein gewachsen.
In einer einzigen Nacht ist sie gewachsen und in der nächsten Nacht ist sie wieder abgestorben.
Und doch tut sie dir Leid.
Und mir, mir soll Ninive nicht Leid tun, eine so große Stadt?
Eine Stadt mit mehr als hundertzwanzigtausend Menschen – Menschen, die wie Kinder sind und nicht wissen, was gut und schlecht ist?
Und dazu die vielen Tiere?
Die sollen mir nicht Leid tun?"

(Jona 4)

Jerusalem,
du Tochter Zion, freu dich sehr,
spring hoch und klatsch in die Hände!
Siehe,
dein König kommt zu dir.
Er ist gerecht und er hilft dir.
Er ist arm und reitet auf einem Esel.
Er bringt Frieden
bis ans Ende der Erde. (Sacharja 9)

Die Hoffnung auf einen Retter

Nun sind die Israeliten, die Juden, wieder in ihrem Land.
Gott hat ihnen versprochen, dass sie zurückkommen,
und er hat sein Versprechen erfüllt.
Aber Gott hat ihnen noch mehr versprochen:
Sie sollen wieder einen König haben, einen solchen König wie David,
einen König, der Gott gehorcht und der den Frieden bringt.
So hat Gott es durch die Propheten gesagt:

Die Menschen, die im Dunkel leben:
Sie sehen ein großes Licht.
Die Menschen, die im Land des Todes wohnen:
Ein Licht leuchtet auf
über ihnen.
Ein Kind wird uns geboren,
ein Königssohn wird uns gegeben,
und er ist der Herr über die Welt.
Er heißt: Wunder an Weisheit, Gottesheld,
ewiger Vater, Friedens-König.
Seine Herrschaft reicht weit,
und der Frieden hat kein Ende
in seinem Königreich, auf Davids Thron,
weil er immer das tut, was recht ist.
Der Herr, der Gott des Himmels und der Erde,
er hat es so geplant,
und er macht, dass es so kommt. (Jesaja 9)

Es gibt keine Könige mehr, die auf Davids Thron sitzen. Davids Königtum ist wie ein abgesägter Baum, von dem nur noch der Baumstumpf in der Erde steckt.
Der Prophet nennt den Baumstumpf ‚Baumstumpf Isai'.
Isai ist der Vater Davids und der Urahn von allen Königen, die nach David kamen. Und der Prophet sieht:

Es wächst ein neuer Zweig
aus dem Baumstumpf Isai.
Ein grüner Spross aus seiner Wurzel
bringt eine Frucht,
einen Nachkommen.
Der Geist des Herrn ist in ihm
und gibt ihm Weisheit und Klugheit,
dass er Gott kennt und ihm gehorcht.
Er hat Freude daran,
Gottes Willen zu tun.
Er ist ein gerechter Richter.
Er hilft den Armen im Land
gegen ihre Unterdrücker.
In seinem Reich ist Frieden.
Da wohnt der Wolf beim Lamm,
und der Panther beim Ziegenböckchen.
Da hütet ein kleiner Junge eine Herde
aus Kälbern und jungen Löwen.
Kühe und Bären weiden zusammen,
und ihre Jungen liegen nebeneinander.
Die Löwen fressen Stroh
so wie die Rinder.
Und keiner beißt den anderen.
Ein Baby spielt am Loch der Schlange.
Ein kleines Kind steckt seine Hand
in das Nest der Natter.
Keiner tut mehr Böses.
Es gibt keine Sünde mehr
auf Gottes heiligem Berg,
dem Berg Zion.
Denn so wie das Meer voll ist
von Wasser,
so ist das Land voll
von der Erkenntnis des Herrn:
Alle kennen ihn
und tun seinen Willen.

(Jesaja 11)

Jesus kommt in die Welt

Gottes Bote kommt zu Maria

Es war zu der Zeit, als Herodes König von Judäa war. Da schickte Gott seinen Boten, den Engel Gabriel, in eine Stadt in Galiläa, nach Nazareth.
Dort lebte eine junge Frau, die hieß Maria. Sie war verlobt mit Josef. Der war ein Nachkomme von König David.
Der Engel ging hinein zu ihr und sprach: „Sei gegrüßt, du reich Beschenkte! Der Herr ist mit dir!"
Maria war erschrocken über diese Worte und dachte bei sich: ‚Was ist das bloß für ein Gruß!'
Aber der Engel sprach zu ihr:
„Hab keine Angst, Maria!
Du hast Gnade gefunden bei Gott.
Siehe, du wirst schwanger und bekommst einen Sohn.
Dem gibst du den Namen Jesus.
Er wird etwas ganz Besonderes und man wird ihn ‚Sohn Gottes' nennen.
Gott der Herr gibt ihm den Thron von König David.
Er wird König über die Nachkommen Jakobs für immer. Seine Königsherrschaft hört nie mehr auf."
Aber Maria sagte zu dem Engel: „Wie soll das zugehen? Ich bin doch mit keinem Mann zusammen!"
Da antwortete der Engel und sprach zu ihr: „Der Heilige Geist kommt auf dich.
Und die Kraft Gottes wirkt in dir.
Darum wird das Kind, das geboren wird, heilig und Gottes Sohn genannt.
Für Gott ist alles möglich."
Da sagte Maria: „Siehe, ich diene dem Herrn.
Es soll so geschehen mit mir, wie du es gesagt hast."
Und der Engel ging wieder weg von ihr.

(LUKAS 1)

Gottes Bote kommt zu Josef

Maria war verlobt mit Josef. Aber sie waren noch nicht zusammengezogen in sein Haus.
Und nun war es zu sehen: Sie erwartet ein Kind.
Josef, ihr Verlobter, wusste: Das Kind ist nicht von ihm.
Aber er war ein guter Mensch und wollte Maria nicht vor Gericht bringen.
Darum dachte er: ‚Ich mache keine große Sache daraus.
Ich löse die Verlobung einfach auf.'
Als Josef dies noch bei sich überlegte, erschien ihm ein Engel des Herrn. Der kam zu ihm im Traum, als er schlief.
Und der Engel sprach zu ihm: „Josef, du Nachkomme Davids!

Mach dir nur keine Sorgen!
Nimm ruhig Maria als deine Frau in dein Haus.
Denn das Kind, das sie bekommt, das kommt von Gott, vom Heiligen Geist.
Sie bringt einen Jungen zur Welt, dem gibst du den Namen Jesus.
Denn er rettet sein Volk, dass sie nicht an ihren Sünden sterben. (Der Name Jesus bedeutet: ‚Gott rettet'.)
So steht es schon beim Propheten Jesaja geschrieben:
‚Siehe, die Jungfrau wird schwanger und bekommt einen Sohn und sie nennen ihn Immanuël.'
Das bedeutet: ‚Gott ist bei uns'."
Als Josef aus dem Schlaf erwachte, tat er, was ihm der Engel des Herrn befohlen hatte: Er nahm Maria zu sich in sein Haus.
Und er schlief nicht mit ihr, bis das Kind geboren war. (MATTHÄUS 1)

Jesus wird im Stall geboren

Es geschah aber in derselben Zeit, da kam ein Befehl vom Kaiser Augustus.
(Kaiser Augustus regierte in Rom. Er war der Herr im ganzen Römischen Reich. Er stand noch über König Herodes.)
Und das war sein Befehl: „Alle in meinem Reich werden gezählt!
Sie werden in Listen aufgeschrieben und müssen Steuern bezahlen."
Dies war die erste Zählung dieser Art und sie fand statt, als Quirinius Statthalter in Syrien war.
Und alle gingen in die Stadt, aus der ihre Familie kam, und ließen sich dort aufschreiben.
Da zog auch Josef von Nazareth in Galiläa hinauf nach Judäa, in die Stadt des Königs David, nach Bethlehem.
Josef war ja aus der Familie und aus dem Stamm des Königs David.
Und er ließ sich eintragen in die Liste zusammen mit Maria, seiner Frau.
Die erwartete ein Kind.
Und es geschah, als sie dort waren, da kam der Tag, an dem das Kind geboren werden sollte.
Und Maria bekam ihren Sohn, ihren Erstgeborenen.
Sie wickelte ihn in Windeln und legte ihn in eine Futterkrippe im Stall.
Denn sie hatten keine andere Unterkunft in der Stadt gefunden.
Und es waren Hirten draußen auf dem Feld, nicht weit weg von dem Stall.
Die blieben in der Nacht wach und passten auf ihre Schafherden auf.
Und siehe, auf einmal stand der Engel des Herrn vor ihnen und die Herrlichkeit des Herrn strahlte von dem Engel aus.
Da fürchteten sie sich sehr.
Aber der Engel sprach zu ihnen:
„Fürchtet euch nicht!
Denn siehe:
Ich bringe euch eine gute Nachricht,
eine große Freude,
für euch und das ganze Volk!
Denn der Retter ist geboren,
heute,
für euch,
Christus, der Herr,
in der Stadt des Königs David.

Und dies ist das Zeichen,
an dem ihr ihn erkennt:
Ihr findet ein neugeborenes Kind,
in Windeln gewickelt.
Es liegt in einer Futterkrippe."
Und auf einmal war bei dem Engel eine große Menge von anderen Engeln, ein ganzes himmlisches Heer.
Die lobten alle Gott und riefen:
„Ehre sei Gott in der Höhe
und Frieden auf der Erde
unter den Menschen, die Gott liebt!"
Als die Engel wieder weg waren, sagten die Hirten zueinander: „Kommt, wir gehen nach Bethlehem!
Wir sehen uns das an, was da geschehen ist, was der Herr uns gesagt hat."
Und sie gingen schnell hin und fanden Maria und Josef und dazu das Kind, das in der Futterkrippe lag.
Da erzählten sie, was der Engel ihnen über dieses Kind gesagt hatte.
Und alle, die es hörten, staunten über das, was die Hirten ihnen sagten.
Aber Maria merkte sich alle die Worte der Hirten und dachte in ihrem Herzen immer wieder darüber nach.
Und die Hirten gingen wieder zurück zu ihren Herden.
Sie dankten Gott und lobten ihn für alles, was sie gehört und gesehen hatten.
Denn es war alles so, wie es der Engel zu ihnen gesagt hatte. (LUKAS 2)

Fremde Sterndeuter suchen den neuen König

Als nun Jesus geboren war in Bethlehem in Judäa, da kamen Sterndeuter aus dem Osten nach Jerusalem.
Die fragten: „Wo ist der neue König der Juden, der eben geboren ist?
Wir haben seinen Stern gesehen, wie er am Himmel aufging.
Und wir kommen und wollen uns vor ihm niederwerfen."
Als das der König Herodes hörte, erschrak er und ganz Jerusalem mit ihm.

Herodes rief alle Hohenpriester und Gesetzeslehrer des Volkes zusammen und fragte sie: „Wo soll der verheißene König zur Welt kommen?“
Sie sagten: „In Bethlehem in Judäa.
Denn so steht es geschrieben bei dem Propheten Micha:
‚Und du, Bethlehem
im Lande Juda,
du bist klein,
aber du bist ganz wichtig
unter den Städten in Juda.
Denn aus dir kommt der König,
der mein Volk Israel führen soll.‘“
Danach rief Herodes die Sterndeuter heimlich zu sich und fragte sie aus: „Wann fing der Stern an zu leuchten, wann genau?“
Und er schickte sie nach Bethlehem und sagte: „Zieht hin und fragt überall nach dem Kind.
Und wenn ihr es gefunden habt, dann sagt mir Bescheid.
Denn ich will auch hingehen und mich vor ihm niederwerfen.“
So machten sich die Sterndeuter auf den Weg nach Bethlehem.
Und siehe, der Stern, den sie gesehen hatten, als er aufging am Himmel, der ging vor ihnen her bis zu dem Ort, wo das Kind war.
Da blieb er stehen.
Als sie den Stern dort sahen, kam eine große Freude über sie.
Sie gingen hinein in das Haus und sahen das Kind mit Maria, seiner Mutter.
Und sie warfen sich nieder vor dem Kind wie vor einem König.
Dann machten sie ihre Schatzkästen auf und schenkten dem Kind Geschenke, wie man sie einem König bringt: Gold, Weihrauch und Myrrhe.
Aber in der Nacht gab Gott ihnen im Traum den Befehl: „Geht nicht wieder zu Herodes!“
So kehrten sie auf einem anderen Weg in ihr Land zurück. (Matthäus 2)

Herodes will Jesus töten

Als nun die Sterndeuter wieder weggezogen waren, da erschien der Engel des Herrn dem Josef im Traum und sprach: „Steh auf, nimm das Kind und seine Mutter!
Geh schnell mit ihnen weg nach Ägypten!
Und bleib da, bis ich dir sage, dass du zurückkommen kannst.
Denn Herodes sucht das Kind und will es töten!“
Da stand Josef auf, mitten in der Nacht, nahm das Kind und seine Mutter mit sich und zog weg nach Ägypten.
Dort blieben sie, bis Herodes gestorben war.
Aber Herodes wartete auf die Sterndeuter.
Und als sie nicht wiederkamen, wurde er sehr wütend.
Und er schickte Leute hin und ließ alle kleinen Jungen töten, in Bethlehem und rund um Bethlehem herum.
Alle, die zwei Jahre alt waren und darunter, die ließ er töten. (Matthäus 2)

Jesus kommt nach Nazareth

Als nun Herodes gestorben war, da erschien der Engel des Herrn dem Josef in Ägypten im Traum und sprach: „Steh auf, nimm das Kind und seine Mutter!
Geh mit ihnen zurück in das Land Israel. Denn alle, die das Kind töten wollten, die sind jetzt tot."
Da stand Josef auf, nahm das Kind und seine Mutter mit sich und zog zurück in das Land Israel.
Aber da hörte er: Jetzt ist Archelaus König in Judäa für seinen Vater Herodes.
Da hatte er Angst, dorthin zu gehen.
Und Gott sprach zu ihm im Traum.
Da zog er weiter weg bis in das Land Galiläa.
Und er kam wieder in die Stadt Nazareth und wohnte da. (MATTHÄUS 2)

Der zwölfjährige Jesus im Haus seines Vaters

Jesus wurde groß und stark und war klug.
Und Gottes Gnade war bei ihm.
Und seine Eltern, Maria und Josef, gingen jedes Jahr zum Passafest hinauf nach Jerusalem.
Als Jesus zwölf Jahre alt war, nahmen sie ihn zum ersten Mal mit.
Nach dem Fest, als alles vorüber war, machten sie sich auf den Weg nach Hause.
Aber Jesus blieb in Jerusalem.
Seine Eltern merkten es nicht. Sie dachten: „Er ist schon mit den anderen Leuten aus Nazareth mitgegangen."
So suchten sie ihn am Abend bei den Verwandten und Bekannten.
Aber als sie ihn nicht finden konnten, gingen sie wieder zurück nach Jerusalem und suchten ihn da.
Endlich, am dritten Tag, da fanden sie ihn: Er saß im Tempel mitten unter den klugen Männern, den Gesetzeslehrern.
Die redeten miteinander über Gott und seine Gebote.
Jesus hörte ihnen aufmerksam zu und stellte ihnen Fragen.
Und alle, die ihn hörten, staunten, was er alles wusste und was für kluge Antworten er gab.
Als seine Eltern ihn sahen, waren sie außer sich.
Seine Mutter sagte zu ihm: „Kind, warum hast du uns das angetan?
Sieh doch, dein Vater und ich, wir haben dich überall gesucht und haben uns so große Sorgen gemacht."
Da sprach er zu ihnen: „Wieso? Warum sucht ihr mich?
Wisst ihr denn nicht, dass ich im Haus meines Vaters sein muss?"
Aber sie verstanden nicht, was er zu ihnen sagte.
Jesus ging mit ihnen zurück nach Nazareth und gehorchte ihnen, wie ein Sohn seinen Eltern gehorcht.
Aber seine Mutter merkte sich seine Worte und dachte in ihrem Herzen immer wieder darüber nach.
Und Jesus wurde größer und nahm zu an Weisheit.
Und Gott und die Menschen mochten ihn gern. (LUKAS 2)

Jesus beginnt sein Wirken

Johannes bereitet die Menschen auf Jesus vor

Damals kam Johannes der Täufer und predigte in der Wüste von Judäa.
Und er sprach: „Kehrt um auf eurem falschen Weg!
Denn jetzt kommt Gott und bringt sein Reich!"
Johannes war der, von dem schon der Prophet Jesaja sprach.
Jesaja sprach: „Da ruft einer laut in der Wüste: ‚Macht den Weg frei für den Herrn! Baut ihm eine ebene Straße!'"
Johannes hatte einen groben Mantel an mit einem Gürtel aus Leder.
Und er lebte von Heuschrecken und dem Honig von wilden Bienen.
Viele Menschen gingen zu ihm hinaus aus Jerusalem und aus ganz Judäa und aus dem ganzen Land am Jordan.
Sie gaben offen zu, was sie falsch gemacht hatten, alle ihre Sünden.
Und dann ließen sie sich von ihm im Jordan untertauchen.
So taufte er sie und machte sie rein von ihren Sünden.
Und Johannes sprach zu ihnen: „Ich taufe euch nur mit Wasser, damit ihr umkehrt auf eurem falschen Weg.
Aber der, der nach mir kommt, der ist viel mächtiger als ich.
Ich bin nicht einmal gut genug, dass ich ihm seine Schuhe ausziehe.
Wenn der kommt, der tauft euch mit Feuer, mit dem Heiligen Geist."

(Matthäus 3)

Jesus lässt sich taufen

Auch Jesus kam von Galiläa zu Johannes an den Jordan.
Er wollte von ihm getauft werden.
Aber Johannes wollte ihn nicht taufen.
Er sagte: „Ich muss von dir getauft werden. Warum kommst du zu mir?"
Jesus antwortete und sprach zu ihm: „Tu es! Es ist richtig so.
Wir müssen alles so tun, wie Gott es haben will."
Da gab Johannes nach und taufte ihn.
Als Jesus getauft war, stieg er heraus aus dem Wasser.
Und siehe, der Himmel öffnete sich.
Und Jesus sah, wie der Geist Gottes herunterkam wie eine Taube und bei ihm blieb.
Und siehe, eine Stimme aus dem Himmel sprach: „Dies ist mein lieber Sohn.
Ich habe ihn ausgewählt unter allen."

(Matthäus 3)

Der Teufel stellt Jesus auf die Probe

Gleich danach geschah es:
Der Geist Gottes führte Jesus in die Wüste hinaus.
Dort durfte der Teufel Jesus auf die Probe stellen.
Und Jesus aß nichts, vierzig Tage und vierzig Nächte lang.
Danach hatte er großen Hunger.
Da kam der Teufel und sagte zu ihm: „Du bist doch Gottes Sohn!
Dann sag einfach, diese Steine da sollen Brot werden!"
Aber Jesus antwortete: „In der Heiligen Schrift steht:
‚Der Mensch lebt nicht allein vom Brot, sondern er lebt von jedem Wort, das aus Gottes Mund kommt!'"
Danach nahm der Teufel ihn mit in die heilige Stadt, nach Jerusalem.
Und er stellte ihn oben auf das Dach des Tempels.
Und er sagte zu ihm: „Du bist doch Gottes Sohn!
Dann spring hier hinunter!
In der Heiligen Schrift steht doch: ‚Gott gibt seinen Engeln den Befehl und dann tragen sie dich auf ihren Händen, damit du mit deinem Fuß nicht an einen Stein stößt.'"
Da sprach Jesus zu ihm: „Es steht aber auch in der Heiligen Schrift:
‚Du sollst Gott, deinen Herrn, nicht auf die Probe stellen!'"
Da nahm der Teufel ihn wieder mit und führte ihn auf einen ganz hohen Berg.
Und er zeigte ihm alle Königreiche der Welt und alle ihre Schätze.
Und er sagte zu ihm: „Dies alles gebe ich dir, wenn du dich hinkniest vor mir und mich anbetest!"
Da sprach Jesus zu ihm: „Weg mit dir, Satan!
Verschwinde!
In der Heiligen Schrift steht:
‚Du sollst Gott, deinen Herrn, anbeten und ihm allein dienen!'"
Da ging der Teufel weg.
Und es kamen Engel zu Jesus und versorgten ihn. (Matthäus 4)

Jesus sucht Menschenfischer

Jesus kam aus der Wüste zurück und ging wieder nach Galiläa.
Er blieb aber nicht in Nazareth, oben in den Bergen von Galiläa.
Er wohnte unten am See Genezareth in dem Fischerdorf Kapernaum, das auch Kafarnaum heißt.

Und Jesus redete zu den Menschen.
Er sprach: „Die Zeit ist da! Jetzt kommt Gott und bringt sein Reich.
Kehrt um und glaubt diese gute Nachricht!"
Jesus stand am See und die Menschen drängten sich dicht um ihn herum.
Da sah er zwei Fischerboote im Wasser liegen.
Die Fischer waren ausgestiegen und wuschen ihre Netze aus.
Jesus stieg in eins der Boote hinein.

Das Boot gehörte Simon, der auch Petrus heißt.
Und Jesus bat Simon, dass er mit dem Boot ein Stück vom Ufer wegfährt, auf das Wasser hinaus.
Jesus setzte sich in das Boot und sprach zu den Menschen vom See aus.
Danach sagte er zu Simon: „Nun fahr hinaus auf den See!
Und dann werft ihr eure Netze aus, damit ihr Fische fangt!"
Da antwortete Simon: „Ach Meister, wir haben uns die ganze Nacht abgequält und haben nichts gefangen.
Aber weil du es sagst, auf dein Wort hin, werfe ich jetzt die Netze noch einmal aus."
So fuhren sie mit Jesus hinaus, Simon und seine Helfer, und sie warfen die Netze ins Wasser.
Da fingen sie eine so große Menge Fische, dass die Netze zerrissen.
Und sie winkten ihren Freunden in dem anderen Boot: „Kommt her und helft uns!"
Die kamen mit ihrem Boot und sie zogen miteinander die Netze heraus.
Und sie füllten die beiden Boote so voll Fische, dass sie fast untergingen.
Als Simon Petrus das sah, warf er sich im Boot vor Jesus hin und sagte: „Herr, geh weg von mir!
Ich bin ein sündiger Mensch, ein Mann ohne Gott!"
Denn er war so erschrocken wegen der vielen Fische, die sie gefangen hatten, und seine Helfer im Boot genauso.
Und ebenso ging es seinen Freunden im anderen Boot, Jakobus und Johannes, den Söhnen von Zebedäus.
Da sprach Jesus zu Simon: „Fürchte dich nicht!
Von jetzt ab fängst du Menschen."
(‚Menschen fangen', das heißt: Menschen gewinnen für Gott und sein Reich.)
Und die Fischer zogen ihre Boote ans Land.
Sie ließen alles liegen und stehen und folgten Jesus nach als seine Jünger.

(Matthäus 4; Lukas 5)

Jesus und seine Jünger

Jesus rief immer mehr Männer zu sich,
bis er zwölf Jünger hatte:
Simon Petrus
und seinen Bruder Andreas,
Jakobus, den Sohn von Zebedäus,
und seinen Bruder Johannes,
Philippus und Bartholomäus,
Thomas und den Zöllner Matthäus,
Jakobus, den Sohn von Alphäus,
Thaddäus und Simon, den Zeloten,
und Judas Iskariot,
der Jesus später verraten hat.
Die blieben nun immer bei Jesus und zogen mit ihm überall hin.

(Matthäus 10)

Menschen kommen zu Jesus

Ein Kranker kommt durch das Loch im Dach

Jesus kam wieder nach Kapernaum.
Und die Menschen in der ganzen Gegend hörten, dass er zu Hause ist.
Da kamen so viele Menschen bei ihm zusammen, dass der Platz im Haus nicht reichte. Sogar draußen vor der Tür drängten sie sich.
Und Jesus erzählte ihnen von Gott.
Da kamen Leute und brachten einen gelähmten Mann.
Vier Männer trugen ihn.
Aber sie konnten ihn nicht zu Jesus ins Haus bringen, weil die Menschen sich so drängten.
Da stiegen sie die Treppe außen am Haus hinauf und gingen auf das Dach.
(Das Dach war ganz flach, es war aus Zweigen gemacht mit Lehm darüber.)
Und sie machten ein Loch in das Dach, genau über der Stelle, wo Jesus stand.
Dann ließen sie den gelähmten Mann in seiner Decke durch das Loch im Dach hinunter zu Jesus.
Und Jesus sah: „Die glauben, dass ich helfen kann."
Da sprach er zu dem gelähmten Mann: „Mein Sohn, deine Sünden sind dir vergeben!"
Nun waren da auch Gesetzeslehrer. Die saßen da und überlegten in ihrem Herzen: ‚Wie kann der so etwas sagen?
Der beleidigt ja Gott!
Wer kann Sünden vergeben?
Das kann doch kein Mensch, das kann nur Gott allein!'
Aber Jesus merkte sofort, dass sie so etwas bei sich überlegten.
Und er sprach zu ihnen: „Warum denkt ihr so etwas in euren Herzen?
Was ist denn leichter: Zu dem Gelähmten sagen: ‚Deine Sünden sind dir vergeben', oder zu ihm sagen: ‚Steh auf und nimm deine Decke und geh!'?

Was ist leichter?
Aber ihr sollt es sehen: Der Sohn Gottes hat die Macht von Gott.
Er kann die Sünden schon auf der Erde vergeben."
Und Jesus sprach zu dem Gelähmten: „Ich sage dir: Steh auf! Nimm deine Decke und geh nach Hause!"
Da stand der Mann auf und rollte seine Decke zusammen und ging hinaus.
Und alle sahen es.
Und sie waren alle ganz aufgeregt und lobten Gott und sagten: „So etwas haben wir noch nie gesehen!" (Markus 2)

Jesus und seine Familie

Ein anderes Mal kamen wieder viele Menschen bei Jesus im Haus zusammen und hörten ihm zu.
Es war ein solches Gedränge, dass Jesus und seine Jünger nicht einmal zum Essen kamen.
Als seine Mutter und seine Geschwister das hörten, wollten sie ihn nach Hause holen.
Sie verstanden ihn nicht und dachten: „Er ist verrückt geworden."
So kamen sie zu dem Haus und blieben draußen stehen.
Sie schickten jemand hinein, dass er ihn herausruft.
Die Menschen, die um Jesus herum saßen, sagten zu ihm: „Deine Mutter und deine Brüder stehen vor der Tür und rufen dich."
Da sprach Jesus: „Wer ist meine Mutter und wer sind meine Brüder?"
Er schaute im Kreise herum von einem zum andern und sprach: „Das hier sind meine Mutter und meine Brüder!
Denn wer tut, was Gott will, der ist mein Bruder und meine Schwester und meine Mutter." (Markus 3)

Eine stadtbekannte Frau salbt Jesus

Ein Pharisäer lud Jesus ein in sein Haus zum Essen.
Und Jesus kam zu dem Pharisäer und legte sich mit ihm zu Tisch.
(So machte man es damals bei einem Festessen.)
In derselben Stadt war auch eine Frau, die hörte, dass Jesus in das Haus des Pharisäers gegangen war.
Alle Leute in der Stadt kannten die Frau.
Sie war eine schlimme Sünderin.
(Sie tat, was Gott verboten hat: Sie ließ alle Männer zu sich kommen.)
Diese Frau kam in das Haus des Pharisäers. Sie hatte eine Flasche mit teurem Salböl mitgebracht.
Und sie ging zu Jesus, kniete sich an seinen Füßen hin und weinte.
Ihre Tränen fielen auf seine Füße und machten sie nass.
Dann trocknete sie seine Füße ab mit ihren langen Haaren und bedeckte sie mit Küssen.
Und sie nahm das teure Salböl und salbte seine Füße damit.
Der Pharisäer, der Jesus eingeladen hatte, sah es und dachte: ‚Wenn Jesus ein Prophet wäre, dann würde er merken, was

das für eine Frau ist, die ihn da anfasst. Dann würde er gleich wissen: Die ist eine Sünderin!'
Jesus merkte, was der Pharisäer dachte, und sprach zu ihm: „Simon, ich muss dir etwas sagen!"
Der Pharisäer antwortete: „Sag es nur, Meister!"
Und Jesus erzählte ihm: „Zwei Männer hatten Schulden bei einem reichen Mann.
Der hatte den beiden Geld geliehen.
Der eine hatte fünfhundert Silberstücke bekommen und der andere fünfzig.
Aber die beiden konnten das Geld nicht zurückzahlen. Da schenkte der reiche Mann es ihnen.
Nun frage ich mich: Wer von den beiden ist dem reichen Mann am meisten dankbar?
Wer liebt ihn am meisten?"
Da sagte Simon: „Ich denke der, dem er das meiste geschenkt hat."
Jesus sprach zu ihm: „So ist es, du hast Recht."
Dann drehte Jesus sich um, zeigte auf die Frau und sprach zu Simon: „Siehst du diese Frau?
Ich bin in dein Haus gekommen und du hast mir kein Wasser für meine Füße gegeben.
Doch diese Frau hat meine Füße mit ihren Tränen gewaschen und mit ihren Haaren getrocknet.
Du hast mir keinen Kuss gegeben zur Begrüßung.
Aber diese Frau hat meine Füße die ganze Zeit geküsst, seit ich hier bin.
Du hast meinen Kopf nicht mit Öl gesalbt für das Festmahl.
Aber sie hat sogar meine Füße mit Salböl gesalbt.
Darum sage ich dir: Ihre vielen Sünden sind ihr vergeben, darum zeigt sie so viel Liebe.
Wem nur wenig Sünde vergeben werden muss, der zeigt auch wenig Liebe."
Und Jesus sprach zu der Frau: „Deine Sünden sind dir vergeben!"
Da dachten die anderen Gäste, die mit am Tisch saßen:
‚Wer ist dieser Mann? Er vergibt sogar Sünden!'
Aber Jesus sprach zu der Frau: „Dein Glaube, dein Vertrauen zu mir, hat dir geholfen.
Nun geh hin im Frieden!" (Lukas 7)

Ein Mann, der halbe Sache macht

Als Jesus weiterging, kam ein Mann zu ihm und kniete vor ihm nieder.
Er sagte zu Jesus: „Guter Meister, was muss ich tun, damit ich das ewige Leben bekomme?"
Da sprach Jesus zu ihm: „Warum nennst du mich gut?
Kein Mensch ist gut. Nur Gott ist gut, er allein.
Du kennst doch seine Gebote:
Du sollst nicht töten.
Du sollst nicht die Ehe brechen.
Du sollst nicht stehlen.
Du sollst nicht lügen.
Du sollst niemand ausrauben.

Du sollst deinen Vater und deine Mutter ehren."
Der Mann sagte: „Das habe ich alles befolgt, von Kind auf."
Da schaute Jesus ihn an und er mochte ihn gern.
Und er sprach zu ihm: „Eins fehlt dir noch!
Geh hin und verkaufe alles, was du hast, und gib das Geld den Armen.
Dann hast du einen Schatz im Himmel bei Gott.
Und dann komm und geh mit mir, folge mir nach als mein Jünger."
Da war der Mann ganz enttäuscht, als er das hörte.
Er ging traurig weg, denn er war sehr reich.
Jesus schaute seine Jünger an, einen nach dem anderen.
Und er sprach: „Wie schwer werden Menschen, die große Reichtümer haben, in das Reich Gottes kommen!"
Die Jünger waren ganz erschrocken.
Aber Jesus sagte noch einmal: „Ja, es ist wirklich schwer, in das Reich Gottes zu kommen!"
Die Jünger waren entsetzt und sagten zueinander: „Wer kann dann überhaupt das ewige Leben bekommen?"
Jesus sah sie wieder an und sprach: „Bei den Menschen ist es nicht möglich, aber bei Gott.
Für Gott ist alles möglich." (Markus 10)

Der Zöllner Zachäus steigt auf einen Baum

Jesus kam nach Jericho und zog durch die Stadt.
Dort war ein Mann, der hieß Zachäus.
Er war ein Zöllner und er war sehr reich.

Die Menschen in Jericho mochten den Zachäus nicht.
Sie mussten ihm Zoll zahlen und er nahm immer zu viel von ihnen, wenn er an der Zollschranke saß.
Er betrog sie alle.

Zachäus wollte Jesus gern sehen und wissen, wer er ist.
Aber er konnte ihn nicht sehen.
Es standen zu viele Menschen da und Zachäus war ein kleiner Mann.
Da lief Zachäus voraus und kletterte auf einen Maulbeerbaum.
Er dachte: ‚Jetzt sehe ich Jesus bestimmt, wenn er vorbeikommt.'
Als Jesus an die Stelle kam, schaute er nach oben und sagte: „Zachäus, komm schnell herunter!
Denn ich muss heute in deinem Haus einkehren."
Da stieg Zachäus ganz schnell herunter von dem Baum und nahm Jesus mit in sein Haus.
Und er freute sich sehr.
Als das die anderen Leute sahen, schimpften sie alle und sagten: „Zu einem so schlechten Mann geht Jesus hin.
Und er geht sogar noch in sein Haus hinein und isst bei ihm!"

Aber Zachäus ging zu Jesus und sagte zu ihm: „Herr, ich gebe den Armen die Hälfte von allem, was ich habe.
Und wenn ich von jemand zu viel Geld genommen habe, gebe ich ihm viermal so viel zurück."
Da sprach Jesus: „Heute ist Zachäus und seine Familie gerettet worden!
Auch Zachäus ist ein Nachkomme von Abraham und gehört zum Volk Israel.
Denn dazu ist der Sohn Gottes gekommen: Er sucht die, die verloren sind, und rettet sie." (LUKAS 19)

Eine fremde Frau findet Hilfe bei Jesus

Jesus machte sich auf den Weg und wanderte in das Nachbarland, in die Gegend um die Stadt Tyrus.
Dort ging er in ein Haus und blieb darin.
Er wollte nicht, dass die Leute merken, dass er da ist.
Aber es sprach sich trotzdem herum.
Und eine Frau, die es hörte, kam gleich zu ihm. Denn ihr kleine Tochter hatte einen bösen Geist in sich.
Die Frau kam und warf sich vor Jesus nieder auf die Erde.
Sie war aber nicht aus dem Volk Israel, sondern war eine Griechin aus jener Gegend.
Und sie bat Jesus: „Treib doch den bösen Geist hinaus aus meiner Tochter!"
Aber Jesus sprach zu ihr: „Zuerst einmal müssen die Kinder satt werden.
Es ist nicht richtig, wenn man den Kindern das Brot wegnimmt und wirft es den Hunden hin.

Ich bin zuerst zum Volk Israel gesandt und nicht zu den anderen Völkern."
Aber die Frau antwortete ihm und sagte: „Ja, ich weiß, Herr!
Aber die Hunde unter dem Tisch, die essen doch auch von den Brotkrumen, die die Kinder herunterfallen lassen."
Da sprach Jesus zu ihr: „Weil du das gesagt hast, helfe ich dir.
Geh ruhig nach Hause!
Der böse Geist hat deine Tochter verlassen."
Und die Frau ging nach Hause und fand ihr Kind gesund auf dem Bett liegen und der böse Geist war weg. (MARKUS 7)

Jesus und die Kinder

Die Leute brachten Kinder zu Jesus. Er sollte ihnen seine Hände auflegen und sie segnen.
Aber die Jünger wollten die Kinder nicht zu Jesus lassen.
Als Jesus das sah, wurde er ärgerlich.
Und er sprach zu den Jüngern: „Lasst doch die Kinder zu mir kommen und haltet sie nicht ab!
Denn in das Reich Gottes können nur Menschen hineinkommen, die so sind wie die Kinder.
Ich sage euch: Wer sich das Reich Gottes nicht schenken lässt, so wie ein Kind sich etwas schenken lässt, der kommt nicht hinein."
Dann nahm er die Kinder in den Arm und legte jedem seine Hände auf den Kopf und segnete sie. (MARKUS 10)

Jesus staunt über einen fremden Mann

Und Jesus ging nach Kapernaum.
Da kam ein römischer Hauptmann zu ihm und bat ihn um Hilfe.
Er sagte zu Jesus: „Herr, mein Diener liegt zu Hause und ist gelähmt.
Er hat so große Schmerzen."
Jesus sagte: „Ich komme und mache ihn gesund."
Da antwortete der römische Hauptmann: „Herr, das bin ich nicht wert, dass du in mein Haus kommst.
Du brauchst nur ein Wort zu sprechen, dann ist mein Diener geheilt.
Ich denke, das ist so wie bei mir: Ich bekomme von meinem Vorgesetzten Befehle und ich gebe selbst auch Befehle.
Wenn ich zu einem Soldaten sage: ‚Geh!', dann geht er.
Und wenn ich zu einem anderen sage: ‚Komm!', dann kommt er.
Und wenn ich zu meinem Diener sage: ‚Mach das!', dann tut er es.
Darum: Sprich nur ein Wort, und mein Diener ist gesund."
Als Jesus das hörte, staunte er und sagte zu denen, die bei ihm waren: „Es ist wirklich wahr!
Einen so großen Glauben wie bei diesem Fremden habe ich in Israel nicht gefunden."
Und Jesus sprach zu dem Hauptmann: „Geh nach Hause! Es kommt so, wie du es geglaubt hast."
Und sein Diener wurde in derselben Stunde gesund. (MATTHÄUS 8)

Jesus erzählt Geschichten

Das Wichtigste: Zuhören

Jesus zog weiter mit seinen Jüngern.
Sie kamen in ein Dorf bei Jerusalem, nach Betanien.
Und eine Frau mit Namen Marta nahm sie in ihr Haus auf und gab ihnen zu essen und zu trinken.
Marta hatte eine Schwester, die hieß Maria.
Die ging zu Jesus, setzte sich auf die Erde zu seinen Füßen und hörte ihm zu, wie er von Gott sprach.
Aber Marta hatte sehr viel zu tun, damit alle etwas zu essen bekommen.
Sie ging zu Jesus und sagte: „Herr, siehst du denn nicht, dass meine Schwester mich alles allein machen lässt?
Sag ihr doch, dass sie mir helfen soll!“
Da antwortete Jesus und sprach zu ihr: „Marta, Marta, du rackerst dich ab und machst dir Sorgen um so viele Dinge!
Aber nur eins ist wirklich nötig.
Maria hat sich das gute Teil ausgesucht und das soll ihr nicht weggenommen werden.“ (LUKAS 10)

Vom Schatz und der Perle

Wenn Jesus zu den Menschen von Gott sprach und von Gottes Reich, dann erzählte er gern Geschichten.
„So ist Gott, so ist sein Reich“, sagte er. Und: „Wer Ohren hat, der soll gut zuhören!“ Und Jesus erzählte:

„Das Reich Gottes ist wie ein wertvoller Schatz.

Der lag in einem Acker vergraben.
Und ein Mensch fand ihn dort.
Da deckte er den Schatz schnell wieder mit Erde zu.
Und er lief voller Freude nach Hause, verkaufte alles, was er hatte, und kaufte sich dafür den Acker.
Jetzt gehört ihm der Schatz."

Jesus erzählte weiter:

„Das Reich Gottes ist wie eine kostbare Perle.
Da war einmal ein Kaufmann, der suchte schöne Perlen.
Und er fand bei einem Perlenfischer eine ganz große, wunderbare Perle.
Da ging er nach Hause, verkaufte alles, was er hatte, und kaufte sich die Perle."

(Matthäus 13)

Wie es zugeht beim Korn-Säen

Und Jesus erzählte:
„Hört zu!
Ein Sämann ging hinaus aufs Feld und streute Weizenkörner aus.
Und als er die Körner ausstreute, fielen einige auf den Weg.
Da kamen die Vögel und pickten die Körner auf.
Andere Körner fielen auf dünnen Boden, wo gleich Steine darunter waren.
Sie konnten keine Wurzeln treiben, weil die Erde so dünn war, und so wuchsen die Halme umso schneller in die Höhe.
Als aber die Sonne aufging, wurden sie gleich welk.
Und weil sie keine Wurzeln hatten, vertrockneten sie.
Wieder andere Körner fielen zwischen die Disteln.
Die Disteln wuchsen schneller und erstickten den Weizen.
Die Halme bekamen keine Ähren mit neuen Körnern. Und so brachten sie keine Frucht.
Aber es gab auch Körner, die fielen auf gute Erde.
Sie gingen auf und wuchsen heran und brachten Frucht, viele neue Körner, manche dreißig Körner, manche sechzig Körner und manche sogar hundert Körner aus einem Korn."
Und Jesus sprach: „Wer Ohren hat, der höre gut zu, damit er es versteht."

(Markus 4)

Jesus erklärt die Geschichte seinen Jüngern

Als Jesus wieder allein war, fragten ihn seine Jünger, was diese Geschichte bedeutet.
Und er sprach zu ihnen:
„Der Sämann ist wie ein Mensch, der von Gott erzählt.
Er streut das Wort von Gott wie einen Samen in die Menschenherzen aus.
Da gibt es Menschen, bei denen geht es wie bei den Körnern auf dem Weg.
Das Wort von Gott wird gepredigt. Sie hören es auch.
Aber sofort kommt der Teufel und nimmt ihnen das Wort wieder aus dem Herzen weg.

Dann gibt es andere Menschen, bei denen geht es so wie bei den Körnern auf dem dünnen Boden über den Steinen:
Sie hören das Wort von Gott und nehmen es sofort mit Freude auf.
Aber es kann in ihren Herzen nicht Wurzel schlagen, denn sie denken heute dies und morgen etwas anderes und übermorgen wieder etwas anderes.
Und wenn dann die Leute über sie lachen, weil sie das Wort so gern gehört haben, oder wenn sie deshalb sogar geschlagen werden, dann lassen sie es gleich los und kennen es nicht mehr.
Und dann gibt es Menschen, bei denen geht es so wie bei den Körnern, die zwischen die Disteln gesät wurden:
Sie hören das Wort von Gott und nehmen es in ihr Herz auf.
Aber die täglichen Sorgen und das Geld, das sie so gern haben, und die vielen Wünsche, die sie haben, das alles wohnt auch in ihrem Herzen und drückt das Wort tot.
Und es wächst nicht mehr und bringt keine Frucht.
Aber dann gibt es auch Menschen, bei denen ist es so wie bei den Körnern, die in die gute Erde gesät wurden:
Die hören das Wort von Gott und nehmen es in ihr Herz auf und bringen viel Frucht, manche dreißigfach, manche sechzigfach und manche hundertfach."

(MARKUS 4)

Vom verlorenen Schaf

Jesus ist zu Zachäus gegangen und hat mit ihm gegessen.
Er hat sich von der Sünderin anfassen und salben lassen.
Und noch viele solche Menschen durften zu Jesus kommen.
Das sahen die frommen Leute nicht gern. Sie sagten: „Nur uns hat Gott lieb. Wir haben alle seine Gebote befolgt.
Die da haben nichts zu suchen in Gottes Volk!"
Solchen Leuten, die so dachten, denen erzählte Jesus eine Geschichte. Er sagte:

Wenn einer von euch hundert Schafe hat und eins verliert, lässt er dann nicht die neunundneunzig in der Wüste allein und geht hinter dem verlorenen her und sucht es, bis er es findet?
Und wenn er es gefunden hat, nimmt er es dann nicht hoch und legt es auf seine Schultern und freut sich?
Und wenn er nach Hause kommt, dann ruft er die Freunde und die Nachbarn zusammen und sagt zu ihnen: „Freut euch mit mir!
Ich habe mein Schaf wiedergefunden, das ich verloren hatte!"
Ich sage euch: Bei Gott im Himmel ist mehr Freude über einen Sünder, der umkehrt auf seinem bösen Weg, als über neunundneunzig, die richtig leben vor Gott und vor den Menschen und nicht umkehren müssen. (LUKAS 15)

Vom verlorenen Sohn

Jesus erzählte dazu noch eine Geschichte. Er sagte:

Ein Mann hatte zwei Söhne.
Eines Tages sagte der jüngere von ihnen zu seinem Vater: „Vater, gib mir jetzt alles, was ich einmal von dir erbe!"
Da gab ihm der Vater seinen Teil.
Es dauerte nicht lange, da nahm der jüngere Sohn sein ganzes Geld und zog weit weg in ein anderes Land.
Dort feierte er jeden Tag und gab alles aus, was er hatte, mit beiden Händen.
Bald hatte er nichts mehr übrig.
Und da kam auch noch eine große Hungersnot über das Land.
Es gab nichts zu essen und zu trinken und es ging ihm sehr schlecht.
Er fing an zu hungern.
Da bettelte er einen Mann an, der dort wohnte, er soll ihm doch helfen.
Der Mann schickte ihn hinaus auf seine Felder zum Schweinehüten.
Und er hätte so gern das Schweinefutter gegessen, weil er so hungrig war.
Aber die Leute erlaubten es ihm nicht.
Da besann er sich und sagte: „Mein Vater hat so viele Arbeiter und alle haben genug zu essen, mehr als genug.
Und ich sitze hier und verhungere.
Ich mache mich jetzt auf den Weg und gehe zu meinem Vater.
Ich sage zu ihm: ‚Vater, es war falsch, dass ich weggegangen bin von dir.
Ich habe gesündigt gegen Gott und gegen dich.
Ich bin schlecht, ich kann nicht mehr dein Sohn sein. Nimm mich als Arbeiter auf deinen Hof.'"
So machte er sich auf den Weg und ging zurück zu seinem Vater.
Und als er noch ganz weit weg war, da sah sein Vater ihn schon.
Und es griff ihm ans Herz, wie er ihn so sah: barfuß und zerlumpt.
Da lief der Vater auf ihn zu und nahm ihn in die Arme und küsste ihn.
Der Sohn sagte: „Vater, ich habe gesündigt gegen Gott und gegen dich.
Ich bin es nicht mehr wert, dass ich dein Sohn bin."
Aber der Vater sprach zu seinen Dienern: „Schnell, bringt das beste Kleid heraus, das wir haben, und zieht es ihm an.
Steckt ihm einen Ring an den Finger und zieht ihm Schuhe auf seine Füße.
Und holt das Kalb aus dem Stall, das wir fett gefüttert haben, und schlachtet es.
Wir wollen essen und feiern und uns freuen.
Denn mein Sohn war tot und ist wieder lebendig, er war verloren und ist wiedergefunden!"
Und sie fingen an zu feiern.

(Lukas 15)

... und vom älteren Bruder

Aber der ältere Sohn war noch auf dem Feld draußen.
Als er nach Hause kam, hörte er die Musik und das Tanzen.
Und er rief einen jungen Arbeiter und fragte ihn, was da los ist.

Der sagte zu ihm: „Dein Bruder ist wiedergekommen.
Und dein Vater hat das fett gefütterte Kalb geschlachtet, weil er ihn gesund wiederbekommen hat."
Da wurde der ältere Sohn wütend und wollte nicht ins Haus hineingehen.
Aber sein Vater kam heraus zu ihm und sagte: „Komm doch herein!"
Da antwortete der Sohn und sagte zu seinem Vater: „Sieh her, ich arbeite nun schon so viele Jahre für dich.
Und niemals habe ich etwas gemacht, was du nicht wolltest.
Und was habe ich davon?
Mir hast du nie etwas gegeben, nicht einmal einen kleinen Ziegenbock, damit ich mit meinen Freunden feiern kann.
Aber dieser da, dein Sohn!
Erst vertut er dein ganzes Geld.
Und dann kommt er wieder. Und du, du schlachtest ihm gleich unser fett gefüttertes Kalb!"
Da sprach der Vater zu ihm: „Mein Junge, du bist doch immer bei mir, und alles, was ich habe, gehört dir auch.
Aber dein Bruder, der war tot für uns, und jetzt ist er wieder da, lebendig.
Er war verloren für uns und er ist wiedergefunden.
Da musst du dich doch auch freuen und mitfeiern. Oder meinst du nicht?"

(Lukas 15)

Vom barmherzigen Samariter

Ein Gesetzeslehrer wollte Jesus auf die Probe stellen, ob er das Gesetz Gottes auch richtig kennt.
Er fragte: „Meister, was muss ich tun, damit ich das ewige Leben bekomme?"
Jesus sprach zu ihm: „Was steht denn in der Heiligen Schrift, was liest du da?"
Der Gesetzeslehrer antwortete:
"Du sollst den Herrn, deinen Gott, lieben mit deinem ganzen Herzen, mit deinem ganzen Willen, mit deiner ganzen Kraft und mit deinem ganzen Verstand.
Und deinen Nächsten, den Menschen neben dir, den sollst du so lieben, wie du dich selbst liebst."
Jesus sprach zu ihm: „Du hast richtig geantwortet.
Das musst du tun, dann darfst du mit Gott ins seinem Reich leben."
Aber der Gesetzeslehrer fragte: „Ja, und wer ist mein Nächster?
Wer gehört denn alles dazu?"
Da fing Jesus an zu erzählen:
„Ein Mann ging von Jerusalem hinunter nach Jericho.
Da kamen Räuber, schlugen ihn halb tot und nahmen ihm alles weg.
So ließen sie ihn liegen.
Da kam gerade ein Priester daher.
Der war im Tempel gewesen.
Der Priester ging auch von Jerusalem nach Jericho.
Aber als er den Mann sah, ließ er ihn liegen und ging vorbei.
Genauso machte es ein Tempeldiener.

Der kam auch aus Jerusalem.
Als er den Mann sah, ging er vorbei.
Dann kam ein Fremder, ein Mann aus Samarien, ein Samariter. Der sah den Mann und hatte Mitleid mit ihm.
Er bückte sich zu ihm hinunter, goss Öl und Wein auf seine Wunden und verband sie mit Tüchern.
Dann hob er ihn hoch, setzte ihn auf seinen Esel und brachte ihn in ein Gasthaus. Dort sorgte er weiter für ihn.
Am anderen Morgen, als er weiterziehen musste, nahm er zwei große Silberstücke aus seiner Tasche.
Er gab sie dem Gastwirt und sagte: ‚Jetzt kümmerst du dich weiter um ihn.
Und wenn du noch mehr Geld brauchst, zahle ich es dir zurück, wenn ich wiederkomme.'"

Als die Geschichte zu Ende war, schaute Jesus den Gesetzeslehrer an und fragte ihn: „Was meinst du?
Wer von den dreien war der Nächste für den, den die Räuber halb tot geschlagen haben?"
Der Gesetzeslehrer sagte: „Der Nächste war der, der Mitleid mit ihm hatte und ihm geholfen hat."
Jesus sprach zu ihm: „Dann geh hin und mach es genauso wie er!"

(Lukas 10)

(Jesus hat die Frage umgedreht: „Wer von den dreien war der Nächste?"
Die Frage heißt jetzt nicht mehr: „Wer ist mein Nächster?"
Sie heißt jetzt: „Wem bin ich der Nächste? Wer braucht mich?")

Jesus erzählt von Arbeit und Lohn

Ein Mann hatte einen ganz großen Weinberg. Die Trauben waren reif, und er brauchte Arbeiter, die sie ernten.
Da ging er früh am Morgen um sechs Uhr hinaus auf den Marktplatz und holte sich Arbeiter für seinen Weinberg.
Er machte mit ihnen ab, was sie als Lohn bekommen: ein großes Silberstück.
(Ein großes Silberstück war der Lohn für einen Tag.)
Und der Weinbauer schickte sie hin in seinen Weinberg zum Arbeit.
Um neun Uhr ging er noch einmal auf den Marktplatz und sah dort noch Männer ohne Arbeit.
Er sprach zu ihnen: „Kommt mit und arbeitet in meinem Weinberg.
Ich zahle euch den gerechten Lohn."
Da gingen die auch hin.
Und mittags um zwölf Uhr ging er wieder hinaus und am Nachmittag um drei Uhr noch einmal.
Und er schickte jedes Mal wieder Arbeiter in seinen Weinberg.
Zuletzt ging er noch einmal auf den Marktplatz, als es nur noch eine Stunde bis zum Abend war.
Und er sah immer noch Männer, die da herumstanden.
Er sprach zu ihnen: „Warum steht ihr den ganzen Tag herum und tut nichts!"
Da sagten sie zu ihm: „Uns hat keiner Arbeit gegeben."
Er sprach zu ihnen: „Kommt her! Ihr geht auch noch in meinen Weinberg."
Als es nun Abend wurde, sagte der Weinbergbesitzer zu seinem Verwalter: „Jetzt ruf die Arbeiter zusammen und gib ihnen das Geld, ihren Arbeitslohn.
Du fängst bei den Letzten an und gehst weiter bis zu den Ersten."
Zuerst kamen also die dran, die erst in der letzten Stunde gekommen waren.
Jeder bekam ein großes Silberstück.
Als nun die anderen an die Reihe kamen, dachten sie: „Wir bekommen mehr."
Aber sie bekamen jeder auch ein großes Silberstück.
Als sie das sahen, schimpften sie auf den Weinbergbesitzer und sagten: „Die da sind zuletzt gekommen!
Die haben nur eine einzige Stunde gearbeitet! Und du gibst ihnen genauso viel wie uns.
Wir haben doch den ganzen Tag geschuftet und die ganze Hitze ertragen!"
Da sagte der Weinbergbesitzer zu einem von ihnen: „Mein Lieber, ich tue dir kein Unrecht.
Wir hatten abgemacht: ein großes Silberstück für den Tag.
Das hast du bekommen.
Steck es ein und geh nach Hause.
Ich will eben dem Letzten dasselbe geben wie dir.
Mit meinem Geld kann ich doch machen, was ich will! Oder bist du neidisch, weil ich so gut bin?"
Das erzählte Jesus und sagte: „So macht es Gott. So ist es in seinem Reich.
Denn er hat alle gleich lieb. Die Letzten sogar zuerst."

(Matthäus 20)

Jesus erzählt vom anvertrauten Geld

Mit Gott und seinem Reich ist es so wie mit einem Mann, der für längere Zeit ins Ausland reisen wollte.
Er rief seine Mitarbeiter zusammen und gab ihnen all sein Geld.
Dem einen gab er 5000 Silberstücke, dem anderen 2000 und dem dritten gab er 1000.
Sie sollten mit dem Geld Handel treiben und mehr Geld daraus machen.
Er gab jedem so viel, wie er ihm zutraute.
Dann fuhr er weg.
Sofort ging der Erste hin, der die 5000 Silberstücke bekommen hatte, und fing an, mit ihnen zu arbeiten.
Er kaufte Waren und verkaufte sie weiter und so verdiente er noch einmal 5000 Silberstücke dazu.
Der Zweite, der die 2000 Silberstücke bekommen hatte, machte es genauso und verdiente noch einmal 2000 dazu.
Aber der Dritte, der die 1000 Silberstücke bekommen hatte, der ging hin, machte ein Loch in die Erde und vergrub das Geld seines Herrn.
Nach langer Zeit kam der Herr zurück und wollte mit seinen Mitarbeitern abrechnen.
Da trat der Erste vor, der die 5000 Silberstücke bekommen hatte.
Er brachte 5000 mehr mit und sagte: „Herr, du hast mir 5000 gegeben.
Sieh, ich habe noch einmal 5000 dazuverdient."
Sein Herr sprach zu ihm: „Recht so!
Du bist ein guter und treuer Mitarbeiter.
Du warst tüchtig bei kleinen Aufgaben.
Ich will dir große Aufgaben geben.
Komm mit hinein zum Freudenfest deines Herrn!"
Dann trat der Zweite vor, der die 2000 Silberstücke bekommen hatte, und sagte: „Herr, du hast mir 2000 gegeben.
Sieh, ich habe noch einmal 2000 dazuverdient."
Sein Herr sprach zu ihm: „Recht so!
Du bist ein guter und treuer Mitarbeiter.
Du warst tüchtig bei kleinen Aufgaben.
Ich will dir große Aufgaben geben.
Komm mit hinein zum Freudenfest deines Herrn!"
Zuletzt trat auch der vor, der 1000 Silberstücke bekommen hatte.
Er sagte: „Herr, ich wusste ja: Du bist ein harter Mann.
Du erntest, wo du nicht gesät hast, und du sammelst ein, wo du nichts ausgestreut hast.
Und weil ich Angst hatte, versteckte ich dein Geld in der Erde, damit nichts verloren geht.
Sieh, hier hast du es wieder!"
Da sprach sein Herr zu ihm: „Du bist ein böser und fauler Mitarbeiter!
Du wusstest, dass ich ernte, wo ich nicht gesät habe, und einsammle, wo ich nichts ausgestreut habe.
Warum hast du dann mein Geld nicht zur Sparkasse gebracht? Dann hätte ich es mit Zinsen wiederbekommen."
Und der Herr sprach: „Nehmt ihm die 1000 Silberstücke weg und gebt sie dem, der die 5000 hat!

Und diesen faulen Arbeiter werft ihr hinaus in die Dunkelheit.
Da kann er heulen und mit den Zähnen klappern.“ (MATTHÄUS 25)

Jesus benutzt in seinen Geschichten immer Bilder. Das Geld ist ein Bild für das, was Gott jedem Menschen an Kraft und Fähigkeiten gegeben hat.

Jesus erzählt vom großen Fest bei Gott

An einem Sabbat, dem Ruhetag der Juden, war Jesus bei einem Pharisäer zum Essen eingeladen.
Da sagte einer, der mit am Tisch war, zu Jesus: „Die haben es gut, die mitfeiern dürfen beim großen Festessen im Reich Gottes.“
Jesus erzählte dazu eine Geschichte:
„Ein Mann wollte ein großes Festessen feiern und lud viele Leute dazu ein.
Als der Tag kam und alles fertig war, da schickte er seinen Hausdiener los.
Er sollte den eingeladenen Leuten sagen: ‚Kommt jetzt! Es ist alles fertig zum Festessen!‘
Aber sie fingen alle an, sich zu entschuldigen, und wollten nicht kommen.
Der eine sagte: ‚Ich habe gerade ein Stück Land gekauft.
Ich muss unbedingt hinausgehen und es mir ansehen.
Ich bitte dich, entschuldige mich.‘
Ein anderer sagte: ‚Ich habe gerade fünf Paar Ochsen für die Arbeit auf dem Feld gekauft.
Ich gehe jetzt hin und sehe, ob sie in Ordnung sind.
Ich bitte dich, entschuldige mich.‘
Und noch ein anderer sagte: ‚Ich habe gerade geheiratet. Deswegen kann ich jetzt nicht kommen.‘
Der Hausdiener kam zurück und berichtete alles seinem Herrn.
Da wurde der Hausherr wütend und sprach zu seinem Diener: ‚Jetzt gehst du schnell hinaus auf die Straßen in der Stadt!
Und du holst mir alle herein, die du dort findest: die Armen, die Krüppel, die Blinden und die Gelähmten.‘
Der Diener holte sie alle herein.
Dann ging er zum Hausherrn und sagte: ‚Herr, ich habe alles so gemacht, wie du es gesagt hast.
Aber es sind immer noch Plätze frei.‘
Da sprach der Herr zu seinem Diener: ‚Geh hinaus aus der Stadt auf die Landstraßen und Feldwege!
Treib die Leute herbei von dort, damit mein Haus voll wird.‘“
Und Jesus schaute die Gäste am Tisch an und sprach: „Das sage ich euch:
Wer jetzt Gottes Einladung ausschlägt, der kommt auch nicht an meinen Tisch, wenn ich mein Festmahl halte in Gottes Reich.“ (LUKAS 14)

Gott tut Wunder durch Jesus

Jesus macht Wasser zu Wein

Einmal war eine Hochzeit in der Stadt Kana in Galiläa.
Die Mutter von Jesus war dabei.
Jesus und seine Jünger waren auch eingeladen zu der Hochzeit.
Es waren viele Gäste da und der Wein wurde knapp.
Da sagte seine Mutter zu Jesus: „Sie haben keinen Wein mehr."
Jesus sprach zu ihr: „Was kümmerst du dich darum?
Meine Stunde ist noch nicht da."
Das sagte seine Mutter zu den Dienern: „Wenn er euch etwas sagt, dann tut es!"
Nun standen da sechs große Wasserkrüge aus Stein. In jeden Krug passten zehn Eimer Wasser.
Jesus sprach zu den Dienern: „Gießt die Krüge voll Wasser!"
Und sie füllten die Krüge voll bis oben hin.
Dann sagte Jesus zu ihnen: „Und jetzt tut ihr etwas davon in einen Becher und bringt es dem Koch zum Probieren."
Der Koch probierte es.
Da war das Wasser zu Wein geworden. Aber der Koch wusste nicht, woher der Wein kam.
Nur die Diener wussten es. Sie hatten ja das Wasser in die Krüge gegossen.
Da rief der Koch den Bräutigam und sagte zu ihm: „Jeder gibt doch seinen Gästen zuerst den guten Wein zu trinken.
Und später, wenn sie schon betrunken sind, dann schenkt er den schlechteren Wein ein.
Und du, du hast den guten Wein bis zuletzt aufgehoben!"
Mit diesem Wunder in Kana zeigte Jesus, wer er ist: sein Geheimnis, seine Herrlichkeit.
Und seine Jünger glaubten an ihn.

Die Jünger kannten das Prophetenwort:
„Auf dem Berg Zion wird Gott der Herr ein Festmahl halten für alle Völker.
Die besten Speisen gibt es zu essen und den besten Wein zu trinken, alten, wundervollen Wein.
Dann wird der Tod für immer vernichtet, und alle Tränen werden abgewischt."
Die Jünger sahen jetzt: Mit Jesus fängt das große Festmahl an! (Johannes 2)

Jesus heilt einen Besessenen

Jesus und seine Jünger gingen nach Kapernaum.
Und am Sabbat ging er zum Gottesdienst in das Gebetshaus der Juden, in die Synagoge.

Er las ein Stück aus der Heiligen Schrift vor und erklärte den Menschen, was Gott ihnen damit sagen will.
Die Menschen, die es hörten, waren ganz erschrocken, denn er redete ihnen ins Herz hinein, mit Macht von Gott, nicht wie ihre Gesetzeslehrer.
Nun saß da in der Synagoge ein Mann, der war besessen, ein böser Geist wohnte in ihm.
Und der Geist schrie aus dem Mann und rief: „Was willst du von uns, Jesus von Nazareth?
Du bist bloß gekommen, um uns zu vernichten.
Ich weiß, wer du bist: Du bist der Sohn Gottes!“
(Der böse Geist in dem Mann wusste, dass Jesus die bösen Geister alle vertreiben wird.)
Da sprach Jesus mit großer Kraft und ganz streng zu ihm: „Sei still und geh heraus aus dem Mann!“
Und der böse Geist warf den Besessenen hin und her, schrie laut und fuhr heraus aus ihm.
Aber die Menschen in der Synagoge erschraken und sagten zueinander: „Was ist denn das?
Er predigt wie einer, der Vollmacht hat von Gott.
Und er gibt den bösen Geistern Befehle und die gehorchen ihm!“
Und die Menschen erzählten sogleich alles weiter, was Jesus getan hatte.
Im ganzen Land Galiläa hörte man davon.

(Markus 1)

Jesus gibt fünftausend Menschen zu essen

Eines Tages sagte Jesus zu seinen Jüngern: „Kommt mit!
Wir suchen uns eine Stelle, wo wir allein sind, damit ihr euch ein bisschen ausruhen könnt.“
Denn die Leute kamen und gingen den ganzen Tag über. Die Jünger hatten nicht einmal Zeit zum Essen.
So fuhren sie mit dem Boot über den See an eine Stelle, wo sie allein waren.
Aber die Leute sahen, wie sie wegfuhren.
Und sie gingen zu Fuß am Ufer entlang um den See herum.
Und aus anderen Städten kamen noch mehr Menschen dazu.
Sie waren früher da als Jesus und seine Jünger.
Als nun Jesus aus dem Boot stieg, da sah er die vielen, vielen Menschen.
Und er bekam Mitleid mit ihnen, denn sie waren wie Schafe, die keinen Hirten haben, der für sie sorgt.
Da sprach er lange mit ihnen von Gott und von seinem Reich.
Als es Abend wurde, kamen die Jünger zu Jesus und sagten: „Hier gibt es nichts zu essen und es ist schon spät.
Schick die Leute jetzt weg, damit sie in die Dörfer und Bauernhöfe ringsherum gehen und sich etwas kaufen.“
Jesus sprach zu ihnen: „Gebt ihr ihnen doch zu essen!“
Sie sagten: „Dann müssen wir ja für zweihundert Silberstücke Brot kaufen, damit sie alle zu essen bekommen!

Wo sollen wir so viel Geld hernehmen?"
Jesus fragte sie: „Wie viele Brote habt ihr denn bei euch? Geht und seht nach."
Sie sahen nach und sagten ihm: „Fünf Brote sind da und zwei Fische!"
Da sprach Jesus zu ihnen: „Die Leute sollen sich auf den Boden setzen, immer eine Gruppe neben der anderen."
Und sie setzten sich hin in Gruppen zu hundert und zu fünfzig.
Dann nahm Jesus die fünf Brote und die zwei Fische und sah hinauf zum Himmel und dankte Gott dafür.
Dann brach er die Brote in Stücke und gab sie seinen Jüngern. Und die Jünger gaben sie den Menschen weiter.
Danach verteilte er auch die zwei Fische unter sie.
Und sie aßen alle.
Und alle wurden satt.
Am Ende sammelten sie die übrigen Brotstücke ein und taten sie in Körbe, und auch die übrigen Fische.
Und es wurden noch zwölf Körbe voll von den Resten. (Markus 6)

Jesus heilt einen Taubstummen

Eines Tages brachte man einen Mann zu Jesus. Der konnte nicht hören und nicht sprechen. Er war taub und stumm.
Und sie baten Jesus, er soll ihm die Hand auflegen, damit er gesund wird.
Da nahm Jesus den Mann zur Seite und legte ihm seine Finger in die Ohren.
Und dann tat er ein wenig Spucke auf seinen Finger und berührte damit die Zunge des Kranken.
Dann schaute Jesus nach oben zum Himmel, seufzte aus tiefstem Herzen und sprach zu dem Kranken: „Effata!" Das heißt: ‚Öffne dich!'
Sofort öffneten sich die Ohren und er konnte hören.
Er konnte auch seine Stimme gebrauchen und redete ganz richtig.
Da staunten die Menschen und sagten: „Jesus bringt alles wieder in Ordnung.
Er macht, dass die Tauben hören und die Stummen reden!" (Markus 7)

Der blinde Bettler

Jesus kam wieder nach Jericho. Eine große Menge Menschen lief mit.
Da saß am Weg ein blinder Bettler. Es war Bartimäus, der Sohn von Timäus.
Als Bartimäus hörte, dass Jesus aus Nazareth kommt, da schrie er ganz laut: „Jesus, du Sohn Davids, hilf mir! Erbarme dich über mich!"
Die Leute sagten zu ihm: „Hör doch auf mit dem Geschrei!"
Aber er schrie noch viel lauter: „Du Sohn Davids, erbarme dich über mich!"
Da blieb Jesus stehen und sprach: „Ruft ihn her zu mir!"
Sie riefen den Blinden und sagten zu ihm: „Du kannst dich freuen.
Steh auf! Er ruft dich zu sich."
Da warf Bartimäus seinen Mantel auf die Erde, sprang auf und lief zu Jesus.
Jesus fragte ihn: „Was willst du?
Was soll ich für dich tun?"
Da sagte der Blinde zu ihm: „Herr, dass ich wieder sehen kann."
Jesus sprach zu ihm: „Geh nur! Du hast Vertrauen zu mir. Du bist gerettet."
Und sofort konnte Bartimäus wieder sehen.
Und er ging mit Jesus und folgte ihm auf seinem Weg. (MARKUS 10)

Die Jünger im Seesturm

Es war am See Genezareth. Jesus hatte den ganzen Tag zu den Menschen gesprochen. Er saß dabei in einem Boot und die Menschen standen am Ufer.

Als es Abend wurde, sagte Jesus zu seinen Jüngern: „Jetzt fahren wir nach drüben an das andere Ufer!"
Da schickten die Jünger die Menschen nach Hause und fuhren mit Jesus los.
Auf einmal kam ein großer Sturm auf.
Die Wellen schlugen in das Boot und es lief voll Wasser.
Aber Jesus lag hinten im Boot auf dem Kissen und schlief ganz ruhig.
Die Jünger weckten ihn auf und sagten zu ihm: „Herr, wir gehen unter!
Macht dir das gar nichts aus?"
Da stand Jesus auf.
Er schimpfte den Wind aus und rief dem tobenden See zu: „Sei still! Gib Ruhe!"
Da hörte der Wind auf und der See lag ganz still.
Jesus sprach zu den Jüngern: „Warum habt ihr solche Angst gehabt?
Habt ihr immer noch kein Vertrauen zu mir, keinen Glauben?"
Da kam eine große Furcht über sie und sie sagten zueinander: „Wer ist er?
Der Wind und die Wellen gehorchen ihm!" (MARKUS 4)

Jesus heilt zehn Aussätzige

Als Jesus zu einem Dorf kam, waren draußen vor dem Dorf zehn Männer.
Die hatten eine schwere Hautkrankheit, den Aussatz.
(Wer Aussatz hatte, durfte nicht mit den anderen Menschen zusammen sein.
Und wenn ein gesunder Mensch in die Nähe kam, musste der Kranke rufen: „Vorsicht! Ich bin aussätzig!")

Die Männer bleiben weit weg stehen und riefen, so laut sie konnten: „Jesus, lieber Meister, erbarme dich über uns!"
Jesus sprach zu ihnen: „Geht zu den Priestern und lasst euch untersuchen, ob ihr gesund seid!"
Als sie auf dem Weg dorthin waren, wurde ihre Haut gesund.
Einer von ihnen kam zurück zu Jesus, als er sah, dass er gesund war.
Er lobte Gott mit lauter Stimme.
Und er warf sich vor Jesus nieder und dankte ihm.
Der Mann war ein Fremder, ein Samariter.
Da sprach Jesus: „Sind es nicht zehn, die gesund geworden sind?
Wo sind die neun anderen geblieben?
Warum sind sie nicht auch zurückgekommen und haben Gott gelobt?
Warum nur dieser Fremde hier, der Samariter?"
Und Jesus sprach zu ihm: „Steh auf und geh nach Hause!
Du hast mir geglaubt und dein Glaube hat dich gerettet."

(LUKAS 17)

Jesus ruft ein junges Mädchen ins Leben zurück

Als Jesus mit dem Boot an das andere Ufer zurückgefahren war, kam wieder eine große Menge Menschen bei ihm zusammen.
Da lief ein Mann herbei. Er hieß Jaïrus und hatte ein wichtiges Amt in der Gemeinde.
Als er Jesus sah, warf er sich vor ihm nieder und bat ihn dringend um Hilfe.
Er sagte zu Jesus: „Meine Tochter ist krank, sie stirbt gleich.
Komm schnell und leg ihr die Hände auf, damit sie geheilt wird und am Leben bleibt!"
Jesus kam mit und viele Menschen zogen hinter ihm her.
Sie drängten sich um ihn herum.
Es war auch eine Frau dabei, die litt an Blutungen im Unterleib.
Immer wieder fing sie an zu bluten, schon seit zwölf Jahren.
Sie war bei vielen Ärzten gewesen und hatte ihr ganzes Geld dafür ausgegeben.
Aber keiner konnte ihr helfen.
Es wurde nur immer schlimmer.
Die Frau hatte von Jesus gehört und sie drängte sich in der Menge zu ihm durch.
Sie kam von hinten an ihn heran und fasste heimlich sein Gewand an.
Denn sie dachte: ‚Wenn ich nur seine Kleider anfasse, dann werde ich bestimmt gesund.'
Und im gleichen Augenblick, als sie Jesus anfasste, hörte ihr Blut auf zu fließen.
Sie merkte, dass sie von ihrer Krankheit geheilt war.
Aber Jesus spürte sofort, dass Kraft von ihm wegging.
Und er drehte sich um zu der Menschenmenge und sprach: „Wer hat meine Kleidung angefasst?"
Da sagten seine Jünger zu ihm: „Du siehst doch: So viele Menschen drängen um dich herum. Und da sagst du: ‚Wer hat mich angefasst?'"

Aber Jesus blickte ringsumher und wollte sehen, wer das getan hat.
Da bekam die Frau Angst und zitterte. Sie wusste ja, was mit ihr geschehen war.
Sie kam und warf sich nieder vor Jesus und sagte ihm alles ganz genau.
Da sprach er zu ihr: „Meine Tochter, du hast Vertrauen zu mir, und das hat dich gesund gemacht.
Nun geh hin in Frieden.
Du bist frei von deiner Krankheit."
Als Jesus noch redete, kamen Leute zu Jaïrus und sagten: „Deine Tochter ist gestorben!
Mach Jesus keine Mühe mehr. Er muss nicht mehr kommen."
Jesus hörte es und sprach zu Jaïrus: „Fürchte dich nicht! Hab Vertrauen zu mir, glaube nur!"
Und Jesus ließ keinen mehr mitgehen, nur Petrus und die beiden Brüder Jakobus und Johannes.
Dann kamen sie zu dem Haus.
Jesus sah viele Leute darin aufgeregt hin und her laufen, und er hörte, wie sie laut weinten und klagten.
Und er ging hinein und sprach zu ihnen: „Was macht ihr hier für einen Lärm?
Warum weint ihr so laut?
Das Kind ist nicht gestorben. Es schläft nur!"
Da lachten sie ihn aus.
Aber Jesus jagte sie alle hinaus.
Dann nahm er den Vater des Kindes mit sich und die Mutter des Kindes und seine drei Jünger und ging in das Zimmer, in dem das Kind lag.
Und er fasste das Kind an der Hand und sprach zu ihm: „Talita kum!" Das heißt: ‚Mädchen, ich sage dir: Steh auf!'

Das stand das Mädchen sofort auf und ging umher.
Sie war damals zwölf Jahre alt.
Da staunten die Menschen und waren ganz aufgeregt.
Aber Jesus sprach zu ihnen: „Ich verbiete euch, dass ihr dies irgendeinem weitererzählt!“
Dann sagte er: „Nun gebt dem Kind etwas zu essen!“ (MARKUS 5)

Jesus schenkt Lazarus das Leben wieder

Lazarus wohnte in Betanien, in einem Dorf nicht weit von Jerusalem.
Maria und Marta waren seine beiden Schwestern.
Jesus hatte sie alle drei sehr lieb.
Nun war Lazarus krank geworden.
Da schickten die Schwestern jemand zu Jesus, der sollte ihm sagen: „Lazarus, den du lieb hast, der ist krank.“
Als Jesus das hörte, sprach er: „Diese Krankheit führt nicht zum Tod, sondern dazu, dass Gott daran seine Macht zeigen kann.
Gott will durch diese Krankheit seinen Sohn groß machen.“
Jesus hatte Marta und ihre Schwester und Lazarus sehr lieb.
Doch er blieb noch zwei Tage an dem Ort, wo er war, und ging nicht hin.
Erst danach sprach er zu den Jüngern: „Wir gehen nach Betanien.“
Und er sagte auch zu ihnen: „Unser Freund Lazarus schläft jetzt.
Ich gehe hin und wecke ihn auf.“
Da sagten die Jünger zu ihm: „Herr, wenn er schläft, wird er wieder gesund.“
Die Jünger verstanden Jesus nicht. Sie dachten, er spricht davon, dass Lazarus einen tiefen Schlaf schläft.
Da sprach Jesus ganz offen zu ihnen: „Lazarus ist tot.
Und ich freue mich für euch, dass es so ist. Denn dadurch lernt ihr, mir zu vertrauen.
Aber nun wollen wir zu ihm gehen.“
Als Jesus nach Betanien kam, lag Lazarus schon vier Tage in seinem Grab.
Viele Juden waren aus Jerusalem gekommen und trösteten Maria und Marta, weil ihr Bruder tot war.
Als nun Marta hörte, dass Jesus kommt, ging sie ihm entgegen, hinaus vor das Dorf. Aber Maria blieb zu Hause.
Und Marta sagte zu Jesus: „Herr, wenn du hier gewesen wärst, dann wäre mein Bruder nicht gestorben.
Aber ich weiß auch jetzt noch: Wenn du Gott bittest, gibt er dir alles, was du willst.“
Jesus sprach zu ihr: „Dein Bruder wird auferstehen!“
Marta sagte zu ihm: „Ich weiß: Er wird auferstehen bei der Auferstehung am letzten Tag der Welt.“
Da sprach Jesus zu ihr:
„Ich bin die Auferstehung
und das Leben.
Wir an mich glaubt,
der lebt, auch wenn er stirbt.
Und wer lebt und an mich glaubt,
der stirbt nicht,
in Ewigkeit nicht.

Glaubst du das?“
Marta sagte zu ihm: „Ja, Herr!
Ich glaube: Du bist Christus, der Sohn Gottes, der in die Welt kommt.“
Dann ging sie weg und rief ihre Schwester Maria.
Sie sagte ihr leise ins Ohr: „Der Meister ist da und ruft dich!“
Maria stand schnell auf und lief zu ihm hinaus.
Das sahen die Juden, die bei Maria im Haus waren und sie trösteten. Und sie folgten ihr.
Sie dachten, Maria geht hinaus zum Grab und weint dort über ihren Bruder.
Als Maria zu Jesus kam und ihn sah, warf sie sich vor seinen Füßen nieder.
Und sie sagte zu ihm: „Herr, wenn du hier gewesen wärst, dann wäre mein Bruder nicht gestorben.“
Jesus sah Maria weinen und er sah auch die Juden weinen, die mit ihr gekommen waren.
Da wurde er in seinem Herzen ganz zornig, weil sie so wenig Glauben hatten.
Und er sprach: „Wo habt ihr ihn begraben?“
Sie sagten zu ihm: „Herr, komm mit und sie es dir an.“
Da weinte Jesus auch.
Und die Juden sagten: „Seht, wie lieb er ihn gehabt hat!“
Aber einige von ihnen sagten: „Er hat doch die Augen der Blinden aufgemacht. Konnte er denn nicht machen, dass Lazarus nicht stirbt?“
Da wurde Jesus wieder zornig, weil sie keinen Glauben hatten.
Und er kam zu dem Grab, in das sie Lazarus gelegt hatten.
Das Grab war eine Höhle im Felsen. Und es lag ein großer Stein davor.
Jesus sprach: „Nehmt den Stein weg!“
Da sagte Marta: „Herr, er stinkt aber schon!
Er liegt schon vier Tage im Grab!“
Da sprach Jesus zu ihr: „Ich habe dir doch gesagt: Wenn du Vertrauen zu mir hast, wenn du glaubst, dann siehst du Gottes Herrlichkeit!“
Da schoben sie den Stein weg.
Und Jesus blickte nach oben und sprach: „Vater, ich danke dir! Du hast mein Gebet erhört.
Ich weiß ja: Du hörst immer auf meine Bitten.
Aber ich sage das, damit die Menschen hier glauben: Du hast mich geschickt.“
Und er rief mit lauter Stimme: „Lazarus, komm heraus!“
Da kam der Tote heraus.
Seine Füße und seine Hände waren noch mit Binden umwickelt. Und sein Gesicht war mit einem Tuch verhüllt.
Jesus sprach zu ihnen: „Nehmt ihm das alles ab, damit er frei gehen kann.“
Die Juden, die zu Maria gekommen waren, sahen das.
Und viele von ihnen glaubten jetzt an Jesus. (Johannes 11)

Jesus sagt den Menschen, was Gott will

Salz und Licht für die Welt

Eines Tages kamen wieder viele Menschen zu Jesus.
Da stieg er auf einen Berg und setzte sich hin. Und seine Jünger gingen zu ihm.
Er sprach zu ihnen und die anderen hörten es.
Und Jesus sagte zu seinen Jüngern:
„Ihr seid das Salz der Erde.
Was das Salz für die Speisen ist, das seid ihr für die Welt.
Wenn nun aber das Salz seinen Salzgeschmack verliert, wie soll es wieder salzig werden?
Man kann es dann nicht mehr gebrauchen. Man schüttet es auf die Straße und die Leute zertreten es.
Ihr seid auch das Licht für die Welt.
Wenn eine Stadt oben auf einem Berg liegt, kann sie sich nicht verstecken. Jeder kann sie sehen.
Oder wenn man eine Kerze anzündet, dann stellt man sie ja auch nicht unter einen Eimer, sondern auf einen Kerzenständer, damit sie für alle leuchtet, die im Hause sind.
Genauso sollt ihr wie ein Licht leuchten vor den Menschen.
Sie sollen sehen, was ihr Gutes tut, und dann loben sie euren Vater im Himmel dafür."

(Matthäus 5)

Wen wir lieben sollen

Weiter sagte Jesus zu seinen Jüngern: „Ihr wisst, dass im Gesetz steht: ‚Du sollst deinen Nächsten lieben, nur deinen Feind darfst du hassen.'
Aber ich sage euch: Habt auch eure Feinde lieb, und betet für die Menschen, die euch hassen.
Dann seid ihr wirklich Kinder eures Vaters im Himmel.
Denn Gott lässt ja auch seine Sonne scheinen auf gute Menschen und auf böse Menschen.
Und er lässt es regnen auf Menschen, die das Rechte tun, und genauso auf Menschen, die Unrecht tun.
Wenn ihr nur die Menschen lieb habt, die euch auch lieb haben, was tut ihr dann Besonderes?
Das machen ja sogar die schlechtesten Menschen!
Nein, ihr sollt jeden Menschen lieben, so wie euer Vater im Himmel jeden liebt."

(Matthäus 5)

Die Seligpreisungen

Jesus sagt, was für Menschen es gut haben bei Gott.
Er sagt solchen Menschen, sie dürfen sich freuen.
Er preist sie selig.

Die haben es gut, die wissen,
dass sie arm sind vor Gott,
denn sie dürfen mit ihm in seinem Reich leben!
Die haben es gut, die traurig sind,
denn sie werden getröstet!
Die haben es gut, die nachgeben
und nicht streiten,
denn sie bekommen einmal die ganze Erde!
Die haben es gut, die Hunger und Durst danach haben
in ihrem Herzen,
dass es gerecht zugeht auf der Erde,
denn sie sollen satt werden!
Die haben es gut, die barmherzig sind zu anderen,
denn Gott ist auch barmherzig zu ihnen!
Die haben es gut, die ein reines Herz haben,
denn sie werden Gott sehen!
Die haben es gut, die Frieden schaffen,
denn sie werden Gottes Kinder sein!
Die haben es gut, die von den Menschen gehasst werden,
weil sie das Rechte tun,
denn sie dürfen mit Gott in seinem Reich leben!

(Matthäus 5)

Wie wir beten sollen

Weiter sagte Jesus zu ihnen:
„Wenn ihr betet, dann macht es nicht so wie die Scheinheiligen!
Die machen anderen gern etwas vor.
Sie stellen sich in aller Öffentlichkeit hin und beten da, damit alle Menschen sie sehen.
Ich sage euch: Ein solches Gebet, das hört Gott nicht.
Nein, wenn du betest, dann geh in dein Zimmer und mach die Tür fest zu.
Und dort, wo dich niemand sieht, da betest du zu deinem Vater im Himmel, zu dem, den auch niemand sieht.
Aber dein himmlischer Vater, der sieht, was du da still für dich tust.
Und er hört dein Gebet.
Und wenn ihr betet, dann plappert nicht so viele Worte wie die Menschen, die Gott nicht kennen.
Die denken, wenn sie viele Worte machen, dann werden sie besser gehört.
Macht es nicht so wie sie!
Euer Vater im Himmel weiß ja, was ihr braucht, schon bevor ihr ihn bittet.
Darum betet so:

Unser Vater im Himmel!
Geheiligt werde dein Name.
Dein Reich komme.
Dein Wille geschehe
wie im Himmel so auf Erden.
Unser tägliches Brot gib uns heute.
Und vergib uns unsere Schuld,
wie auch wir vergeben
unseren Schuldigern.
Und führe uns nicht in Versuchung,
sondern erlöse uns von dem Bösen.
Denn dein ist das Reich und die Kraft
und die Herrlichkeit
in Ewigkeit.
Amen.

Und auch das sagte Jesus noch über Beten:
„Bittet, und ihr bekommt,
sucht, und ihr findet,
klopft an,
und es wird euch aufgemacht.
Denkt einmal, wie es unter Menschen ist! Gibt es da einen Vater, der es so macht: Sein Kind bittet ihn um ein Brot, aber er gibt ihm einen Stein?
Oder das Kind bittet ihn um einen Fisch, aber er gibt ihm eine Schlange?
Ihr Menschen seid ja böse, aber euren Kindern gebt ihr gute Gaben.
Was wird dann erst euer Vater im Himmel tun! Was für gute Gaben wird er denen geben, die ihn darum bitten!"

(Matthäus 6–7)

Was am wichtigsten ist

Auch das sagte Jesus seinen Jüngern dort auf dem Berg:

„Macht euch keine Sorgen darüber, ob ihr jeden Tag etwas zu essen und zu trinken habt.
Macht euch auch keine Sorgen darüber, ob ihr immer etwas zum Anziehen habt.
Seht euch doch die Vögel an!
Sie säen kein Korn aus und bringen keine Ernte ein. Sie sammeln auch keine Vorräte für den Winter.
Und euer Vater im Himmel gibt ihnen trotzdem zu essen.
Seid ihr nicht viel mehr wert als Vögel?
Oder seht euch die Lilien auf dem Feld an!
Sie weben sich keinen Stoff und nähen sich Kleider daraus.
Aber ich sage euch: Der König Salomo in seiner ganzen Pracht, der hatte nicht so schöne Kleider an wie sie.
So prächtig kleidet Gott schon die Blumen auf der Wiese. Dann wird er erst recht für euch sorgen.
Habt doch Vertrauen!
Macht euch also keine Sorgen!
Sagt nicht: ‚Was werden wir essen? Was werden wir trinken? Was werden wir anziehen?'
Darum sorgen sich Menschen, die Gott nicht kennen.
Aber euer Vater im Himmel, der weiß ja, dass ihr das alles braucht.
Macht euch vielmehr Sorgen darum, dass sein Reich kommt und dass sein Wille getan wird.
Dann wird er euch alles andere, was ihr braucht, dazugeben." (Matthäus 6)

So wird es sein beim letzten Gericht

Als Jesus einmal mit seinen Jüngern allein war, erzählte er ihnen, wie es am letzten Tag der Welt sein wird. Er sprach:
„Der Sohn Gottes kommt in großer Herrlichkeit wieder auf die Erde und alle Engel sind bei ihm.
Dann setzt er sich auf seinen Thron und die Menschen aus allen Völkern kommen vor ihm zusammen.
Und er teilt sie auf in zwei Gruppen, so wie der Hirt es mit den Schafen und den Böcken macht.

Er stellt die einen auf seine rechte Seite und die andern auf seine linke Seite.
Und dann spricht der König zu denen, die auf seiner rechten Seite stehen: ‚Kommt her zu mir!
Mein Vater segnet euch.
Ihr dürft in sein Reich, das er schon lange für euch bereithält, schon seit damals, als er die Welt geschaffen hat.
Denn ich war hungrig und ihr habt mir etwas zu essen gegeben.
Ich war durstig und ihr habt mir etwas zu trinken gegeben.
Ich war ein Fremder und ihr habt mich bei euch aufgenommen.
Ich war nackt und ihr habt mir Kleider gegeben.
Ich war krank und ihr habt mich besucht.
Ich war im Gefängnis und ihr seid zu mir gekommen.‘
Dann fragen die auf der rechten Seite: ‚Herr, wann war das?
Wann haben wir dich gesehen, dass du Hunger gehabt hast, und wir haben dir zu essen gegeben, oder dass du Durst gehabt hast, und wir haben dir zu trinken gegeben?
Wann haben wir dich als Fremden gesehen und in unser Haus aufgenommen, oder nackt und haben dir etwas zum Anziehen gegeben?
Wann haben wir dich krank gesehen oder im Gefängnis und sind zu dir gekommen?‘
Dann antwortet ihnen der König: ‚Es ist wahr, ich sage es euch:
Alles, was ihr getan habt für einen von meinen ärmsten Brüdern oder für eine von meinen ärmsten Schwestern, das habt ihr für mich getan.
Und dann spricht er zu denen, die auf seiner linken Seite stehen: ‚Geht weg von mir für immer!
Ihr seid verflucht!
Ihr kommt dorthin, wo für den Teufel und seine bösen Engel das ewige Feuer brennt.
Denn ich war hungrig, aber ihr habt mir nichts zu essen gegeben.
Ich war durstig, aber ihr habt mir nichts zu trinken gegeben.
Ich war ein Fremder, aber ihr habt mich nicht aufgenommen bei euch.
Ich war nackt, aber ihr habt mir nichts zum Anziehen gegeben.
Ich war krank und im Gefängnis, aber ihr habt euch nicht um mich gekümmert.‘
Dann fragen auch sie: ‚Herr, wann war das?
Wann haben wir dich hungrig gesehen oder durstig oder als Fremden oder nackt oder krank oder im Gefängnis und haben dir nicht geholfen?‘
Und dann antwortet er ihnen: ‚Es ist wahr, ich sage es euch:
Alles, was ihr nicht getan habt für einen von meinen ärmsten Brüdern oder für eine von meinen ärmsten Schwestern, das habt ihr für mich nicht getan.‘
So gehen diese weg zur ewigen Strafe.
Aber die anderen, die in ihrem Leben das getan haben, was Gott will, die gehen in das ewige Leben.“ (MATTHÄUS 25)

Der Streit über den Sabbat

Jesus lässt die Jünger am Sabbat Ähren abreißen

Es geschah an einem Sabbat, dem Ruhetag der Juden.
Jesus ging mit seinen Jüngern durch ein Kornfeld.
Und seine Jünger rissen Kornähren ab und aßen die Körner.
Da sagten die Pharisäer zu Jesus: „Sieh mal, was deine Jünger da am Sabbat machen.
Das ist Arbeit! Das ist doch am Sabbat nicht erlaubt!“

(Erlaubt war das an jedem anderen Tag: Jeder durfte Körner aus den Ähren essen, wenn er unterwegs Hunger hatte.)
Aber Jesus sprach zu ihnen: „Habt ihr denn nicht in der Heiligen Schrift gelesen, was unser König David gemacht hat, als er in Not war und Hunger hatte?
Er ging einfach in den Tempel und aß die heiligen Brote auf, die für Gott auf dem Tisch lagen.
Und er gab auch seinen Leuten davon zu essen.
Dabei ist es niemand erlaubt, davon zu essen, nur den Priestern.“

Und Jesus sprach zu ihnen: „Der Sabbat ist für den Menschen gemacht und nicht der Mensch für den Sabbat!
Darum ist der Menschensohn auch der Herr über den Sabbat.“ (MARKUS 2)

Jesus macht am Sabbat eine kranke Frau gesund

Einmal war Jesus an einem Sabbat in der Synagoge, im Gebetshaus, und sprach zu den Menschen von Gott.
Da war auch eine Frau, die wurde von einem bösen Geist gequält und war davon krank.
Ihr Rücken war krumm, sie konnte sich nicht mehr gerade hinstellen. Das ging schon achtzehn Jahre so.
Als Jesus sie sah, rief er sie zu sich und sprach zu ihr: „Du sollst jetzt frei sein von deiner Krankheit!“
Und Jesus legte ihr die Hände auf den Kopf.
Sofort stellte die Frau sich gerade hin und lobte und dankte Gott.
Da stand der Gemeindeleiter auf.
Er ärgerte sich, weil Jesus am Sabbat eine Frau gesund machte.
Und er sagte zu den Leuten: „Die Woche hat sechs Tage. Da ist genug Zeit zum Arbeiten.
Kommt an diesen Tagen und lasst euch heilen, aber nicht am siebten Tag, am Sabbat!“
(Auch Kranke heilen ist eine Arbeit, sagten die Gesetzeslehrer.
Ein Arzt durfte am Sabbat ja auch nicht arbeiten!)
Da antwortete Jesus: „Ihr Scheinheiligen, ihr tut ja selbst nicht, was ihr anderen vorschreibt!
Ihr bindet doch alle am Sabbat euren Ochsen los oder euren Esel und lasst sie frei, damit sie trinken können.
Aber diese Frau hier ist eine Tochter unseres Vaters Abraham.
Und sie war festgebunden vom Satan, achtzehn Jahre lang!
Muss die nicht auch losgebunden werden von dieser Kette und frei werden, gerade am Sabbat, dem Tag des Herrn?“
Als Jesus das sagte, wurden die, die gegen ihn waren, still und schämten sich.
Aber alle anderen freuten sich über die herrlichen Wunder, die Jesus tat.
(LUKAS 13)

Jesus muss für uns Menschen leiden

Petrus versteht Jesus noch nicht

Jesus und seine Jünger waren einmal allein unterwegs.
Da fragte er sie: „Was sagen die Leute über mich?
Was meinen sie, wer ich bin?"
Die Jünger antworteten: „Die einen sagen, du bist der Täufer Johannes, die anderen sagen, du bist Elia, und noch andere, du bist einer von den Propheten."
Jesus fragte sie: „Und ihr? Was sagt ihr, wer ich bin?"
Da antwortete Petrus: „Du bist Christus, der Retter!
Du bist der König, den Gott uns versprochen hat!"
Aber Jesus verlangte von ihnen, dass sie es niemand sagen.
Und er sprach zu ihnen: „Der Retter, den Gott schickt, muss viel leiden.
Die Ältesten und die Hohenpriester und die Gesetzeslehrer in Jerusalem verurteilen ihn zum Tod.
Aber nach drei Tagen steht er wieder auf zum Leben."
Jesus sagte ihnen das frei und offen.
Da zog Petrus ihn zur Seite und sagte zu ihm: „Herr, das darf nicht passieren mit dir!"
Aber Jesus drehte sich um, sah seine Jünger an und sprach zu Petrus: „Geh weg von mir, du Satan!
Du willst nicht, was Gott will.
Du willst nur, was dein menschliches Herz will." (Markus 8)

Jesus trägt unsere Schuld

Schon die Propheten haben vorausgesehen, dass Jesus leiden und sterben muss. Einer von ihnen sagte das so, wie wenn er selbst dabei gewesen wäre:

„Er trug unsere Krankheit,
er nahm unsere Schmerzen auf sich.
Wir dachten,
Gott bestraft ihn,
er schlägt ihn und quält ihn.
Aber es war wegen uns!
Wegen unserer Schuld ist er geschlagen,
wegen unserer Sünde ist er getroffen.
Die Strafe trifft ihn
und wir sind frei.
Er hat die Wunden
und wir sind gesund.
Wir waren alle wie Schafe,
die sich verlaufen haben.
Jeder sah nur vor sich hin,
auf seinen eigenen Weg.
Aber der Herr warf alle unsere Sünden auf ihn!" (Jesaja 53)

Jesus zieht in Jerusalem ein

Jesus ging nach Jerusalem zum Passa-Fest.
Seine Jünger und viele Menschen zogen mit ihm von Jericho hinauf.
Als sie an den Ölberg kamen, schickte Jesus zwei von seinen Jüngern los und sprach zu ihnen: „Geht in das Dorf da drüben.
Gleich wenn ihr hineinkommt, seht ihr einen jungen Esel.
Der ist da angebunden.
Auf ihm ist noch nie ein Mensch geritten.
Bindet ihn los und bringt ihn hierher.
Und wenn jemand zu euch sagt: ‚Was macht ihr da?', dann sagt ihr: ‚Der Herr braucht ihn jetzt. Aber er schickt ihn bald wieder zurück!'"
Die beiden Jünger gingen hin und fanden den Esel. Er stand an der Straße und war an einem Hoftor angebunden.
Als sie ihn losbanden, fragten einige Leute, die da standen: „Was macht ihr denn da? Warum bindet ihr den Esel los?"
Sie sagten ihnen, was Jesus gesagt hatte.
Da erlaubten sie es ihnen.
Die beiden Jünger brachten den Esel zu Jesus.
Dann legten sie dem Tier ihre Mäntel auf den Rücken und Jesus ritt darauf.
Und viele Menschen legten ihre Mäntel auf den Weg wie einen Teppich.
Andere brachen grüne Zweige von den Büschen auf den Feldern und legten sie auf den Weg.
Und alle, die vor Jesus hergingen, und alle, die hinter ihm hergingen, riefen laut:
„Hosianna!
Lobt den, der da kommt!
Der Herr schickt ihn!
Hosianna in der Höhe!"
So zog Jesus in Jerusalem ein.

(Markus 11)

Jesus jagt die Kaufleute aus dem Tempel

Am anderen Morgen ging Jesus in den Tempel.
Und als er in den großen Hof vor dem Tempelhaus kam, jagte er die Kaufleute hinaus und die Menschen, die bei ihnen etwas kaufen wollten.
Da saßen auch die Geldwechsler an ihren Tischen und wechselten jedes Geldstück in Tempelgeld um.
Denn nur mit Tempelgeld konnte man die Tempelsteuer bezahlen.
Jesus ging hin und warf alle Tische um und auch die Käfige mit den Tauben, die die Händler für die Opfer verkauften.
Er erlaubte auch nicht, dass jemand etwas durch den Hof des Tempels trug.
(Manche benutzten den Tempelhof einfach als Abkürzungsweg.)
Und er sprach zu ihnen: „Steht nicht in der Heiligen Schrift: ‚Mein Haus ist ein Haus zum Beten für alle Völker'?
Und ihr, ihr macht eine Räuberhöhle daraus!"
Als die Hohenpriester und Gesetzeslehrer das hörten, stand es für sie fest: Jesus muss sterben.
Und sie überlegten miteinander, wie sie ihn töten könnten.

Sie hatten Angst, dass die Leute bald nur noch auf Jesus hören und nicht mehr auf sie.
Denn alle im Volk waren voll Staunen über das, was Jesus sagte. (MARKUS 11)

Jesus wird gehasst und geliebt

Es waren nur noch zwei Tage bis zum Passa-Fest.
Die Hohenpriester und die Gesetzeslehrer warteten darauf, dass sie Jesus heimlich gefangen nehmen und ihn töten konnten.
Sie sagten aber: „Ja nicht am Fest! Sonst macht das Volk einen Aufstand!"
Jesus war zu Gast in Betanien im Haus von Simon, der früher aussätzig gewesen war.
Und als er mit allen am Tisch saß, da kam eine Frau herein.
Die hatte eine kleine Flasche mit teurem, duftendem Öl.
Und sie ging zu Jesus und goss ihm das kostbare Öl über den Kopf.
(So machte man es damals, wenn man einen Gast hatte und ihn besonders ehren wollte.)
Da wurden einige am Tisch ärgerlich und sagten zueinander: „Warum wird denn das teure Öl so verschwendet?
Wenn man das verkauft, bekommt man dreihundert Silberstücke dafür. Und die könnte man den Armen geben!"
Und sie schimpften mit der Frau.
Aber Jesus sprach: „Lasst sie doch!
Warum macht ihr sie traurig?

Es ist gut, was sie an mir getan hat.
Die Armen habt ihr immer bei euch.
Und wenn ihr wollt, könnt ihr ihnen jeden Tag Gutes tun.
Mich habt ihr nicht immer bei euch.
Sie hat getan, was sie konnte: Sie hat mich schon jetzt für meine Beerdigung gesalbt.
Ich sage euch: Überall in der Welt, wo man die gute Nachricht von mir verkündet, da wird man auch erzählen, was diese Frau für mich getan hat.
Man wird immer an sie denken."
Aber Judas Iskariot, einer von den zwölf Jüngern, ging zu den Hohenpriestern in Jerusalem.
Er sagte ihnen: „Ich will Jesus verraten.
Ich zeige euch, wo ihr ihn heimlich gefangen nehmen könnt, ohne dass die Leute es merken."
Als die Hohenpriester das hörten, freuten sie sich und sie versprachen ihm Geld dafür.
Und Judas wartete darauf, dass er Jesus verraten konnte. (Markus 14)

Jesus wäscht seinen Jüngern die Füße

Es kam der Tag, an dem die Lämmer für das Passa-Mahl geschlachtet werden.
Die Jünger fragten Jesus: „Wo sollen wir für dich das Passa-Essen vorbereiten?"
Jesus bestimmte zwei von ihnen und schickte sie voraus.
Er sagte zu ihnen: „Geht in die Stadt hinein! Dort trefft ihr jemand, der trägt einen Krug mit Wasser auf dem Kopf.
Hinter dem geht ihr her, bis in das Haus, in das er hineingeht.
Dann sagt ihr zu dem Hausherrn: ‚Der Meister spricht zu dir: Wo ist das Zimmer, in dem ich das Passa-Mahl mit meinen Jüngern essen kann?'
Dann zeigt euch der Mann ein großes Zimmer oben im Haus mit vielen Polstern darin.
Da könnt ihr alles für uns vorbereiten."
Die beiden gingen in die Stadt und fanden alles so, wie Jesus es gesagt hatte.
Und sie bereiteten das Passa-Mahl vor.
Als es Abend wurde, kam Jesus mit seinen Jüngern und sie setzten sich an den Tisch.
Aber bevor sie aßen, stand Jesus noch einmal auf vom Tisch.
Er zog sein Obergewand aus, nahm ein Leinentuch und band es sich um als Schürze.
Dann goss er Wasser in eine Schüssel und wusch den Jüngern die Füße, einem nach dem andern.
Und er trocknete ihre Füße mit dem Leinentuch ab, das er sich umgebunden hatte.
Als er zu Simon Petrus kam, da sagte der zu ihm: „Herr, du willst mir die Füße waschen? Das geht doch nicht!"
Jesus antwortete ihm: „Was ich tue, das verstehst du jetzt nicht.
Aber du verstehst es später."
Petrus sagte zu ihm: „Niemals sollst du mir die Füße waschen!"
Jesus antwortete ihm: „Wenn ich dich nicht wasche, dann gehörst du nicht zu mir."

Da sagte Petrus zu ihm: „Herr, dann wasch nicht nur meine Füße, sondern auch die Hände und den Kopf!“
Aber Jesus sprach zu ihm: „Das genügt! Mehr ist nicht nötig.“
Als er nun ihre Füße gewaschen hatte, zog er sein Obergewand an und kam wieder zu ihnen an den Tisch.
Und er sprach zu ihnen: „Versteht ihr auch, was ich da eben für euch getan habe?
Ihr sagt zu mir ‚Meister‘ und ‚Herr‘. Und das ist richtig. Ich bin es wirklich.
Wenn ich euch die Füße wasche, ich, euer Herr und Meister, dann müsst ihr auch einer dem anderen die Füße waschen.
Ich habe euch ein Beispiel gegeben.
Macht ihr es genauso, wie ich es an euch getan habe.“

(Markus 14; Johannes 13)

Jesus feiert mit seinen Jüngern das Abendmahl

Als sie nun aßen, sprach Jesus: „Ich sage euch: Einer von euch verrät mich, einer, der hier mit mir isst!“
Da wurden sie traurig und fragten ihn, einer nach dem andern: „Bin ich das vielleicht?“
Aber Jesus sprach zu ihnen: „Einer von euch zwölf ist es, der sein Brot mit mir in diese Schüssel eintaucht.
Der Sohn Gottes muss sterben.
So steht es ja geschrieben über ihn in der Heiligen Schrift.
Aber wehe dem Menschen, der ihn verrät!
Es wäre besser für diesen Menschen, wenn er gar nicht auf die Welt gekommen wäre!“
Und als sie aßen, nahm Jesus das Brot.
Er dankte Gott dafür, brach es in Stücke, gab es ihnen und sprach: „Nehmt es! Dies ist mein Leib!“
Und er nahm den Becher mit Wein, dankte Gott dafür und gab ihnen den auch.
Sie tranken alle daraus.
Und er sprach zu ihnen: „Dies ist mein Blut. Mit diesem Blut besiegelt Gott seinen Bund.
Es wird vergossen für alle Menschen.“

(Markus 14)

Jesus betet im Garten Gethsemane

Als sie das Danklied gesungen hatten, gingen sie hinaus aus Jerusalem an den Ölberg.
Da sprach Jesus zu ihnen: „Heute Nacht verliert ihr alle den Glauben an mich.
Denn in der Heiligen Schrift steht: ‚Ich schlage den Hirten tot. Und die Schafe laufen alle auseinander.‘
Aber wenn ich auferstanden bin, gehe ich vor euch her nach Galiläa.“
Doch Petrus sagte zu ihm: „Und wenn sie alle den Glauben verlieren, ich bestimmt nicht!“
Da sprach Jesus zu ihm: „Ich sage dir: Heute, in dieser Nacht, bevor der Hahn zweimal gekräht hat, wirst du mich dreimal verleugnen.
Dreimal wirst du sagen, dass du mich nicht kennst.“

Da rief Petrus: „Und wenn ich sterben muss mit dir, ich verleugne dich nie!"
Dasselbe sagten alle anderen auch.
Und sie kamen zu einem Garten, der hieß Gethsemane.
Da sprach Jesus zu seinen Jüngern: „Setzt euch hier so lange hin, bis ich gebetet habe."
Er nahm nur Petrus und Jakobus und Johannes mit.
Und er bekam Angst und fing an zu zittern und sprach zu ihnen: „Mein Herz ist tieftraurig, ich kann nicht mehr!
Wartet hier auf mich und bleibt wach!"
Und Jesus ging ein Stück weiter, warf sich auf die Erde und betete.
Er sagte: „Mein Vater, du kannst alles tun.
Nimm diesen bitteren Kelch von mir!
Aber nicht, was ich will, soll geschehen, sondern was du willst!"
Und er kam zurück und fand die Jünger eingeschlafen.
Da sprach er zu Petrus: „Simon, schläfst du? Kannst du nicht eine einzige Stunde wach bleiben?
Bleibt wach und betet, damit ihr nicht versagt, wenn es darauf ankommt!
Der gute Wille ist da, aber das menschliche Herz ist schwach."
Und Jesus ging wieder weg, betete und sagte dieselben Worte.
Als er wiederkam, fand er die Jünger wieder im Schlaf.
Ihre Augen waren schwer und sie konnten ihm nicht richtig antworten.
Und er kam ein drittes Mal zurück und sprach zu ihnen: „Schlaft ihr immer noch und ruht euch aus?
Es ist genug! Die Stunde ist da.
Der Sohn Gottes wird jetzt in die Hände der Sünder gegeben.
Steht auf: Wir gehen jetzt!
Seht, da ist er schon, der mich verraten will!" (MARKUS 14)

Judas verrät Jesus

Als Jesus noch redete, da kam schon Judas und mit ihm kamen viele Männer mit Knüppeln und Schwertern.
Sie kamen von den obersten Priestern und den Ältesten des Volkes.
Judas hatte mit ihnen ein Zeichen verabredet und gesagt: „Der, dem ich einen Kuss gebe, der ist es.
Den nehmt ihr gefangen!"
Und Judas ging gleich hin zu Jesus und sagte: „Sei gegrüßt, Meister!"
Und er gab ihm einen Kuss.
Jesus sprach zu ihm: „Mein Freund, tu doch, was du vorhast!"
Da kamen sie heran, packten Jesus und nahmen ihn fest.
Aber einer von denen, die bei Jesus waren, zog sein Schwert.
Er holte zum Schlag aus gegen den Diener des Hohenpriesters und schlug ihm ein Ohr ab.
Da sprach Jesus zu ihm: „Steck das Schwert weg!
Denn alle, die das Schwert nehmen, sterben auch selbst durch das Schwert.
Oder weißt du nicht, dass ich meinen Vater bitten kann? Der schickt mir mehr als zwölf Regimenter von Engeln.
Aber wie soll dann erfüllt werden, was die

Heilige Schrift sagt? Es muss doch alles so kommen!“

Und Jesus sprach zu den Männern: „Ihr seid hierher gekommen mit Knüppeln und Schwertern wie gegen einen Verbrecher.

Ich saß doch jeden Tag im Tempel und sprach zu den Menschen.

Da habt ihr mich nicht festgenommen.

Aber dies ist alles so gekommen, damit erfüllt wird, was die Propheten geschrieben haben.“

Da liefen alle Jünger weg und ließen Jesus im Stich. (Matthäus 26)

Jesus kommt vor den Hohen Rat

Die Männer nahmen Jesus mit und brachten ihn sogleich zum Palast des Hohenpriesters.

Da war schon der ganze Hohe Rat zusammengekommen, die obersten Priester, die Ältesten und die Gesetzeslehrer.

Petrus ging heimlich hinter Jesus her. So kam er bis in den inneren Hof des Palastes.

Er setzte sich dort zu den Dienern und wärmte sich mit ihnen am Feuer.

Aber der Hohepriester und der ganze Rat stellten Zeugen gegen Jesus auf.

Die sollten sagen: „Jesus hat das und das getan, was mit dem Tod bestraft werden muss!“

Viele Zeugen traten auf und sagten etwas gegen Jesus.

Es war alles gelogen, aber ihre Aussagen stimmten auch gar nicht überein.

(Nur wenn zwei Zeugen dasselbe sagten, galt es vor dem Hohen Rat.)

Zuletzt standen einige falsche Zeugen auf und sagten: „Wir haben gehört, wie er sagte:

‚Ich zerstöre diesen Tempel, den Menschenhände gebaut haben.

Und dann baue ich in drei Tagen einen neuen, der nicht von Menschenhänden gemacht ist.‘"

Aber was die sagten, stimmte auch nicht überein.

Da stand der Hohepriester auf, trat in die Mitte und fragte Jesus: „Warum antwortest du nichts auf das, was diese Zeugen gegen dich sagen?“

Aber Jesus blieb still und antwortete nichts.

Da fragte der Hohepriester ihn: „Bist du Christus, der Retter? Bist du der Sohn Gottes, des Hochgelobten?“

Da sprach Jesus: „Ich bin’s.

Und ihr werdet sehen, wie der Sohn Gottes auf dem Thron sitzt, rechts neben dem allmächtigen Gott.

Und er kommt mit den Wolken des Himmels.“

Da wurde der Hohepriester wütend.

Er zerriss sein Gewand und sagte: „Wir brauchen keine Zeugen mehr!

Ihr habt selbst gehört, wie er Gott beleidigt. Er ist ein Gotteslästerer!

Oder was meint ihr?“

Da verurteilten sie ihn alle und sagten: „Er ist schuldig und muss sterben!“

Und einige aus dem Rat spuckten ihn an, zogen ein Tuch über sein Gesicht und schlugen ihn mit der Faust.

Und sie sagten zu ihm: „Du bist doch ein Prophet! Sag uns, wer es war!
Wer hat dich geschlagen?"
Und die Diener schlugen ihn auch.

(MARKUS 14)

Petrus verleugnet Jesus

Petrus war immer noch unten im Hof.
Da kam eine Dienerin des Hohenpriesters vorbei.
Als sie Petrus sah, wie er sich am Feuer wärmte, sah sie ihm ins Gesicht und sagte: „Du warst auch mit Jesus von Nazareth zusammen!"
Aber Petrus stritt es ab und sagte: „Ich habe keine Ahnung!
Ich weiß nicht, wovon du redest."
Und er ging aus dem Innenhof hinaus in die Eingangshalle. Da krähte der Hahn.
Als die Dienerin Petrus dort sah, fing sie wieder an und sagte zu denen, die dabeistanden: „Der gehört auch zu ihnen!"
Und Petrus stritt es wieder ab.
Aber kurz danach sagten die Leute, die da standen, zu Petrus: „Es stimmt ganz genau.
Du gehörst zu ihnen.
Du kommst doch auch aus Galiläa!"
Da fing Petrus an zu fluchen und zu schwören: „Ich kenne diesen Menschen nicht, von dem ihr da redet!"
Da, in dem Augenblick, krähte der Hahn zum zweiten Mal.
Da fiel Petrus das Wort ein, das Jesus zu ihm gesprochen hatte: ‚Bevor der Hahn zweimal gekräht hat, verleugnest du mich dreimal und sagst, dass du mich nicht kennst!'
Und Petrus fing an zu weinen.

(MARKUS 14)

Jesus wird vor Pilatus gebracht

Die Juden konnten Jesus nicht töten.
Das durfte nur Pilatus tun, der römische Statthalter.
Darum kam gleich am nächsten Morgen der Hohe Rat wieder zusammen, die obersten Priester und die Ältesten und die Gesetzeslehrer.
Und sie fassten den Beschluss: Jesus wird zum römischen Statthalter gebracht.
Sie fesselten ihn, führten ihn ab und übergaben ihn Pilatus.
Pilatus fragte Jesus: „Bist du der König der Juden?"
Jesus antwortete: „Du sagst es."
Und die obersten Priester brachten viele Anklagen gegen Jesus vor.
Da fragte Pilatus ihn: „Willst du nichts dazu sagen? Du hörst doch, was sie dir alles vorwerfen!"
Aber Jesus antwortete nicht mehr. Und Pilatus wunderte sich darüber.
Nun ließ Pilatus am Passafest immer einen Gefangenen frei.
Die Juden durften sich wünschen, wer es sein sollte.
Es war damals einer im Gefängnis, der hieß Barabbas.
Er war gefangen, weil er mit anderen zusammen einen Aufruhr gemacht hatte. Und bei dem Aufruhr hatten sie einen Mann ermordet.
Gerade in diesem Augenblick kamen die Leute aus der Stadt zu Pilatus und baten ihn, dass er ihnen einen Gefangenen herausgibt, so wie er es immer machte.
Pilatus fragte sie: „Wen wollt ihr?
Soll ich euch den König der Juden freilassen?"
Er merkte nämlich genau: Die obersten Priester hatten Jesus nur zu ihm gebracht, weil sie neidisch auf ihn waren.
Aber die Priester hetzten das Volk auf und die Leute verlangten deshalb, dass er Barabbas freilässt.
Pilatus fragte sie: „Was soll ich denn mit dem machen, den ihr den König der Juden nennt?"
Da schrien sie: „Ans Kreuz mit ihm!"
Aber Pilatus sagte zu ihnen: „Was hat er denn Böses getan?"
Da schrien sie noch lauter: „Ans Kreuz mit ihm!"
Pilatus wollte dem Volk einen Gefallen tun. So ließ er ihnen Barabbas frei.
Aber Jesus ließ er mit der Peitsche schlagen. Und dann gab er ihn seinen Soldaten, damit sie ihn ans Kreuz nageln.

(Markus 15)

Jesus wird verspottet und ans Kreuz genagelt

Die Soldaten brachten Jesus in den Palast des Statthalters und riefen die ganze Mannschaft zusammen.
Sie zogen Jesus einen roten Mantel an.
Und sie flochten einen Kranz aus Dornenzweigen und setzten ihm den als Krone auf den Kopf: eine Dornenkrone.
Dann sagten sie zu ihm: „Wir grüßen dich, König der Juden!"
Sie schlugen ihn mit einem Stock auf den Kopf und spuckten ihn an.

Und sie knieten sich vor ihm nieder wie vor einem König.
Als sie ihn genug verspottet hatten, zogen sie ihm den roten Mantel aus und gaben ihm wieder seine eigenen Sachen.
Dann brachten sie ihn hinaus, damit sie ihn ans Kreuz nagelten.
Und sie packten einen, der gerade vorbeikam.
Sie verlangten von ihm, dass er Jesus das Kreuz abnimmt und es für ihn trägt.
Der Mann war Simon aus Kyrene, der Vater von Alexander und Rufus. Er kam gerade vom Feld.
Die Soldaten brachten Jesus hinaus zu dem Hügel Golgatha, das heißt auf Deutsch ‚Schädel'.
Und sie gaben ihm zuerst Wein zu trinken mit Myrrhe vermischt.
(Das sollte die Schmerzen lindern.)
Aber Jesus nahm es nicht an.
Dann nagelten sie ihn ans Kreuz.
Und sie verteilten seine Kleider unter sich.
Sie losten aus, wer welches Stück bekommt.
Es war neun Uhr morgens, als sie Jesus kreuzigten.
Und über seinem Kopf hing ein Schild, darauf war geschrieben, warum er gekreuzigt wurde: ‚Der König der Juden'.
Sie kreuzigten noch zwei Verbrecher mit ihm, den einen rechts und den anderen links neben ihm.
Und die Leute, die am Kreuz vorbeigingen, lachten über ihn, schüttelten den Kopf und sagten: „Ha, du willst den Tempel niederreißen und in drei Tagen wieder aufbauen!
Nun hilf dir erst einmal selbst und komm vom Kreuz herunter!"
Auch die obersten Priester und die Gesetzeslehrer verspotteten ihn und sagten: „Anderen hat er geholfen. Aber sich selbst kann er nicht helfen!
Wenn er Christus ist, der König von Israel, soll er vom Kreuz heruntersteigen.
Dann sehen wir, dass er wirklich unser König ist, und glauben ihm!"
Und die beiden, die mit Jesus zusammen gekreuzigt waren, die schimpften auch auf ihn. (Markus 15)

Jesus stirbt am Kreuz

Um zwölf Uhr wurde es plötzlich dunkel über dem ganzen Land, drei Stunden lang.
Und gegen drei Uhr schrie Jesus mit lauter Stimme: „Eli, Eli, lama asabtani?"
Das heißt: ‚Mein Gott, mein Gott, warum lässt du mich allein?'
Einige von den Leuten, die neben dem Kreuz standen, hörten das und sagten: „Hört, er ruft Elia!"
Und einer sagte: „Halt, wir wollen mal sehen, ob Elia kommt und ihn herunterholt vom Kreuz!"
Dann schrie Jesus ganz laut und war tot.
Und der große Vorhang im Tempel riss mitten durch von oben bis unten in zwei Teile.
Der Hauptmann der Soldaten stand vor dem Kreuz, an dem Jesus hing.
Und als er das alles sah, da sprach er: „Wahrhaftig, dieser Mensch war Gottes Sohn!"

(Markus 15)

Worte von Jesus am Kreuz

Bei Markus lesen wir den kürzesten Bericht über Jesus am Kreuz. Lukas und Johannes haben noch andere Worte aufgeschrieben, die Jesus am Kreuz gesprochen hat.

Worte bei Lukas:

Als sie Jesus ans Kreuz geschlagen hatten, sprach er:
„Vater,
vergib ihnen.
Sie wissen nicht, was sie tun."

Der eine der beiden Verbrecher, die mit Jesus gekreuzigt wurden, schimpfte auf Jesus.
Er sagte: „Du bist doch Christus, der versprochene Retter. Dann hilf dir selbst und uns, dass wir hier vom Kreuz herunterkommen!"
Aber der andere sagte zu ihm: „Wir hängen mit Recht hier, wir haben es verdient. Aber dieser hat nichts Böses getan."
Und zu Jesus sagte er: „Jesus, denk an mich, wenn du auf deinen Thron kommst in Gottes Reich!"
Da sprach Jesus zu ihm:
„Ich sage dir: Heute noch
bist du im Paradies mit mir."

Vor dem Sterben sagte Jesus:
„Vater,
ich gebe meinen Geist
in deine Hände!"

Worte bei Johannes:

Jesus sah unter dem Kreuz seine Mutter und den Jünger, den er besonders lieb hatte.
Da sprach er zu seiner Mutter:
„Siehe, er ist jetzt dein Sohn!"
Und zu dem Jünger sprach er:
„Siehe, sie ist jetzt deine Mutter!"

Dann, als schon alles vollendet war, sagte er noch, damit in Erfüllung geht, was die Propheten von ihm geschrieben haben:
„Ich habe Durst."
Und sie gaben ihm etwas Essig mit einem Schwamm.
Und als er den Essig getrunken hatte, sprach er:
„Es ist vollbracht."

Jesus wird durchstochen

Es war der Tag vor dem Sabbat, als Jesus und die beiden anderen Männer ans Kreuz geschlagen wurden.
Die Juden wollten nicht, dass die drei Männer am Sabbat am Kreuz hängen.
Darum gingen sie zu Pilatus und sagten: „Gibt den Befehl, dass man ihnen die Beine bricht, damit sie schnell sterben und man sie vom Kreuz abnehmen kann."
Pilatus gab den Befehl und die Soldaten führten ihn aus.
Sie nahmen eine Eisenkeule und zerschlugen den Gekreuzigten die Beine, zuerst bei dem rechts von Jesus, dann bei dem links von Jesus.
Als sie zu Jesus kamen, sahen sie, dass er schon tot war, und zerschlugen ihm die Beine nicht.
Aber einer von den Soldaten wollte sehen, ob er auch wirklich tot ist.
Er nahm einen Speer und stieß ihn Jesus in die linke Seite, unter dem Herzen.
Da kam Blut und Wasser heraus.

(Johannes 19)

Jesus wird ins Grab gelegt

Es standen bis zuletzt auch Frauen beim Kreuz, an dem Jesus hing. Die sahen, wie Jesus starb.
Maria aus Magdala war dabei und eine andere Maria (die Mutter von Jakobus und Joses) und Salome.
Auch Josef aus Arimathäa war da. Er gehörte zum Hohen Rat und wartete auf das Reich Gottes.
Er wagte sich hinein zu Pilatus und fragte ihn: „Darf ich Jesus vom Kreuz abnehmen und ihn begraben?"
Pilatus erlaubte es ihm.
Da kaufte Josef ein großes Tuch aus Leinen, holte Jesus vom Kreuz herunter und wickelte ihn in das Leinentuch.
Dann legte er ihn in aller Eile in ein Grab.
Das Grab war eine Höhle, die man in den Felsen hineingehauen hatte.
Und er wälzte einen großen Stein vor den Eingang zu der Grabhöhle.
Und Maria aus Magdala und die andere Maria sahen, wo sie Jesus hinlegten.

(Markus 15)

Jesus lebt und kommt zu seinen Jüngern

Jesus ist nicht mehr im Grab

Am Abend, als der Sabbat vorbei war, kauften die drei Frauen duftendes Öl.
Es waren Maria aus Magdala und Maria, die Mutter des Jakobus, und Salome.
Mit dem Öl wollten sie Jesus einsalben. (So machte man das, wenn jemand gestorben war.)
Am anderen Morgen, am ersten Tag der Woche, kamen sie ganz früh zum Grab. Es ging gerade eben die Sonne auf.
Sie sagten zueinander: „Wer rollt uns den Stein weg von der Tür zum Grab?"
Denn der Stein war sehr groß.
Aber als sie näher kamen, da sahen sie: Der Stein ist schon weggerollt!
Sie gingen hinein in das Grab.
Dort sahen sie einen jungen Mann. Der saß auf der rechten Seite und hatte ein langes weißes Gewand an.
Da erschraken sie sehr.
Aber der junge Mann sprach zu ihnen: „Ihr braucht keine Angst zu haben!
Ihr sucht Jesus aus Nazareth, der ans Kreuz genagelt wurde.
Er ist nicht hier.
Gott hat ihn auferweckt vom Tod.
Er ist auferstanden.
Seht, da ist die Stelle, wo sie ihn hingelegt haben!
Nun geht zu seinen Jüngern und zu Petrus und sagt ihnen: ‚Er geht voraus vor euch nach Galiläa.
Da seht ihr ihn wieder, so wie er es euch gesagt hat.'"
Aber die Frauen gingen schnell hinaus aus dem Grab und liefen weg, denn sie hatten große Angst und zitterten am ganzen Körper.
Und sie sagten niemand etwas davon, weil sie solche Angst hatten.

(Markus 16)

Jesus zeigt sich Maria aus Magdala

Maria aus Magdala stand noch vor dem Grab und weinte.
Als sie sich umdrehte, sah sie Jesus vor sich stehen. Aber sie wusste nicht, dass es Jesus war.
Jesus sprach zu ihr: „Frau, warum weinst du denn?
Wen suchst du?"
Da dachte sie: ‚Es ist der Gärtner.'
Und sie sagte zu ihm: „Herr, wenn du ihn weggetragen hast, dann sag mir doch, wo du ihn hingelegt hast.
Dann hole ich ihn wieder."
Jesus sagte zu ihr: „Maria!"
Da erkannte sie ihn und sagte zu ihm: „Mein Meister!"

Aber Jesus sprach zu ihr: „Fasse mich nicht an! Ich bin auf dem Weg zu meinem Vater.
Aber geh zu meinen Brüdern und sag zu ihnen: ‚Ich gehe hinauf zu meinem Vater und zu eurem Vater, zu meinem Gott und zu eurem Gott.‘“
So ging Maria aus Magdala hin und verkündete den Jüngern: „Ich habe den Herrn gesehen!“
Und sie berichtete ihnen alles, was er zu ihr gesagt hatte. (Johannes 20)

Zwei Jünger begegnen Jesus auf dem Weg

Zwei von den Jüngern gingen an demselben Tag aus Jerusalem weg, nach Hause in ihr Dorf.
Es hieß Emmaus und war ungefähr zwei Stunden von Jerusalem weg.
Und sie sprachen unterwegs miteinander über alles, was passiert war.
Als sie so sprachen und sich alles noch einmal erzählten, da kam Jesus selbst zu ihnen.
Er ging mit ihnen den gleichen Weg.
Aber ihre Augen waren wie blind.
Sie merkten nicht, dass es Jesus war.
Er fragte sie: „Worüber sprecht ihr denn miteinander auf eurem Weg?“
Da blieben sie traurig stehen.
Und der eine von ihnen, er hieß Kleopas, der antwortete: „Du kommst doch aus Jerusalem!
Du bist wohl der Einzige, der nicht weiß, was in diesen Tagen dort passiert ist?“
Er fragte sie: „Was denn?“
Da erzählten sie ihm: „Das mit Jesus aus Nazareth!
Der war doch ein Prophet.
Er war mächtig mit seinen Taten und Worten, mächtig vor Gott und vor dem ganzen Volk.
Die obersten Priester und unser Hoher Rat haben ihn zum Tod verurteilt und haben ihn ans Kreuz nageln lassen.
Und wir hofften doch so sehr, dass er es ist, der das Volk Israel befreit.
Heute ist schon der dritte Tag, seitdem das alles passiert ist.
Und dann haben uns ein paar Frauen von uns durcheinander gebracht.
Die gingen heute Morgen zum Grab.
Aber sie konnten seinen Leichnam nicht finden.
Als sie zurückkamen, berichteten sie, dass sie auch noch Engel gesehen hätten.
Und die hätten gesagt: ‚Er lebt!‘
Und dann gingen einige von uns hin zum Grab und fanden es genauso, wie die Frauen es gesagt hatten.
Aber ihn selbst sahen sie nicht.“
Da sprach Jesus zu ihnen: „O wie blind seid ihr in euren Herzen!
Ihr wisst doch alles, was die Propheten über den versprochenen Retter gesagt haben. Könnt ihr es nicht glauben?
Christus, der versprochene Retter, musste doch das alles leiden!
Nur so kann er in seine Herrlichkeit kommen, auf seinen Thron bei Gott.“
Und dann fing er an bei Mose und bei allen Propheten und erklärte ihnen, was in der Heiligen Schrift über ihn geschrieben steht.

So kamen sie nahe an das Dorf, zu dem sie gingen. Und er tat so, als wollte er weitergehen.
Aber sie baten ihn: „Bleib doch bei uns, denn es wird Abend, und der Tag geht zu Ende!" (LUKAS 24)

Jesus bricht das Brot

So ging Jesus mit in ihr Haus und blieb bei ihnen.
Und als er mit ihnen am Tisch saß, nahm er das Brot, dankte Gott dafür, brach es in Stücke und gab es ihnen.
Da wurden ihre Augen geöffnet und sie erkannten ihn.
Aber da war er auch schon verschwunden und sie sahen ihn nicht mehr.
Sie sagten zueinander: „Wir hätten ihn doch erkennen müssen!
Als er zu uns sprach auf dem Weg und uns die Heilige Schrift erklärte, da wurde uns doch ganz heiß ums Herz!"
Und sie standen sofort auf und gingen noch am selben Abend wieder zurück nach Jerusalem.
Dort fanden sie die elf Jünger und noch andere Jünger.
Die waren alle beieinander und sagten zu ihnen: „Der Herr ist wirklich auferstanden! Simon Petrus hat ihn gesehen!"
Und die beiden Jünger aus Emmaus erzählten, was sie auf dem Weg erlebt hatten und wie sie Jesus erkannt hatten, als er ihnen das Brot gab. (LUKAS 24)

Jesus kommt zu allen Jüngern

Es war am Abend des ersten Tages der Woche. Die Jünger waren zusammen in einem Haus.
Sie hatten die Türen fest zugeschlossen. Denn sie hatten Angst vor den Juden.
Da kam Jesus und stand mitten unter ihnen.
Und er sprach zu ihnen: „Friede sei mit euch!"
Er zeigte ihnen seine Hände und sie sahen die Wunden von den Nägeln, und er zeigte ihnen auch die Seitenwunde von dem Speer.
Da sahen die Jünger: Es ist der Herr!
Und sie freuten sich.
Und Jesus sagte noch einmal: „Friede sei mit euch.
Wie mein Vater mich in die Welt geschickt hat, so schicke ich jetzt euch in die Welt."
Und er hauchte sie an und sprach zu ihnen: „Empfangt jetzt den Heiligen Geist!
Wenn ihr jemand seine Sünde vergebt, dann ist sie ihm vergeben von Gott.
Und wenn ihr jemand seine Sünde nicht vergebt, dann ist sie ihm auch nicht vergeben von Gott." (JOHANNES 20)

Thomas glaubt es nicht

Thomas, einer von den zwölf Jüngern, war nicht bei ihnen, als Jesus kam.
Die anderen Jünger sagten zu ihm: „Wir haben den Herrn gesehen!"

Aber Thomas sagte zu ihnen: „Das glaube ich nicht!
Erst muss ich in seinen Händen die Löcher von den Nägeln sehen.
Und ich muss mit meinem Finger die Löcher fühlen.
Ich muss meine Hand in die Wunde an seiner Seite legen.
Dann erst glaube ich es!"
Acht Tage später waren die Jünger wieder drinnen im Haus.
Thomas war bei ihnen.
Und die Türen waren wieder fest verschlossen.
Da kam Jesus und stellte sich in die Mitte und sprach: „Friede sei mit euch!"
Dann sprach er zu Thomas: „Leg deinen Finger hierher und schau dir meine Hände an.
Und gib deine Hand her und leg sie in meine Seitenwunde.
Und dann glaub es und zweifle nicht mehr!"
Da antwortete Thomas und sagte zu ihm: „Mein Herr und mein Gott!"
Jesus sprach zu ihm: „Du glaubst es, weil du mich siehst.
Selig sind alle, die mich nicht sehen und doch glauben!" (Johannes 20)

Jesus hat einen großen Auftrag für seine Jünger

Die elf Jünger gingen nach Galiläa auf einen Berg.
Jesus hatte sie dorthin bestellt.
Und als sie ihn dort sahen, warfen sie sich vor ihm nieder.
Aber einige hatten Zweifel im Herzen.
Da kam Jesus ganz nah zu ihnen und sprach:

„Ich habe jetzt alle Macht
von meinem Vater
im Himmel und auf der Erde.
Darum geht nun hin
und macht alle Völker
zu meinen Jüngern
und tauft sie
auf den Namen des Vaters
und des Sohnes
und des Heiligen Geistes.
Und unterrichtet sie,
dass sie alles tun,
was ich euch befohlen habe!
Und siehe,
ich bin bei euch jeden Tag
bis an das Ende der Welt."

(Matthäus 28)

Die gute Nachricht von Jesus kommt zu allen Menschen

Jesus geht zum Vater

Jesus war zum letzten Mal mit seinen Jüngern zusammen.
Sie waren oben auf dem Ölberg.

Und Jesus sprach zu den Jüngern: „Geht nicht weg von Jerusalem!
Wartet hier, bis der Heilige Geist zu euch kommt.
Johannes der Täufer hat die Menschen nur mit Wasser getauft. Aber ihr werdet mit dem Geist Gottes getauft.
Es dauert nicht mehr lange."
Da fragten ihn die Jünger: „Herr, richtest du jetzt Gottes Reich auf in Israel?"
Er antwortete ihnen: „Ihr braucht nicht zu wissen, wann das ist oder wie lange es noch dauert.
Das bestimmt Gott der Vater, er allein.
Aber dies geschieht jetzt: Der Heilige Geist kommt auf euch und gibt euch Kraft.
Und dann erzählt ihr überall von mir.
Ihr seid meine Zeugen in Jerusalem und in ganz Judäa und in Samarien und sogar bis an das Ende der Erde."
(So schickte Jesus seine Jünger in die Welt.
Sie heißen von jetzt an seine Apostel, die ‚Ausgesandten'.)
Als Jesus dies gesagt hatte, wurde er vor ihren Augen hochgehoben.

Eine Wolke nahm ihn auf und sie sahen ihn nicht mehr.
Als sie noch nach oben zum Himmel sahen, da standen plötzlich neben ihnen zwei Männer in weißen Gewändern.
Die sprachen: „Ihr Männer aus Galiläa, was steht ihr da und starrt in den Himmel?
Dieser Jesus, der so von euch weggenommen wurde, hinauf in den Himmel, der kommt einmal genauso wieder vom Himmel."
Da gingen die Apostel den Ölberg hinunter und kamen wieder zurück nach Jerusalem.
Der Ölberg liegt ganz dicht bei der Stadt.
Wenn man zu Fuß geht, braucht man ungefähr eine halbe Stunde.
Und als sie zurückkamen, gingen sie hinauf in das Zimmer oben in dem Haus, in dem sie immer zusammenkamen.
Es waren:
Petrus und Johannes,
Jakobus und Andreas,
Philippus und Thomas,
Bartholomäus und Matthäus,
Jakobus, der Sohn von Alphäus,
Simon, der Zelot,
und der andere Judas,
der Sohn von Jakobus.
Diese elf Apostel blieben immer zusammen und beteten miteinander.
Auch die Frauen waren bei ihnen, die mit Jesus nach Jerusalem gekommen waren, und auch Maria, die Mutter von Jesus, und seine Brüder.
Und als die Apostel und viele andere Jünger zusammen waren, wählten sie den Matthias als neuen Apostel für Judas Iskariot, der Jesus verraten hatte.
So waren es wieder zwölf.

(Apostelgeschichte 1)

An Pfingsten kommt der Heilige Geist

Es war am Tag des Pfingstfestes.
(Die Juden feiern es sieben Wochen nach dem Passa-Fest.)
Alle Apostel und die anderen Jünger waren im Haus zusammen.
Da kam plötzlich vom Himmel her ein großes Rauschen. Es rauschte wie bei einem gewaltigen Sturm.
Das ganze Haus, in dem sie saßen, wurde voll davon.
Und dann sahen sie etwas wie Feuerflammen, die verteilten sich und setzten sich auf jeden von ihnen.
So wurden sie alle erfüllt mit dem Heiligen Geist.
Und sie redeten in allen möglichen Sprachen, so wie der Heilige Geist es ihnen eingab.
Nun wohnten in Jerusalem viele Juden aus der ganzen Welt, fromme Männer aus aller Ländern der Erde.
Als sie dieses laute Rauschen hörten, liefen sie alle zusammen und standen vor dem Haus.
Und sie wurden ganz aufgeregt, denn jeder hörte die Jünger in seiner eigenen Sprache reden.
Sie staunten und waren außer sich und sagten: „Sind diese Leute, die da so reden, nicht alle aus Galiläa?

Wieso hören wir sie alle in unserer eigenen Sprache reden, in der Sprache, die wir bei uns zu Hause gelernt haben?
Wir kommen aus allen Ländern der Welt, Juden und Fremde, die sich der jüdischen Gemeinde angeschlossen haben.
Und wir hören es jeder in seiner eigenen Sprache, wie sie all das Große verkünden, das Gott getan hat."
Die Leute waren alle ganz aufgeregt, und sie wussten nicht, was sie dazu sagen sollten.
Einer fragte den anderen: „Was soll das bedeuten?"
Aber einige machten sich lustig über die Jünger und sagten: „Die haben wohl ein Gläschen zu viel getrunken!"

(Apostelgeschichte 2)

Petrus predigt die gute Nachricht von Jesus

Da kam Petrus heraus zu ihnen, zusammen mit den anderen Aposteln.
Er rief mit lauter Stimme:
„Ihr Juden aus aller Welt und alle, die in Jerusalem wohnen!
Hört, was ich euch sage:
Diese Männer hier sind nicht betrunken.
Es ist ja gerade erst neun Uhr am Morgen!
Nein, hier geschieht das, was Gott gesagt hat durch den Propheten Joël:
‚In den letzten Tagen der Welt,
da gieße ich meinen Geist aus
auf alle Menschen.
Und dann reden sie von Gott
wie Propheten!
Dann ist der große Tag nahe,
an dem Gott sein Gericht hält.
Aber jeder, der zum Herrn ruft,
jeder, der den Herrn
beim Namen ruft,
der wird gerettet.'"
Und dann sagte Petrus ihnen, wer der Herr ist, zu dem sie rufen sollen: Jesus.
Er sprach: „Ihr Männer aus Israel!
Hört, was ich euch sage:
Jesus aus Nazareth war von Gott zu uns gesandt.
Gott hat durch ihn viele große Wunder getan. Das habt ihr selbst gesehen.
Es geschah mitten unter euch.
Und den habt ihr getötet! Ihr habt ihn an das Kreuz nageln lassen durch Menschen, die nicht an Gott glauben.
Aber Gott hatte es so bestimmt.
Und nun hat Gott ihn auferweckt von den Toten.
Das können wir alle bezeugen.
Er lebt und ist jetzt bei Gott. Er sitzt auf dem Platz an Gottes rechter Seite.
Und Gott hat ihm den Heiligen Geist gegeben, damit er ihn über uns ausgießt.
Das ist hier geschehen, ihr seht es und hört es.
Ihr alle vom Volk Israel!
Das sollt ihr wissen: Gott hat diesen Jesus, den ihr gekreuzigt habt, zu seinem König gemacht.
Er ist Christus, der Retter der Welt.
Er ist der Herr, der euch retten kann."

(Apostelgeschichte 2)

So entsteht die erste Gemeinde

Als die Menschen das hörten, traf es sie mitten ins Herz.
Sie sagten zu Petrus und den anderen Aposteln: „Was sollen wir nun tun?"
Da sprach Petrus zu ihnen: „Kehrt um von eurem falschen Weg!
Lasst euch taufen auf den Namen Jesus Christus.
Dann vergibt euch Gott eure Schuld und er schenkt euch den Heiligen Geist."
Petrus sagte noch mehr von Jesus.
Und er ermahnte die Menschen: „Lasst euch retten vor dem Verderben, das über euch kommt!"
Da hörten viele auf seine Worte und ließen sich taufen.
So brachte Gott an diesem Tag etwa dreitausend Menschen zur Gemeinde der Jünger hinzu. (Apostelgeschichte 2)

So lebt die erste Gemeinde

Alle in der Gemeinde hörten den Aposteln aufmerksam zu, wenn sie von Jesus erzählten.
Sie hielten fest zusammen und einer half dem anderen.
Sie feierten das Abendmahl miteinander und sie beteten gemeinsam.
Und Gott tat auch viele Wunder durch die Apostel.
Die Leute in Jerusalem spürten: Hier ist Gott mitten unter uns.
Alle, die gläubig geworden waren, hatten ihren ganzen Besitz gemeinsam.
Sie verkauften ihre Häuser und alles, was sie sonst noch hatten.
Dann verteilten sie das Geld unter die Armen in der Gemeinde, so wie es jeder brauchte.
Sie gingen jeden Tag in den Tempel und blieben dort beieinander.
Sie feierten das Abendmahl in ihren Häusern und aßen ihr Essen miteinander mit großer Freude und offenem Herzen.
Sie lobten Gott.
Und alle Menschen mochten sie gern.
Und Jesus, der Herr, brachte an jedem Tag neue Menschen zur Gemeinde hinzu, die auch gerettet werden sollten.
(Apostelgeschichte 2)

Petrus heilt einen gelähmten Mann

Petrus und Johannes gingen einmal hinauf in dem Tempel.
Es war drei Uhr am Nachmittag, die Stunde, in der die Menschen im Tempel beteten.
Da trugen ein paar Leute einen Mann herbei. Der war gelähmt und konnte nicht gehen, seit er geboren war.
Sie legten ihn an das Tor zum Vorhof des Tempels, an die ‚Schöne Pforte'.
Und der Mann bat die Menschen, die in den Tempel gingen, dass sie ihm etwas Geld geben.
So machte er es jeden Tag.
Als der gelähmte Mann Petrus und Johannes sah, bat er sie auch um etwas.
Da blieben Petrus und Johannes stehen und sprachen zu ihm: „Sieh uns an!"

Er schaute sie an und dachte, sie wollten ihm Geld geben.
Aber Petrus sprach: „Ich habe kein Geld! Ich habe etwas anderes, das gebe ich dir: Im Namen von Jesus Christus aus Nazareth! Steh auf und geh umher!“
Dann fasste Petrus den gelähmten Mann an der rechten Hand und zog ihn hoch.
Sofort wurden seine Füße und seine Gelenke fest.
Er sprang auf, konnte stehen und machte Schritte.
Dann ging er mit Petrus und Johannes in den Tempel, lief hin und her und hüpfte vor Freude.
Er lobte Gott und dankte ihm.
Und alle im Tempel sahen ihn, wie er hin und her lief und Gott lobte.
Sie erkannten ihn wieder und sagten: „Das ist ja der Mann, der immer an der Schönen Pforte saß und die Leute um Geld bat!“
Da staunten sie und waren ganz außer sich über das, was an ihm geschehen war.

(Apostelgeschichte 3)

Petrus predigt im Tempel

Der Gelähmte, der gesund geworden war, ging nicht mehr von Petrus und Johannes weg.
Und die Menschen liefen hinter ihnen her in die große Halle beim Tempel, die Salomo-Halle hieß, denn sie staunten über das alles.
Als Petrus das sah, sprach er zu ihnen: „Ihr Männer von Israel!
Warum wundert ihr euch über diesen Mann, der gelähmt war? Und warum starrt ihr uns so an?“
Meint ihr, wir beide haben das geschafft, dass er wieder gehen kann?
Vielleicht mit unserer Kraft oder weil wir so fromm sind?
Nein, es ist ganz anders!
Der Gott Abrahams und Isaaks und Jakobs, der Gott unserer Väter, der hat seinem Diener Jesus Macht und Herrlichkeit gegeben.
Das ist der, den ihr zu Pilatus gebracht habt.
Pilatus wollte ihn freilassen, aber ihr habt verlangt, dass er sterben soll.
Ihr habt euch von Pilatus dafür einen Mörder schenken lassen.
Und den, der das ewige Leben bringt, den habt ihr getötet.
Aber Gott hat ihn auferweckt von den Toten. Wir haben ihn lebendig gesehen, wir sind die Zeugen dafür!
Und dieser Mann, den ihr hier seht und den ihr genau kennt, der ist durch Jesus gesund geworden.
Der Name Jesus hat ihn zum Glauben gebracht.
Und der Glaube an Jesus hat ihn stark gemacht, dass er wieder gehen kann.
Ich weiß, liebe Brüder: Ihr habt Jesus ans Kreuz gebracht, weil ihr nicht gewusst habt, wer er ist.
Aber jetzt kehrt um von eurem falschen Weg und kommt zu Gott, damit eure Sünden von euch genommen werden!“

(Apostelgeschichte 3)

Petrus und Johannes vor dem Hohen Rat

Als Petrus und Johannes so zu den Menschen redeten, kamen die Priester und der Hauptmann der Tempelwache.
Die waren wütend über Petrus und Johannes, weil sie zu den Menschen sagten: „Jesus lebt, er ist auferstanden von den Toten."
Sie nahmen Petrus und Johannes gefangen und brachten sie ins Gefängnis.
Da sollten sie bis zum nächsten Tag bleiben, weil es schon Abend wurde.
Aber von den Menschen, die das gehört hatten, was Petrus sagte, von denen glaubten viele an Jesus.
So wuchs die Gemeinde auf fünftausend Menschen.
Am nächsten Tag kam der ganze Hohe Rat in Jerusalem zusammen.
Sie stellten Petrus und Johannes in die Mitte, dazu den geheilten Mann.
Und sie fragten die Apostel: „Woher habt ihr die Kraft, mit der ihr diesen Mann da gesund gemacht habt?
In welchem Namen habt ihr es getan?"
Der Heilige Geist gab Petrus Mut und Weisheit. Und Petrus sprach zu ihnen: „Ihr Obersten und ihr Ältesten!
Ihr sollt es alle wissen und das ganze Volk Israel soll es wissen!
Dieser Mann steht gesund vor euch im Namen von Jesus Christus aus Nazareth.
Den habt ihr gekreuzigt, aber Gott hat ihn auferweckt von den Toten!
Es gibt keinen anderen, durch den wir gerettet werden.
Auf der ganzen Welt gibt es keinen anderen Namen, zu dem die Menschen rufen können und durch den sie gerettet werden."
Die Männer im Hohen Rat staunten, als sie Petrus so reden hörten.
Er war doch nur ein einfacher Mann!
Sie konnten nichts dagegen sagen, denn der gelähmte Mann war gesund geworden und stand vor ihnen.
So sagten sie zu Petrus und Johannes: „Ihr dürft nicht mehr von Jesus zu den Menschen sprechen!
Ihr dürft nicht mehr in seinem Namen reden!"
Aber Petrus und Johannes antworteten ihnen: „Sagt doch selbst: Ist es richtig, wenn wir mehr auf euch hören als auf Gott?
Wir können nicht still sein über das, was wir gesehen und gehört haben!"
Da sagten sie zu ihnen: „Wenn ihr das noch einmal macht, lassen wir euch nicht wieder frei!"
Und sie ließen die beiden gehen, denn sie hatten nichts gefunden, wofür sie sie bestrafen konnten.
Sie hatten auch Angst vor dem Volk, denn alle lobten Gott und dankten ihm für das, was an dem gelähmten Mann geschehen war.
Als Petrus und Johannes wieder frei waren, gingen sie zur Gemeinde und erzählten alles, was die Männer im Hohen Rat gesagt hatten.
Und dann beteten sie miteinander zu Gott und sagten: „Herr, du siehst, was sie mit uns machen wollen!

Nun gib uns, deinen Dienern, Mut, dass wir keine Angst haben und allen Menschen die gute Nachricht von Jesus weitersagen."
Und als sie so gebetet hatten, erbebte das Haus, in dem sie zusammen waren, wie bei einem Erdbeben.
Sie wurden alle erfüllt vom Heiligen Geist und sagten die gute Nachricht von Jesus ohne Angst weiter.

(Apostelgeschichte 4)

Stephanus kommt vor den Hohen Rat

Stephanus gehörte auch zur Gemeinde. Er war kein Apostel.

Er glaubte fest an Jesus und war erfüllt vom Heiligen Geist.
Durch Gottes Gnade und Kraft tat er große Wunder an den Menschen.
Stephanus sprach auch in den Synagogen, den Gebetshäusern der Juden, über Jesus.
Und einige Juden stritten mit ihm.
Sie wollten beweisen, dass er Unrecht hat.
Aber der Heilige Geist machte Stephanus klug, und er widerlegte sie aus der Heiligen Schrift.
Da suchten sie sich Männer, die sollten überall sagen: „Stephanus beleidigt Gott und Mose mit seinen Reden. Das haben wir gehört."
So hetzten sie die Leute gegen ihn auf, besonders die Ältesten und die Gesetzeslehrer.
Dann packten sie ihn und brachten ihn vor den Hohen Rat.

Sie stellten falsche Zeugen auf gegen ihn.
Die sagten: „Dieser Mensch redet immerzu gegen unseren heiligen Tempel und gegen unser Gesetz.
Wir haben es selbst gehört, wie er sagte: ‚Jesus aus Nazareth zerstört den Tempel und ändert die Gebote, die Mose uns gegeben hat.'"
Alle, die im Hohen Rat saßen, blickten gespannt auf Stephanus.
Und sie sahen sein Gesicht: Es leuchtete wie das Gesicht von einem Engel.
Da fragte ihn der Hohepriester: „Ist das wahr?"

(Apostelgeschichte 6)

Stephanus hält seinen Richtern eine Predigt

Stephanus begann zu reden und sprach: „Ihr Männer, liebe Brüder und Väter, hört mich an!
Ihr wisst, was Gott getan hat.
Er, der allmächtige Gott, rief unseren Vater Abraham aus Haran. Und er brachte ihn in dieses Land."

Und dann erinnert Stephanus sie daran, wie die Nachkommen Abrahams nach Ägypten kamen und dort zu einem großen Volk wurden und wie sie von den Ägyptern unterdrückt wurden.

„Dann kam Mose (sagt Stephanus weiter) und wollte seinem Volk helfen. Aber seine eigenen Leute lehnten ihn ab.
Sie sagten zu ihm: ‚Wer hat dich eingesetzt zum Aufseher und Richter über uns?'
So musste Mose aus Ägypten fliehen.

Aber Gott rief ihn am Berg Sinai und sprach: ‚Geh wieder nach Ägypten!
Durch dich will ich meinem Volk helfen.'
Genau den Mose, den die Israeliten abgelehnt hatten, den machte Gott zu ihrem Anführer, der sie aus Ägypten herausführte!"

Stephanus will seinen Richtern sagen: „Das Volk Israel war Gott schon immer ungehorsam, so wie ihr es jetzt seid!"
Und er gibt dafür noch mehr Beispiele:
Als sie in der Wüste waren, glaubten sie nicht, dass Gott ihnen hilft, und wollten wieder nach Ägypten zurück.
Sie machten sich ein Götzenbild, das goldene Kalb, und beteten es an.
Sogar der Tempel, den Salomo baute, hat das Volk zur Sünde verführt, denn sie dachten: ‚Hier wohnt Gott, jetzt kann uns nichts mehr passieren!'"

„Aber Gott, der Allerhöchste (sagt Stephanus weiter) wohnt doch gar nicht in Häusern, die Menschen mit ihren Händen gebaut haben!
Der Prophet Jesaja sagt: ‚So spricht der Herr: Der Himmel ist mein Sitzplatz, und die Erde der Schemel, auf den ich meine Füße stelle.
Was für ein Haus wollt ihr mir da bauen?
Wo ist die Wohnung, in der ich Platz finde?
Meine Hand hat doch den ganzen Himmel und die ganze Erde gemacht!'
O ihr Dickköpfe! Ihr seid genauso wie eure Väter!
Ihr wollt nicht hören, was der Heilige Geist euch sagt, genau wie sie!
Jeden Propheten haben sie weggejagt.
Und die Propheten, die ihnen vorhergesagt haben, dass Jesus kommt, die haben sie getötet.
Und jetzt habt ihr ihn selbst verraten und getötet!
Gott hat euch seine Gebote gegeben, aber ihr habt sie nicht gehalten!"

(Apostelgeschichte 7)

Stephanus stirbt für Jesus

Als die Männer im Hohen Rat das hörten, was Stephanus sagte, wurden sie ganz wütend auf ihn.
Aber Stephanus war vom Heiligen Geist erfüllt.
Er hob seine Augen zum Himmel und sah Gott in seiner Herrlichkeit.
Und rechts neben Gott stand Jesus.
Da sprach er: „Ich sehe den Himmel offen!
Und Christus, der Sohn Gottes, steht an Gottes rechter Seite!"
Als sie das hörten, schrien sie ganz laut und hielten sich die Ohren zu.
Sie stürmten alle auf Stephanus los und stießen ihn vor sich her, hinaus vor die Stadt.
Und sie suchten Steine zusammen.
Die Zeugen, die vor dem Hohen Rat gegen Stephanus gesprochen hatten, warfen die ersten Steine auf ihn.
Sie zogen ihre Mäntel aus und legten sie auf die Erde bei einem jungen Mann, damit er auf sie aufpasst. Das war Saulus.
(Er kam aus der Stadt Tarsus in Kleinasien und war jetzt in Jerusalem.)

Dann warfen sie Steine auf Stephanus.
Aber Stephanus betete und sprach: „Herr Jesus, nimm mein Leben zu dir!"
Und er kniete nieder und rief laut: „Herr, bestraf sie nicht für diese Sünde!"
Als er das gesagt hatte, starb er.

(Apostelgeschichte 7)

Saulus verfolgt die Christen in Jerusalem

Saulus war ganz damit einverstanden, dass sie Stephanus töteten.
Ja, noch mehr: Er wollte, dass niemand mehr an Jesus glaubt.
Er ging hinein in die Häuser der Christen und schleppte Männer und Frauen weg und brachte sie ins Gefängnis.
Er wollte die ganze Gemeinde zerstören.
Aber die Christen gingen weg aus Jerusalem und brachten sich in Sicherheit.
Sie verstreuten sich im ganzen Land Judäa und im Land Samarien.
Nur die Apostel blieben in der Stadt.
Und ein paar fromme Männer legten Stephanus in ein Grab und hielten eine große Totenklage um ihn.

(Apostelgeschichte 8)

Ein Afrikaner wird Christ

Unter denen, die aus Jerusalem weggingen, war auch Philippus.
Er ging nach Samaria, in die Stadt der Samariter. Dort sagte er den Menschen die gute Nachricht von Jesus.
Da geschah es, dass der Engel des Herrn zu ihm sagte: „Mach dich auf den Weg und geh nach dem Süden auf die Straße, die von Jerusalem nach Gaza führt."
Da machte sich Philippus gleich auf den Weg und ging hin.
Und siehe, da kam ein Wagen gefahren, in dem saß ein Mann aus Afrika.
Er war ein Minister der Königin von Äthiopien.
Der Mann kam gerade von Jerusalem.
Er hatte dort zu Gott gebetet und jetzt fuhr er wieder zurück in sein Land.
Er saß in seinem Wagen und las laut in einem Buch, das er in Jerusalem gekauft hatte.
Es war das Buch des Propheten Jesaja.
Da sprach der Geist Gottes zu Philippus: „Geh hin zu diesem Wagen und lauf hinterher!"
Philippus lief hinterher und hörte, wie der Fremde aus dem Propheten Jesaja las.
Da rief Philippus: „Verstehst du auch, was du da liest?"
Aber der Afrikaner sagte: „Wie soll ich das verstehen, wenn mir keiner hilft?
Komm, steig auf den Wagen und setz dich zu mir!"
Der Abschnitt, den der Fremde gerade las, lautete so:
„Er bleibt still
und sagt kein Wort.
Er ist wie ein Schaf,
das zum Schlachten weggebracht wird,
oder wie ein Lamm,
das geschoren wird
und sich nicht wehrt.
Er wird verurteilt und getötet.
Aber an seinem tiefsten Punkt,
da gibt Gott ihm Recht.

Er nimmt ihn weg von der Erde
und gibt ihm so viele Nachkommen,
dass niemand sie zählen kann,
all die vielen Menschen,
die sich ihm anschließen werden."

Als die beiden diesen Abschnitt gelesen hatten, sagte der Afrikaner zu Philippus: „Ich bitte dich, von wem redet der Prophet da?
Sagt er das von sich selbst oder meint er einen anderen?"
Da begann Philippus und erklärte ihm, dass der Prophet von Jesus redet.
Und er erzählte dem Afrikaner, wie Jesus leiden musste und gestorben ist und in den Himmel aufgenommen wurde.
Und er sagte dem Afrikaner die ganze gute Nachricht von Jesus.
Sie fuhren immer weiter und der Fremde hörte Philippus zu.
Da kamen sie an einen Wasserlauf und der Mann sagte: „Da drüben ist Wasser! Kann ich mich taufen lassen?"
Philippus sagte Ja, und der Fremde ließ den Wagen anhalten.
Sie stiegen beide vom Wagen und gingen in das Wasser.
Und Philippus taufte den Minister aus Äthiopien.
Als sie wieder herausstiegen aus dem Wasser, da nahm der Geist Gottes den Philippus weg und der Afrikaner sah ihn nicht mehr.
Aber er stieg in seinen Wagen und fuhr fröhlicher weiter auf seiner Straße.

(Apostelgeschichte 8)

Jesus ruft Saulus in seinen Dienst

Saulus tötete und wütete weiter gegen die Gemeinde des Herrn. Er wollte alle umbringen, die an Jesus glaubten.
Er ging zum Hohenpriester in Jerusalem und bat ihn, dass er ihm Briefe mitgibt an die jüdische Gemeinde in Damaskus.
In den Briefen stand: Die Juden dort sollen ihm helfen bei dem, was er vorhat.
Saulus wollte sehen, ob in Damaskus auch schon Männer und Frauen sind, die den ‚neuen Weg' gehen und an Jesus glauben.
Und wenn er welche finden würde, wollte er sie festnehmen und nach Jerusalem bringen.
So machte sich Saulus auf den Weg.
Als er nicht mehr weit von Damaskus war, strahlte plötzlich ein Licht vom Himmel rings um ihn her.
Er fiel auf die Erde und hörte eine Stimme. Die sprach zu ihm: „Saul, Saul, warum jagst du hinter mir her?"
Saulus fragte: „Wer bist du, Herr?"
Und die Stimme sagte: „Ich bin Jesus, den du verfolgst.
Steh auf und geh in die Stadt hinein. Da sagen sie dir, was du tun sollst."
Die Männer, die mit Saulus nach Damaskus unterwegs waren, standen dabei und wussten nicht, was das bedeutet.
Sie hörten nur die Stimme, aber sie sahen niemand.
Dann stand Saulus auf von der Erde.
Und als er die Augen aufmachte, konnte er nichts sehen. Er war blind.

Sie mussten ihn an der Hand führen und brachten ihn so nach Damaskus.
Und Saulus war drei Tage blind und aß nichts und trank nichts.

Jesus schickt Hananias zu Saulus

Es war aber ein Christ in Damaskus, der hieß Hananias.
Dem erschien Jesus und sprach zu ihm: „Steh auf und geh in die Gerade Straße!
Frag im Haus von Judas nach Saulus aus Tarsus.
Er betet gerade. Und er hat in einer Erscheinung einen Mann gesehen, der Hananias heißt.
Der kommt zu ihm und legt ihm die Hände auf, damit er wieder sehen kann."
Da antwortete Hananias: „Herr, ich habe so viel von diesem Saulus gehört.
Ich weiß, was er alles gegen deine Jünger in Jerusalem getan hat.
Und jetzt ist er hier und will alle gefangen nehmen, die dich bei deinem Namen rufen."
Aber Jesus sprach zu ihm: „Geh ruhig hin!
Ich habe mir Saulus ausgesucht als meinen Boten, als mein Werkzeug.
Er soll meinen Namen hinaustragen zu den Völkern."
Da ging Hananias in das Haus in der Geraden Straße.
Er legte Saulus die Hände auf und sprach: „Bruder Saul!
Der Herr schickt mich.
Es ist Jesus, der dir erschienen ist auf dem Weg hierher.
Du sollst wieder sehen und der Heilige Geist soll einziehen bei dir."
Da fiel es Saulus wie Schuppen von den Augen und er konnte wieder sehen.
Er stand auf und ließ sich taufen.
Danach blieb Saulus noch ein paar Tage bei den Christen in Damaskus.
Und er ging gleich in die Synagogen der Stadt und predigte den Juden die gute Nachricht: Jesus ist Gottes Sohn!
Aber alle, die das hörten, wunderten sich und sagten: „Ist das nicht der Mann, der in Jerusalem alle verfolgt hat, die an Jesus glauben?
Er ist doch hierher gekommen, damit er solche Leute gefangen nimmt und zum Hohen Rat nach Jerusalem schleppt!"
Aber Saulus predigte so von Jesus, dass die Juden nichts dagegen sagen konnten.
Er zeigte ihnen in der Heiligen Schrift, dass Jesus der Retter ist, den Gott ihnen schon lange versprochen hat.
Da kamen sie zusammen und beschlossen: Er muss sterben.
Saulus hörte von ihrem Plan und wollte aus der Stadt fliehen.
Aber sie standen Tag und Nacht an den Toren der Stadt und passten auf, dass er ihnen nicht wegläuft.
Da halfen ihm seine Freunde und brachten ihn in der Nacht zur Stadtmauer.
Sie setzten ihn in einen großen Korb und ließen ihn mit einem Seil außen an der Stadtmauer hinunter.

(Apostelgeschichte 9)

Paulus reist für Jesus durch die Welt

Saulus war in Kleinasien geboren, in der Stadt Tarsus. Dort sprachen die meisten Leute Griechisch.
Deshalb hatte Saulus zwei Namen, einen hebräischen: Saulus, und einen griechischen: Paulus.
Wenn Saulus bei Griechen war, nannte er sich Paulus. Und weil er die meiste Zeit bei Griechen war, kennen wir ihn am besten unter dem Namen Paulus.
Jesus hatte ihn ausgeschickt: „Du sollst meinen Namen hinaustragen zu den Völkern!“
Jesus hatte ihn zu seinem Apostel gemacht, zu seinem Ausgesandten. Auch Paulus war jetzt ein Apostel.
Und so zog Paulus für Jesus hinaus in die Welt. Er zog durch ganz Kleinasien, wo heute die Türkei ist.
Aber auch dort ging Paulus immer zuerst zu den Juden.
In den meisten Städten in Kleinasien gab es Gruppen von Juden.
Und wenn Paulus in eine Stadt kam, ging er zuerst in die Synagoge, das jüdische Gebetshaus.
Er machte es genauso wie in Damaskus: Er predigte den Menschen, die in der Synagoge waren, das Evangelium, die gute Nachricht von Jesus.
Und er konnte auch überall einige Menschen für Jesus gewinnen.
Aber oft wurde Paulus aus der Synagoge hinausgejagt, wenn er dort von Jesus sprach. Manchmal wurde er sogar ausgepeitscht.
Dann ging er zu den „Heiden“, zu den Menschen, die an alle möglichen Götter glauben.
Auch ihnen brachte er die gute Nachricht von Jesus. Und auch von ihnen glaubten manche an Jesus.
Es wurden immer mehr Menschen, die an Jesus glaubten.
Und in jeder Stadt brachte Paulus alle zusammen, die an Jesus glaubten, die ehemaligen Juden und die ehemaligen Heiden.
Sie waren miteinander eine einzige Gemeinde, die Gemeinde der Jesus-Jünger.
Und sie sagten zueinander „Bruder“ und „Schwester“.
Sie nannten sich die „Kirche“, das Gottesvolk aus Juden und Heiden.
Von den anderen, die nicht an Jesus glaubten, wurden sie „Christus Leute“ genannt, Christen.
Jetzt reiste Paulus zum zweiten Mal durch Kleinasien.
Er hatte an vielen Orten eine christliche Gemeinde gesammelt. Er wollte noch mehr Menschen in Kleinasien für Jesus gewinnen.
Aber da passierte etwas Merkwürdiges:

Paulus reiste zusammen mit Silas, seinem Mitarbeiter.
Und das war ihr Plan: Sie wollten an die Küste von Kleinasien gehen, nach Westen, wo die großen Städte sind, vor allem in die Hauptstadt Ephesus.
Aber der Heilige Geist erlaubte es ihnen nicht, dass sie dorthin gingen.
So gingen sie weiter und wollten an die Küste im Norden gehen, an das Schwarze Meer.
Aber auch das erlaubte der Heilige Geist ihnen nicht.
So gingen sie zuletzt nach Troas, der Hafenstadt am Ägäischen Meer.
Aber auch in Troas durften Paulus und Silas nicht bleiben.
Denn in der Nacht erschien dem Paulus in Troas ein Mann.
Paulus sah den Mann in einem ganz deutlichen Traumbild.
Er war angezogen wir die Leute in Mazedonien, drüben am anderen Ufer des Meeres.
Und er stand da und rief: „Komm herüber nach Mazedonien und hilf uns!"

(Apostelgeschichte 16)

Paulus kommt nach Philippi und findet Lydia

Wie es weiterging, das hat jemand aufgeschrieben, der dabei war. Er berichtet:

Als Paulus den Mann gesehen hatte, suchten wir uns gleich ein Schiff und fuhren nach Mazedonien hinüber.
Denn wir wussten nun: Gott hat uns gerufen. Wir sollen den Menschen in Mazedonien und Griechenland die gute Nachricht von Jesus bringen.
Das Schiff brachte uns in den Hafen von Neapolis.
Von dort gingen wir zu Fuß in die nächste große Stadt, nach Philippi.
Und gleich am ersten Sabbat gingen wir hinaus vor die Stadt an den Fluss.
Wir dachten: ‚Wenn es hier Juden gibt, kommen sie irgendwo am Fluss zusammen zum Beten.'
(Das ist so, weil sie für die vorgeschriebene Reinigung fließendes Wasser brauchen. Es gab keine Synagoge in der Stadt, weil dort nur wenige Juden wohnten.)
Es waren nur ein paar Frauen da. Zu denen setzten wir uns und sprachen zu ihnen von Jesus.
Unter ihnen war eine, die hieß Lydia.
Sie hatte ein Geschäft in der Stadt und verkaufte kostbare Purpurstoffe.
Sie war keine Jüdin, aber sie kam immer her und betete zusammen mit den jüdischen Frauen.
Als sie Paulus reden hörte, öffnete der Herr ihr das Herz. Sie nahm es tief in ihr Herz auf, was Paulus sagte.
Und sie ließ sich taufen mit allen, die zu ihrer Familie, ihrem Haus gehörten.
Dann sagte sie zu uns: „Wenn ihr seht, dass ich jetzt gläubig bin und dem Herrn gehöre, dann kommt mit in mein Haus und wohnt bei mir."
Und sie ließ nicht locker, bis wir zu ihr kamen.

(Apostelgeschichte 16)

Paulus kommt ins Gefängnis

Paulus und Silas gingen noch oft zu der Stelle am Fluss und erzählten den Frauen von Jesus.
Jedes Mal lief dann ein Mädchen hinter ihnen her und schrie: „Diese Männer dienen dem höchsten Gott und sagen euch, wie ihr gerettet werdet!“
Das Mädchen hatte einen Geist in sich, der wusste, was die Menschen nicht wissen konnten.
Der Geist wusste auch im Voraus, was in der Zukunft geschieht. Das wollten die Leute gern wissen und sie gaben viel Geld dafür aus.
Das Geld bekamen die Männer, denen das Mädchen gehörte.
Sie war ihre Sklavin.
Als sie nun jeden Tag so hinter den beiden herrief, wurde Paulus zornig.
Er wollte nicht, dass die Leute an Jesus glauben, nur weil so ein Geist es sagt.
Er drehte sich um und sprach zu dem Geist: „Ich befehle dir im Namen von Jesus Christus: Geh hinaus aus ihr!“
Da ging der Geist aus ihr hinaus und war sofort weg.
Aber die Männer, denen das Mädchen gehörte, sahen: Jetzt bringt uns unsere Sklavin kein Geld mehr ein.
Da packten sie Paulus und Silas, schleppten sie auf den Marktplatz und brachten sie vor die Richter der Stadt.
Sie beschuldigten Paulus und Silas und sagten: „Diese Menschen bringen die ganze Stadt in Aufruhr!
Sie sind Juden und wollen neue Sitten einführen, die gegen unser Gesetz sind.“
So hetzten sie die Leute auf gegen Paulus und Silas. Es waren nämlich viele Menschen zusammengelaufen.
Die Richter sagten den Gerichtsdienern, sie sollen Paulus und Silas ausziehen und sie mit Peitschen auf den Rücken schlagen.
Da schlugen die Diener sie so lange, bis sie bluteten. Dann brachten sie die beiden ins Gefängnis.
Die Richter ließen dem Gefängniswärter sagen, er soll gut auf sie aufpassen.
So brachte der Gefängniswärter sie in die hinterste Zelle und schloss ihre Füße mit Ketten zusammen, damit sie ja nicht weglaufen. (Apostelgeschichte 16)

Der Gefängniswärter wird Christ

Als es Mitternacht war, beteten Paulus und Silas mit lauter Stimme. Sie sangen Lieder und lobten Gott.
Die anderen Gefangenen hörten es.
Da zitterten plötzlich die Mauern des Gefängnisses.
Es kam ein großes Erdbeben.
Alle Türen im ganzen Gefängnis gingen auf. Die Ketten zerbrachen und alle Gefangenen konnten frei umherlaufen.
Der Gefängniswärter fuhr aus dem Schlaf auf und sah: Alle Türen im Gefängnis stehen offen!
Da dachte er: ‚Die Gefangenen sind weggelaufen.‘ Und er nahm sein Schwert und wollte sich töten.

Aber Paulus rief mit lauter Stimme und sprach: „Tu dir nichts an! Wir sind noch alle hier!“
Da nahm der Gefängniswärter ein Licht und lief hinein zu den Gefangenen.
Er zitterte und warf sich vor Paulus und Silas auf die Erde.
Dann führte er sie hinaus aus dem Gefängnis und sagte: „Ihr Herren, was muss ich tun, damit ich gerettet werde?“
Sie sagten zu ihm: „Glaube an Jesus, den Herrn! Dann wirst du gerettet, du und deine ganze Familie.“
Und sie sagten ihm das Evangelium von Jesus, dem Herrn und Retter, ihm und allen, die zu seiner Familie gehörten.
Der Gefängniswärter hatte sie gleich in seine Wohnung gebracht. Er wusch die Wunden auf ihrem Rücken mit Öl.
Dann ließ er sich taufen mit seiner ganzen Familie.
Und er lud sie zu sich ein, setzte sie an seinen Tisch und gab ihnen zu essen und zu trinken.
Er und seine ganze Familie freuten sich, dass sie nun an Gott glaubten.

(Apostelgeschichte 16)

Paulus schreibt Briefe

Paulus und Silas zogen weiter nach Thessalonich, der anderen großen Stadt in Mazedonien.
Auch dort predigten sie den Menschen die gute Nachricht.
Die Christen in Philippi schickten Paulus zweimal Geld nach Thessalonich, damit er nicht selbst Geld verdienen musste und Zeit dafür hatte, den Menschen die gute Nachricht zu sagen.
Sonst suchte sich Paulus immer Arbeit, wenn er in eine Stadt kam, und er lebte von dem Lohn, den er dafür bekam.
Paulus war von Beruf Zeltmacher.
Paulus schrieb den Christen in Philippi Briefe und besuchte sie später noch einmal auf einer anderen Reise.
Auch an andere Gemeinden schrieb Paulus Briefe. Immer wenn eine Gemeinde Fragen hatte, dann schrieb er ihr und gab ihr gute Ratschläge.
Von Ephesus aus schrieb Paulus öfter Briefe an die Gemeinde in Korinth.
In einem von seinen Briefen ging er auf eine wichtige Frage ein:
Der Geist Gottes, der Heilige Geist, hatte vielen Christen in Korinth besondere Fähigkeiten gegeben.
Und jeder von diesen Christen hielt seine eigene Fähigkeit, seine ‚Geistesgabe‘, für die wichtigste.
Die einen erhielten durch den Heiligen Geist Offenbarungen von Gott und konnten der Gemeinde sagen, was Gott jetzt von ihr will.
Andere konnten Kranke heilen und mancherlei Wunder tun.
Manche redeten im Gottesdienst, wenn der Geist über sie kam, in einer Sprache, die kein Mensch kennt, in der Sprache der Engel.
Man nannte das ‚In anderen Zungen reden‘ oder einfach Zungenreden.
Darauf waren sie in Korinth besonders stolz.

Der Körper und seine Teile

Paulus schreibt den Korinthern: Es kommt darauf an, dass jeder mit seiner Fähigkeit der Gemeinde dient und sich nicht wichtig macht.
Und er gebraucht dafür ein Bild, einen Vergleich:

Eine christliche Gemeinde ist wie ein einzelner Mensch. Ein Mensch hat nur einen Körper, aber der Körper hat viele Teile.
So ist es auch mit uns Christen.
Wir sind ja alle getauft und jeder von uns hat in der Taufe denselben Geist von Gott bekommen.
So sind wir alle miteinander durch den Heiligen Geist wie ein einziger Körper geworden.
Ein menschlicher Körper ist nicht nur ein Teil, sondern er besteht aus vielen Teilen.
Und die vielen Teile gehören alle zusammen zu einem Leib.
Der Fuß kann zum Beispiel nicht sagen: „Weil ich nicht die Hand bin, gehöre ich nicht zum Körper."
Er bleibt doch ein Teil des Körpers, auch wenn er der Fuß und nicht die Hand ist.
Ebenso kann das Ohr nicht sagen: „Weil ich nicht das Auge bin, gehöre ich nicht zum Körper."
Es bleibt doch ein Teil des Körpers, auch wenn es das Ohr und nicht das Auge ist.
Stellt euch vor: Wenn der Mensch nur Augen hätte, wie sollte er dann hören?
Und wenn er nur Ohren hätte, wie sollte er dann riechen oder schmecken?
Gott hat dem Körper viele Teile gegeben. Und jeder Teil hat seine besondere Aufgabe.
Wenn alle Teile der gleiche Teil sein wollten, wo bliebe der Körper?
Aber nun gibt es viele verschiedene Teile, doch der Körper ist einer.
Darum kann das Auge auch nicht zu der Hand sagen: „Ich brauche dich nicht."
Oder der Kopf zu den Füßen: „Ich brauche euch nicht."
Gott hat alle Teile zu einem ganzen Körper zusammengefügt, damit die Teile füreinander da sind.
Wenn ein Teil krank wird, sind alle anderen Teile mit krank.
Und wenn es einem Teil besonders gut geht, dann freuen sich alle mit.
So seid ihr alle miteinander in der Gemeinde wie ein Körper.
Die ganze Gemeinde ist der Leib von Jesus Christus.
Und jeder von euch ist ein Glied an diesem Leib.
Jeder hat seine Aufgabe und seinen Platz.

(1. Korinther 12)

Die Liebe steht am höchsten

Aber jetzt zeige ich euch etwas, das noch viel wichtiger ist als alle die Fähigkeiten, die ihr habt!
Es kann sein, dass ich alle Sprachen der Menschen spreche und sogar die Sprache der Engel.
Es kann sein, dass ich rede wie ein Prophet und alle Geheimnisse Gottes weiß.
Es kann sein, dass ich einen so starken Glauben habe, dass ich Berge versetzen kann.
Aber wenn ich keine Liebe habe, bin ich trotzdem nichts wert.
Es kann sein, dass ich alles den Armen schenke, alles, was ich habe.
Es kann sein, dass ich mich sogar für meinen Glauben auf dem Scheiterhaufen verbrennen lasse.
Aber wenn ich keine Liebe habe, ist das alles umsonst.

Wer die Liebe hat, ist freundlich und geduldig.
Wer die Liebe hat, streitet nicht.
Wer die Liebe hat, gibt nicht an und spielt sich nicht auf.
Wer die Liebe hat, macht nicht, was er will, ohne Rücksicht auf andere.
Wer die Liebe hat, denkt nicht immer nur an sich und geht nicht gleich auf den anderen los.
Wer die Liebe hat, freut sich nicht, wenn andere ungerecht behandelt werden.
Vielmehr freut er sich, wenn es gerecht zugeht.
Die Liebe gibt niemals jemand auf.
Sie glaubt alles für ihn.
Sie hofft alles für ihn.
Sie erträgt alles mit Geduld.

Die Liebe hört niemals auf.
Alles andere hat einmal ein Ende:
Das Reden wie ein Prophet, es hört einmal auf.
Das Reden in der Sprache der Engel, es hört einmal auf.
Die Geheimnisse Gottes wissen, das hört alles einmal auf.
Denn das ist alles Stückwerk, unser ganzes Reden und Wissen.
Wenn aber das Ganze kommt, das Vollkommene, dann ist es vorbei mit dem Stückwerk.

Wir sehen Gott jetzt nur wie in einem Spiegel, wie in einem ganz trüben Spiegel.
Aber dann sehen wir ihn so, wie er ist, von Angesicht zu Angesicht.
Aber auch dann bleiben diese drei bestehen:
der Glaube,
die Hoffnung
und die Liebe.
Diese drei bleiben.
Aber die Liebe steht am höchsten.

(1. Korinther 13)

Paulus kommt nach Ephesus

Paulus fuhr von Thessalonich mit dem Schiff nach Achaja, in den südlichen Teil von Griechenland. Dort war er lange in der großen Hafenstadt Korinth und sammelte eine Gemeinde.
Als Paulus dann zum dritten Mal durch Kleinasien reiste, kam er auch in die große Stadt Ephesus.
Dorthin wollte er ja schon auf der zweiten Reise gehen, aber der Heilige Geist hatte es nicht erlaubt.

Paulus ging zuerst in die Synagoge, das jüdische Gebetshaus.
Er predigte den Menschen, die dort zusammenkamen, das Evangelium, die gute Nachricht von Jesus.
Und er zeigte ihnen, dass Jesus Christus, der Retter, das Reich Gottes zu uns Menschen bringt.
Aber dann, nach drei Monaten, standen einige auf, die nicht an Jesus glauben wollten.
Sie verspotteten das Evangelium vor allen, die in der Synagoge waren.
Da trennte sich Paulus von der jüdischen Gemeinde und nahm von dort alle mit, die an Jesus glaubten.
Von jetzt an sprach er jeden Tag in einem Saal, der einem Griechen gehörte.
Das tat er zwei Jahre lang.
So konnten alle Leute in Ephesus das Evangelium hören und auch alle, die aus der ganzen Umgebung nach Ephesus kamen.

Juden und Heiden konnten beide das Evangelium von Jesus hören.
Und Gott ließ Wunder geschehen durch Paulus: Kranke wurden gesund und böse Geister mussten aus den Menschen ausziehen und verschwinden.
Auch viele Wahrsager und Zauberer wurden Christen. Sie brachten ihre Zauberbücher mit und verbrannten sie auf dem Marktplatz.
So breitete sich die gute Nachricht immer mehr aus und zeigte ihre Kraft, weil Jesus, der Herr, durch sie wirkte.

(Apostelgeschichte 19)

Aufruhr gegen Paulus in Ephesus

Die Leute in Ephesus waren stolz auf ihren Tempel. Er war eines der ‚Sieben Weltwunder', so prächtig war er.
In dem Tempel war ein Standbild der großen Göttin Artemis, die auch Diana heißt.
Viele Menschen kamen aus dem ganzen Land und schauten den Tempel an und beteten zu dem Götterbild.
Und wenn sie wieder nach Hause gingen, nahmen sie als Andenken ein kleines Diana-Tempelchen aus Silber mit.
Die Handwerker in Ephesus, die Silberschmiede, machten ein gutes Geschäft mit ihren Tempelchen.
Aber jetzt bekamen sie Angst, dass Paulus ihnen das Geschäft verdirbt.

Auch Demetrius, ein Silberschmied, verkaufte kleine Diana-Tempel aus Silber.
Er ließ viele andere Silberschmiede für sich arbeiten und bezahlte sie dafür.
Eines Tages rief er alle Silberschmiede zusammen und sprach zu ihnen: „Liebe Männer, ihr wisst ja, wir verdienen viel Geld mit unserer Arbeit.
Und da kommt dieser Paulus und verdreht den Leuten den Kopf in Ephesus und im ganzen Land!
Er sagt zu ihnen: ‚Bilder, die von Menschenhänden gemacht sind, die sind keine Götter!‘
Wenn das so weitergeht, haben wir bald keine Arbeit mehr und verdienen kein Geld mehr.
Und was noch viel schlimmer ist: Der Tempel unserer großen Göttin Diana gilt nichts mehr bei den Menschen.
Und die Göttin selbst, der jetzt alle zu Füßen liegen in diesem Land und in der ganzen Welt, mit der ist es dann aus!“
Als die Silberschmiede das hörten, wurden sie wild und schrien: „Groß ist Diana, die Göttin von Ephesus!“
Die ganze Stadt geriet in Aufruhr.
Alle Menschen liefen zusammen und die Menge schob sich durch die Straßen zum Stadion.
Die Leute packten zwei Mitarbeiter von Paulus, den Gajus und den Aristarch, und schleppten sie mit.
Paulus wollte zum Stadion gehen und selbst zu den Menschen reden.
Aber seine Freunde erlaubten es ihm nicht.
Im Stadion schrien alle durcheinander.
Aber die meisten dort wussten gar nicht, worum es ging.

Da schickten die Juden der Stadt einen von ihnen nach vorn. Der hob die Hand und wollte zu den Menschen reden.
(Er wollte sagen, dass die Juden unschuldig sind an dem, was Paulus tut! Aber die Menge machte keinen Unterschied zwischen den Juden und den Christen.)
Als sie merkten, dass er ein Jude ist, schrien sie zwei Stunden lang: „Groß ist die Diana, die Göttin von Ephesus! Groß ist die Diana, die Göttin von Ephesus. Groß ist …"
Zuletzt kam der Bürgermeister der Stadt und schaffte Ruhe.
Als alle still waren, sprach er zu der Menge: „Ihr Männer von Ephesus!
Jeder von uns weiß: Die Stadt Ephesus hat einen großen Schatz, unsere große Göttin Diana.
Und in ihrem Tempel steht ihr eigenes Standbild, das direkt aus dem Himmel gefallen ist.
So ist es, das kann niemand abstreiten. Darum bleibt nur ruhig und macht keine Dummheit!
Ihr habt die beiden Männer hierher geschleppt.
Aber sie haben nichts aus dem Tempel gestohlen und haben auch unsere Göttin nicht beleidigt.
Wenn Demetrius und seine Arbeitskollegen von jemand geschädigt worden sind, dann sollen sie zum Gericht gehen.
Da wird das alles geregelt.
Und wenn ihr sonst noch Wünsche habt, dann bringt das auf einer ordentlichen Volksversammlung vor.
Das, was ihr heute gemacht habt, ist ja ein Aufruhr!
Ihr könnt euch nicht herausreden, wenn die römischen Soldaten kommen und mit Gewalt für Ordnung sorgen."
Als der Bürgermeister das gesagt hatte, schickte er die Menge nach Hause.

(Apostelgeschichte 19)

Paulus nimmt Abschied

Paulus konnte nicht länger in Ephesus bleiben, es war zu gefährlich.
Er überlegte sich, wo er jetzt hingehen sollte.
Er war schon überall in Kleinasien und Griechenland gewesen und hatte christliche Gemeinden gegründet.
Er wollte nun dorthin gehen, wo die Menschen die gute Nachricht von Jesus noch nicht gehört hatten: ganz weit in den Westen, nach Spanien.
Und unterwegs wollte er einen Besuch machen bei der christlichen Gemeinde in Rom, in der Hauptstadt des Römischen Reiches.
Aber erst einmal musste er nach Jerusalem reisen. Die Christen dort waren arm und Paulus hatte für sie Geld gesammelt, überall in seinen Gemeinden.
Dieses Geld wollte er ihnen bringen.
Die Christen in Jerusalem sollten sehen: Überall in der Welt gibt es Menschen, die an Jesus glauben.
Aus Jerusalem ist das Evangelium zu diesen Menschen gekommen und zum Dank dafür schicken sie den Christen in Jerusalem dieses Geld.

Aber vorher besuchte Paulus noch einmal seine Gemeinden in Mazedonien und Griechenland.
Dann fuhr er von Troas aus mit dem Schiff in Richtung Jerusalem.
Es reisten auch noch sieben Männer mit, Leute aus den Gemeinden, in denen Paulus das Geld gesammelt hatte.
In der Hafenstadt Milet mussten sie warten, bis das Schiff weiterfuhr.

Da schickte Paulus jemand nach Ephesus und rief die Ältesten der Gemeinde zu sich nach Milet.
Er wollte sie noch einmal sehen.
Weil er zum Pfingstfest in Jerusalem sein wollte, hatte er keine Zeit, selbst nach Ephesus zu kommen.
Als die Ältesten aus Ephesus da waren, sagte Paulus ihnen alles, was ihm noch wichtig war.
Er sprach zu ihnen: „Ihr wisst ja, wie ich bei euch gelebt habe, die ganze Zeit vom ersten Tag an.
Ich habe nicht an mich selbst gedacht, sondern mich abgemüht, dass alle die gute Nachricht von Jesus hören.
Ich habe euch alles gesagt, was ihr wissen müsst.
Den Juden und den Griechen habe ich gesagt, sie sollen umkehren zu Gott und Jesus als ihren Herrn annehmen und an ihn glauben.
Jetzt gehe ich nach Jerusalem, denn der Heilige Geist führt mich dorthin.
Und er sagt mir durch Propheten in jeder Stadt, in die ich komme: ‚In Jerusalem wartet Gefängnis auf dich und Not.'
Aber was liegt schon an mir, an meinem Leben!
Das Wichtigste ist, dass ich meine Aufgabe erfülle, die mir Jesus gegeben hat: die Gnade Gottes verkündigen, die gute Nachricht, dass Gott die Menschen lieb hat.
Ich weiß, ihr seht mich nicht wieder. Darum sage ich euch zum Abschied:
Passt gut auf, dass niemand von Jesus weggeht, ihr selbst nicht und die Gemeinde nicht, die euch anvertraut ist.
Der Heilige Geist hat euch eingesetzt als Hirten und Bischöfe.
Ihr sollt die Gemeinde Gottes leiten, so wie Hirten die Schafe führen und beschützen.
Denkt daran: Gott hat seine Gemeinde freigekauft von der Sünde durch das Blut seines eigenen Sohnes.
Und nun stelle ich euch unter Gottes Schutz und unter seine Gnade.
Er gibt euch die Kraft, dass ihr auf dem rechten Weg bleibt.
Und er schenkt euch auch das ewige Leben, das alle bekommen, die zu ihm gehören."
Als Paulus dies gesagt hatte, knieten sie alle nieder und er betete mit ihnen.
Die Ältesten weinten laut und umarmten Paulus und küssten ihn.
Aber am meisten waren sie traurig darüber, dass er gesagt hatte: „Ihr seht mich nie mehr wieder." Dann gingen sie mit ihm hinunter zum Schiff.

(Apostelgeschichte 20)

Paulus wird gewarnt

Nach einer langen Schiffsreise kam Paulus mit den sieben Männern nach Tyrus. Von dort wollte er zu Fuß nach Jerusalem weiterziehen.
Unterwegs blieben sie einige Tage bei den Christen in Cäsarea.
Was dort geschah, hat wieder ein Begleiter von Paulus aufgeschrieben. Er schreibt:

Gerade in diesen Tagen kam aus Judäa ein Prophet zu uns, der hieß Agabus.
Der nahm den Gürtel, den Paulus umhatte. Und er band sich den Gürtel um seine Füße und um seine Hände.
Dann sprach er: „Dieses sagt der Heilige Geist: ‚So fesseln die Juden in Jerusalem den Mann, dem dieser Gürtel gehört.
Und sie geben ihn in die Hände der Fremden, der Römer.'"
Da baten wir Paulus ganz ernst: „Geh hinauf nach Jerusalem!"
Und die Christen aus Cäsarea sagten es ihm auch.
Aber Paulus antwortete: „Warum weint ihr und macht mir mein Herz schwer?
Ich bin zu allem bereit.
Ich lasse mich fesseln, und wenn es sein muss, sterbe ich auch in Jerusalem für Jesus, meinem Herrn."
Als wir merkten, dass Paulus sich nicht umstimmen ließ, da wurden wir still und sagten: „Wie der Herr es will, so soll es geschehen!" (Apostelgeschichte 21)

Paulus kommt nach Jerusalem

Danach machten wir uns fertig und zogen hinauf nach Jerusalem.
Als wir dort ankamen, nahmen uns die Christen freundlich auf.
Am nächsten Tag ging Paulus mit uns zu Jakobus.
(Jakobus war ein Bruder von Jesus und leitete die Gemeinde in Jerusalem.)
Es kamen auch alle Ältesten der Gemeinde dahin.
Paulus begrüßte sie und erzählte ihnen, was Gott alles unter den Heiden, unter den nichtjüdischen Völkern, getan hatte durch seinen Dienst.
Und als sie es hörten, lobten sie Gott.
(Apostelgeschichte 21)

Paulus wird gefangen genommen

Eine Woche später war Paulus im Tempel.
Da sahen ihn Juden aus Kleinasien und erkannten ihn.
Sie hetzten alle Leute im Tempel gegen ihn auf, hielten ihn fest und schrien: „Männer aus Israel, kommt schnell und helft uns!
Das ist der Mann! Der redet überall in der ganzen Welt gegen unser Volk und gegen das Gesetz, das Gott uns gegeben hat, und gegen diesen heiligen Tempel!
Und jetzt hat er auch noch einen Griechen in den Tempel gebracht und hat diesen heiligen Ort dadurch geschändet."
Sie hatten nämlich gesehen, wie Paulus

mit einem Griechen aus Ephesus durch die Stadt ging.
Das war einer von den Männern, die Paulus auf seiner Reise nach Jerusalem begleiteten.
Und da hatten sie gedacht, dass er ihn auch mit in den Tempel gebracht hat.
Das stimmte aber nicht.
So kam die ganze Stadt in Aufruhr. Alle kamen zum Tempel gelaufen.
Sie packten Paulus und schleppten ihn hinaus aus dem inneren Tempelhof und machten sofort die Tore zu.
(Paulus sollte nicht zurücklaufen und im Tempel Schutz suchen können.)
Und sie hielten Paulus fest und wollten ihn totschlagen.
Da hörte der römische Hauptmann in der Burg neben dem Tempel, dass ganz Jerusalem zum Tempel gerannt war.
Er nahm eine Abteilung Soldaten mit und lief hinunter in den äußeren Vorhof des Tempels.
Als die Leute den Hauptmann und die Soldaten sahen, hörten sie sofort auf, Paulus zu schlagen.
Der Hauptmann ging zu Paulus, ließ ihn festnehmen und an Händen und Füßen mit Eisenketten fesseln.
Dann fragte er ihn, wer er ist und was er getan hat.
Aber die anderen riefen alle durcheinander. Und er konnte nichts verstehen bei dem großen Lärm.
So befahl er seinen Soldaten, dass sie Paulus in die Burg bringen.
Eine Treppe ging vom äußeren Vorhof des Tempels zur Burg hinauf.
Als sie zu der Treppe kamen, mussten die Soldaten Paulus auf den Schultern tragen, weil die Menge sich so dicht an ihn herandrängte.
Und alle schrien: „Schlagt ihn tot!"
Aber gerade, als die Soldaten Paulus in die Burg hineinbringen wollten, sagte er zu dem Hauptmann: „Ich bitte dich, erlaube mir, dass ich zu dem Volk spreche."
Der Hauptmann erlaubte es ihm.
Paulus stand oben auf den Stufen der Treppe und winkte mit der Hand.
Da wurden die Menschen still und Paulus konnte zu ihnen sprechen.
Er sagte: „Ihr Männer!
Liebe Brüder und ehrwürdige Väter!
Ich bin ein Jude aus Tarsus und habe hier in Jerusalem bei Gamaliël, dem berühmten Gesetzlehrer, studiert.
Ich habe bei ihm das Gesetz, das Gott unseren Vorfahren gab, genau gelernt.
Und ich habe mich mit dem gleichen Eifer dafür eingesetzt, wie ihr es heute tut.
Ich habe den neuen Glauben mit allen Mitteln bekämpft.
Aber als ich nach Damaskus kam, sah ich auf einmal mitten am Tag ein großes Licht vom Himmel.
Und ich hörte seine Stimme, die sagte: ‚Ich bin Jesus von Nazareth. Warum verfolgst du mich?'
Und als ich später hier im Tempel war, sah ich ihn selbst.
Und er sprach zu mir: ‚Geh schnell weg aus Jerusalem!
Die Menschen hier werden dir nicht glauben.

Ich schicke dich zu den anderen Völkern, zu den Heiden.'"
Bis dahin hatte die Menge ruhig zugehört, aber als er das sagte, schrien sie alle: „Weg mit ihm! Er muss sterben!"
Da nahm der Hauptmann Paulus mit in die Burg.
Er wollte herausfinden, was die Juden eigentlich gegen Paulus hatten.
So rief er die obersten Priester und den ganzen Hohen Rat zusammen und stellte Paulus vor sie hin. Paulus durfte zu ihnen sprechen.
Nun sah Paulus: Im Hohen Rat waren zwei Gruppen, die sich nicht miteinander vertrugen.
Die eine Gruppe waren die Pharisäer, die glaubten an die Auferstehung der Toten.
Die andere Gruppe waren die Sadduzäer, die glaubten nicht an die Auferstehung der Toten.
Darum sagte Paulus: „Ihr Männer, liebe Brüder!
Ich bin selbst ein Pharisäer. Und mein Vater war auch ein Pharisäer.
Ich werde hier angeklagt, weil ich sage, dass die Toten auferstehen.
Jesus von Nazareth ist nicht tot, er ist auferstanden!"
Als Paulus das sagte, fingen die Männer im Hohen Rat an, sich darüber zu streiten, ob ein Toter auferstehen kann.
Der Streit wurde so heftig, dass der Hauptmann dachte: „Am Ende zerreißen sie Paulus noch."
Und er nahm ihn schnell wieder mit in die Burg.
Aber in der nächsten Nacht kam Jesus zu Paulus und sprach zu ihm: „Hab keine Angst!
Du bist hier in Jerusalem für mich eingetreten. Du sollst es genauso auch in Rom tun." (Apostelgeschichte 22–23)

Ein Mordanschlag auf Paulus

Am nächsten Tag kamen über vierzig Juden zusammen.
Sie schworen miteinander einen Eid und sagten: „Wir essen und trinken von jetzt an nichts mehr, bis wir Paulus getötet haben!"
Sie gingen zu den obersten Priestern und den Ältesten des Rates und sagten: „Geht zu dem römischen Hauptmann und lasst Paulus noch einmal herunterbringen.
Sagt dem Hauptmann, ihr wollt Paulus noch genauer ausfragen.
Wenn er dann kommt, überfallen wir ihn und schlagen ihn tot."
Nun hatte Paulus aber in Jerusalem eine Schwester. Ihr Sohn, sein Neffe, hörte von diesem Plan gegen seinen Onkel.
Und er ging zu dem Hauptmann und erzählte ihm alles.
Da ließ der Hauptmann eine Truppe antreten: zweihundert schwer bewaffnete Soldaten, siebzig Reiter und noch zweihundert leicht bewaffnete Soldaten mit Pfeil und Bogen.
Unter ihrem Schutz ließ er Paulus noch am selben Abend aus Jerusalem wegbringen.
Er sollte nach Cäsarea gebracht werden, wo der römische Statthalter war.

Am nächsten Morgen kehrten die Fußsoldaten wieder um, weil die Gefahr jetzt nicht mehr so groß war.
Und die Reiter brachten Paulus weiter bis nach Cäsarea zu Felix, dem römischen Statthalter. (Apostelgeschichte 23)

Paulus will nach Rom

Nach fünf Tagen kam der Hohepriester Hananias mit mehreren Ältesten zum Statthalter Felix nach Cäsarea.
Sie brachten einen Rechtsanwalt mit, der sollte die Anklage gegen Paulus vortragen.
Er sagte: „Dieser Mann ist gefährlich!
Er stiftet überall in der Welt die Juden zum Aufruhr an gegen den Kaiser.
Er hat auch versucht, den Tempel zu schänden.
Dabei haben wir ihn gefasst."
Der Statthalter wusste ganz gut, dass die Christen nicht so gefährlich sind.
So schickte er Hananias und die Ältesten wieder nach Hause und sagte: „Ich muss erst noch einmal mit dem Hauptmann aus Jerusalem sprechen.
Dann entscheide ich eure Sache."
Er gab einem Offizier den Befehl, dass er Paulus ins Gefängnis bringt. Aber er sollte ihm keine Ketten anlegen.
Felix erlaubte den anderen Christen, dass sie Paulus besuchten.
Er selbst sprach öfter mit Paulus und Paulus musste ihm vom Glauben der Christen erzählen.
Er dachte aber auch: ‚Vielleicht gibt er mir Geld, damit ich ihn freilasse.'

Nach zwei Jahren kam ein neuer Statthalter nach Cäsarea, der hieß Festus.
Gleich am Anfang, als er erst drei Tage da war, ging er nach Jerusalem.
Dort kamen die obersten Priester und andere wichtige Männer zu ihm und sprachen mit ihm wegen Paulus.
Sie baten Festus, dass er Paulus nach Jerusalem bringen lässt. Sie wollten ihn unterwegs überfallen und töten.
Aber Festus antwortete ihnen: „Wenn ich wieder in Cäsarea bin, könnt ihr dort eure Anklagen vorbringen."
Als er wieder zurück war, setzte er sich auf den Richterstuhl und ließ Paulus holen.
Die Juden brachten viele schwere Anklagen gegen Paulus vor.
Aber sie konnten nichts beweisen von dem, was sie ihm vorwarfen.
Festus wollte ihnen aber einen Gefallen tun und sagte zu Paulus: „Bist du einverstanden, dass ich dich nach Jerusalem bringe und wir dort deine Sache entscheiden?"
Aber da sagte Paulus: „Ich stehe hier vor einem römischen Gericht und hier muss meine Sache entschieden werden.
Ich habe nichts gegen die Juden getan, das weißt du genau.
Du darfst mich nicht an sie ausliefern.
Ich verlange, dass ich vor das Gericht des Kaisers in Rom gestellt werde."
Festus antwortete ihm: „Du hast den Kaiser angerufen, darum sollst du auch zum Kaiser kommen."

(Apostelgeschichte 25)

Paulus kommt in einen Seesturm

Paulus wurde einem römischen Hauptmann übergeben. Der sollte ihn nach Rom bringen, zusammen mit einigen anderen Gefangenen.
Ein paar Christen durften mitkommen und Paulus begleiten.
Sie fuhren mit einem Handelsschiff los, einem großen Segelschiff, und sie kamen nach einer langen Fahrt bis zur Insel Kreta.
Sie segelten an der Südküste der Insel entlang. Aber weil Gegenwind war, kamen sie nur langsam voran.
Mit Mühe erreichen sie einen kleinen Hafen. Es war nun Ende September und die Herbststürme konnten jederzeit losbrechen.

Darum sagte Paulus zum Hauptmann und den Matrosen: „Ihr Männer, es ist gefährlich, wenn wir jetzt noch weiterfahren.
Das Schiff wird verloren gehen, und die ganze Ladung ebenfalls, und wir kommen alle in Lebensgefahr!“
Aber der Hauptmann hörte nicht auf Paulus, sondern auf den Kapitän.
Der Kapitän wollte noch ein Stück weit an der Insel Kreta entlangfahren bis zu einem anderen Hafen und dort den Winter über bleiben.
Auch die meisten Leute auf dem Schiff waren dafür.

Wie es weiterging, berichtet wieder ein Begleiter von Paulus:

Als ein leichter Wind kam dachten die Schiffsleute: ‚Jetzt kann es losgehen.‘
Wir fuhren ganz vorsichtig an der Küste entlang.
Aber es dauerte nicht lange, da brach ein Sturm los. Er kam von Norden und trieb uns von der Insel weg, hinaus aufs Meer.
Die Matrosen holten das Segel herunter, damit der Sturm uns nicht an die Küste von Afrika treiben konnte.
Am nächsten Tag warfen sie einen Teil der Ladung ins Meer.
Am dritten Tag warfen sie das ganze Schiffsgerät ins Wasser.
Aber der Sturm ließ nicht nach.
Das Schiff wurde von den Wellen hin und her geschleudert.
Wir sahen viele Tage lang keine Sonne und keine Sterne.
So wussten wir nicht, in welche Richtung der Sturm uns trieb.
Wir hatten keine Hoffnung mehr, dass wir gerettet werden.
Keiner mochte mehr etwas essen.
Da sprach Paulus: „Ihr Männer, ihr hättet auf mich hören sollen. Dann wäre es nicht so schlimm gekommen.
Aber habt keine Angst! Wir bleiben alle am Leben.
Nur das Schiff geht unter.
Der Gott, dem ich diene, hat mir heute Nacht seinen Engel geschickt. Der hat zu mir gesagt: ‚Paulus hab keine Angst!
Du kommst vor den Kaiser.
Und auch alle, die mit dem Schiff mitfahren, werden gerettet.
Gott hat sie dir geschenkt.‘“

Endlich, in der vierzehnten Nacht, kam es den Matrosen so vor, als ob Land in der Nähe ist.
Sie warfen die Messschnur aus und sahen: Das Wasser war nicht mehr tief. Da hatten sie Angst, dass das Schiff auf eine Felsenklippe läuft. Darum warfen sie die Anker aus.
Aber dann ließen sie heimlich das Rettungsboot ins Wasser und wollten damit an Land fahren.
Es war noch ganz dunkel. Doch Paulus merkte, was sie vorhatten, und sagte zu dem Hauptmann: „Wenn die Matrosen das Schiff verlassen, dann sind wir alle verloren!“
Da schnitten die Soldaten die Taue durch und das Rettungsboot wurde von den Wellen fortgetragen.
Noch in der Dunkelheit sagte Paulus zu den Menschen auf dem Schiff: „Ihr habt seit vierzehn Tagen nichts gegessen.
Esst doch jetzt etwas, damit ihr Kraft bekommt. Ihr werdet alle gerettet.“
Er nahm selbst ein Brot und dankte Gott dafür vor ihnen allen. Und er brach es in Stücke und fing an zu essen.
Da fassten sie alle Mut und aßen auch.
Als es dann Tag wurde, sahen die Matrosen Land.
Sie zogen das kleine Segel auf und lenkten das Schiff in eine Bucht.
Doch das Schiff lief auf eine Sandbank und brach mittendurch.
Da wollten die Soldaten alle Gefangenen töten, damit sie nicht fliehen konnten.
Aber der Hauptmann erlaubte es nicht, denn er wollte Paulus retten.
Er ließ alle, die schwimmen konnten, ins Wasser springen.
Die anderen sollten sich an Brettern festhalten und sich an den Strand treiben lassen.
So kamen wir alle heil an Land.

(Apostelgeschichte 27)

Paulus auf der Insel Malta

Die Leute an Land sagten uns, dass wir auf der Insel Malta waren.
Sie waren sehr freundlich zu uns.
Sie nahmen uns alle bei sich auf und machten ein Feuer, weil wir ganz nass waren und es auch noch regnete und ganz kalt war.
Paulus nahm einen Arm voll trockener Zweige von einem Haufen und legte sie aufs Feuer.
Da kam eine Schlange aus den Zweigen herausgeschossen.
Die Hitze trieb sie heraus.
Sie schnappte nach der Hand von Paulus und biss sich darin fest.
Als die Leute von der Insel die Schlange an seiner Hand hängen sahen, da sagten sie zueinander: „Dieser Mensch muss ein Mörder sein!
Aus dem Meer hat er sich retten können, aber die Göttin der Rache verfolgt ihn und lässt ihn doch nicht am Leben!“
Aber Paulus schüttelte die Schlange von seiner Hand ab und schleuderte sie ins Feuer.
Die Leute von der Insel warteten, dass sein Arm dick wird oder dass er plötzlich umfällt und tot ist.

Aber so lange sie auch warteten, es passierte nichts.
Da sahen sie die Sache anders und sagten: „Er ist wohl ein Gott!"

(Apostelgeschichte 28)

Paulus kommt als Gefangener nach Rom

Wir blieben auf der Insel, bis der Winter vorüber war. Dann fuhren wir mit einem anderen Schiff nach Italien.
In Puteoli gingen wir an Land.
Wir fanden dort Christen, die luden uns ein, eine Woche bei ihnen zu bleiben.
Dann ging es zu Fuß weiter nach Rom.
Die Christen in Rom hatten schon gehört, dass wir auf dem Weg waren.
So kamen sie uns ein großes Stück entgegen, um uns zu begrüßen.
Als Paulus sie sah, dankte er Gott und bekam neuen Mut.
Und dann kamen wir nach Rom.
Paulus durfte sich eine Wohnung mieten.
Aber er hatte Tag und Nacht einen Soldaten bei sich, der auf ihn aufpasste.
Viele Menschen kamen zu ihm in seine Wohnung.
Und Paulus predigte ihnen die gute Nachricht von Jesus Christus, ohne dass es ihm jemand verbot.

(Apostelgeschichte 28)

Wie es weiterging mit Paulus

An dieser Stelle hört die Apostelgeschichte in der Bibel auf. Sie erzählt uns nicht, wie die Gerichtsverhandlung vor dem Kaiser für Paulus ausging.
Aus späteren Schriften wissen wir, dass Paulus zuletzt für Jesus gestorben ist.
Mit dem Schwert wurde ihm der Kopf abgeschlagen.
Vorher schrieb Paulus aber noch an Timotheus, seinen treuen Mitarbeiter:

Timotheus, mein lieber Sohn!
Bleib treu in deinem Amt als Prediger des Evangeliums.
Denn ich werde jetzt geopfert.
Die Zeit ist da, dass ich sterben muss.
Ich habe den guten Kampf gekämpft.
Ich habe meinen Lauf vollendet.
Ich bin dem Glauben treu geblieben.
Die Sieger-Krone liegt schon für mich bereit, die Krone der Gerechtigkeit.
Der Herr, der gerechte Richter, gibt sie mir an dem Tag, an dem er Gericht hält.
Aber er gibt sie nicht nur mir allein, sondern allen, die voll Sehnsucht darauf warten, dass er wiederkommt.

(2. Timotheus 4)

An die Gemeinde in Philippi schrieb er schon früher aus dem Gefängnis:

„Ich möchte gerne sterben und bei Christus sein. Christus ist mein Leben, deshalb bringt mir das Sterben nur Gewinn!“

(Philipper 1)

Und an die Gemeinde in Rom schrieb er, als er ihr seinen Besuch ankündigte:

„Wenn wir leben,
dann leben wir für den Herrn.
Und wenn wir sterben,
dann sterben wir für den Herrn.
Wir gehören Jesus Christus,
dem Herrn,
im Leben und im Tod.“ (Römer 14)

Ein neuer Himmel und eine neue Erde

Ein Blick in den Himmel

Johannes, der Seher, musste seine Heimat verlassen.
Er wurde gefangen und auf die Insel Patmos gebracht.
Das kam so, weil er an Jesus glaubte und weil er die gute Nachricht von ihm weitersagte.
Dort auf der Insel zeigte ihm Gott, was in der Zukunft geschehen wird.
Und Johannes schrieb alles in ein Buch.
Er schrieb:

Ich sah die Tür zum Himmel.
Sie stand offen.
Und ich ging im Geist durch die Tür und sah hinein in den Himmel.
Und siehe, ein Thron stand im Himmel.
Und auf dem Thron saß einer.
Ein Glanz ging von ihm aus wie von funkelnden Edelsteinen.
Und über dem Thron war ein Regenbogen. Der leuchtete wie ein schimmernder Edelstein.
Um den großen Thron, den Thron Gottes, standen noch vierundzwanzig Throne.
Darauf saßen vierundzwanzig Älteste in weißen Kleidern. Und jeder hatte eine goldene Krone auf dem Kopf.
Und ganz nah bei Gottes Thron waren noch vier Gestalten.

Eine sah aus wie ein Löwe, eine wie ein Stier, eine wie ein Mensch und eine wie ein Adler.
Die sangen Tag und Nacht:

„Heilig, heilig, heilig
ist Gott der Herr,
der Allmächtige,
der war,
der ist
und der kommt.“

Und wenn sie sangen, fielen die vierundzwanzig Ältesten auf die Knie und beteten Gott an und sprachen:

„Herr, unser Gott,
du allein bist es wert,
dass man dich lobt und ehrt
und deine Macht preist,
denn du hast alle Dinge geschaffen,
weil du es so wolltest.“

(Offenbarung 4)

Das Buch mit den sieben Siegeln

Und ich sah ein Buch, ein Papierrolle, die war innen und außen beschrieben und dann zusammengerollt.
Und sie war siebenmal verschlossen mit sieben Siegeln.

Die Buchrolle lag in der rechten Hand dessen, der auf dem Thron saß.
Und ich hörte die Stimme eines Engels, der rief: „Wer ist es wert?
Wer darf das Buch aufrollen und die sieben Siegeln aufbrechen?
Wer darf es?“
Aber es gab niemand, der die Rolle öffnen konnte, nicht im Himmel, nicht auf der Erde und nicht unter der Erde.
Da weinte ich sehr, weil es niemand gab, der würdig war, das Buch aufzurollen und zu lesen.
Da sprach einer von den Ältesten zu mir: „Weine nicht!
Es ist einer da, der die Siegel aufbrechen kann!“
Und ich sah: Zwischen dem Thron und den vier Gestalten und den Ältesten, da stand ein Lamm.
Es sah aus wie geschlachtet.
Auf einmal ging das Lamm zum Thron und nahm das Buch aus der Hand dessen, der auf dem Thron saß.
Da fielen die vier Gestalten und die vierundzwanzig Ältesten auf ihre Knie vor dem Lamm und beteten es an.
Und sie sangen ein neues Lob-Lied, das hieß so:

„Du bist würdig!
Du darfst das Buch nehmen,
du darfst seine Siegel öffnen.
Denn du bist geschlachtet,
du hast mit deinem Mut
Menschen gewonnen
für Gott
aus allen Völkern der Welt.
Du hast sie zu Königen gemacht
und zu Priestern für unseren Gott.
Und sie werden herrschen auf der Erde.“

Und dann hörte ich den Lob-Gesang von vielen Millionen Engeln, die sangen:

„Das Lamm, das geopfert ist,
es ist würdig,
es darf nehmen
Kraft und Reichtum
und Weisheit und Stärke
und Ehre und Preis
und Herrlichkeit.“

Und dann hörte ich noch alle Geschöpfe im Himmel und auf der Erde singen:

„Dem auf dem Thron
und dem Lamm,
ihnen sei Lob und Ehre
und Preis und Herrlichkeit und Macht
von Ewigkeit zu Ewigkeit.“

Und die vier Gestalten sprachen: „Amen! Das ist wirklich wahr!“

Und die Ältesten fielen dazu auf ihre Knie und beteten an. (Offenbarung 5)

Das neue Jerusalem

Und Johannes sah, wie das Lamm die sieben Siegel aufbrach, eines nach dem anderen.
Wenn es ein Siegel öffnete, ging die Rolle ein Stück weit auf. Und was da geschrieben stand, das geschah.
Bei jedem Siegel kam neues Leid über die Menschen auf der Erde.
Aber dann sah Johannes auch, was ganz am Schluss kommt.
Johannes schreibt darüber:

Ich sah einen neuen Himmel und eine neue Erde.
Der erste Himmel und die erste Erde war nicht mehr da. Und das Meer war auch nicht mehr da.
Und ich sah, wie die Heilige Stadt herunterkam aus dem Himmel, von Gott her, das neue Jerusalem.
Sie war schön geschmückt wie eine Braut für ihren Mann.
Und ich hörte eine laute Stimme vom Thron her, die sprach:

„Siehe,
hier wohnt jetzt Gott
bei den Menschen!
Er bleibt nun bei ihnen
für immer.
Sie sind sein Volk.
Und er, Gott selbst,
er ist mit ihnen zusammen
und er ist für sie da.
Er wischt alle Tränen ab
von ihren Augen.

Und es gibt keinen Tod mehr,
keine Traurigkeit,
keine Klagen und Schmerzen
und keine Quälerei.
Denn alles, was früher war,
ist nun für immer vorbei."

Und der auf dem Thron sitzt, der spricht:
„Siehe, ich mache alles neu."

Dann kam ein Engel zu mir und sprach:
„Komm her! Ich zeige dir die Braut, die Frau des Lammes!"
Und er brachte mich im Geist weit weg auf einen großen und hohen Berg.
Und da zeigte er mir die Heilige Stadt, das neue Jerusalem.
Sie kam gerade herunter von Gott aus dem Himmel.
Und sie strahlte wie Gottes eigene Herrlichkeit.
Ihr Licht war so schön wie der Edelstein Jaspis, der glänzt wie Kristallglas.
Und die Stadt hatte eine große und hohe Mauer.
In der Mauer waren zwölf Tore.
Und auf den Toren standen zwölf Engel.
Und zwölf Namen waren auf die Tore geschrieben, die Namen der zwölf Söhne Jakobs, der zwölf Stämme Israels.
Die Mauer der Stadt stand auf zwölf großen Grundsteinen.
Und auf den Steinen standen die Namen der zwölf Apostel.
Die Mauer war ganz aus dem Edelstein Jaspis gebaut.
Und die ganze Stadt war aus reinem Gold und ganz durchsichtig wie Glas.

Die Grundsteine, auf denen die Mauer stand, waren mit lauter schönen Steinen geschmückt.
Und die zwölf Tore waren aus zwölf großen Perlen. Jedes Tor war aus einer einzigen Perle gemacht.
Aber ich sah keinen Tempel in der Stadt.
Denn der allmächtige Gott, der ist selbst ihr Tempel, er und das Lamm.
Die Stadt braucht keine Sonne und keinen Mond.
Denn Gottes Herrlichkeit leuchtet hell in ihr.
Und das Lamm ist ihre Sonne.
Alle Völker leben in dem Licht, das von ihr ausstrahlt.
Und die Könige der Erde bringen ihre Schätze in die Stadt.
Ihre Tore werden am Abend nicht zugemacht, denn es gibt keine Nacht in der Stadt. (OFFENBARUNG 21)

Der Baum des Lebens – hundertfach

Und der Engel zeigte mir einen Fluss, in dem floss das Wasser des Lebens, klar wie Kristallglas.
Der Fluss entspringt aus dem Thron, auf dem Gott und das Lamm sitzen.
Er fließt in der Mitte der großen Straße, die durch die Stadt geht.
Und auf beiden Seiten des Flusses wachsen Bäume, an der Straße entlang, lauter solche Bäume wie der ‚Baum des Lebens‘ im Garten Eden, im Paradies.
Sie bringen zwölfmal im Jahr Früchte, jeden Monat.
Und ihre Blätter sind Arznei für alle Völker.
Und alle, die zu Gott und zum Lamm gehören, stehen vor dem Thron.
Sie dienen Gott und sehen ihn, wie er ist.
Und sein Name ist auf ihre Stirn geschrieben.
Es gibt keine Nacht mehr für sie.
Sie brauchen kein Lampenlicht und kein Sonnenlicht.
Gott selbst ist ihr Licht.
Und sie regieren mit ihm als Könige immer und ewig. (OFFENBARUNG 22)

Jesus kommt wieder

Und Jesus sprach zu mir:
„Diese Worte sind wahr.
Gott der Herr
zeigt damit allen,
die ihm dienen,
was bald geschieht.
Siehe,
ich komme bald!
Ich bin der Erste
und der Letzte,
der Anfang und das Ende.
Ja,
ich komme bald!"
Amen!
Ja,
komm Herr Jesus!

(Offenbarung 22)

Nachwort

Zur Sprache dieser Bibelübersetzung

Diese Bibel enthält den reinen Bibeltext in einer leicht verständlichen Übersetzung. Überleitungen und erklärende Hinweise sind vom Bibeltext durch *Schrägschrift* abgehoben oder, wenn es sich um ganz kurze Einfügungen handelt, in Klammern gesetzt.

Als echte Übersetzung unterscheidet sich die vorliegende Bibel von nacherzählten Bibeln, die die Bibeltexte erweitern und ausmalen. Der Bibeltext bleibt hier in seinem ursprünglichen Bestand erhalten und wird nur in eine elementare Sprache übersetzt.

Diese elementare Sprache unterscheidet sich von der Hoch- und Literatursprache dadurch, dass sie die sprachlichen Differenzierungen in Wort- und Formenschatz auf ihren elementaren Grund zurückführt und damit zu einfachen, einprägsamen Aussagen kommt, die sich in einfachen Aussagesätzen niederschlagen. Dem entspricht auch das Schriftbild: Kurze gegliederte Absätze machen das lesende Aufnehmen der Texte leichter.

Die sprachlichen Mittel der elementaren Sprache sind der einfache, eben „elementare" Wortschatz, der einfache Aussagesatz, einfache statt zusammengesetzte Zeitformen, Auflösung der Über- und Unterordnung von Sätzen in einfache lineare Aufzählungen, die meistens mit „und" verbunden werden, Umwandlung indirekter Aussageweisen der Sprache in direkte u. a. m.

Die elementare Sprache ist der einfache Sprachgrund, zu dem alle Sprachteilnehmer Zugang haben, seien sie lernende Kinder oder Ausländer oder sprachlich Erfahrene. Die elementare Sprache ist auf keine Altersstufe begrenzt und wird von allen Sprachteilnehmern verschiedener Entwicklungsgrade und Sprachkompetenz verstanden.

Die elementare Sprache versucht, komplexe Informationen aufzulösen und die Aussagen eines Textes in kleinen Schritten nacheinander mitzuteilen, aber nicht abgehackt, sondern so, dass ein ruhiger Informationsfluss entsteht, dem junge Leser (und Hörer) leicht folgen können.

Jahrelange Erfahrungen mit dieser so entwickelten elementaren Sprache zeigen, dass auch die anderen Altersstufen sie annehmen. Daher ist die vorliegende Elementar-Bibel keine Bibel nur für Kinder und junge Leser, sondern sie wird von jedermann gerne angenommen und gelesen. Ihre besonders leichte Verständlichkeit kommt auch erwachsenen Lesern entgegen. Darüber hinaus wurde mit Freude beobachtet, dass mit der sprachlichen Reduzierung auf den elementaren Sprachgrund nicht etwa ein Verlust an biblischer Aussage oder an geistlichem Gewicht einhergeht, sondern im Gegenteil: Die Aussagen, die Botschaft der biblischen Texte, werden oft prägnanter und eindringlicher und damit auch wirksamer und einprägsamer. Überhaupt stehen ja die biblischen Grundsprachen, vor allem das Hebräische des Alten Testaments und das Griechische der Evangelien, der elementaren Sprache, die hier verwendet wird, näher als die deutsche Hoch- und Literatursprache. Es wurde aber auch versucht, den Sprachcharakter der biblischen Originaltexte im Rahmen der elementaren Sprache so weit wie möglich zu bewahren. Theologisch unverzichtbare Leitworte wie „Sünde", „Gnade", „Glaube", Leitformen wie „siehe", „es geschah aber", das häufige „und" als Satzverbindung wurden oft beibehalten. Es ging dem Verfasser darum, sich nicht zu weit von der biblischen Denk- und Sprachwelt zu entfernen, damit schon den jungen Lesern deutlich wird: Es ist die Bibel, die Heilige Schrift, die wir hier lesen, ein Buch eigenen Inhalts und eigener Art, ein Buch hoch appellativen Charakters, das sich von anderen Büchern unterscheidet.

Zur Textauswahl

Eine Bibel, wie die vorliegende, muss aus der ganzen Bibel Texte auswählen. Das Lesevermögen und der Verstehenshorizont, auch das Interesse von (heutigen) jungen Lesern sind begrenzt nach Intensität und Umfang. Jedoch bietet die vorliegende Auswahlbibel ein vergleichsweise umfassendes „Programm" biblischer Geschichten und Texte.

Aus dem Alten Testament sind die Erzählungen von den „Erzvätern" (Abraham, Isaak und Jakob) und die Geschichten um David in einer besonders breiten Auswahl vertreten. Unter den Propheten stehen Elia und der Schriftprophet Jeremia mit seiner bewegten und bewegenden Lebensgeschichte im Vordergrund. Dabei fehlt auch nicht die Geschichte von dem Gott widerstrebenden Propheten Jona und seiner Erfahrung mit dem großen Fisch.

Natürlich werden die Früherfahrungen des Volkes Israel mit seinem einmaligen Führer Mose, dem Auszug aus Ägypten und dem Aufenthalt in der Wüste ebenso berücksichtigt wie der Eingang in das Gelobte Land mit den großen Gestalten Josuas und der Richter bis zu dem letzten Richter und Propheten Samuel. Auch die schöne, aber im Einzelnen schwierige Geschichte von Rut und ihrer Schwiegermutter wurde in einer leicht gerafften Fassung aufgenommen.

Im neutestamentlichen Teil sind die Geschichten um Jesus aus allen vier Evangelien ausgewählt. Sie wurden in thema-

tischen Gruppen so angeordnet, dass sich ein gegliedertes Gesamtbild der Geschichte Jesu und seines Wirkens ergibt. An die Berichte von seiner Passion und seiner Auferstehung schließen sich die Geschichte der Urgemeinde (von Pfingsten bis zur Steinigung des Stephanus) und die Erlebnisse des Apostels Paulus auf seinen Missionsreisen an.
Aber nicht nur als Geschichtenbuch wird hier die Bibel jungen Menschen nahe gebracht. Vielmehr spannt sich von der Eröffnung mit Schöpfung und Paradies ein großer Bogen bis zur Schau des neuen Paradieses, des himmlischen Jerusalem, im letzten Buch der Bibel, der Offenbarung des Johannes. Und in der Mitte, an der Nahtstelle zwischen dem Alten und dem Neuen Testament, stehen Stimmen der Propheten, die einem verzagten Volk, das keine Zukunft mehr sieht, den Retter ankündigen, den Christus Gottes, der in Jesus von Nazareth wirklich kam.
So wie an dieser Stelle Prophetenworte in die Erzählung eingefügt wurden, so sind an anderen Stellen einzelne Psalmen, die Zehn Gebote, das Vaterunser, ausgewählte Sprüche Salomos oder bedeutungsvolle Stellen aus den Paulus-Briefen jeweils auf farbig unterlegten Sonderseiten eingeschaltet worden.
So gibt die vorliegende Bibelübersetzung für junge – aber nicht nur junge – Leser einen differenzierten Einblick in den Reichtum der Heiligen Schrift, ohne dass ihre Leser überfordert werden. In der Textauswahl wie in der Übersetzung in elementares Deutsch möchte diese Bibel so weit in der Nähe der Vollbibel bleiben, wie das im Rahmen eines solchen Buches mit seiner begrenzten Seitenzahl nur möglich ist.

Klaus Knoke

Nachweis der Bibeltexte

Die Stellenangaben in der folgenden Liste ergänzen die Quellenangaben am Ende der Textabschnitte, wo nur die Kapitel genannt werden, nicht aber die ausgewählten Verse.

Kürzungen innerhalb der Einzelverse werden nicht verzeichnet. Bibeltexte, die zusammenfassend wiedergegeben werden, sind in Schrägschrift-Ziffern aufgeführt.

Altes Testament

Neues Testament

Ausführliches Inhaltsverzeichnis

Das Alte Testament

Wie alles begann

Gott fängt neu an mit den Menschen

Esau und Jakob, die ungleichen Brüder

Josef und seine Brüder

Gott ruft sein Volk aus Ägypten

Die Israeliten am Berg Sinai

Die Israeliten auf dem Weg in ihr Land

Josua führt die Israeliten in das Land Kanaan

Gott schickt den Israeliten Richter

Gott gibt den Israeliten Könige

David muss vor Saul fliehen

David, der große König

David und seine Söhne

Der weise König Salomo

Gott schickt den Propheten Elia

Gott schickt den Propheten Jeremia

Sie blieben ihrem Glauben treu

Ein neuer Anfang nach dem Untergang

Jona, der eigensinnige Prophet

Die Hoffnung auf einen Retter

Das Neue Testament

Jesus kommt in die Welt

Jesus beginnt sein Wirken

Menschen kommen zu Jesus

Jesus erzählt Geschichten

Gott tut Wunder durch Jesus

Jesus sagt den Menschen, was Gott will

Der Streit über den Sabbat

Jesus muss für uns Menschen leiden

Jesus lebt und kommt zu seinen Jüngern

Die gute Nachricht von Jesus kommt zu allen Menschen

Paulus reist für Jesus durch die Welt

Ein neuer Himmel und eine neue Erde

Anhang

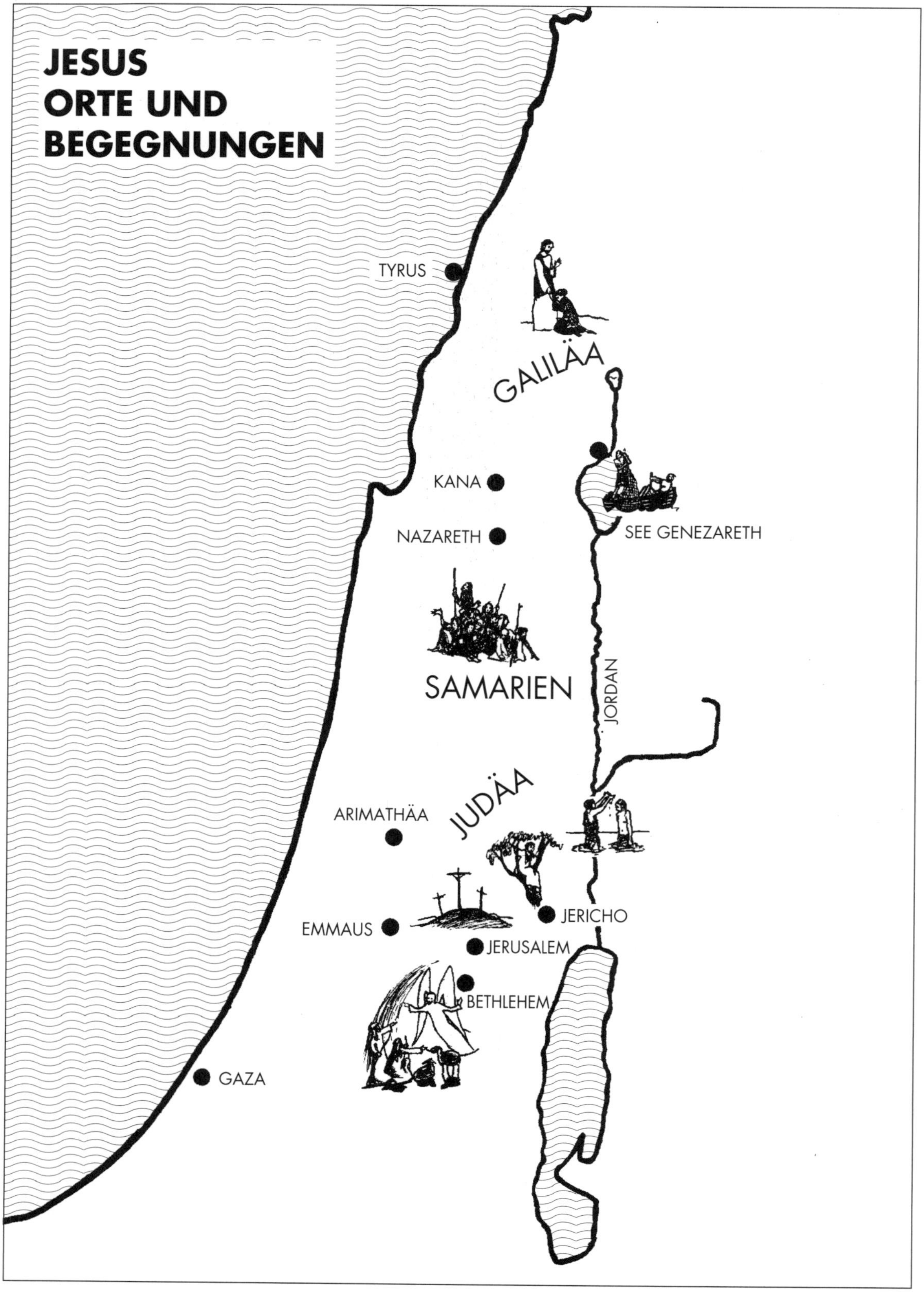
JESUS
ORTE UND
BEGEGNUNGEN
TYRUS
GALILÄA
KANA
NAZARETH
SEE GENEZARETH
SAMARIEN
JORDAN
JUDÄA
ARIMATHÄA
JERICHO
EMMAUS
JERUSALEM
BETHLEHEM
GAZA